만들면서 배우는
나만의 인공지능 서비스

[예제 파일 다운로드]

홈페이지: https://wikibook.co.kr/pyai/

예제코드: https://github.com/wikibook/pyai

만들면서 배우는
나만의 인공지능 서비스

파이썬 기초부터 챗GPT, Whisper, DALL·E, Kagi,
DeepL API를 활용한 인공지능 앱 개발까지

지은이 최은석

펴낸이 박찬규 엮은이 윤가희 디자인 북누리 표지디자인 아로와 & 아로와나

펴낸곳 위키북스 전화 031-955-3658, 3659 팩스 031-955-3660

주소 경기도 파주시 문발로 115 세종출판벤처타운 #311

가격 28,000 페이지 408 책규격 188 x 240mm

초판 발행 2023년 09월 06일

ISBN 979-11-5839-461-5 (93000)

등록번호 제406-2006-000036호 등록일자 2006년 05월 19일

홈페이지 wikibook.co.kr 전자우편 wikibook@wikibook.co.kr

만들면서 배우는
나만의 인공지능 서비스

파이썬 기초부터 챗GPT, Whisper, DALL·E, Kagi,
DeepL API를 활용한 인공지능 앱 개발까지

최은석 지음

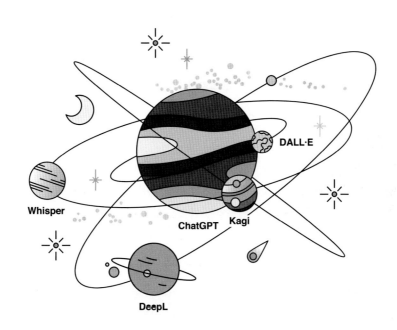

DALL·E

Whisper

ChatGPT Kagi

DeepL

위키북스

저자 서문

지금은 인공지능 시대입니다. 2016년 3월 이세돌과 인공지능 기계인 알파고의 대국에서 알파고의 승리는 많은 사람을 충격에 빠뜨렸습니다. 그때까지만 해도 바둑과 같이 복잡한 경기에서 인공지능(AI)은 사람을 이길 수 없다고 생각했기 때문입니다. 그 이후 머신러닝 기술(특히 딥러닝 기술)은 더욱 발전했고 다양한 분야에서 활용되기 시작했습니다. 하지만 이러한 인공지능 기술이 일반인들의 피부에 직접적으로 와닿지는 않았습니다. 이러한 외중에 2022년 11월 등장한 챗GPT(ChatGPT)는 사람들을 깜짝 놀라게 했습니다.

챗GPT는 OpenAI에서 개발한 대화형 인공지능 챗봇입니다. 챗GPT는 자연어를 이용한 질문에 마치 사람처럼 답변하고, 다양한 분야의 글도 쓰고, 컴퓨터 프로그램을 위한 코드도 작성해 줍니다. 혹자는 챗GPT에 요청해 얻은 답변이 너무 자연스러워서 두렵기까지 하다고 말합니다. 챗GPT 출시 이후 사람들의 관심은 뜨거웠고 사용자는 폭증했습니다. 이에 놀란 글로벌 빅테크 기업들은 생성형 인공지능(AI) 기술 개발에 더욱 박차를 가했으며, 매일 매일 새로운 인공지능 개발 소식이 쏟아지고 있습니다.

인공지능 기술은 챗GPT처럼 질문에 답변을 해주는 데만 활용하는 것이 아니라 달리(DALL·E), 미드저니(Midjourney), 스테이블 디퓨전(Stable Diffusion)과 같이 이미지를 생성하는 데도 활용되고 있습니다. 이러한 이미지 생성 모델은 자연어를 입력하면 이에 기반한 이미지를 만들어 줍니다. 음악 분야 또한 마찬가지입니다. 인공지능 기술을 활용해 다양한 노래가 만들어지고 있고, 심지어 노래를 불러주는 인공지능 서비스도 있습니다.

얼마 전까지만 해도 정해진 규칙을 빠르게 파악해 자동화하는 기능은 인공지능이 사람보다 잘할 수 있지만, 창작 영역에 있어서는 인간을 따라오지 못할 거라고 했습니다. 하지만 이제 다양한 분야에서 인간과 인공지능의 창작물을 구분하지 못할 정도로 인공지능 기술이 발전했습니다. 최근에는 일반 사용자도 인공지능 기술을 손쉽게 활용할 수 있는 여러 서비스가 등장하면서 인공지능 기술 활용은 이제 선택이 아니라 필수인 시대가 됐습니다.

인공지능 기술 개발은 전문적인 지식과 경험이 필요하지만, 인공지능 기술 활용은 약간의 지식만으로도 가능합니다. 최근 발 빠른 기업이나 개발자는 최신 개발된 인공지능 API에 자신만의 아이디어를 더해 다양한 인공지능 서비스를 내놓고 있습니다.

이 책은 최신 인공지능 API를 이용해 인공지능 모델을 활용하는 방법과 실전 인공지능 애플리케이션을 개발하는 방법을 설명합니다. 컴퓨터 프로그래밍 경험이 없는 초보자도 배우고 따라 할 수 있도록 파이썬의 기본 문법부터 인공지능 웹 앱을 만드는 데 필요한 기술까지 다양한 예제와 함께 쉽게 설명합니다. 이 책은 세 개의 부로 구성됩니다. 각 부에서 다루는 내용을 정리하면 다음과 같습니다.

- **1부:** 초거대 인공지능과 챗GPT의 동작 원리를 알아보고, 파이썬의 개발 환경 설치 방법과 인공지능 API를 활용하기 위해 알아야 할 파이썬 기본 문법을 설명합니다.
- **2부:** 웹 API 기본 지식과 인공지능 API에 대해 다룹니다. OpenAI의 인공지능 모델 API(챗 완성 API, 이미지 API, 오디오 API), Kagi의 요약 API, DeepL의 번역 API, 인공지능 API를 이용한 유튜브 콘텐츠 분석 및 챗봇을 만드는 방법을 알아봅니다.
- **3부:** 다양한 실전 인공지능 애플리케이션 개발 방법을 다룹니다. 스트림릿을 이용한 웹 앱 개발 방법, 인공지능 이미지 생성 앱, 인공지능 PDF 문서 요약 앱, 인공지능 유튜브 동영상 요약 앱을 만드는 방법을 알아봅니다. 또한 챗 완성 API의 함수 호출 기능을 활용해 외부 웹 서비스와 연동하는 방법을 상세히 다룹니다.

"거인의 어깨에 올라서서 더 넓은 세상을 바라보라"라는 말이 있습니다. 이 말은 이전 세대의 연구자들이나 선구자들이 제공한 지식과 통찰을 활용해 이해력을 확장하고, 이를 바탕으로 새로운 발견과 진보를 이뤄내라는 의미입니다. 당장 활용할 수 있는 인공지능 기술이 바로 우리 옆에 있습니다. 거인의 어깨에 올라타세요. 이 책은 최신 인공지능 API를 활용해 자신만의 인공지능 서비스를 만드는 데 탁월한 지침서가 될 것입니다.

이 책이 나올 수 있게 도와주신 위키북스 박찬규 대표님, 완성도 높은 책을 위해 꼼꼼한 검토와 다양한 개선점을 제시해 주신 분기희 님에게 진심으로 감사드립니다. 가족들의 지지와 성원은 책을 집필하는 데 큰 힘이 됐습니다. 사랑하는 아내 상임, 대견스러운 아들 준호, 존경하는 어머니께도 고마운 마음을 전합니다.

2023년 9월
지은이 **최은석**

책 사용 설명서

책의 내용을 학습하기 전에 실습에 필요한 예제 코드와 데이터 파일을 내려받고 작업 폴더를 생성하겠습니다. 또한 이 책에서 코드의 입력과 결과 출력을 표시하는 형식을 알아보겠습니다.

예제 코드와 데이터 파일

이 책의 예제 코드와 데이터 파일은 깃허브 저장소에 올라가 있습니다. 데이터가 있어야만 수행할 수 있는 예제 코드가 있으니 여기서 설명하는 방법에 따라 깃허브 저장소의 파일을 내려받고 작업 폴더에 복사해 주세요.

저장소의 파일 내려받고 작업 폴더 생성하기

다음은 이 책의 예제 코드와 데이터 파일을 내려받고 작업 폴더를 생성해 복사하는 방법입니다. 참고로 필자의 운영체재는 윈도우 11입니다.

01. 웹 브라우저에서 예제 코드가 있는 깃허브 저장소(https://github.com/wikibook/pyai)에 접속합니다. 다음과 같은 화면이 나오면 [Code] 버튼을 클릭(❶)한 다음 [Download ZIP]을 클릭(❷)합니다.

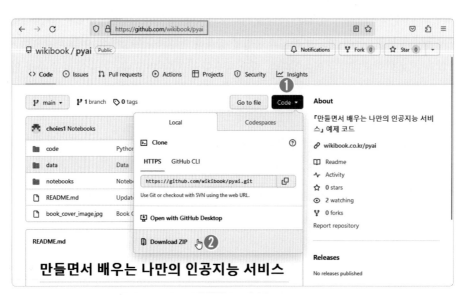

그림 예제 코드 다운로드

02. 다운로드할 폴더를 지정해 압축 파일(ZIP 파일)을 내려받습니다. 특별히 다운로드 폴더를 지정하지 않았다면 아마 대부분 다음 그림과 같이 **다운로드** 폴더에 압축 파일이 받아졌을 것입니다.

그림 내 컴퓨터의 다운로드 폴더에 내려받은 압축 파일

03. 다운로드한 폴더로 이동해 압축 파일(pyai-main.zip)을 풉니다. 전용 압축 프로그램(예: 알집)을 써도 되고, 윈도우의 압축 풀기 기능을 사용해도 됩니다. 다음 그림과 같이 압축 파일을 마우스 오른쪽 버튼으로 클릭하고 **[압축 풀기]**를 선택합니다.

그림 압축 파일 풀기

04. 압축을 해제하고 pyai-main 폴더를 보면 다음과 같이 code, data, notebooks 폴더가 보입니다.

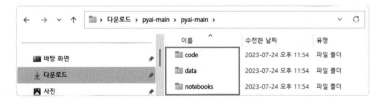

그림 압축을 푼 pyscraping-main 폴더

05. 윈도우 탐색기로 C 드라이브의 루트에 작업 폴더인 myPyAI를 만듭니다. 작업 폴더를 C:\myPyAI로 만들지 않고 다르게 만들 수도 있지만, 그렇게 하면 예제 코드에서 데이터 파일의 위치를 지정하는 부분을 변경해야 하므로 특별한 이유가 없다면 이 책의 작업 폴더인 C:\myPyAI를 그대로 사용할 것을 권장합니다. 압축을 푼 pyai-main 폴더에 있는 code, data, notebooks 폴더를 작업 폴더로 복사합니다

그림 작업 폴더(C:\myPyAI)를 만들고 code, data, notebooks 폴더를 복사

작업 폴더의 구조

다음은 작업 폴더에 복사한 각 폴더에 대한 설명입니다.

- **code**
  - 이 책에서 생성하는 파이썬 코드 파일(*.py)이 있는 폴더입니다. 스트림릿 코드를 위한 하위 폴더(st)가 있습니다.

- **data**
  - 이 책의 코드에서 사용하는 데이터 파일이 있는 폴더입니다. 원본 파일과 생성 파일이 있습니다. 스트림릿 코드 수행에 필요한 데이터를 위한 하위 폴더(st)와 다운로드를 위한 하위 폴더(download)가 있습니다.

- **notebooks**
  - 이 책의 예제 코드가 담긴 주피터 노트북 파일(*.ipynb)이 있는 폴더입니다.

  - 각 장별로 있는 노트북의 코드 셀 위에는 [2장: 50페이지]처럼 예제 코드가 있는 책의 장과 페이지를 표시했습니다.

  - 주피터 노트북을 이용하면 책의 예제 코드를 일일이 입력하지 않고 파이썬 코드를 바로 실행해 볼 수 있지만 가능하면 책의 코드를 직접 입력해 보길 권장합니다.

  - 주피터 노트북의 사용법은 1장에서 설명합니다.

주피터 노트북에서 코드 입력과 출력

주피터 노트북의 코드 셀에 코드를 입력해 실행하면 코드 셀 앞에는 In [숫자]:가 붙고 출력 결과 앞에는 Out[숫자]:가 붙습니다.

```
In [1]: 1 + 2 # 입력
Out[1]: 3
```

그림 주피터 노트북의 코드 셀의 In [숫자]:와 Out[숫자]: 표시

주피터 노트북에서는 위 그림과 같이 In [숫자]:와 Out[숫자]:로 코드 입력과 출력 결과를 표시하지만, 이 책에서는 다음과 같이 [숫자] 없이 In:과 Out:으로 입력과 출력 결과를 구분합니다.

```
In:    1 + 2 # 입력
```

```
Out:   3
```

따라서 In: 옆에 있는 글 상자의 코드를 주피터 노트북의 코드 셀에 입력하면 됩니다. 또한 주피터 노트북에서는 print()를 실행한 출력 결과를 Out[숫자]: 없이 출력하지만 이 책에서는 출력임을 표시하기 위해 Out:과 함께 표시합니다.

PART

01

챗GPT와
파이썬

PART

02

인공지능 API
활용하기

PART

03

실전!
인공지능 애플리케이션
개발하기

만들면서 배우는
나만의 인공지능 서비스

Part 01

챗GPT와
파이썬

준비하기

이 책은 파이썬을 활용하여 인공지능 웹 API를 이용하는 방법을 다룹니다. 이번 장에서는 먼저 초거대 AI에 관해 알아보고, 컴퓨터에 파이썬 개발 환경을 설치하는 방법을 살펴보겠습니다. 그리고 나서 주피터 노트북을 사용해 파이썬 코드를 작성하는 방법을 알아봅니다.

1.1 초거대 AI

초거대 AI(인공지능)는 엄청난 양의 매개변수를 갖는 인공신경망으로, 딥러닝 기술을 사용하여 매우 높은 수준의 성능을 발휘하는 범용 AI 시스템을 말합니다. 초거대 AI는 대규모 데이터를 스스로 학습해 추론과 판단 능력을 갖추게 되는데, 이를 위해서 복잡한 연산을 수행할 수 있는 컴퓨팅 인프라가 필요합니다. 대표적인 초거대 AI로는 OpenAI사의 챗GPT가 있습니다. 인공지능 API를 이용하기 전에 챗GPT와 딥러닝에 기반한 대규모 언어 모델에 대해 간단히 살펴보겠습니다.

1.1.1 챗GPT가 바꾼 일상

챗GPT(ChatGPT)가 2022년 11월에 등장한 이후로, 사람들의 반응이 뜨겁습니다. 챗GPT는 OpenAI 에서 개발한 대화형 인공지능 서비스입니다. 챗GPT를 실제로 경험해 본 사람들은 대부분 이제 인공지능이 사람을 흉내 내는 것을 뛰어넘어 곧 인간의 능력을 초월할 것 같다고 합니다. 이를 증명하듯 챗GPT는 각종 자격시험(미국의 의사면허와 로스쿨 시험, 일본의 의사고시 등)에서 좋은 성적으로 합격했습니다. 챗GPT는 이미 알고 있는 것을 답하는 능력뿐만 아니라 글쓰기와 같은 창작 능력도 뛰어납니다. 이러한 챗GPT의 능력은 책이나 학술 논문의 작성과 컴퓨터 프로그램을 만들기 위한 코드 작성에도 이미 활용되고 있습니다. 챗GPT가 등장한 이후 챗GPT는 고객서비스 대응, 콘텐츠 생성 및 편집, 교육, 대화형 게임, 언어 번역 및 다국어 대화, 데이터 분석, 코드 작성 등 다양한 분야에 활용되고 있습니다. 이러한 챗GPT의 탁월한 능력을 보고 각 분야의 전문가는 이제 곧 인공지능이 인간의 많은 직업을 대체할 거라고 예견합니다.

챗GPT는 프롬프트에 질문을 입력하면 질문에 대해 답변을 합니다. 챗GPT에 요청해서 얻은 답변이 너무 자연스러워서 마치 사람이 답변하는 것 같은 착각을 일으킬 정도입니다. 그림 1-1은 OpenAI의 챗GPT(https://chat.openai.com/)의 사용 예를 보여줍니다. 프롬프트 입력 창에 "슈퍼 히어로가 나오는 영화 시놉시스를 간단하게 작성해 줘."라고 요청해서 얻은 결과입니다. 응답을 살펴보면 다소 일반적인 이야기일 수 있지만, 구체적인 질문을 계속 이어가면 좀 더 완성도 높은 하나의 이야기를 만들 수 있을 것입니다.

⚡ Model: Default (GPT-3.5)

 슈퍼 히어로가 나오는 영화 시놉시스를 간단하게 작성해 줘.

 제목: "퓨리얼: 최후의 영웅"

시놉시스:
2023년, 평화로운 도시 뉴메트로시티를 불시착한 우주선의 침입으로 위협받는다. 외계인 침략자들은 무자비한 힘과 파괴력으로 도시를 휩쓸어 가며 주민들을 공포에 떨게 한다. 그리고 도시의 운명은 슈퍼 히어로들의 손에 달려 있다.

팀 파워블레이드, 미스티캐시, 캡틴 스트롱아머, 파이어스타, 사일런서와 같은 강력한 슈퍼 히어로들은 모두 각자의 특수 능력과 무기로 무장하여 외계인들과 전투를 벌이는 동안, 그들은 우정과 팀워크의 중요성을 알아가게 된다.

하지만 상황은 점점 악화되고, 도시는 외계인의 침략에 의해 파괴의 위기에 처한다. 이에 슈퍼 히어로들은 모든 힘을 모아 최후의 전투에 나선다. 그들은 각자의 특기와 능력을 최대한 발휘하여 외계인들을 상대로 몰아붙이고 도시를 구하기 위해 힘을 합친다.

평온한 도시의 운명이 걸린 이번 전투에서 슈퍼 히어로들은 과거의 상처와 싸움을 벌이며 용감하게 맞서게 된다. 도시의 미래를 위해 희생을 감수하는 결단을 내리게 되는데, 이는 그들에게 어떠한 결과를 가져올지 미지수로 남는다.

"퓨리얼: 최후의 영웅"은 진정한 영웅은 어떤 상황에서도 희생과 힘을 발휘하여 도시와 주민들을 지킬 준비가 되어야 한다는 메시지를 담은 대규모 액션 어드벤처 영화이다.

그림 1-1 챗GPT 사용 예

한편 챗GPT를 활용하는 서비스가 늘어나고 있는데, 챗GPT 웹 사이트의 플러그인 스토어(Plugin Store)를 방문하면 챗GPT와 연계한 다양한 서비스를 플러그인 형태로 만나볼 수 있습니다(그림 1-2).

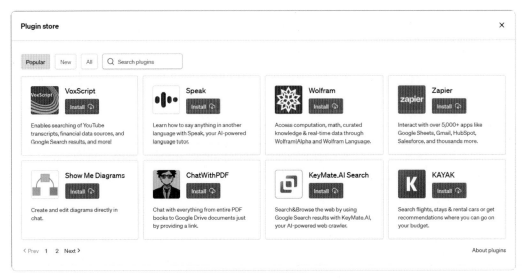

그림 1-2 챗GPT 플러그인 스토어(인기 플러그인)

마이크로소프트(MS)는 자사의 검색 엔진인 빙(Bing)에 OpenAI의 챗GPT를 접목시켰고, 업무 생산성 도구인 오피스 365에 챗GPT를 통합하여 인공지능 비서로 활용할 수 있는 코파일럿(Copilot, 부조종사)을 공개했습니다. 코파일럿을 이용하면 간단한 자연어 입력으로 워드 문서의 초안을 작성할 수 있고, 전문가 수준의 엑셀 그래프를 그릴 수 있으며, 화려한 PPT 디자인을 완성할 수 있는 것으로 알려졌습니다.

챗GPT를 사용해 보면 때론 예상치 못한 엉뚱한 답을 내놓기도 하고, 잘못된 답변을 하기도 합니다. 또는 특별할 것 없는 너무나도 뻔한 답변을 제공하기도 합니다. 그런데도 대화를 이어가다 보면 인간처럼 생각하고 답변하는 것처럼 느끼게 됩니다. 이런 이유로 챗GPT 출시 이후 사용자는 크게 증가했고 다양한 분야에서 챗GPT를 활용하는 예가 쏟아지고 있습니다. 챗GPT의 출현은 인공지능이 인간의 삶을 크게 바꿀 것이라는 예측이 이제 점점 현실화되고 있음을 보여주는 계기가 되었습니다.

1.1.2 대규모 언어 모델(LLM)

챗GPT는 인간의 언어를 컴퓨터가 이해해서 질문에 답변합니다. 어떻게 컴퓨터가 인간의 언어(자연어)를 이해할 수 있을까요?

컴퓨터가 개발된 이후부터 자연어 이해는 많은 연구자의 관심 대상이었습니다. 하지만 사람의 언어를 컴퓨터가 이해하도록 하기는 쉬운 일이 아니었습니다. 초기 자연어 처리에서는 규칙 기반 기법을 주로 활용했습니다. 이는 사람이 모든 규칙을 다 정의해 입력한 후 그 규칙에 따라서 결과를 출력하는 방식입니다. 하지만 이는 곧 한계에 부딪힙니다. 자연어 처리를 위해서는 아주 다양한 규칙이 존재하여 예외 상황도 많기 때문입니다. 이후 인공지능을 이용한 자연어 처리 기술은 한동안 침체기를 겪다가 인공신경망을 적용해 성과를 내는 연구 결과가 발표되면서 최근 자연어 처리에는 대부분 인공신경망을 활용한 딥러닝 기술을 이용합니다. 여기서는 인공지능 기술이 자연어 처리에 어떻게 활용되는지 알아보겠습니다.

인공지능 관련 기술을 이야기할 때 나오는 용어 중에 인공지능, 머신러닝, 딥러닝이 있습니다. 이들의 관계를 살펴보면 인공지능이 가장 큰 개념이고 그 아래에 머신러닝이 있고, 다시 그 아래에 딥러닝이 있습니다. 이 용어에 대해 간략히 살펴보면 다음과 같습니다(그림 1-3 참조).

- **인공지능**(Artificial Intelligence): 가장 넓은 범주로, 컴퓨터가 사람처럼 생각하고 행동하도록 만드는 기술입니다. 이는 컴퓨터가 문제 해결, 학습, 추론, 지각, 언어 이해 등의 인간 지능 작업을 수행하게 하는 것을 목표로 합니다.

- **머신러닝**(Machine Learning): 인공지능의 한 분야로, 알고리즘이 데이터로부터 학습해 추론하는 기술입니다. 이는 학습 데이터를 기반으로 주어진 데이터를 분류하거나, 과거의 데이터로 미래를 예측하는 능력을 가집니다. 학습하는 과정은 지도 학습, 비지도 학습, 강화 학습 등의 다양한 방법을 통해 이뤄집니다.

- **딥러닝**(Deep Learning): 머신러닝의 한 분야로, 인공신경망(Artificial Neural Network)을 기반으로 한 학습 알고리즘을 사용하는 기술입니다. 이는 여러 계층의 인공신경망을 사용해 복잡한 패턴을 인식하고 이해하는 능력을 가지며, 대량의 데이터와 고성능 컴퓨팅 파워를 필요로 합니다.

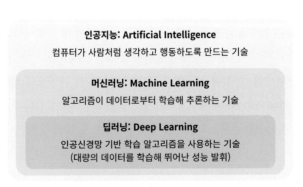

그림 1-3 인공지능, 머신러닝, 딥러닝의 관계

딥러닝은 머신러닝의 한 분야로서 인공신경망의 층을 연속적으로 깊게 쌓아 올려 데이터를 학습합니다. 인공신경망은 다수의 입력에 대해 가중치를 곱해 하나로 합하는 퍼셉트론이 다층으로 여러 개 있는 구조를 갖습니다. 학습을 통해 가중치의 값을 결정하며 여러 퍼셉트론 중 어떤 것을 활성화할지도 스스로 학습합니다. 인공신경망은 인간의 뇌와 유사한 구조를 가지고 있어, 많은 양의 데이터를 학습해 복잡한 관계를 파악하는데 뛰어납니다. 딥러닝 기술은 이미지 분류, 자연어 처리, 음성 인식 등 다양한 분야에서 효과적으로 적용하고 있습니다. 인공신경망의 구조가 복잡해질수록 사용하는 매개변수(파라미터)의 개수는 증가합니다.

챗GPT도 딥러닝 기술을 활용한 GPT-3.5와 GPT-4 모델을 기반으로 만들어졌습니다. 여기서 GPT는 "Generative Pre-trained Transformer"의 약자로, 트랜스포머(Transformer)라는 딥러닝 아키텍처에 기반한, 엄청난 양의 데이터를 미리 학습한(Pre-trained) 생성형(Generative) 언어 모델을 말합니다. 사실 GPT 모델은 특정 지식을 '안다'라기보다는 미리 학습한 대규모 데이터에 기반해 통계적인 예측으로 텍스트를 생성합니다. 트랜스포머 모델은 구글이 2017년 발표한 "Attention is all you need" 논문에서 소개됐으며, 어텐션(Attention) 메커니즘을 적용해 이전 다른 모델에 비해 뛰어난 성능을 보이는 것으로 알려졌습니다. 트랜스포머 모델이 발표된 이후 이를 활용한 생성형 인공지능 언어 모델이 곳곳에서 개발되었고 이전에 비해 성능이 크게 향상됐습니다.

모델의 매개변수 개수가 엄청 많고(일반적으로 수백만 개에서 수조 개) 대규모 데이터를 학습한 자연어 처리 모델을 대규모 언어 모델(LLM, Large Language Model)이라고 합니다. OpenAI에서 개발한 GPT 모델도 대표적인 대규모 언어 모델입니다. OpenAI의 GPT-2는 15억 개의 매개변수를 이용했고, GPT-3는 1,750억 개의 매개변수를 이용했습니다. GPT-4는 매개변수 개수를 공개하지 않았지만 GPT-3보다는 많을 것으로 예상하고 있습니다.

대규모 언어 모델(LLM)은 언어의 문법과 구조를 이해하는 데 있어 매우 뛰어나며, 챗봇, 기계 번역, 텍스트 요약, 감정 분석 등 다양한 언어 처리 작업에 활용됩니다. OpenAI가 챗GPT를 출시해 돌풍을 일으킨 이후 구글도 2023년 5월 자체 대규모 언어 모델인 PaLM2을 기반으로 하는 대화형 인공지능 서비스인 바드(https://bard.google.com/)를 180개국에 동시에 선보였습니다. 바드(Bard)는 일반적인 대화뿐만 아니라 과학과 수학 추론, 코딩 기능이 가능한 것으로 알려져 있습니다.

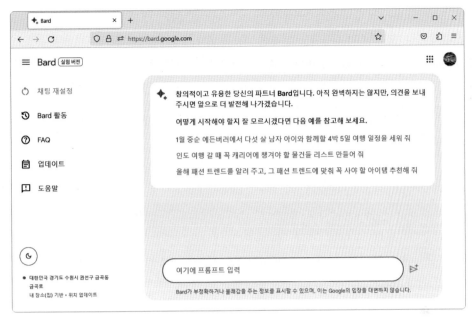

그림 1-4 대화형 인공지능 구글 바드

앞서 머신러닝은 학습을 통해 추론하는 기술이라고 설명했습니다. 머신러닝은 이러한 학습 방법에 따라서 다음과 같이 세 가지로 분류할 수 있습니다.

- **지도 학습(Supervised Learning)**: 이미 알려진 올바른 출력 레이블이 지정된 데이터 세트를 활용해 학습합니다. 입력과 출력 데이터 간의 관계를 학습한 결과는 새로운 데이터의 분류나 회귀에 활용합니다.

- **비지도 학습(Unsupervised Learning)**: 레이블이 없는 데이터 세트가 제공되며 목표는 데이터 내에서 패턴 또는 관계를 식별하는 것입니다. 이는 군집화나 차원 축소와 같은 작업에 사용할 수 있습니다.

- **강화 학습(Reinforcement Learning)**: 어떤 작업을 수행하고 결과에 대한 보상으로 행동하는 방법을 학습합니다. 목표는 보상을 최대화하는 것이며 시행착오를 거쳐서 학습하며 발전합니다. 바둑과 같은 게임, 자동차나 드론의 자율 주행, 로봇 제어 등에 활용합니다.

OpenAI는 챗GPT의 성능을 높이기 위해 지도 학습과 강화 학습을 모두 이용하였습니다. 즉, 미리 학습한 모델에 사람을 투입해 미세 조정(Fine-tuning)을 수행했습니다. 이 결과로 답변의 정확도와 안정성이 크게 향상됐습니다. OpenAI는 2022년 3월에 발표한 논문[1]에서 인간 피드백 기반 강화 학습

---

1 https://arxiv.org/abs/2203.02155

(RLHF, Reinforcement Learning from Human Feedback)을 적용한 결과, 적용하지 않은 모델에 비해 모델의 파라미터 개수가 적음에도 더 좋은 성능을 냈다고 공개했습니다.

지금까지 딥러닝을 활용한 챗GPT의 동작 원리와 대규모 언어 모델(LLM)에 대해 살펴봤습니다. 머신러닝이나 딥러닝에 관한 사전 지식이 없다면 다소 어렵게 느껴질 수 있는 내용도 포함돼 있는데 여기서 설명한 동작 원리를 이해하지 못하더라도 앞으로 설명할 인공지능 API를 이용하는 데는 문제가 없으니 걱정하지 말고 다음으로 넘어가세요.

1.2 ┃ 파이썬 시작하기

이번 절에서는 파이썬의 특징을 살펴보고, 파이썬 코드 작성을 위해 컴퓨터에 파이썬 개발 환경을 설치하는 방법을 설명합니다.

1.2.1 파이썬의 특징

파이썬(Python)은 1991년에 귀도 반 로섬(Guido van Rossum)에 의해 개발된 프로그래밍 언어입니다. 이후 데이터 분석 및 처리, 머신러닝, 웹 개발, 게임 개발, 인공지능 등 다양한 분야에서 활용되고 있습니다. 파이썬은 인터프리터 언어로 컴파일 과정 없이 바로 실행됩니다. 파이썬의 주요 특징은 다음과 같습니다.

- **배우기 쉬운 언어**: 파이썬 문법은 사람이 사용하는 언어와 유사하여 배우기 쉽고 읽기 쓰기가 간결합니다.
- **무료**: 파이썬의 기본 프로그램 및 대부분의 개발 환경이 무료로 제공됩니다.
- **방대한 라이브러리**: 파이썬에는 기본 프로그램에 포함된 표준 라이브러리와 다양한 기능의 외부 라이브러리가 있어서 프로그램을 쉽게 개발할 수 있습니다.
- **운영체제 호환성**: 윈도우, macOS, 리눅스 등 다양한 운영체제에서 작동하며, 한 운영체제에서 작성한 코드가 다른 운영체제에서도 실행됩니다.

또한 파이썬은 객체지향, 유니코드 지원과 같은 다른 특징도 있습니다. 컴퓨터에게 내린 명령어 집합을 프로그램 코드(code) 또는 그냥 코드라고 하는데, 인터프리터 언어인 파이썬에서는 이러한 코드를 스크립트라고도 부릅니다.

1.2.2 파이썬 개발 환경 설치

파이썬 개발 환경을 설치하려면 설치 파일이 필요합니다. 파이썬 공식 홈페이지(https://www.python.org)에서 파이썬을 내려받아 설치할 수도 있습니다. 그러나 이 경우 표준 라이브러리만 설치되며, 외부 라이브러리(패키지)는 따로 설치해야 합니다.

이 책에서는 이러한 불편을 해소하기 위해 아나콘다(Anaconda) 배포판을 사용하여 파이썬 개발 환경을 구성합니다. 아나콘다는 파이썬 기본 프로그램과 자주 사용하는 패키지 및 통합 개발 환경을 한 번에 설치할 수 있는 배포판입니다.

아나콘다 배포판 내려받기

아나콘다 배포판을 내려받기 위해 아나콘다 홈페이지(https://www.anaconda.com)[2]에 접속한 다음 [Download] 버튼을 클릭합니다(그림 1-5). 기본적으로 윈도우용 Python 3.x의 64-Bit Graphical Installer를 다운로드하는데 운영체제가 윈도우가 아니라면 해당 운영체제의 설치 파일을 선택해 내려받을 수 있습니다.

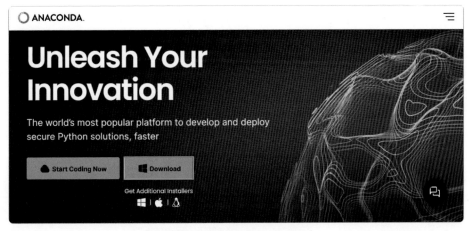

그림 1-5 아나콘다 배포판 내려받기

참고로 [Start Coding Now]를 클릭하면 아나콘다 계정을 생성할 수 있는 웹 페이지로 이동합니다. 계정을 생성한 후에 로그인하면 클라우드에 설치된 아나콘다 개발 환경에 접속할 수 있습니다. 이를 이용

---

2 아나콘다 배포판의 다운로드 페이지 주소는 자주 변경되므로 혹시 이 주소에서 내려받을 수 없다면 인터넷 검색창에서 'anaconda download'를 검색해 다운로드 페이지로 접속합니다. 아나콘다 배포판의 다운로드 페이지 화면과 설치 파일 버전은 바뀔 수 있지만, 기본적인 선택 내용은 유사하니 변경된 내용이 있더라도 설치 파일을 어렵지 않게 내려받을 수 있을 것입니다.

하면 별도의 설치 과정 없이 온라인 개발 환경에서 파이썬 코드를 작성할 수 있습니다. 무료 회원과 유료 회원으로 구분되며, 무료 회원은 저장 공간 등에 제약이 있습니다.

아나콘다 배포판 설치

기존에 파이썬 개발 환경을 설치한 적이 있다면 아나콘다를 설치하기 전에 기존에 설치한 파이썬 프로그램을 제거합니다. 이제 아나콘다 설치 파일을 내려받은 폴더로 이동한 다음 설치 파일을 더블클릭해 설치를 시작합니다. 설치 과정은 아나콘다 배포판 버전에 따라 다를 수 있지만, 아래의 단계를 참고하면 큰 어려움 없이 설치할 수 있을 것입니다.

01. 아나콘다 설치 시작 창에서 [Next] 버튼을 클릭합니다(그림 1-6).

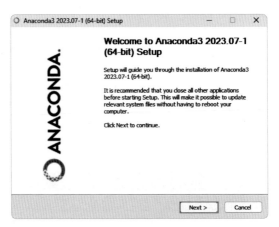

그림 1-6 아나콘다 설치 시작

02. 라이선스 동의 창에서 [I Agree] 버튼을 클릭합니다(그림 1-7).

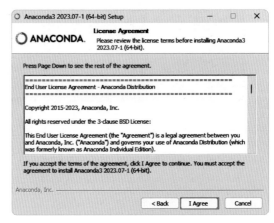

그림 1-7 라이선스 동의

03. 설치 유형 선택 창에서 'All Users'를 선택하고 [Next] 버튼을 클릭합니다(그림 1-8).

- 현재 사용자 계정에서만 아나콘다를 사용하려면 'Just Me'를 선택하고, 컴퓨터의 모든 사용자 계정에서 아나콘다를 사용하려면 'All Users'를 선택합니다. 단, 'All Users'를 선택하려면 관리자 권한이 필요합니다. 관리자 권한이 없는 사용자 계정이라면 'Just Me'를 선택해 'C:\Users\사용자계정' 폴더 아래에만 아나콘다를 설치할 수 있는데 사용자 계정이 한글이면 설치할 수 없습니다. 이 책에서는 관리자 권한이 있는 사용자 계정을 이용한다는 가정하에 'All Users'를 선택합니다.

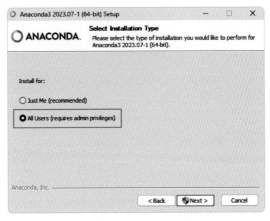

그림 1-8 설치 유형 선택

04. 설치 경로 선택 창에서 'Destination Folder' 입력란에 설치 경로를 지정합니다. 특별한 이유가 없다면 기본 설치 경로인 'C:\ProgramData\anaconda3'를 변경하지 않고 [Next] 버튼을 클릭합니다(그림 1-9).

- 참고로 'Just Me'를 선택한 경우 기본 설치 경로는 'C:\Users\사용자계정\anaconda3'입니다.

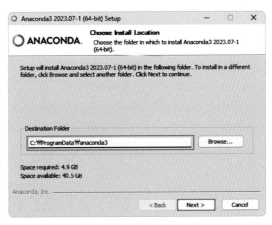

그림 1-9 설치 폴더 선택

05. 고급 설치 옵션 지정에서 체크박스를 모두 선택한 다음 [Install] 버튼을 클릭합니다(그림 1-10).

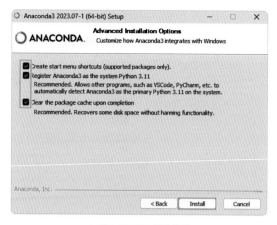

그림 1-10 고급 설치 옵션

06. 설치가 완료되면 [Next] 버튼을 클릭합니다(그림 1-11).

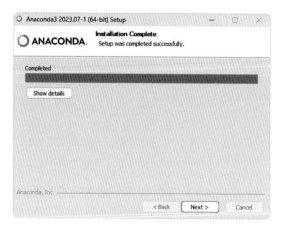

그림 1-11 설치 완료

07. 클라우드에 설치된 아나콘다 개발 환경 링크가 나오는데, 접속하지 않고 [Next] 버튼을 클릭합니다(그림 1-12).

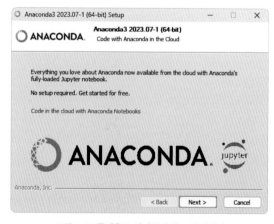

그림 1-12 클라우드 아나콘다 링크 건너뛰기

08. 체크박스를 모두 해제한 다음 [Finish] 버튼을 클릭합니다(그림 1-13).

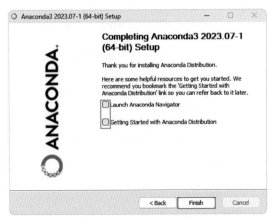

그림 1-13 체크박스 모두 해제

설치가 끝나면 윈도우의 프로그램(앱) 메뉴에 아나콘다 메뉴가 만들어진 것을 확인할 수 있습니다(그림 1-14). 컴퓨터 운영체제와 아나콘다 버전에 따라 아나콘다 메뉴의 모양과 내용은 약간씩 다를 수 있습니다.

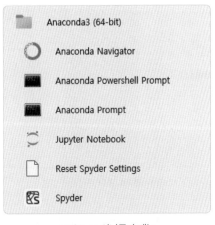

그림 1-14 아나콘다 메뉴

아나콘다 메뉴에서 보듯이 아나콘다 배포판에는 여러 파이썬 개발 환경이 있습니다. 이제 각 개발 환경에서 파이썬 코드를 어떻게 작성하는지 살펴보겠습니다.

1.2.3 파이썬 실행하기

이제 앞에서 설치한 파이썬 개발 환경 중 기본이 되는 파이썬 콘솔 프로그램에서 파이썬 코드를 작성하는 방법을 살펴보겠습니다. 파이썬 콘솔 프로그램을 실행하려면 먼저 아나콘다 메뉴에서 [Anaconda Prompt]를 클릭합니다(그림 1-15).

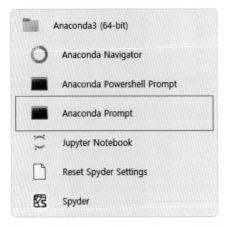

그림 1-15 아나콘다 메뉴에서 [Anaconda Prompt] 선택

그러면 아나콘다 프롬프트(Anaconda Prompt)가 실행됩니다(그림 1-16).

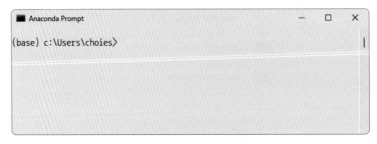

그림 1-16 아나콘다 프롬프트 실행

아나콘다 프롬프트에 python을 입력한 후 Enter 키를 누르면 파이썬 코드를 입력할 수 있는 파이썬 콘솔 프로그램이 실행됩니다(그림 1-17). 파이썬 콘솔 실행 화면에 보이는 Python 3.11.3은 현재 설치된 파이썬 버전이 3.11.3이라는 것을 의미합니다. 이 숫자는 설치된 파이썬 버전에 따라 다를 수 있습니다. 파이썬 콘솔 실행 화면에 보이는 >>>는 파이썬 인터프리터 프롬프트(혹은 파이썬 프롬프트)로 파이썬 코드가 입력되기를 기다리는 표시입니다. 파이썬 프롬프트 다음에 코드를 입력할 수 있습니다.

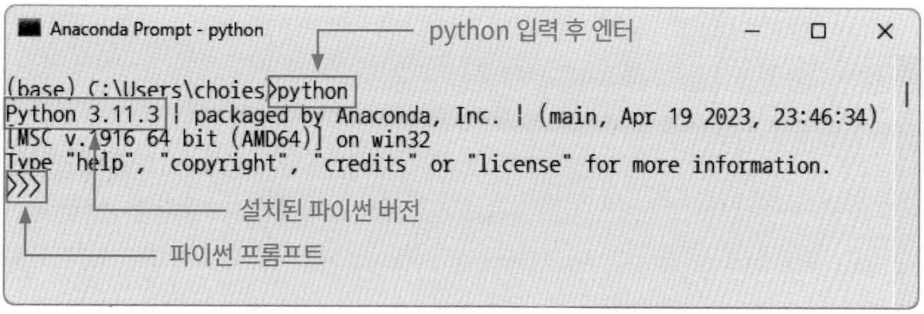

그림 1-17 아나콘다 프롬프트에서 파이썬 콘솔 실행

파이썬 프롬프트(>>>)에 2 + 3을 입력하고 Enter 키를 누르면 덧셈 연산 결과인 5가 출력됩니다(그림 1-18). 앞으로는 특별한 언급이 없어도 코드를 한 줄 입력한 후에는 마지막에 Enter 키를 반드시 입력해야 합니다. 곱셈 연산 예를 살펴보기 위해 3 * 4를 입력하면 결과인 12가 출력됩니다. 이처럼 파이썬 프롬프트는 계산기처럼 계산을 수행할 수 있으며, 한 줄을 입력하면 실행 결과를 바로 보여줍니다. 이어서 print() 함수를 사용하여 따옴표 안의 내용을 출력해 보겠습니다. 파이썬 프롬프트 다음에 print("Hello Python!!")을 입력하면 Hello Python!!이 출력됩니다. 참고로 따옴표는 작은따옴표(')와 큰따옴표(") 모두 사용할 수 있습니다.

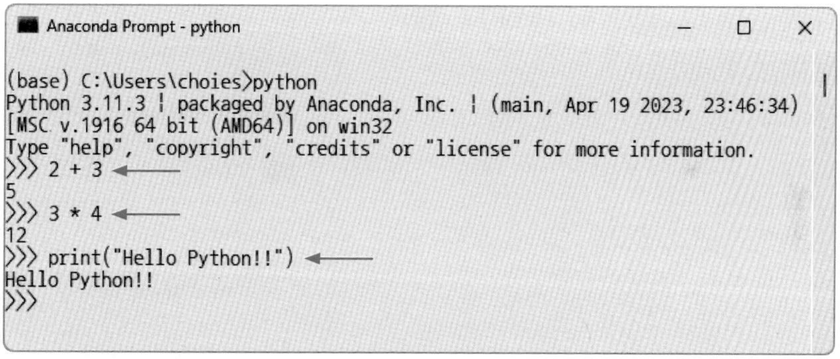

그림 1-18 첫 번째 파이썬 코드

파이썬 콘솔 프로그램을 종료하려면 프롬프트에 exit()를 입력하고 Enter 키를 누르거나 Ctrl + Z(키보드의 Ctrl 키를 누른 상태에서 Z 키를 누름)를 입력합니다. 그러면 파이썬 콘솔 프로그램이 종료되고 명령 프롬프트로 빠져나옵니다.

1.3 주피터 노트북 활용

이번 절에서는 주피터 노트북(Jupyter Notebook)이라는 웹 기반의 개발 환경에서 파이썬 코드를 작성하는 방법을 살펴보겠습니다. 주피터 노트북은 코드 작성, 실행 및 코드 설명을 위한 문서 작성을 한곳에서 할 수 있는 편리한 도구입니다. 마크다운(Markdown)을 사용해 텍스트, 수식, 시각화 자료를 작성할 수 있으며, 파이썬, R, 줄리아(Julia), 스칼라(Scala) 등 다양한 프로그래밍 언어를 지원합니다. 이러한 편리함 때문에 과학, 공학, 데이터 과학 및 머신러닝 분야에서 널리 사용되고 있습니다.

주피터 노트북은 아나콘다 배포판에 포함돼 있으므로 아나콘다를 설치한 후 바로 주피터 노트북에서 파이썬 코드를 작성할 수 있습니다. 주피터 노트북은 다양한 기능을 제공하지만, 이번 절에서는 파이썬 코드 작성에 필요한 기능을 중심으로 살펴보겠습니다. 더 자세한 내용은 주피터 노트북 홈페이지(https://jupyter.org)를 참고하세요.

1.3.1 주피터 노트북 실행과 노트북 생성

먼저 주피터 노트북을 실행하는 방법을 살펴보겠습니다. 아나콘다 메뉴에서 [Jupyter Notebook]을 클릭해 실행합니다(그림 1-19).

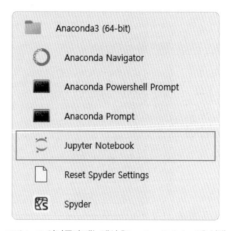

그림 1-19 아나콘다 메뉴에서 [Jupyter Notebook] 선택

주피터 서버가 시작되고 기본 브라우저의 새 창에서 주피터 노트북이 열립니다(그림 1-20). 이 책은 기본 브라우저로 파이어폭스를 사용했지만, 크롬이나 엣지를 사용해도 좋습니다. 브라우저에서 주피터 노트북이 열리면 홈 화면(Home Page)의 [Files] 탭에 기본 시작 폴더(C:\Users\사용자계정)에 있는 폴더와 파일이 보입니다. 이 상태에서 새로운 노트북을 생성하면 기본 시작 폴더나 그 아래의 폴더에만 저장할 수 있습니다.

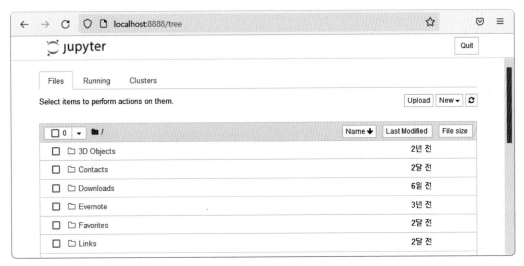

그림 1-20 주피터 노트북 실행

주피터 노트북을 기본 시작 폴더가 아닌 사용자가 원하는 작업 폴더에서 실행하면 해당 폴더와 하위 폴더에 주피터 노트북 파일을 저장할 수 있어 주피터 노트북 파일을 효율적으로 관리할 수 있습니다. 이를 위해 먼저 주피터 노트북을 종료합니다. 주피터 노트북을 종료하려면 브라우저에서 주피터 노트북과 관련된 탭을 모두 닫고 주피터 서버가 실행 중인 명령 창도 닫습니다(그림 1-21).

그림 1-21 주피터 서버 명령 창 닫기

이제 기본 시작 폴더가 아닌 작업 폴더(`C:\myPyAI`)에서 주피터 노트북을 실행하겠습니다. 먼저 아나콘다 메뉴에서 [`Anaconda Prompt`]를 클릭해 아나콘다 프롬프트 실행하고, 다음과 같은 방법으로 주피터 노트북을 실행합니다(그림 1-22).

1. 아나콘다 프롬프트에 '`cd C:\myPyAI`'를 입력해 작업 폴더로 이동[3]합니다.

2. 아나콘다 프롬프트에 '`jupyter notebook`'을 입력해 주피터 노트북을 실행합니다.

---

3 cd C:\myPyAI를 입력했을 때 오류가 발생하면 'C:\myPyAI' 폴더가 없는 것입니다. [책 사용 설명서]를 참고해 예제 코드를 다운로드하고 작업 폴더를 생성하세요

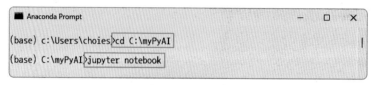

그림 1-22 아나콘다 프롬프트에서 주피터 노트북 실행

주피터 서버가 시작되고 브라우저가 열리면서 주피터 노트북의 홈 화면이 나타납니다(그림 1-23). 아나콘다 메뉴에서 [Jupyter Notebook]을 클릭해 주피터 노트북을 열 때와 달리 [Files] 탭에 작업 폴더(C:\myPyAI)의 내용이 표시됩니다.

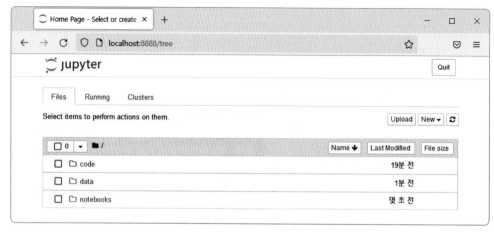

그림 1-23 작업 폴더(C:\myPyAI)에서 시작한 주피터 노트북

이제 주피터 노트북의 오른쪽 위 [New] → [Python3]를 차례대로 클릭합니다(그림 1-24).

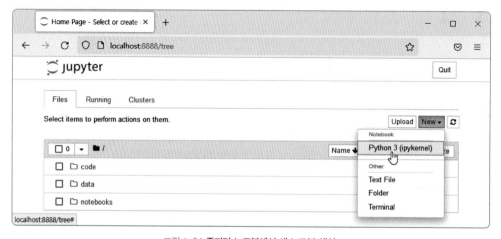

그림 1-24 주피터 노트북에서 새 노트북 생성

브라우저의 새 탭에 Untitled라는 이름의 노트북이 생성됩니다(그림 1-25).

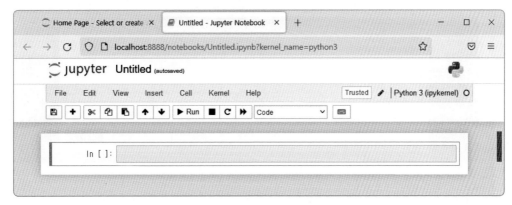

그림 1-25 Untitled라는 이름으로 생성된 노트북

이것으로 주피터 노트북에 파이썬 코드를 작성할 준비가 끝났습니다. 이제 주피터 노트북의 주요 기능을 살펴보고 파이썬 코드를 작성하고 실행하는 방법을 알아보겠습니다.

1.3.2 주피터 노트북 주요 기능 둘러보기

주피터 노트북에서 코드를 작성하기 전에 기본적인 사용법을 알아보겠습니다. 주피터 노트북의 사용자 인터페이스는 그림 1-26과 같습니다.

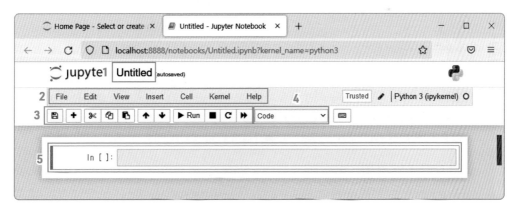

그림 1-26 주피터 노트북의 사용자 인터페이스

1. **노트북 이름(파일 이름)**: 노트북을 새로 생성하면 'Untitled' 혹은 'Untitled숫자'로 지정됩니다. 노트북 이름을 마우스로 클릭하면 팝업 창이 나타나는데, 변경할 노트북 이름(여기서는 python_code)을 입력하고 [Rename] 버튼을 클릭합니다(그림 1-27). 이때 노트북의 파일 이름은 '**노트북이름.ipynb**'이 됩니다.

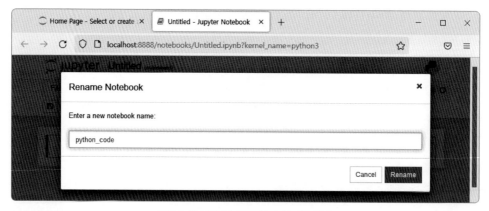

그림 1-27 주피터 노트북의 노트북 이름 변경

2. **메뉴 바**: 노트북의 모든 메뉴를 선택할 수 있습니다.

- **파일(File)**: 새 노트북 만들기, 복사하기 등의 파일과 관련된 작업을 할 수 있습니다.
- **편집(Edit)**: 셀(cell) 자르기, 셀 복사하기, 셀 붙이기, 셀 삭제하기 등의 작업을 할 수 있습니다.
- **보기(View)**: 헤더, 툴 바, 줄 번호 보이기/숨기기 등의 작업을 할 수 있습니다.
- **삽입(Insert)**: 현재 위치를 기준으로 위나 아래에 셀을 삽입할 수 있습니다.
- **셀(Cell)**: 하나 혹은 노트북 전체의 셀을 실행하고 셀 타입을 선택할 수 있습니다.
- **커널(Kernel)**: 커널 정지, 커널 재시작, 커널 재시작 후 전체 재실행 등의 작업을 할 수 있습니다.
- **도움말(Help)**: 단축키 확인하기, 단축키 설정하기 등의 작업을 할 수 있습니다.

📝 용어 설명

- **커널**: 주피터 노트북에서 커널은 사용자 코드를 수행하는 프로그램입니다. 아나콘다 배포판을 설치하면 기본적으로 파이썬 커널이 설치되지만 다른 프로그래밍 언어(R, 줄리아, 스칼라 등)를 위한 커널을 설치해 사용할 수도 있습니다. 주피터 노트북은 새 노트북을 생성할 때마다 설치한 커널 중 어떤 커널을 사용할지 선택할 수 있습니다. 현재 파이썬 3 커널만 설치됐기 때문에 파이썬 3 커널만 보입니다.

- **셀**: 주피터 노트북에서 셀은 사용자가 코드나 문서를 작성할 수 있는 공간입니다. 셀에는 코드를 입력할 수 있는 코드 셀과 마크다운 문서를 작성할 수 있는 마크다운 셀이 있습니다.

- **마크다운**: 특수 기호와 문자를 사용해 화면에 표시되는 문서의 형식을 지정하는 텍스트 기반의 마크업 언어입니다. 다른 마크업 언어(예, HTML)에 비해 문법 구조가 단순해 읽고 쓰기가 쉽습니다. 마크다운으로 작성된 문서는 HTML 등 서식이 있는 문서로 쉽게 변환할 수 있어 위키, 블로그, 깃허브 등 온라인 게시물을 작성할 때도 마크다운을 많이 이용합니다.

3. **툴 바**: 자주 사용하는 기능은 메뉴 바 아래의 아이콘으로도 사용할 수 있습니다(그림 1–28). 툴 바에 있는 순서대로 살펴봅시다.

그림 1–28 주피터 노트북의 툴 바

① **저장**(Save and Checkpoint): 노트북을 저장합니다.

② **셀 추가**(insert cell below): 현재 셀의 아래에 새로운 셀을 추가합니다. 셀을 추가하면 기본 유형은 코드를 입력하는 코드 셀이 됩니다.

③ **셀 삭제**(cut selected cells): 선택한 셀을 삭제합니다.

④ **셀 복사**(copy selected cells): 선택한 셀을 복사합니다.

⑤ **셀 붙이기**(paste cells below): 복사한 셀을 아래에 붙입니다.

⑥ **셀을 위로 이동**(move selected cells up): 선택한 셀을 위로 이동합니다.

⑦ **셀을 아래로 이동**(move selected cells down): 선택한 셀을 아래로 이동합니다.

⑧ **실행**(run cell, select below): 셀 유형이 코드이면 코드를 실행하고, 마크다운이면 마크다운 형식으로 작성된 문서의 결과를 보여줍니다.

⑨ **커널 정지**(interrupt the kernel): 셀에서 실행하고 있는 코드를 정지합니다. 반복문 등에서 실행을 멈출 때 사용합니다.

⑩ **커널 재시작**(restart the kernel): 커널을 다시 시작합니다.

⑪ **커널 재시작 후 전체 재실행**(restart the kernel and re–run the notebook): 커널을 다시 시작해 전체 노트북을 다시 실행합니다.

4. **셀 유형 선택**: 셀 유형을 선택합니다(그림 1–29). 셀 유형에는 코드와 마크다운 등이 있습니다. 셀 유형은 언제든지 변경할 수 있습니다.

- **코드**(Code): 코드를 작성합니다.

- **마크다운**(Markdown): 마크다운 형식의 문서를 작성합니다.

그림 1–29 주피터 노트북의 셀 유형 선택

5. 셀: 코드와 문서를 작성하는 공간입니다. 셀 유형을 코드로 지정하면 코드 셀이 되고, 마크다운으로 지정하면 문서를 작성할 수 있는 마크다운 셀이 됩니다. 코드 셀의 앞에는 'In [ ]:'이 표시됩니다. 코드를 입력하고 실행하면 [ ] 안에 숫자가 나타나며, 실행한 순서대로 1씩 증가합니다. 또한 코드 수행 결과의 출력에도 'Out[숫자]:'가 표시되는데 print()로 결과를 출력할 때는 결과 앞에 'Out[숫자]:'가 표시되지 않습니다. 셀에는 다음과 같이 편집 모드(그림 1-30)와 명령 모드(그림 1-31)가 있습니다. 언제든지 두 모드 사이를 전환할 수 있습니다.

- **편집 모드(Edit mode)**: 코드나 문서를 작성하기 위한 모드
  - **표시**: 녹색의 셀 경계선과 왼쪽의 녹색 막대로 표시되며, 편집 영역에는 프롬프트가 깜빡입니다.
  - **진입 방법**: 명령 모드에서 Enter 키를 누르거나 셀의 편집 영역을 클릭합니다.

- **명령 모드(Command mode)**: 셀을 다루기 위한 모드
  - **표시**: 회색의 셀 경계선과 왼쪽의 파란색 막대로 표시됩니다.
  - **진입 방법**: 편집 모드에서 키보드의 Esc 키를 누르거나 셀의 편집 영역의 바깥 부분을 클릭합니다.

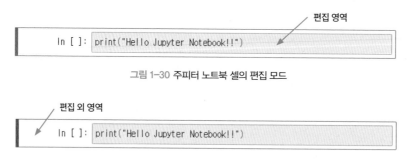

그림 1-30 주피터 노트북 셀의 편집 모드

그림 1-31 주피터 노트북 셀의 명령 모드

주피터 노트북에서는 마우스를 사용해 셀, 툴 바, 셀 유형을 선택하면서 코드와 문서를 작성할 수도 있지만 키보드 단축키를 활용하면 좀 더 편리하게 작업할 수 있습니다. 주로 사용하는 단축키는 표 1-1과 같습니다. 모든 단축키를 알고 싶다면 메뉴 바에서 **[Help] → [Keyboard Shortcuts]**를 클릭합니다.

표 1-1 주피터 노트북의 단축키

키보드 입력	설명
Shift + Enter	현재 셀을 수행하고 아래 셀을 선택. 아래에 셀이 없으면 새로운 셀을 추가
Alt + Enter	현재 셀을 수행하고 아래에 새로운 셀을 추가
Ctrl + Enter	현재 셀을 수행. 아래 셀 추가나 선택 없음
Ctrl + S	노트북 저장
Enter	명령 모드에서 입력 모드로 전환
Esc	입력 모드에서 명령 모드로 전환

키보드 입력	설명
M	명령 모드에서 셀 유형을 마크다운으로 전환
Y	명령 모드에서 셀 유형을 코드로 전환
L	명령 모드에서 줄 번호 보이기/숨기기
Ctrl + /	셀(입력 모드) 편집 영역에서 선택된 코드를 주석으로 처리/해제
상/하 방향키	명령 모드에서 셀 간의 상/하 이동

1.3.3 주피터 노트북에서 코드 작성

지금까지 주피터 노트북의 기본적인 내용을 살펴봤습니다. 이제 주피터 노트북에서 간단한 파이썬 코드를 작성하겠습니다. 생성한 노트북의 첫 번째 셀 편집 영역을 마우스로 클릭해 선택하고 print("Hello Jupyter Notebook!!")을 입력합니다(그림 1-32).

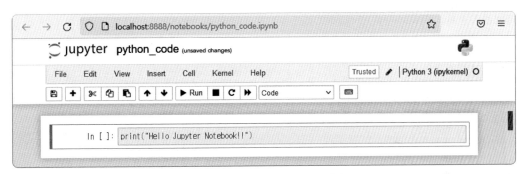

그림 1-32 주피터 노트북에서 코드 입력

다음으로 툴 바에서 [▶ Run] 아이콘을 클릭하거나 Shift + Enter 키를 누릅니다(그림 1-33).

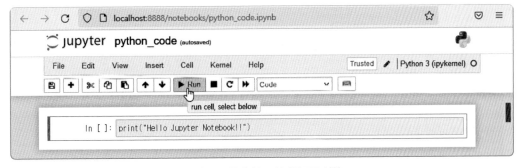

그림 1-33 주피터 노트북에서 코드 실행

코드가 실행되고 아래에 새로운 코드 셀이 추가됩니다(그림 1-34).

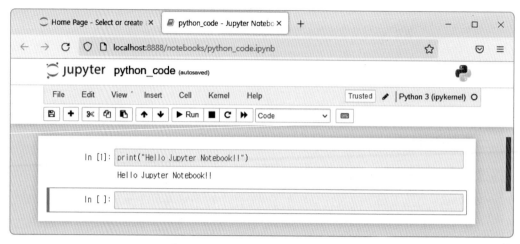

그림 1-34 주피터 노트북에서 코드 실행 후 결과 확인

주피터 노트북은 하나의 코드 셀에 여러 줄의 코드를 입력할 수 있습니다. 따라서 일반적인 문서 편집기로 코드를 작성하듯이 코드를 작성할 수 있습니다. 코드 셀에 코드를 여러 줄 입력해 실행하면 위에서부터 순차적으로 코드가 실행됩니다. 그림 1-35는 하나의 코드 셀에서 여러 줄의 코드를 입력하고 실행한 결과입니다.

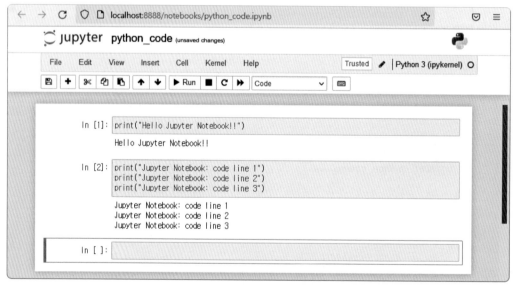

그림 1-35 코드 셀에서 여러 줄 코드를 입력하고 실행한 결과

코드나 문서 작성을 완성하고 나면 저장 아이콘을 클릭해 저장합니다. 저장한 노트북은 브라우저에서 홈 화면을 클릭해 [Files] 탭에서 확인할 수 있습니다. 지금은 앞에서 만든 노트북 파일(`python_code.ipynb`)이 나타납니다(그림 1-36). 열고 싶은 노트북 파일을 클릭하면 새 탭에 노트북이 열립니다. 이미 브라우저의 다른 탭에 원하는 노트북 파일이 열려 있다면 마우스로 클릭해 이동하면 됩니다.

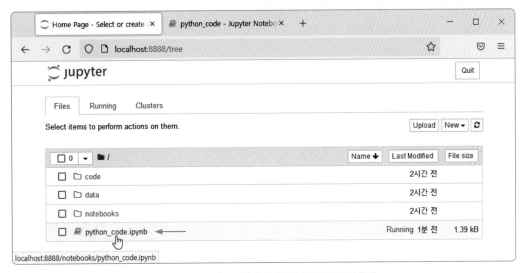

그림 1-36 주피터 노트북의 홈 화면에서 노트북 파일 확인

1.3.4 운영체제 명령어 실행

코드 작업을 하다 보면 특정 작업 폴더로 이동해야 할 수도 있고, 특정 폴더에 어떠한 파일이나 폴더가 있는지 확인해야 할 때도 있습니다. 또한 폴더를 만들거나 삭제하고, 파일의 내용을 살펴봐야 할 수도 있습니다. 이러한 작업들은 운영체제의 명령 프롬프트에서 수행할 수 있는데 주피터 노트북의 코드 셀에서는 아래와 같이 운영체제 명령어(command) 앞에 느낌표(!)를 붙여 운영체제에 명령을 내립니다.

```
!command
```

표 1-2는 윈도우 명령 프롬프트(cmd)에서 사용하는 윈도우 명령어 중 디렉터리(폴더)와 파일 관련 명령어 일부를 보여줍니다.

표 1-2 윈도우 명령어 중 디렉터리(폴더)와 파일 관련 명령어 예시

윈도우 명령어	설명	사용 예
cd 디렉터리	작업 디렉터리(폴더)의 위치를 지정한 디렉터리로 변경	cd C:\myPyAI
dir 디렉터리	작업 디렉터리에 있는 파일과 하위 디렉터리 목록을 출력	dir C:\myPyAI
tree 디렉터리	디렉터리 구조를 시각적으로 표시	tree C:\myPyAI
type 파일	텍스트 파일의 내용 표시	type hello_python.py
mkdir 디렉터리	디렉터리 생성	mkdir test_dir
rmdir 디렉터리	디렉터리 삭제	rmkdir test_dir
echo %환경변수%	환경 변수 출력	echo %PYTHONPATH%

몇몇 명령어는 !command가 아니라 command로 운영체제에 명령을 내릴 수 있습니다. 이 중 일부를 살펴보면, !dir은 ls로, !mkdir는 mkdir로, !rmdir는 rmdir로, !echo는 echo로 사용할 수 있습니다. 단, cd 명령어는 !cd로는 동작하지 않고, cd로만 동작합니다.

다음은 표 1-2에서 설명한 윈도우 명령 프롬프트의 명령어를 주피터 노트북 코드 셀에서 사용하는 예를 보여줍니다.

```
In :  cd C:\myPyAI\code
```

```
Out:  C:\myPyAI\code
```

위 명령어를 수행했을 때 오류가 발생하면 'C:\myPyAI\code' 폴더가 없는 것입니다. [책 사용 설명서]를 참고해 예제 코드를 다운로드하고 작업 폴더를 생성하세요.

1.3.5 파일을 쓰고 불러오고 실행하기

주피터 노트북에서는 IPython의 내장 마술 명령어(magic command)를 이용해 다양한 작업을 수행할 수 있습니다. IPython의 마술 명령어 중 코드 파일을 쓰고 불러오고 실행하는 명령어를 알아보겠습니다.

참고

마술 명령어

주피터 노트북에 사용할 수 있는 내장 마술 명령어는 다양합니다. 마술 명령어에 어떤 것이 있는지 알아보려면 코드 셀에 %lsmagic을 입력하면 됩니다. 마술 명령어에는 %로 시작하는 라인 마술 명령어와 %%로 시작하는 셀 마술 명령어가 있습니다. 라인 마술 명령어와 셀 마술 명령어의 적용 범위는 각각 라인(한 줄)과 셀(코드 셀)입니다.

코드 셀의 코드를 파이썬 코드 파일로 저장하려면 다음과 같이 %%writefile 명령어를 사용합니다.

```
%%writefile [-a] file_name.py
<코드 블록>
```

위와 같이 실행하면 해당 코드 셀의 전체 코드가 file_name.py에 저장됩니다. 여기서 파일명을 지정할 때 경로를 포함할 수 있습니다. 옵션인 -a을 사용하면 같은 이름의 파일이 있을 때 기존 파일의 내용 뒤에 새로운 내용을 추가(append)하고, 사용하지 않으면 덮어씁니다. 파이썬 코드뿐만 아니라 일반 텍스트 파일도 %%writefile 명령어로 저장할 수 있습니다.

노트

파이썬 코드를 텍스트 파일로 저장할 때 확장자는 py로 지정합니다. 따라서 파이썬 코드의 파일명을 file_name으로 저장하려면 file_name.py로 저장해야 합니다.

텍스트 파일을 불러오려면 코드 셀에서 다음과 같이 %load 명령어를 사용합니다.

```
%load file_name.py
```

위와 같이 실행하면 지정한 텍스트 파일(file_name.py)을 읽어 코드 셀에 표시합니다. 역시 파일명을 지정할 때 경로를 포함할 수 있습니다.

파이썬 코드를 실행하려면 다음과 같이 %run 명령어를 사용합니다.

```
%run file_name.py
```

위와 같이 실행하면 지정한 파이썬 코드 파일(file_name.py)을 실행합니다.

이제 앞에서 살펴본 %%writefile, %load, %run을 사용해 파이썬 코드 파일을 쓰고, 읽고, 실행하는 예를 살펴보겠습니다. 먼저 %%writefile 명령어를 사용해 코드 셀의 파이썬 코드를 작업 폴더 (C:\myPyAI\code)에 파이썬 코드 파일(multi_line_print.py)로 저장하겠습니다.

```
In :  %%writefile C:\myPyAI\code\multi_line_print.py
      # File name: multi_line_print.py
      print("Jupyter Notebook: code line 1")
      print("Jupyter Notebook: code line 2")
      print("Jupyter Notebook: code line 3")
```

```
Out:  Writing C:\myPyAI\code\multi_line_print.py
```

마술 명령어인 %%writefile 파일명을 처음 실행할 때 파일이 잘 생성됐다면 Writing 파일명을 출력합니다. 이후에 다시 %%writefile 파일명을 실행하는데 같은 이름의 파일이 있다면 기존 파일을 덮어쓰고 Overwriting 파일명을 출력합니다. %%writefile -a 파일명을 실행할 때 같은 이름의 파일이 이미 있다면 이 파일 뒤에 내용을 추가하고 Appending to 파일명을 출력합니다.

> **참고**
> **파이썬의 주석**
>
> 주석은 영어로 코멘트(Comment)라고 하며, 프로그램을 작성할 때 코드를 설명하거나 추가 정보를 제공하는 데 쓰입니다. 주석은 코드로 인식되지 않으므로 컴파일러나 인터프리터에 의해 무시됩니다. 프로그래밍 언어마다 주석을 작성하기 위한 독자적인 기호가 있으며, 파이썬은 주석 기호로 #을 사용합니다. 즉, # 다음에 오는 내용은 주석으로 인식하므로 실행되지 않습니다. 여러 줄을 주석으로 만들고 싶을 때는 앞뒤를 """로 감싸면 됩니다.

앞에서 저장한 파일을 불러오려면 코드 셀에서 %load C:\myPyAI\code\multi_line_print.py를 수행합니다. 그러면 %load file_name.py 관련 부분은 주석 처리되며 해당 텍스트 파일을 불러옵니다.

다음은 %run으로 파이썬 코드 파일을 실행하는 예를 보여줍니다.

```
In :  %run C:\myPyAI\code\multi_line_print.py
```

```
Out:  Jupyter Notebook: code line 1
      Jupyter Notebook: code line 2
      Jupyter Notebook: code line 3
```

1.4 정리

이번 장에서는 초거대 AI와 대규모 언어 모델에 대해 간단히 살펴보고, 아나콘다 배포판을 사용해 파이썬 개발 환경을 설치했습니다. 파이썬 콘솔, 주피터 노트북을 사용해 파이썬 코드를 작성하고 실행하는 방법을 간략하게 살펴보았습니다. 특히 주피터 노트북에서는 코드를 작성하는 방법 외에도 운영체제 명령어를 수행하는 방법을 알아봤습니다. 이 책에서는 주로 주피터 노트북을 사용해 코드를 작성할 예정이므로, 주피터 노트북 사용법을 잘 익혀두시길 바랍니다.

파이썬 기본 문법

이번 장에서는 파이썬 프로그래밍의 기본 문법을 다룹니다. 변수 할당 및 활용 방법과 파이썬에서 사용되는 자료형을 살펴볼 예정입니다. 또한, 코드의 진행 흐름을 제어하는 제어문에 대해서도 알아볼 것입니다. 마지막으로 형식에 맞춰 데이터를 출력하는 방법을 살펴보겠습니다.

2.1 변수와 자료형

파이썬과 같은 프로그래밍 언어는 입력된 데이터의 성격에 따라 자료형을 구분합니다. 파이썬의 기본 자료형에는 정수와 실수를 나타내는 숫자 자료형, 참과 거짓을 나타내는 불 자료형, 문자의 집합을 나타내는 문자열 자료형, 그리고 여러 자료를 묶어 처리하는 리스트, 튜플, 세트, 딕셔너리 자료형이 있습니다. 먼저 이러한 자료를 담는 그릇인 변수를 알아보고 이어서 각각의 자료형에 대해 자세히 알아보겠습니다.

2.1.1 변수

변수(variable)는 그림 2-1과 같이 자료를 담을 수 있는 이름이 있는 상자입니다. 숫자나 문자열과 같은 자료를 변수에 담고(할당하고) 필요할 때 변수의 내용을 활용한다면 코드를 효율적으로 작성할 수 있습니다.

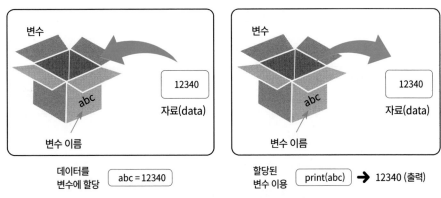

그림 2-1 변수에 자료를 할당하고 변수의 자료를 활용

파이썬에서는 다음과 같은 방법으로 변수에 자료를 할당합니다.

변수명 = 자료

이때 **변수명**과 등호(=), 등호와 **자료** 사이의 공백은 무시됩니다. 변수에 할당된 **자료**를 이용하려면 **변수명**만 쓰면 됩니다.

다음은 변수에 자료를 할당하는 예입니다.

```
In :  n = 1234                    # 변수 n에 숫자 할당
      s = "Python is powerful."   # 변수 s에 문자열 할당

      print(n)  # 변수 n의 내용 출력
      print(s)  # 변수 s의 내용 출력

Out:  1234
      Python is powerful.
```

위에서 변수 n과 변수 s에 숫자와 문자열을 할당했습니다. 자료를 할당한 변수를 출력하면 변수에 할당된 자료를 볼 수 있습니다.

앞에서 변수에 숫자와 문자열을 할당하고 이용한 것처럼, 변수에는 모든 형태의 자료를 넣을 수 있습니다.

변수명을 지을 때는 다음과 같이 몇 가지 규칙을 지켜야 합니다.

- 변수명은 문자, 숫자, 밑줄 기호(_)를 이용해 만듭니다.

- 변수명은 숫자로 시작할 수 없습니다.

- 변수명은 대소문자를 구분합니다.

- 변수명에는 공백을 포함할 수 없습니다.

- 변수명에는 밑줄 이외의 기호는 사용할 수 없습니다.

- 다음과 같은 파이썬 예약어는 변수명으로 이용할 수 없습니다.

  - None, True, False, and, as, assert, break, class, continue, def, del, elif, else, except, finally, for, from, global, if, import, in, is, lambda, nonlocal, not, or, pass, raise, return, try, while, with, yield

파이썬에서는 보통 변수명을 영어 알파벳 소문자로 쓰며, 각 단어를 연결할 때는 밑줄 기호(_)를 이용합니다(예: total_sum). 또한 값이 변하지 않는 상수(constant) 데이터를 할당할 때의 변수명은 모두 대문자로 작성(예: PI = 3.14)하는 것이 일반적입니다.

실제 코드를 작성할 때는 변수명에 할당된 자료의 의미를 알아보기 쉽게 만드는 것이 좋습니다. 예를 들어, '입력 주소'와 '파일명'처럼 문자열을 넣는 변수를 생성한다면 a나 abcd12345와 같은 변수명보다 input_address나 file_name과 같이 의미 있는 변수명을 사용하는 것이 좋습니다.

2.1.2 숫자(int, float)

이제 파이썬의 자료형을 살펴보겠습니다. 먼저 숫자 자료형을 살펴보겠습니다. 파이썬의 숫자 자료형에는 123과 같이 숫자에 소수점이 없는 정수형(int)과 123.45와 같이 숫자에 소수점이 있는 실수형(float)이 있습니다.

다음은 숫자 123과 123.45의 자료형을 확인하기 위해 type(123)과 type(123.45)을 입력하고 실행하는 예입니다.

```
In :  type(123)
```
```
Out:  int
```

```
In :  type(123.45)
```
```
Out:  float
```

타입(type)의 출력 결과에서 int는 정수를, float는 실수를 의미합니다.

참고
자료형을 알려주는 type() 함수

파이썬에서 type() 함수를 사용하면 자료의 자료형을 확인할 수 있습니다. 예를 들어, 변수 x의 자료형을 알고 싶다면 type(x)를 실행하면 x의 자료형이 반환됩니다. 참고로 앞에서 살펴본 print()도 함수입니다. 코드의 묶음인 함수는 다음 장에서 자세히 살펴보겠습니다.

숫자 자료형끼리는 윈도우 계산기나 엑셀에서처럼 숫자와 연산자로 계산할 수 있습니다. 파이썬 개발 환경의 프롬프트나 주피터 노트북의 코드 셀에서 숫자와 연산자를 입력하고 실행하면 계산 결과가 바로 출력됩니다. 다음은 주피터 노트북에서 숫자와 더하기 연산자(+)를 사용해 더하기 연산을 수행한 예입니다.

```
In : 5 + 2.5
```

```
Out: 7.5
```

출력 결과를 보면 연산이 제대로 이뤄졌음을 알 수 있습니다. 숫자와 연산자 사이에는 공백이 있어도 되고 없어도 됩니다. 또한, 여기서는 print() 함수를 이용하지 않아도 계산 결과가 출력된 것을 볼 수 있는데, 이는 코드의 마지막 줄의 결과는 print()를 이용하지 않아도 출력되기 때문입니다. 코드의 마지막 줄에 변수만 있는 경우에도 변수의 내용을 출력합니다.

파이썬에는 기본적인 사칙 연산(더하기, 빼기, 곱하기, 나누기)과 몫과 나머지, 거듭제곱을 구하는 연산이 있습니다. 표 2-1은 이러한 산술 연산자와 사용 예를 보여줍니다.

표 2-1 산술 연산자

연산자	설명	사용 예	결과
a + b	숫자 a에 b 더하기	5 + 2	7
a - b	숫자 a에서 b 빼기	5 - 2	3
a * b	숫자 a에 b 곱하기	5 * 2	10
a / b	숫자 a를 b로 나누기	5 / 2	2.5
a // b	숫자 a를 b로 나눴을 때의 몫	5 // 2	2
a % b	숫자 a를 b로 나눴을 때의 나머지	5 % 2	1
a ** b	숫자 a의 b 거듭제곱	5 ** 2	25

다음은 표 2–1의 연산자 사용 예를 실행한 결과입니다. 주피터 노트북 셀 하나에서 여러 연산 결과를 비교하기 위해 print() 함수를 이용해 출력했습니다.

```
In :  print(5 + 2)  # 더하기
      print(5 - 2)  # 빼기
      print(5 * 2)  # 곱하기
      print(5 / 2)  # 나누기
      print(5 // 2) # 몫 구하기
      print(5 % 2)  # 나머지 구하기
      print(5 ** 2) # 거듭제곱
```

```
Out:  7
      3
      10
      2.5
      2
      1
      25
```

연산자가 여러 개일 때는 다음과 같이 일반적인 연산 규칙을 따릅니다. 연산에서 괄호는 '('와 ')'를 이용하며 반드시 쌍을 이뤄야 합니다.

- 괄호 안 계산 → 지수 계산 → 곱셈과 나눗셈 계산 → 덧셈과 뺄셈 계산
- 같은 순위의 연산은 왼쪽에서 오른쪽으로 계산
- 중복된 괄호가 있으면 안쪽 괄호부터 계산

다음은 복합 연산의 예입니다.

```
In :  (10/5 + (5-2)) * (1.2+2) / 2**2
```

```
Out:  4.0
```

파이썬에서는 정수와 실수를 혼합해 연산할 수 있으며, 이때 결과는 실수형이 됩니다. 따라서 숫자가 정수형인지 실수형인지 신경 쓰지 않고 연산을 수행할 수 있습니다.

2.1.3 문자열(str)

문자열(string)은 문자(character)의 나열을 의미하는데, 파이썬에서는 따옴표로 둘러싼 문자의 집합입니다. 파이썬에서는 문자열을 만들기 위해 큰따옴표(")와 작은따옴표(')를 모두 이용할 수 있으며, 양쪽에 같은 따옴표를 써야 합니다. 다음은 큰따옴표와 작은따옴표를 이용해 문자열을 만드는 예시입니다.

```
In : "String"
```
```
Out:  'String'
```

```
In : 'Test'
```
```
Out:  'Test'
```

주피터 노트북의 코드 셀에 문자열을 바로 입력해 출력하면 앞의 예처럼 작은따옴표와 함께 문자열이 출력되지만, print() 함수를 이용하면 다음과 같이 따옴표 없이 문자열만 출력됩니다.

```
In : print("String")
     print('Test')
```
```
Out:  String
      Test
```

만약 문자열 안에 작은따옴표를 포함하려면 전체 문자열을 큰따옴표로 감싸면 되고, 반대로 큰따옴표를 포함하려면 전체 문자열을 작은따옴표로 감싸면 됩니다. 또한, 문자열을 만들 때 한글을 사용할 수도 있습니다. 다음은 작은따옴표나 큰따옴표를 문자열에 포함한 예입니다.

```
In : print("It's OK.")
```
```
Out:  It's OK.
```

```
In : print('그는 "파이썬이 무엇입니까?"라고 물었습니다.')
```
```
Out:  그는 "파이썬이 무엇입니까?"라고 물었습니다.
```

자료형을 알아보기 위해 **type()** 함수를 이용해 문자열의 타입을 출력해 보겠습니다.

```
In :  type('Hello Python!')
Out:  str
```

따옴표로 둘러싸인 문자의 자료형은 문자열(**str**)이라는 결과가 출력됩니다.

문자열에 사용할 수 있는 연산자는 더하기 연산자(+)와 곱하기 연산자(*)입니다. 더하기 연산자는 문자열끼리 연결하고, 곱하기 연산자는 곱한 정수만큼 문자열을 반복해서 연결합니다. 다음은 문자열에서 더하기 연산자와 곱하기 연산자를 사용한 예입니다.

```
In :  "Hello" + " " + "Python " + "!"
Out:  'Hello Python !'
```

```
In :  "Python" * 3
Out:  'PythonPythonPython'
```

위 결과를 보면 문자열에서 더하기 연산자와 곱하기 연산자는 공백 없이 문자열을 연결하는 것을 볼 수 있습니다.

문자열에 **len()** 함수를 사용하면 문자열이 몇 개의 문자로 이뤄졌는지 알 수 있습니다. 다음 예제를 봅시다.

```
In :  len("Python")
Out:  6
```

```
In :  len("Python ")
Out:  7
```

보다시피 공백도 문자열이므로 문자열의 개수를 셀 때 공백도 포함합니다.

> 참고
> **구성 요소의 개수를 알려주는 len() 함수**
>
> 파이썬의 **len()** 함수는 여러 요소로 구성된 자료(문자열, 리스트, 튜플, 세트, 딕셔너리 등)에서 요소의 개수(자료의 길이)를 반환합니다. 따라서 자료 x의 요소 개수를 알고 싶다면 **len(x)**를 실행하면 됩니다.

만약 여러 행으로 된 문장을 그대로 입력하고 싶거나 큰따옴표와 작은따옴표를 모두 포함하고 싶다면 문장 전체를 삼중 큰따옴표(""")나 삼중 작은따옴표(''')로 감싸면 됩니다. 다음은 문장 전체를 삼중 작은따옴표로 감싼 예입니다.

```
In : long_str = '''판결문에서 긴 법률명을 줄여 쓸 때
    소괄호 안에 "이하 '~~법'이라 한다"라고 쓴다.'''

    print(long_str)
```
```
Out: 판결문에서 긴 법률명을 줄여 쓸 때
    소괄호 안에 "이하 '~~법'이라 한다"라고 쓴다.
```

파이썬에는 문자열 처리를 간편하게 할 수 있는 다양한 방법이 있습니다. 문자열을 처리하는 다양한 방법은 뒤에서 살펴보겠습니다.

2.1.4 불(bool)

불(boolean)은 논리적으로 참(True)과 거짓(False)을 표현하는 자료형입니다. 참은 논리적으로 어떠한 것이 '맞다'는 의미이고, 거짓은 '틀리다'는 의미입니다. 불은 논리 연산자(logical operator)와 함께 코드에서 특정 조건을 판단하는 데 사용됩니다.

불 자료형에는 참을 나타내는 True와 거짓을 나타내는 False가 있습니다. True와 False는 따옴표 없이 써야 하며, 대소문자를 구분하므로 true나 false로 쓰면 안 됩니다.

불 자료형은 논리 연산을 수행하는 데 사용됩니다. 파이썬의 논리 연산자는 논리곱(and), 논리합(or), 논리 부정(not)이 있습니다. 표 2-2에 논리 연산자의 동작과 활용 예를 정리했습니다.

표 2-2 논리 연산자

논리 연산자	의미	활용 예	설명
and	논리곱	A and B	A와 B 모두 참일 때만 참이고, 나머지는 거짓
or	논리합	A or B	A와 B 중 하나라도 참이면 참이고, 둘 다 거짓일 때 거짓
not	논리 부정	not A	A가 참이면 거짓이고, 거짓이면 참

다음은 불 자료형을 이용해 논리 연산을 수행한 예입니다.

```
In :  print(True and False)
      print(True or False)
      print(not False)
```

```
Out:  False
      True
      True
```

다음으로 알아볼 연산자는 비교 연산자(comparison operator)입니다. 비교 연산자의 결과는 불 자료형으로 출력합니다. 표 2-3은 비교 연산자의 의미와 활용 예입니다. 비교 연산자 중 ==은 등호(=)를 연속해서 두 번 입력한 것으로, 변수에 값을 할당하는 =과 구분해 사용해야 합니다.

표 2-3 비교 연산자

비교 연산자	의미	활용 예	설명
==	같다	A == B	A는 B와 같다
!=	같지 않다	A != B	A는 B와 같지 않다
<	작다	A < B	A는 B보다 작다
>	크다	A > B	A는 B보다 크다
<=	작거나 같다	A <= B	A는 B보다 작거나 같다
>=	크거나 같다	A >= B	A는 B보다 크거나 같다

다음은 비교 연산자의 활용 예를 보여줍니다.

```
In :  # 숫자 자료형에 대한 비교 연산자 활용 예
      print(10 == 5)  # 10과 5는 같다 --> 거짓(False)
      print(10 != 5)  # 10과 5는 같지 않다 --> 참(True)
      print(10 < 5)    # 10은 5보다 작다 --> 거짓(False)
      print(10 > 5)    # 10은 5보다 크다 --> 참(True)
      print(10 <= 5)   # 10은 5보다 작거나 같다 --> 거짓(False)
      print(10 >= 5)   # 10은 5보다 크거나 같다 --> 참(True)

      # 불 자료형에 대한 논리 연산자 활용 예
      print(True == False) # True와 False는 같다 --> 거짓(False)
      print(True != False) # True와 False는 같지 않다 --> 참(True)
```

```
Out:   False
       True
       False
       True
       False
       True
       False
       True
```

비교 연산자는 논리 연산자보다 우선순위가 높습니다. 따라서 비교 연산자와 논리 연산자가 함께 있을 때는 비교 연산을 먼저 수행합니다. 그림 2-2는 비교 연산과 논리 연산이 혼합된 연산에서 연산의 순서를 보여주는 예입니다. 연산 규칙에 따라 괄호 안을 먼저 계산하고 왼쪽에서 오른쪽 순서로 계산하는데, 우선순위가 높은 비교 연산을 먼저 수행합니다.

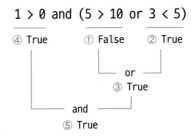

그림 2-2 비교 연산자와 논리 연산자가 함께 있는 연산의 예

그림 2-2의 연산 결과를 코드로 확인하면 다음과 같습니다.

```
In :   1 > 0 and (5 > 10 or 3 < 5)
```
```
Out:   True
```

여기서 알아본 비교 연산자와 논리 연산자는 나중에 살펴볼 조건문과 반복문에서 조건을 판단하는 데 이용됩니다.

2.1.5 리스트(list)

지금까지 살펴본 숫자, 문자열, 불 자료형은 자료를 하나씩 처리할 수 있었습니다. 앞으로 살펴볼 리스트, 튜플, 세트, 딕셔너리 자료형은 여러 자료를 하나로 묶어서 관리할 수 있습니다. 따라서 여러 자료를 한 번에 처리할 때 사용하면 편리합니다.

먼저 순서가 있는 요소로 구성되며, 생성한 후에 요소를 변경할 수 있는 리스트를 살펴보겠습니다.

리스트 만들기

리스트는 대괄호를 사용해 만듭니다. 대괄호 안에는 여러 요소가 올 수 있으며, 요소는 쉼표(,)로 구분합니다.

다음은 리스트를 생성하는 방법을 보여줍니다.

```
list_data = [요소1, 요소2, 요소3, …, 요소n]
```

리스트의 요소로는 어떤 종류의 자료형도 올 수 있으며, 모든 요소가 같은 자료형일 필요는 없습니다. 위와 같이 리스트 데이터를 변수(list_data)에 할당하면 변수에는 요소 데이터가 순서대로 할당됩니다.

다음은 리스트의 예입니다.

```
In :  list_num = [10, 20, 30, 40]                       # 숫자로 리스트를 구성
      list_str = ['programming', 'language', 'python']  # 문자열로 리스트를 구성
      list_mix1 = [1.5, 2.6, '문자열1', '문자열2']        # 숫자와 문자열로 리스트를 구성
      list_mix2 = [4.0, True, 'abc', list_mix1]          # 숫자, 불, 문자열, 리스트로 리스트를 구성
      list_empty = [] # 요소가 없는 빈 리스트

      print(list_num)
      print(list_str)
      print(list_mix1)
      print(list_mix2)
      print(list_empty)
```
```
Out:  [10, 20, 30, 40]
      ['programming', 'language', 'python']
      [1.5, 2.6, '문자열1', '문자열2']
      [4.0, True, 'abc', [1.5, 2.6, '문자열1', '문자열2']]
      []
```

보다시피 다양한 자료형의 요소로 구성된 리스트를 만들었습니다. 즉, 리스트의 요소로 숫자, 문자열, 불, 리스트 자료형을 이용했습니다. 또한 요소가 없는 빈 리스트도 만들었습니다.

리스트가 몇 개의 요소로 구성됐는지 알아야 할 때가 있습니다. 이때 이용하는 함수가 len() 함수입니다. 다음은 len() 함수를 이용해 앞에서 생성한 리스트의 길이를 확인하는 예입니다.

```
In :  print(len(list_num))    # 요소의 개수: 4
      print(len(list_str))    # 요소의 개수: 3
      print(len(list_mix1))   # 요소의 개수: 4
      print(len(list_mix2))   # 요소의 개수: 4
      print(len(list_empty))  # 요소의 개수: 0
```

```
Out:  4
      3
      4
      4
      0
```

앞에서 생성한 리스트 요소의 개수와 len() 함수로 출력한 결과가 일치하는 것을 확인할 수 있습니다.

리스트 인덱싱

리스트 자료형은 인덱스(index)를 이용해 각 요소의 위치를 지정하여 특정 요소에 접근할 수 있습니다.

```
list_data[i]
```

리스트의 인덱스(i)는 0부터 시작합니다. 따라서 n개의 요소를 갖는 리스트에서 마지막 요소를 가져오려면 **리스트[n-1]**로 지정합니다. 인덱스가 음수인 음수 인덱싱(Negative indexing)도 지원하는데, 인덱스가 음수이면 요소를 가리키는 순서가 반대가 됩니다. 즉, 인덱스가 -1이면 리스트의 마지막 요소를 가리키고, -2는 마지막 인덱스 바로 앞의 요소를 가리킵니다. 그림 2-3은 인덱스에 따라 리스트의 요소가 어떻게 선택되는지를 보여줍니다.

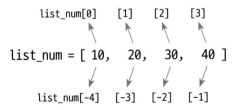

음수 인덱스	-4	-3	-2	-1
인덱스	0	1	2	3
리스트 요소	10	20	30	40

그림 2-3 리스트에서 인덱스가 가리키는 요소의 위치(예)

다음은 앞에서 만든 list_num 리스트에서 인덱스를 이용해 각 요소를 가져오는 예입니다.

```
In :   print(list_num)      # list_num 출력
       print(list_num[0])   # list_num의 첫 번째 요소를 가져옴
       print(list_num[1])   # list_num의 두 번째 요소를 가져옴
       print(list_num[3])   # list_num의 네 번째 요소를 가져옴
       print(list_num[-1])  # list_num의 마지막 요소를 가져옴 (음수 인덱스 이용)
       print(list_num[-2])  # list_num의 마지막 요소 앞의 요소를 가져옴 (음수 인덱스 이용)
```

```
Out:   [10, 20, 30, 40]
       10
       20
       40
       40
       30
```

만약 리스트의 요소가 다시 리스트라면 다시 인덱스를 통해 요소를 가져올 수 있습니다. 다음은 앞에서 생성한 리스트를 요소로 갖고 있는 list_mix2 리스트에서 요소가 리스트일 때 해당 리스트의 요소를 가져오는 예입니다.

```
In :   print(list_mix2)        # list_mix2 출력
       print(list_mix2[3])     # list_mix2에서 네 번째 요소를 가져옴
       print(list_mix2[3][2])  # 네 번째 요소인 리스트에서 세 번째 요소를 가져옴
```

```
Out:   [4.0, True, 'abc', [1.5, 2.6, '문자열1', '문자열2']]
       [1.5, 2.6, '문자열1', '문자열2']
       문자열1
```

리스트의 요소는 다음과 같이 인덱스로 지정한 요소에 새로운 자료를 입력하는 방식으로 변경할 수 있습니다.

```
list_data[i] = new_data
```

다음은 리스트 변수의 요소를 변경하는 예입니다.

```
In :  list_num1 = [100, 200, 300, 400] # 리스트 생성
      print(list_num1)

      list_num1[1] = 500 # 두 번째 요소에 새로운 데이터를 할당
      print(list_num1)
```

```
Out:  [100, 200, 300, 400]
      [100, 500, 300, 400]
```

리스트에서 특정 요소를 제거하려면 다음과 같이 del을 이용하면 됩니다.

```
del list_data[i]
```

이 경우 리스트 데이터(list_data)에서 인덱스 i에 해당하는 요소는 제거되고, 나머지 요소에는 새롭게 인덱스가 매겨집니다. 만약 인덱스 i가 리스트의 인덱스 범위를 벗어나면 오류가 발생합니다.

다음은 생성한 리스트의 특정 요소를 제거하는 예입니다.

```
In :  list_num2 = [0, 10, 20, 30, 40, 50] # 숫자로 리스트를 구성
      print(list_num2)

      del list_num2[2] # 리스트에서 인덱스가 2인 요소를 제거
      print(list_num2)
```

```
Out:  [0, 10, 20, 30, 40, 50]
      [0, 10, 30, 40, 50]
```

리스트 인덱싱 방법은 문자열에도 그대로 적용할 수 있습니다. 다음은 문자열 인덱싱의 예입니다.

```
In :  str1 = "ABCDEFG"
      print(str1)        # 문자열 전체 출력
      print(str1[0])     # 문자열 첫 번째 요소를 가져옴
      print(str1[1])     # 문자열 두 번째 요소를 가져옴
      print(str1[-1])    # 문자열의 마지막 요소를 가져옴 (음수 인덱스 이용)
      print(str1[-2])    # 문자열의 마지막 요소 앞의 요소를 가져옴 (음수 인덱스 이용)
```

```
Out:  ABCDEFG
      A
      B
      G
      F
```

리스트 슬라이싱

앞에서는 **리스트[i]**로 인덱스가 **i**인 리스트의 요소에 접근했습니다. 이번에는 생성한 리스트의 특정 범위를 잘라내어 리스트의 요소 중 일부를 가져오는 리스트 슬라이싱(Slicing)을 알아보겠습니다.

다음과 같은 방법으로 리스트 인덱스의 범위를 지정해 리스트를 슬라이싱할 수 있습니다.

```
list_data[start:end]        # 인덱스 범위: start ~ end-1
list_data[:end]             # 인덱스 범위: 0 ~ end-1
list_data[start:]           # 인덱스 범위: start ~ 리스트 끝
list_data[:]                # 인덱스 범위: 모든 인덱스
```

그림 2-4는 리스트 슬라이싱의 예입니다. 리스트 슬라이싱을 할 때는 **start**와 **end**에 따라 선택되는 요소가 달라지는 것을 볼 수 있습니다.

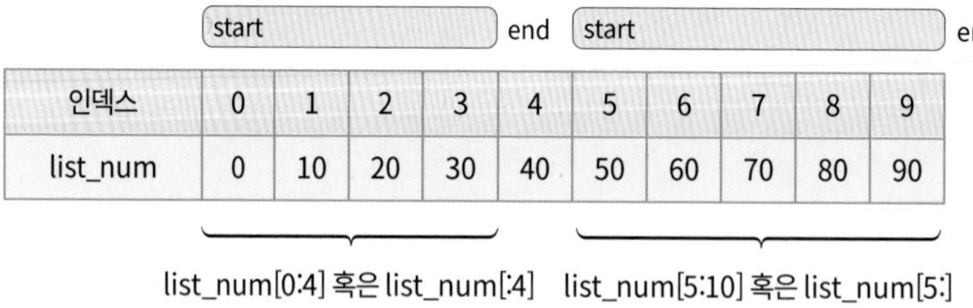

그림 2-4 리스트 슬라이싱의 예

아래는 리스트를 만든 후에 슬라이싱하는 예입니다.

```
In :   list_num3 = [0, 10, 20, 30, 40, 50, 60, 70, 80, 90] # 리스트 생성

       print(list_num3)         # 리스트 출력
       print(list_num3[0:4])    # 인덱스 범위: 0 ~ 3
       print(list_num3[5:10])   # 인덱스 범위: 5 ~ 9
       print(list_num3[:4])     # start를 생략. 인덱스 범위: 0 ~ 3
       print(list_num3[5:])     # end를 생략. 인덱스 범위: 5 ~ 끝(9)
       print(list_num3[:])      # start와 end 둘 다 생략. 인덱스 범위: 모든 인덱스

Out:   [0, 10, 20, 30, 40, 50, 60, 70, 80, 90]
       [0, 10, 20, 30]
       [50, 60, 70, 80, 90]
       [0, 10, 20, 30]
       [50, 60, 70, 80, 90]
       [0, 10, 20, 30, 40, 50, 60, 70, 80, 90]
```

출력 결과를 살펴보면 end는 인덱스의 범위에 포함되지 않는 것을 알 수 있습니다.

리스트 슬라이싱 방법은 문자열에도 그대로 적용할 수 있습니다. 다음은 문자열에 슬라이싱을 적용한 예입니다.

```
In :  str2 = "가다나다라마사ABCDEFG1234567"
      print(str2)        # 문자열 전체 출력
      print(str2[0:7])   # 문자열 인덱스 범위: 0 ~ 6
      print(str2[:7])    # start를 생략. 문자열 인덱스 범위: 0 ~ 6
      print(str2[7:14])  # 문자열 인덱스 범위: 7 ~ 13
      print(str2[14:])   # 문자열 인덱스 범위: 14 ~ 끝(20)
```

```
Out:  가다나다라마사ABCDEFG1234567
      가다나다라마사
      가다나다라마사
      ABCDEFG
      1234567
```

문자열에 슬라이싱을 적용하면 문자열의 일부만 가져올 수 있어서 긴 문자열을 축약해서 표시할 때 유용합니다.

리스트 메서드

파이썬에는 자료형별로 특별한 기능을 수행하는 메서드가 있습니다. 리스트도 이런 메서드를 이용할 수 있는데, 다음과 같은 형식으로 이용합니다.

```
list_data.method()
```

메서드는 코드의 묶음인 함수처럼 동작합니다. 리스트를 위한 여러 메서드가 있지만 여기서는 기존에 있는 리스트에 새로운 요소를 추가하는 append()의 사용법만 살펴보겠습니다.

```
In :  friends = ['토마스']        # 리스트를 생성
      print(friends)

      friends.append('고든')        # 리스트의 끝에 요소('고든')를 추가
      print(friends)

      friends.append('에드워드')    # 리스트의 끝에 요소('에드워드')를 추가
      print(friends)
```

```
Out:   ['토마스']
       ['토마스', '고든']
       ['토마스', '고든', '에드워드']
```

보다시피 append()는 리스트에 요소를 하나씩 추가할 때 이용합니다. 출력 결과를 보면 리스트에 append() 메서드를 사용하면 리스트의 요소가 추가되면서 변하는 것을 알 수 있습니다.

2.1.6 튜플(tuple)

튜플도 리스트처럼 여러 개의 자료를 하나로 묶어서 처리하는 자료형입니다. 튜플은 한번 생성하고 나면 변경할 수 없다는 점을 제외하면 동작 및 활용법은 리스트와 상당히 유사합니다. 따라서 여기서는 리스트와의 차이점을 위주로 살펴보겠습니다.

튜플 만들기

튜플은 소괄호를 이용하거나 괄호 없이 요소를 입력해서 만듭니다. 리스트와 마찬가지로 요소는 쉼표 (,)로 구분합니다.

다음은 튜플을 생성하는 방법입니다.

```
tuple_data = (요소1, 요소2, 요소3, …, 요소n)
                    혹은
tuple_data = 요소1, 요소2, 요소3, …, 요소n
```

튜플 역시 어떠한 종류의 자료형이든 요소로 올 수 있으며, 모든 요소가 같은 자료형일 필요는 없습니다.

다음은 튜플의 사용 예입니다.

```
In :  tuple_num1 = (0, 1, 2, 3, 4) # 소괄호로 튜플을 생성
      tuple_num2 =  5, 6, 7, 8, 9  # 괄호 없이 튜플을 생성

      print(tuple_num1)
      print(tuple_num2)
```
```
Out:  (0, 1, 2, 3, 4)
      (5, 6, 7, 8, 9)
```

보다시피 튜플을 생성할 때는 소괄호를 이용해도 되고 소괄호를 이용하지 않아도 됩니다.

요소를 하나만 갖는 튜플을 생성할 때는 첫 요소 뒤에 반드시 쉼표를 입력해야 합니다. 만약 쉼표를 입력하지 않으면 변수에 자료를 할당하는 것으로 간주합니다. 다음은 요소를 하나만 갖는 튜플을 만드는 예입니다.

```
In :  tuple_num3 = (10, )        # 소괄호로 하나의 요소를 갖는 튜플 생성
      tuple_num4 = "데이터1",      # 괄호 없이 하나의 요소를 갖는 튜플 생성

      print(tuple_num3)
      print(tuple_num4)
```
```
Out:  (10,)
      ('데이터1',)
```

튜플 다루기

튜플에서도 리스트에서 사용한 연산자, 인덱싱 및 슬라이싱 방법을 그대로 이용할 수 있습니다. 그러나 튜플에서는 요소를 변경, 추가, 삭제할 수 없습니다.

다음은 생성한 튜플을 다루는 몇 가지 예입니다.

```
In :  tuple_mixed1 = ('programming', 'language', 'python', 1, 2, 3) # 튜플 생성
      print(tuple_mixed1[0])   # 튜플 인덱싱
      print(tuple_mixed1[0:4]) # 튜플 슬라이싱(인덱스 0~3까지의 요소를 선택)
```
```
Out:  programming
      ('programming', 'language', 'python', 1)
```

2.1.7 세트(set)

리스트나 튜플과 유사한 또 다른 자료형으로 세트가 있습니다. 세트는 수학의 집합 개념을 나타내는 자료형입니다. 세트도 여러 개의 자료를 하나로 묶어서 다루긴 하지만, 요소의 순서가 없고 같은 요소끼리 중복되지 않는 것이 리스트나 튜플과의 차이점입니다.

세트 만들기

세트는 다음과 같이 중괄호를 이용해 만들고 요소는 쉼표(,)로 구분합니다.

```
set_data = {요소1, 요소2, 요소3, · · ·, 요소n}
```

리스트나 튜플과 마찬가지로 세트도 모든 요소가 같은 자료형일 필요는 없습니다. 하지만 리스트, 딕셔너리, 세트 등 변경할 수 있는 자료형은 세트의 요소로 사용할 수 없습니다.

다음은 세트를 사용하는 예입니다.

```
In :  set_num = {10, 100, 2, 3, 4, 4, 5}
      set_str = {"사과", "배", "오렌지", "귤", "귤"}

      print(set_num)
      print(set_str)
```

```
Out:  {2, 3, 100, 5, 4, 10}
      {'귤', '오렌지', '사과', '배'}
```

출력 결과를 보면 세트에서는 입력한 순서대로 요소가 출력되지 않는 것을 볼 수 있습니다. 또한 요소를 중복해서 입력하더라도 중복된 요소를 삭제하고 중복되지 않게 세트를 구성하는 것을 알 수 있습니다.

세트는 순서가 없어 인덱싱이나 슬라이싱을 통해 요소에 접근할 수 없습니다. 따라서 다음과 같이 세트에서 인덱스를 이용하려고 하면 오류가 발생합니다.

```
In :  set_num[0]
```

```
Out:  ---------------------------------------------------------------------------
      TypeError                                 Traceback (most recent call last)
      Input In [20], in <cell line: 1>()
      ----> 1 set_num[0]

      TypeError: 'set' object is not subscriptable
```

세트의 교집합, 합집합, 차집합

세트는 수학적으로 집합입니다. 따라서 두 개의 세트에 대해 수학의 집합 연산인 교집합, 합집합, 차집합을 구할 수 있습니다. 세트에서 교집합, 합집합, 차집합을 구하는 연산자는 각각 &, |, -이고, 메서드는 각각 intersection(), union(), difference()입니다.

다음 예제는 두 개의 세트가 있을 때 교집합, 합집합, 차집합을 구하는 방법을 보여줍니다.

```
In :   set_A = {0, 1, 2, 3, 4} # 세트(집합) A
       set_B = {3, 4, 5, 6, 7} # 세트(집합) B

       # &, |, - 연산자 사용
       print(set_A & set_B)   # 집합 A와 B의 교집합(A∩B)
       print(set_A | set_B)   # 집합 A와 B의 합집합(A∪B)
       print(set_A - set_B)   # 집합 A와 B의 차집합(A-B)

       # intersection(), union(), difference() 메서드 사용
       print(set_A.intersection(set_B)) # 집합 A와 B의 교집합(A∩B)
       print(set_A.union(set_B))        # 집합 A와 B의 합집합(A∪B)
       print(set_A.difference(set_B))   # 집합 A와 B의 차집합(A-B)
```

```
Out:   {3, 4}
       {0, 1, 2, 3, 4, 5, 6, 7}
       {0, 1, 2}
       {3, 4}
       {0, 1, 2, 3, 4, 5, 6, 7}
       {0, 1, 2}
```

2.1.8 딕셔너리(dict)

딕셔너리(dictionary)는 키(key)와 값(value)의 쌍으로 구성된 자료의 묶음입니다. 앞에서 살펴본 리스트나 튜플에서는 요소를 지정하면 요소의 위치에 따라 인덱스가 자동으로 생성됐습니다. 따라서 원하는 위치의 요소에 접근하려면 반드시 인덱스의 값을 알아야 했습니다. 반면 딕셔너리는 키와 값의 쌍으로 구성돼 있으므로 인덱스 대신 키를 이용해 값에 접근할 수 있습니다.

딕셔너리 만들기

딕셔너리는 중괄호를 이용해 만들며, 키와 값의 쌍으로 구성합니다. 키와 값은 콜론(:)으로 구분하며 각 쌍은 쉼표(,)로 구분합니다.

다음은 딕셔너리를 생성하는 방법입니다.

```
dict_data = {key_1:value_1, key_2:value_2, ⋯, key_n:value_n}
```

딕셔너리의 키(key_n)는 숫자, 문자열, 불, 튜플이 될 수 있으며 중복 없이 입력해야 합니다. 값 (value_n)으로는 어떠한 종류의 자료형도 사용할 수 있습니다.

다음은 딕셔너리의 사용 예입니다.

```
In :  dict_ex1 = {1:'사과', 2:'배', 3:'복숭아', 4:'딸기'}        # 키는 숫자, 값은 문자열
      dict_ex2 = {1:1234, 5:5678, 7:7890}                  # 키와 값이 모두 숫자
      dict_ex3 = {True:'맞습니다.', False:'아닙니다.'}         # 키는 불, 값은 문자열
      dict_ex4 = {'ID_101':['민준',24], 'ID_102':['서연',27]} # 키는 문자열, 값은 리스트

      print(dict_ex1)
      print(dict_ex2)
      print(dict_ex3)
      print(dict_ex4)
```

```
Out:  {1: '사과', 2: '배', 3: '복숭아', 4: '딸기'}
      {1: 1234, 5: 5678, 7: 7890}
      {True: '맞습니다.', False: '아닙니다.'}
      {'ID_101': ['민준', 24], 'ID_102': ['서연', 27]}
```

딕셔너리 키로 값 선택, 변경, 추가, 삭제하기

리스트나 튜플에서는 요소에 접근하기 위해 인덱스를 이용하지만, 딕셔너리에서는 다음과 같이 키를 사용하여 값에 접근합니다.

```
dict_data[key]
```

이미 생성한 딕셔너리(dict_data)에 키(key)를 입력하면 키에 대응하는 값을 가져옵니다. 만약 딕셔너리에 해당 키가 없으면 오류가 납니다.

다음은 앞에서 생성한 딕셔너리에 키를 입력해 키에 대응하는 값을 선택하는 예입니다.

```
In :  print(dict_ex1[1])
      print(dict_ex2[7])
      print(dict_ex3[True])
      print(dict_ex4['ID_102'])
```

```
Out:  사과
      7890
      맞습니다.
      ['서연', 27]
```

딕셔너리에서는 다음과 같이 키를 지정하여 기존 값을 변경하거나 새로운 키와 값의 쌍을 추가할 수 있습니다.

```
dict_data[key] = new_value
```

이때 키(key)가 딕셔너리 데이터(dict_data)에 있다면 키(key)에 대응하는 기존 값을 새로운 값(new_value)으로 변경하고, 없다면 딕셔너리 데이터(dict_data)에 새로운 키(key)와 값(new_value)의 쌍을 추가합니다.

다음은 딕셔너리에서 기존 키와 값의 쌍에서 값을 변경하고, 새로운 키와 값의 쌍을 추가하는 예입니다.

```
In :  dict_user = {"이름": "박재민", "나이": 24}  # 딕셔너리 생성
      print(dict_user)

      dict_user["나이"] = 25   # 기존 키로 값을 변경
      print(dict_user)

      dict_user["취미"] = ["게임", "농구"]   # 새로운 키와 값의 쌍을 추가
      print(dict_user)
```

```
Out:  {'이름': '박재민', '나이': 24}
      {'이름': '박재민', '나이': 25}
      {'이름': '박재민', '나이': 25, '취미': ['게임', '농구']}
```

딕셔너리에서 특정 키와 값을 삭제하려면 다음과 같이 del을 이용합니다.

```
del dict_data[key]
```

이때 딕셔너리 데이터(dict_data)에 해당 키(key)가 있으면 키와 값의 쌍을 삭제하고 없으면 오류가 발생합니다.

다음은 앞에서 생성한 딕셔너리 변수에서 키와 값의 쌍을 삭제하는 예입니다.

```
In :  dict_user2 = {'이름': '조수빈', '나이': 28, '취미': ['독서', '영화']}
      print(dict_user2)

      del dict_user2['취미'] # del을 이용해 딕셔너리의 특정 키와 값의 쌍을 삭제
      print(dict_user2)

Out:  {'이름': '조수빈', '나이': 28, '취미': ['독서', '영화']}
      {'이름': '조수빈', '나이': 28}
```

딕셔너리 메서드

앞에서 살펴본 것 외에도 딕셔너리 데이터를 다루기 위한 딕셔너리 메서드를 다음과 같은 형식으로 이용할 수 있습니다.

```
dict_data.method()
```

표 2-4는 딕셔너리 메서드를 정리한 것입니다.

표 2-4 딕셔너리 메서드

딕셔너리 메서드	설명	사용 예
keys()	딕셔너리 키 전체를 리스트로 모아 dict_keys 자료형으로 반환	dict_data.keys()
values()	딕셔너리 값 전체를 리스트로 모아 dict_values 자료형으로 반환	dict_data.values()
items()	딕셔너리 키와 값의 쌍을 (키, 값)처럼 튜플로 모아 dict_items 자료형으로 반환	dict_data.items()

딕셔너리 메서드	설명	사용 예
update(dict_new)	기존 딕셔너리에 새로운 딕셔너리(dict_new)의 키와 값의 쌍을 추가	dict_data.update(dict_new)
get(key_data)	입력값(key_data)이 딕셔너리 키에 있으면 대응하는 값을 반환하고, 없으면 None을 반환	dict_data.get(key_data)
clear()	딕셔너리의 모든 키와 값의 쌍을 삭제하고 빈 딕셔너리가 됨	dict_data.clear()

다음으로 표 2-4에 정리한 딕셔너리 메서드의 사용 예를 살펴보겠습니다. 먼저 keys(), values(), items()의 활용 예를 살펴보겠습니다.

```
In :  dict_num_alpha = {0: 'a', 1: 'b', 2: 'c', 3: 'd', 4: 'e'} # 딕셔너리 생성
      print(dict_num_alpha)           # dict_num_alpha 출력
      print(dict_num_alpha.keys())    # 딕셔너리의 키를 가져옴
      print(dict_num_alpha.values())  # 딕셔너리의 값을 가져옴
      print(dict_num_alpha.items())   # 딕셔너리의 키와 값의 쌍을 가져옴
```

```
Out:  {0: 'a', 1: 'b', 2: 'c', 3: 'd', 4: 'e'}
      dict_keys([0, 1, 2, 3, 4])
      dict_values(['a', 'b', 'c', 'd', 'e'])
      dict_items([(0, 'a'), (1, 'b'), (2, 'c'), (3, 'd'), (4, 'e')])
```

출력 결과에서 dict_keys, dict_values, dict_item 자료형의 결과를 리스트로 변환하려면 다음과 같이 list()를 이용합니다.

```
In :  print(list(dict_num_alpha.keys()))    # 딕셔너리 키의 반환 결과를 리스트로 변환
      print(list(dict_num_alpha.values()))  # 딕셔너리 값의 반환 결과를 리스트로 변환
      print(list(dict_num_alpha.items()))   # 딕셔너리 키와 값의 쌍 반환 결과를 리스트로 변환
```

```
Out:  [0, 1, 2, 3, 4]
      ['a', 'b', 'c', 'd', 'e']
      [(0, 'a'), (1, 'b'), (2, 'c'), (3, 'd'), (4, 'e')]
```

다음은 기존 딕셔너리에 새로운 딕셔너리의 키와 값의 쌍을 추가하는 **update()** 메서드의 사용 예입니다.

```
In :  print(dict_num_alpha) # 기존 딕셔너리 출력

      dict_new = {5: 'f', 6: 'g'} # 딕셔너리 생성
      dict_num_alpha.update(dict_new) # 기존 딕셔너리에 새로운 딕셔너리의 키와 값의 쌍을 추가
      print(dict_num_alpha) # 새로운 딕셔너리 추가 후 딕셔너리 출력
```

```
Out:  {0: 'a', 1: 'b', 2: 'c', 3: 'd', 4: 'e'}
      {0: 'a', 1: 'b', 2: 'c', 3: 'd', 4: 'e', 5: 'f', 6: 'g'}
```

다음은 딕셔너리의 키를 이용해 값을 반환하는 **get()** 메서드의 사용 예입니다.

```
In :  print(dict_num_alpha.get(1)) # 입력값이 딕셔너리 키에 있으면 대응하는 값을 반환
      print(dict_num_alpha.get(7)) # 입력값이 딕셔너리 키에 없으면 None을 반환
```

```
Out:  b
      None
```

출력 결과를 보면 **get()** 메서드의 입력값이 딕셔너리의 키에 있으면 키에 대응하는 값을 반환하고, 키에 없으면 **None**을 반환하는 것을 볼 수 있습니다. 여기서 **None**은 어떠한 데이터도 없다는 것을 의미하며, 문자열 **'None'**이 아닙니다.

마지막으로 딕셔너리의 모든 키와 값의 쌍을 삭제하는 **clear()** 메서드의 예를 살펴보겠습니다.

```
In :  dict_num_eng = {0: 'zero', 1: 'one', 2: 'two', 3: 'three'}
      print(dict_num_eng)

      dict_num_eng.clear() # 딕셔너리의 모든 키와 값의 쌍을 삭제
      print(dict_num_eng)
```

```
Out:  {0: 'zero', 1: 'one', 2: 'two', 3: 'three'}
      {}
```

위 결과를 보면 딕셔너리에 **clear()** 메서드를 적용하면 키와 값의 쌍을 모두 삭제하고 빈 딕셔너리가 되는 것을 알 수 있습니다.

2.2 제어문

지금까지 작성한 코드는 앞에서부터 순차적으로 수행됐습니다. 이처럼 순차적으로 수행되는 코드에 조건을 지정해 특정 부분만 실행하거나 반복하도록 코드의 진행 순서를 바꿀 수 있는데, 이를 제어문이라고 합니다. 제어문에는 조건을 검사해 분기하는 조건문과 코드의 특정 부분을 반복하는 반복문이 있습니다. 제어문을 잘 활용하면 조건에 따라 코드를 다르게 실행할 수 있으며 반복되는 코드를 단순화할 수 있습니다.

2.2.1 조건문

조건에 따라 코드를 다르게 수행하게 하는 조건문으로 if 문이 있습니다. if 문은 단독으로 사용하기도 하지만 else와 elif 구문을 추가해 더 다양한 조건에 따라 코드를 실행할 수도 있습니다.

단일 조건에 따른 분기: if

if 문 중 가장 기본이 되는 단일 조건에 따라 분기하는 if 문의 구조는 다음과 같습니다.

```
if <조건>:
    <코드 블록>
```

위에서 <조건>이 참이면 <코드 블록>을 실행하고, 참이 아니면 <코드 블록>을 실행하지 않습니다. <조건> 다음에는 콜론(:)을 입력하고 <코드 블록>은 키보드의 탭(tab)이나 공백(보통 네 칸)을 이용해 들여씁니다. 주피터 노트북은 콜론(:)을 입력한 후에 Enter 키를 누르면 자동으로 들여쓰기가 됩니다. <조건>에서는 앞에서 살펴본 비교 연산과 논리 연산을 이용하며, 여러 개를 조합해 사용할 수 있습니다.

다음은 if 문을 이용해 조건에 따라 출력 내용이 달라지는 예입니다.

```
In : x = 95              # x에 95를 할당

     if x >= 90:         # <조건>
         print("합격")    # <조건>이 참이면 <코드 블록>을 수행
```

```
Out: 합격
```

예제에서 x 변수의 값은 95이므로 x >= 90은 참이 되어 **합격**을 출력했습니다. 만약 x에 85를 할당했다면 조건을 만족하지 않으므로 아무것도 출력하지 않습니다. 조건을 만족하지 않을 때도 특정 코드를 실행하고 싶다면 이어서 살펴볼 if ~ else 구조의 조건문을 이용해야 합니다.

단일 조건과 그 외에 따른 분기: if ~ else

if 문에서 하나의 조건이 참이냐 참이 아니냐에 따라 코드를 다르게 수행하려면 다음과 같이 if ~ else 구조의 조건문을 이용합니다.

```
if <조건>:
    <코드 블록 1>
else:
    <코드 블록 2>
```

<조건>이 참이면 <코드 블록 1>을 수행하고, 참이 아니면 <코드 블록 2>를 수행합니다. else 다음에도 콜론(:)을 입력해야 하고, <코드 블록 2>도 들여쓰기 해야 합니다.

다음은 if ~ else 구조를 이용한 조건문의 예입니다.

```
In :  x = 85                          # x에 85를 할당

      if x >= 90:                     # <조건>
          print("축하합니다.")           # <코드 블록 1>
          print("당신은 합격입니다.")      # <조건>이 참이면 <코드 블록 1>을 수행
      else:
          print("죄송합니다.")           # <코드 블록 2>
          print("당신은 불합격입니다.")     # <조건>이 참이 아니면 <코드 블록 2>를 수행
```

```
Out:  죄송합니다.
      당신은 불합격입니다.
```

위 코드에서 x 변수의 값은 85이고, 이 값은 x >= 90 조건을 만족하지 않으므로 else: 아래에 있는 코드가 수행됐습니다. 만약 x 변수에 90 이상의 값을 입력하면 다른 결과가 나오는 것을 볼 수 있습니다.

2.2.2 반복문

반복문에는 for 문을 이용한 반복문이 있고 while 문을 이용한 반복문이 있습니다. 특정 코드 블록을 지정한 범위만큼 반복하려면 for 반복문을 이용하고 조건에 따라서 반복하려면 while 반복문을 이용합니다.

for 반복문

지정한 범위만큼 반복하는 for 문의 구조는 다음과 같습니다.

```
for <반복 변수> in <반복 범위>:
    <코드 블록>
```

위에서 <반복 변수>에 <반복 범위>의 값이 하나씩 순차적으로 대입되면서 <코드 블록>을 반복적으로 실행합니다. <반복 범위> 다음에 콜론(:)을 입력하고 <코드 블록>을 입력할 때는 if 문과 마찬가지로 탭(tab)이나 공백을 이용해 들여쓰기를 합니다. <반복 범위>로는 문자열, 리스트, 튜플, 세트, 딕셔너리, range() 함수 등을 이용할 수 있지만 주로 리스트와 range() 함수를 많이 이용합니다.

다음은 <반복 범위>로 리스트를 이용하는 for 문의 예입니다.

```
In :  for num in [0, 1, 2, 3, 4, 5]:
          print(num)
```

```
Out:  0
      1
      2
      3
      4
      5
```

위의 for 문은 리스트 [0, 1, 2, 3, 4, 5]에 있는 요소가 순차적으로 반복 변수 num에 대입돼 실행되는 것을 볼 수 있습니다.

내장 함수 range()는 다음과 같이 start, stop, step 값을 지정해 숫자의 범위를 손쉽게 생성합니다.

```
range(start, stop, step)
```

이처럼 지정하면 start부터 stop 전까지(stop 미포함) step만큼 더해서 <반복 범위>를 만듭니다. 여기서 start와 stop은 양의 정수, 음의 정수, 0 모두 사용할 수 있으며 step은 양의 정수와 음의 정수만 사용할 수 있습니다. step이 1일 때는 range(start, stop)와 같이 쓸 수 있으며, start가 0이고 step이 1이면 range(stop)처럼 stop만 지정해 범위를 생성할 수 있습니다.

range()를 이용해 지정한 범위를 출력하려면 list() 함수를 이용합니다.

```
In :  list(range(0, 10, 1))
```
```
Out:  [0, 1, 2, 3, 4, 5, 6, 7, 8, 9]
```

출력 결과에서 알 수 있듯이, stop은 범위에 포함되지 않습니다. 위의 예제에서는 range(start, stop, step) 함수의 start가 0이고 step이 1이므로 다음과 같이 stop만 지정해도 앞의 예제와 같은 범위를 생성할 수 있습니다.

```
In :  list(range(10))
```
```
Out:  [0, 1, 2, 3, 4, 5, 6, 7, 8, 9]
```

다음은 for 문에서 range() 함수를 이용해 <반복 범위>를 설정한 예입니다.

```
In :  for num in range(6):
          print(num)
```
```
Out:  0
      1
      2
      3
      4
      5
```

다음은 range() 함수를 이용해 리스트의 인덱스를 역순으로 생성하는 방법입니다.

```
In :  numbers = [10, 11, 12, 13, 14]        # 리스트의 길이는 5
      list(range(len(numbers)-1, -1, -1))    # 리스트의 인덱스를 역순으로 생성
```
```
Out:  [4, 3, 2, 1, 0]
```

코드가 약간 복잡해 보이는데 하나씩 따져보면 그렇게 어렵지 않습니다. 우선 len(numbers)-1은 리스트(numbers)의 길이(5)에서 1을 뺀 것으로 리스트 마지막 요소(14)의 인덱스 4를 가르킵니다. 따라서 range() 함수의 start로는 4가 들어가고, step이 –1이므로 1씩 감소하며, stop이 –1이므로 –1 이전인 0까지 범위로 지정됩니다.

다음은 for 문에서 range() 함수를 이용해 리스트의 인덱스를 역순으로 가져와 리스트를 처리하는 코드입니다.

```
In :  for k in range(len(numbers)-1, -1, -1): # 리스트의 인덱스를 역순으로 가져와서 처리
          print(k, numbers[k]) # 리스트 인덱스(k)와 리스트 요소 출력
```

```
Out:  4 14
      3 13
      2 12
      1 11
      0 10
```

위 코드의 출력 결과를 보면 역순으로 생성한 리스트의 인덱스를 이용해 리스트의 요소를 역순으로 출력한 것을 볼 수 있습니다.

만약 for 문에서 리스트 각 요소의 인덱스와 값을 함께 이용하려면 아래와 같이 enumerate() 함수를 이용합니다.

```
for index, value in enumerate(list_data):
    <코드 블록>
```

위와 같이 작성하면 리스트 데이터(list_data) 각 요소의 인덱스(index)와 값(value)을 <코드 블록>에서 순차적으로 이용할 수 있습니다.

다음은 for 문에서 enumerate() 함수를 이용해 리스트 데이터 각 요소의 인덱스와 값을 출력하는 예입니다.

```
In :  list_num = [10, 20, 30, 40]

      for index, value in enumerate(list_num):
          print(index, value)
```

```
Out:   0 10
       1 20
       2 30
       3 40
```

다음은 for 문을 이용해 여러 개의 리스트를 다루는 방법을 살펴보겠습니다. 이를 위해 다음과 같이 이름 리스트와 시험 점수 리스트를 만들겠습니다.

```
In :   names = ["남온조", "이청산", "최남라", "이수혁", "이나연", "양대수"] # 이름
       scores = [96, 85, 100, 70, 80, 75] # 시험 점수
```

이제 두 리스트를 이용해 이름별로 시험 점수를 출력하려면 다음과 같이 len() 함수와 range() 함수를 이용해 for 문의 <반복 범위>를 지정하고 <반복 변수>를 이용해 리스트의 요소를 하나씩 출력하면 됩니다.

```
In :   for k in range(len(names)):
           print(names[k], scores[k])
```
```
Out:   남온조 96
       이청산 85
       최남라 100
       이수혁 70
       이나연 80
       양대수 75
```

길이가 같은 리스트가 여러 개 있을 때는 위와 같은 방법으로 for 문을 이용해도 되지만 같은 길이의 리스트를 하나로 묶어주는 zip() 함수를 이용해 <반복 범위>를 지정하고 리스트별로 <반복 변수>를 이용할 수도 있습니다. 다음은 길이가 같은 두 개의 리스트에 이 방법을 적용한 예입니다.

```
for var1, var2 in zip(list1, list2):
    <코드 블록>
```

위와 같은 구조로 for 문을 구성하면 <반복 범위>인 zip()의 list1과 list2의 요소가 각각 순서대로 동시에 <반복 변수>인 var1과 var2에 대입되고 <코드 블록>이 수행됩니다. 만약 zip()의 리스트의

개수가 늘어나면 <반복 변수>에 있는 변수의 개수도 같은 수로 증가해야 합니다. 이 방법은 리스트뿐 아니라 튜플 등 순서가 있는 자료에도 적용할 수 있습니다.

다음은 앞에서 살펴본 이름 리스트와 시험 점수 리스트에 대해서 for 문에서 zip() 함수를 이용해 리스트의 요소를 하나씩 출력하는 코드입니다.

```
In :  for name, score in zip(names, scores):
          print(name, score)
```

```
Out:  남온조 96
      이청산 85
      최남라 100
      이수혁 70
      이나연 80
      양대수 75
```

while 반복문

조건에 따라서 반복하는 while 문의 구조는 다음과 같습니다.

```
while <조건>:
    <코드 블록>
```

위의 while 문의 구조에서 <조건>이 참이면 <코드 블록>을 계속 수행하고, <조건>이 참이 아니면 <코드 블록>을 실행하지 않고 while 문을 빠져나오게 됩니다. <조건> 다음에는 콜론(:)을 쓰고 <코드 블록>은 들여쓰기를 합니다.

반복문에서 for 문과 while 문은 <코드 블록>을 반복적으로 수행합니다. 역할이 비슷해서 for 문으로 된 반복문을 while 문을 이용해 만들 수 있고 그 반대도 할 수 있습니다. 보통은 미리 반복 횟수나 범위를 알고 있을 때는 for 문으로 반복문을 만들고, 반복 횟수나 범위를 정확히 알기 어려울 때는 while 문으로 반복문을 만듭니다.

다음은 while 문을 이용한 반복문의 예입니다. 초기에 빈 리스트인 list_num을 생성하고 count는 0으로 초기화합니다. 처음에는 count < 10 조건이 참이므로 <코드 블록>을 실행합니다. 이때 list_num 에는 count 값인 0이 추가되고 count는 1이 됩니다. 이후 count < 10이 참이므로 다시 <코드 블록>

을 실행합니다. 이러한 동작은 count가 9가 될 때까지 반복하고 count가 10이 되면 count < 10은 더 이상 참이 아니므로 while 문을 빠져나오게 됩니다. 이후에 리스트 list_num을 출력해 보면 count가 1씩 증가하면서 추가된 결과를 볼 수 있습니다.

```
In :  list_num = []         # 빈 리스트 생성
      count = 0              # count를 0으로 초기화

      while (count < 10):            # <조건> count가 10보다 작은지 검사
          list_num.append(count)    # <코드 블록> list_num에 count 추가
          count = count + 1         # <코드 블록> count를 1씩 증가

      print(list_num)   # 리스트 list_num의 내용을 출력

Out:  [0, 1, 2, 3, 4, 5, 6, 7, 8, 9]
```

while 문에서 <조건>이 항상 참인 경우(예를 들어 while True:)에는 <코드 블록>을 무한히 반복하며 실행하므로 주의해야 합니다. 이때 무한 반복을 멈추려면 주피터 노트북에서는 툴 바의 [커널 정지 (interrupt the kernel)] 아이콘을 클릭하고, 파이썬 콘솔에서는 키보드로 Ctrl + C를 입력합니다.

2.3 데이터의 출력

지금까지는 데이터를 화면에 출력하기 위해 print() 함수의 가장 기본적인 기능만 이용했습니다. 이번 절에서는 좀 더 다양한 기능을 이용해 데이터를 화면에 출력하는 방법을 살펴보겠습니다.

2.3.1 기본 출력

앞에서 이미 사용했지만, print() 함수는 아래와 같이 쉼표(,)로 구분해 여러 데이터를 동시에 출력할 수도 있습니다. 이때 데이터 사이에는 빈칸(공백) 하나가 추가되어 출력됩니다.

```
print(data_1, data_2, data_3, ···, data_n [, options])
```

여기서 data_n은 앞에서 살펴본 모든 자료형이 될 수 있습니다. 옵션(options)은 사용하지 않을 수 있으며 기본 설정을 변경하려면 옵션을 이용합니다.

다음은 여러 개의 데이터를 연결해서 출력하는 예입니다.

```
In :  print(1, 2, 3, 4, 5)          # 숫자 출력
      print('a', 'b', 'c', 'd', 'e') # 문자 출력
      print(123, "abc", True)        # 숫자, 문자, 불 출력
      print(['abc', 123, 'def'], {"a": 1, "b": 2})   # 리스트와 딕셔너리 출력
```

```
Out:  1 2 3 4 5
      a b c d e
      123 abc True
      ['abc', 123, 'def'] {'a': 1, 'b': 2}
```

위 결과를 살펴보면 print() 함수를 실행하면 자동으로 줄 바꿈이 되는 것을 볼 수 있습니다. 옵션 end 에는 마지막에 들어갈 문자열을 지정할 수 있으며, 기본값으로는 개행문자가 지정돼 있어서 자동으로 줄 바꿈을 합니다.

만약 줄 바꿈을 하지 않고 출력하려면 다음과 같이 end 옵션에 빈 문자열('')을 지정하면 됩니다.

```
In :  print("합계:") # end 옵션이 없으면 개행문자가 들어가서 줄 바꿈 수행
      print(90)
      print("합계:", end='') # end 옵션에 빈 문자열을 입력해 줄 바꿈이 없도록 함
      print(90)
```

```
Out:  합계:
      90
      합계:90
```

print() 함수를 이용해 문자열을 출력할 때 개행문자를 쓰면 줄 바꿈이 됩니다. 따라서 다음과 같이 개행문자(\n)를 쓰면 하나의 print() 함수로 여러 줄을 출력할 수 있습니다.

```
In :  print("나는 파이썬을 이용해 \n많은 업무를 \n자동화합니다.")
```

```
Out:  나는 파이썬을 이용해
      많은 업무를
      자동화합니다.
```

개행문자 입력

개행문자(\n)를 입력할 때 사용하는 역슬래시(\)는 한글 키보드에서는 원화 표시(₩)로 입력합니다.

2.3.2 형식 지정 출력

여러 데이터를 print()로 출력할 때 string.format()으로 출력 위치와 형식을 지정할 수 있습니다. 구문은 다음과 같습니다.

```
print("{0} {1} {2} ⋯ {n}".format(data_0, data_1, data_2, ⋯, data_n))
```

위에서 {n}에는 format()의 n번 위치(0부터 시작)에 있는 데이터가 출력됩니다. 위치를 지정하는 숫자 없이 {}만 지정하면 format() 안의 데이터를 순차적으로 출력합니다.

다음은 데이터의 출력 위치를 지정하는 예입니다.

```
In :   fruit_0 = "Banana"
       fruit_1 = "Apple"
       fruit_2 = "Orange"

       print("문자열 출력: {0}, {1}, {2}".format(fruit_0, fruit_1, fruit_2))
       print("문자열 출력: {2}, {0}, {1}".format(fruit_0, fruit_1, fruit_2))
Out:   문자열 출력: Banana, Apple, Orange
       문자열 출력: Orange, Banana, Apple
```

다음과 같이 출력 위치를 지정하는 숫자 없이 {}만을 이용해 format() 안의 데이터를 순차적으로 출력할 수도 있습니다.

```
In :   print("문자열 출력: {}, {}, {}".format(fruit_0, fruit_1, fruit_2))
Out:   문자열 출력: Banana, Apple, Orange
```

문자열 데이터뿐만 아니라 숫자 데이터도 위치를 지정해 출력할 수 있습니다. 이때 위치만 지정하면 숫자 데이터의 출력 형식은 알아서 지정됩니다.

```
In :   num_int = 123
       num_float= 3.14159265358979323846

       print("숫자 출력: {0}, {1}".format(num_int, num_float))
```
Out: 숫자 출력: 123, 3.141592653589793

파이썬 버전 3.6 이후로는 print() 함수에 f−문자열(f−strings) 방식을 이용할 수 있습니다. f−문자열 방식은 출력할 문자열 앞에 f 또는 F를 입력하고 문자열 내에는 **{표현내용}**을 입력합니다. 여기서 **{표현내용}**에는 데이터가 직접 들어갈 수도 있고, 변수가 들어갈 수도 있으며, 계산식이 들어갈 수도 있습니다.

다음은 f−문자열 방식을 이용해 변수의 내용을 출력하는 예입니다.

```
In :   name = "최서희"
       phone_number = "010-xyz-1234"

       print(f"이름: {name}, 전화번호: {phone_number}") # f-문자열 방식을 이용한 출력
```
Out: 이름: 최서희, 전화번호: 010-xyz-1234

2.4 예외 처리

코드를 작성해 실행하다 보면 오류(error)가 발생할 수 있습니다. 예를 들어 어떤 숫자를 0으로 나누려고 하거나 파일을 열려고 하는데 해당 파일이 없는 경우 등이 그 예입니다. 이렇게 코드를 실행하다가 발생하는 오류를 예외(exception)라고 합니다. 코드를 실행하는 중에 예외가 발생했을 때, 적절한 처리를 해 주지 않으면 실행 중인 코드가 바로 종료됩니다. 어떤 경우는 문제가 없을 수도 있지만 좀 더 안정적으로 코드를 실행하려면 예외가 발생할 가능성이 있는 곳에서는 예외 처리를 해 주는 것이 좋습니다.

이번에는 파이썬의 예외 처리 방법을 살펴보겠습니다.

2.4.1 try ~ except 사용

파이썬에서 예외 처리를 위한 가장 기본이 되는 구조는 **try ~ except** 문입니다. 코드 실행 시 **try** 문의 <코드 블록>에서 오류가 발생하면 except 문으로 이동해 <예외 처리 코드 블록>을 실행합니다.

다음은 try ~ except 문의 기본 구조입니다.

```
try:
    <코드 블록>
except:
    <예외 처리 코드 블록>
```

아래에서는 일부러 어떤 숫자를 0으로 나누어 실행 중 에러를 발생시키고 이때 예외 처리를 하는 예를 살펴보겠습니다. 먼저 예외 처리를 하지 않는 코드를 작성하면 다음과 같습니다.

```
In :  10/0

Out:  ---------------------------------------------------------------------------
      ZeroDivisionError                         Traceback (most recent call last)
      ~\AppData\Local\Temp/ipykernel_29608/530406163.py in <module>
      ----> 1 10/0

      ZeroDivisionError: division by zero
```

위 결과에서 보듯이 어떤 숫자를 0으로 나누면 **ZeroDivisionError** 예외가 발생합니다. 이때 다음과 같이 try ~ except 문을 이용해 예외 처리를 해 주면 실행 중 에러가 발생하더라도 안정적으로 코드를 수행할 수 있습니다.

```
In :  try:
          10/0
      except:
          print("실행 중 오류가 발생했습니다.")

Out:  실행 중 오류가 발생했습니다.
```

만약 발생하는 오류의 종류를 안다면 다음과 같이 **'except 오류 종류:'**를 이용해 해당 오류에 대해서만 예외 처리를 할 수 있습니다.

```
In :   try:
           10/0
       except ZeroDivisionError:
           print("실행 중 숫자를 0으로 나누었습니다.")
```
Out: 실행 중 숫자를 0으로 나누었습니다.

예외 처리 코드를 작성할 때 **try** 문 안에서 **raise**를 이용하면 일부러 예외를 발생시킬 수 있습니다. 이를 이용하면 예외 처리 코드를 테스트하면서 작성하기가 편리합니다. 다음은 일부러 예외를 발생시킨 후 예외 처리를 수행하는 예입니다.

```
In :   try:
           for k in [1,2,3]:
               if(k==3):
                   print("k = {0}. 일부러 오류 발생".format(k))
                   raise
               else:
                   print("k = {0}".format(k))
       except:
           print("실행 중 오류가 발생했습니다.")
```
Out: k = 1
       k = 2
       k = 3. 일부러 오류 발생
       실행 중 오류가 발생했습니다.

2.4.2 try ~ finally 사용

앞에서는 예외를 처리하기 위해 **try ~ except** 문을 이용했습니다. 한편 예외 여부와 상관없이 항상 코드를 실행하고 싶을 때는 **try ~ finally** 문을 이용하면 됩니다. **try ~ finally** 문은 단독으로 이용하기도 하고 **try ~ except ~ finally**처럼 except 문과 함께 사용하기도 합니다. 이 경우 **try** 문 내의 <코드 블록>에서 오류가 발생하지 않아도, 오류가 발생해 except 문의 <예외 처리 코드 블록>을 실행해도 마지막에는 finally 문의 <마지막 수행 코드 블록>을 무조건 수행합니다. **try ~ finally** 문은 주로 파일 열기와 같이 리소스를 이용하고 닫아야 하는 경우에 많이 이용합니다.

다음은 try ~ except ~ finally 문의 구조입니다. 여기서 except 문은 사용하지 않아도 됩니다.

```
try:
    <코드 블록>
except:
    <예외 처리 코드 블록>
finally:
    <마지막 수행 코드 블록>
```

다음은 try ~ except ~ finally 문을 사용하는 예입니다.

```
In :  tuple_num = (1,2,3) # 튜플 데이터

      try:
          tuple_num[0] = 4 # 튜플의 요소를 변경할 수 없어 오류 발생
      except:
          print("오류가 발생했습니다.")
      finally:
          print("tuple_num = {0}".format(tuple_num))
```
```
Out:  오류가 발생했습니다.
      tuple_num = (1, 2, 3)
```

2.5 정리

이번 장에서는 파이썬의 기본 문법을 다루었습니다. 변수와 다양한 자료형(정수형, 실수형, 문자열, 불, 리스트, 튜플, 세트, 딕셔너리)의 특징 및 사용법을 살펴보았습니다. 또한 코드의 흐름을 제어하는 제어문에 대해 배웠으며, 조건문인 if 문, 범위를 지정하여 반복하는 for 문, 조건이 만족하는 동안 반복하는 while 문을 알아보았습니다. print() 함수를 사용하여 데이터를 출력하는 기본 방법과 형식 지정 출력 방법을 확인했습니다. 마지막으로 예외 처리 방법에 대해서도 살펴보았습니다. 이번 장에서 다룬 내용은 파이썬 코드 작성의 기본적인 요소이므로 잘 이해하고 숙지해 두는 것이 중요합니다.

CHAPTER

03

함수와 모듈

기본 문법만 알아도 파이썬 코드를 작성할 수 있지만 함수와 모듈을 이용하면 코드를 좀 더 효율적으로 작성하고 이미 작성한 코드를 재사용할 수 있습니다. 이번 장에서는 함수와 모듈을 어떻게 만들고 활용하는지 알아보겠습니다.

3.1 함수

함수(function)는 특정 기능을 수행하는 코드의 묶음입니다. 함수를 사용하면 코드의 반복을 피할 수 있고 코드를 간결하게 작성할 수 있습니다. 이번에는 함수를 정의하고 호출하는 방법을 알아보겠습니다. 또한 앞에서 사용한 print(), type(), len() 외에 주요 내장 함수의 사용법도 살펴봅니다.

3.1.1 함수의 정의와 호출

코드의 묶음인 함수를 사용하려면 먼저 형식에 맞게 함수를 만들어야 합니다. 이렇게 형식에 맞춰 함수를 만드는 것을 함수를 정의한다고 합니다. 함수를 정의한 후에는 정의한 함수의 형식에 맞게 함수를 호출할 수 있습니다. 이번에는 여러 구조의 함수를 정의하는 방법과 호출하는 방법을 살펴보겠습니다.

함수의 기본 구조

일반 함수를 정의하는 기본 구조는 다음과 같습니다.

```
def 함수명([매개변수1, 매개변수2, … , 매개변수n]):
    <코드 블록>
    [return <반환 값>]
```

- 함수는 def 키워드 다음에 함수명, 소괄호, 콜론을 사용해 정의합니다.

- 함수명 뒤의 소괄호 안에는 매개변수를 지정합니다.

  - 함수명: 변수명을 만드는 규칙을 따라서 작성합니다. 따라서 보통 영어 알파벳 소문자를 쓰며 공백은 허용하지 않고 단어 간 연결은 밑줄 기호(_)를 씁니다.

  - 매개변수: 함수에서 사용할 변수를 의미하며 필요 없으면 지정하지 않아도 됩니다. 여러 개를 사용할 때는 쉼표로 구분합니다.

- <코드 블록>에 함수의 기능을 수행하는 코드를 입력합니다.

- 함수에서 반환할 값이 있으면 return 키워드를 사용해서 값을 반환합니다.

함수를 정의한 후에는 다음과 같은 방법으로 함수를 호출할 수 있습니다.

```
변수 = 함수명([인수1, 인수2, …, 인수n])
```

함수를 호출할 때 소괄호 안의 인수는 함수를 정의할 때 사용한 매개변수의 개수와 순서가 같아야 합니다. 매개변수가 없는 함수를 정의했다면 함수를 호출할 때 인수 없이 소괄호만 입력합니다. 한번 정의한 함수는 필요할 때마다 호출할 수 있습니다. 반환 값이 있는 함수는 반환 값을 **변수**에 할당해 사용할 수 있습니다.

참고
> **매개변수와 인수**
>
> 매개변수(parameter)는 함수의 입력값을 함수 내부로 전달하는 데 사용하는 변수로, 함수를 정의할 때 사용합니다. 인수(argument)는 함수로 전달하는 입력값으로, 함수를 호출할 때 사용합니다. 매개변수와 인수는 둘 다 함수에서 사용하는 용어로 구분해 사용하기도 하지만 보통 혼용하기도 합니다. 참고로 매개변수는 '인자'라고도 합니다.

함수의 다양한 예

앞에서 살펴본 함수의 기본 구조를 바탕으로 매개변수와 반환 값의 유무에 따라 다양한 형식으로 함수를 만들 수 있습니다.

먼저 매개변수도 없고 반환 값도 없는 함수를 정의하고 호출하는 예를 살펴보겠습니다. 어떤 이모티콘을 빈번하게 출력해야 한다면 매번 똑같은 코드를 반복하지 않고, 아래처럼 이모티콘을 출력하는 함수를 한 번 정의해 필요할 때마다 호출하면 코드를 편리하게 작성할 수 있습니다.

```
In :  # 함수의 정의(이모티콘 출력)
      def my_emoticon():
          print("=======")
          print(" (^o^)")
          print("=======")


      # 함수의 호출
      my_emoticon()
Out:  =======
       (^o^)
      =======
```

다음은 매개변수는 있지만, 반환 값은 없는 함수를 정의하고 호출하는 예입니다. 이런 형태의 함수는 입력값은 필요하지만 반환 값은 필요 없는 경우에 사용합니다.

```
In :  # 함수의 정의(게임 정보 출력)
      def game_info_display(name, version, genre): # 3개의 매개변수를 갖는 함수
          print("--- 게임 정보 ----")
          print("이름:", name)
          print("버전:", version)
          print("장르:", genre)


      # 함수의 호출(매개변수의 개수와 같은 순서로 인수를 입력)
      game_info_display("고독한 방랑자", "2.02", "MMORPG")
Out:  --- 게임 정보 ----
      이름: 고독한 방랑자
      버전: 2.02
      장르: MMORPG
```

다음은 매개변수도 있고 반환 값도 있는 함수를 정의하고 호출하는 예입니다. 숫자 x를 입력하면 계산식 $y=2x+1$을 계산해 y를 반환하는 함수를 정의하면 다음과 같습니다.

```
In :   # 함수의 정의(y = 2*x + 1)
       def my_func(x):
           y = 2*x + 1
           return y

       # 함수의 호출(함수의 인수는 숫자로 입력)
       my_func(3)
```

Out: 7

반환 값이 있는 함수는 다음과 같이 반한 값을 변수에 할당해 활용할 수도 있습니다.

```
In :   result = my_func(5)
       result
```

Out: 11

다음은 리스트를 매개변수로 입력받아 합계와 평균을 반환하는 함수를 정의한 후에 함수를 호출하는
예를 살펴보겠습니다. 아래 함수처럼 여러 개의 값을 반환할 수 있으면 반환 값은 쉼표로 구분합니다.
여러 개의 값을 반환할 때 반환 값의 자료형은 튜플이 됩니다.

```
In :   # 함수의 정의(리스트를 입력받아 합계와 평균을 반환)
       def calc_sum_mean(list_data):
           e_count = 0   # 요소 개수(초기화)
           e_sum = 0     # 요소 합계(초기화)

           for element in list_data:
               e_count = e_count + 1    # 요소 개수 계산
               e_sum = e_sum + element  # 요소 합계 계산
           e_mean = e_sum / e_count     # 평균 = 합계/개수

           return e_sum, e_mean  # 계산 합계와 평균을 반환(자료형은 튜플)

       # 함수의 호출(인수는 리스트로 입력)
       calc_sum_mean([1, 2, 3, 4, 5, 6, 7, 8, 9])
```

Out: (45, 5.0)

앞서 정의한 calc_sum_mean() 함수를 호출하면 리스트의 합계와 평균을 반환하는 것을 볼 수 있습니다.

여러 개의 반환 값을 갖는 함수는 다음과 같이 반환 값을 여러 개의 변수에 할당해 활용할 수 있습니다.

```
In : list_sum, list_mean = calc_sum_mean([1, 2, 3, 4, 5, 6, 7, 8, 9])

     print(list_sum)
     print(list_mean)
```

```
Out: 45
     5.0
```

매개변수에 기본값을 할당한 함수

앞에서는 함수를 정의할 때 매개변수에 미리 값을 지정하지 않고 함수를 호출할 때 인수로 값을 입력했습니다. 이번에는 매개변수에 미리 값을 지정해 함수를 정의하는 방법을 살펴보겠습니다.

다음은 매개변수에 기본값을 지정하는 함수의 기본 구조입니다.

```
def 함수명(매개변수1=기본값1, 매개변수2=기본값2, ··· , 매개변수n=기본값n):
    <코드 블록>
    [return <반환 값>]
```

매개변수에 기본값을 지정해 함수를 정의하면 함수를 호출할 때 인수를 입력하지 않아도 기본값으로 입력됩니다. 기본값을 변경하고 싶으면 함수를 호출할 때 인수를 입력하면 됩니다.

함수를 호출할 때 인수의 개수는 매개변수의 개수보다 적을 수도 있습니다. 이때는 앞에서부터 순차적으로 매개변수의 인수로 할당되고 나머지는 기본값으로 들어갑니다. 기본값을 지정한 모든 매개변수에 대해 인수 입력 없이 함수를 호출하면 매개변수에는 함수를 정의할 때 지정한 기본값이 지정됩니다. 이외에도 다양한 방법으로 인수를 입력해 함수를 호출할 수 있습니다. 구체적인 방법은 예를 통해 살펴보겠습니다.

다음은 매개변수에 기본값을 지정한 함수의 예입니다.

```
In : def my_add(a=1, b=2, c=3):
         y = a + b + c
         print("{0} + {1} + {2} = {3}".format(a, b, c, y))
```

앞에서 정의한 함수에 대해 다음과 같이 다양한 방법으로 변경하고 싶은 인수를 순서대로 입력해 함수를 호출할 수 있습니다.

```
In :   # 모든 매개변수가 기본값을 사용
       my_add()

       # 첫 번째 매개변수는 입력한 인수를 사용하고 나머지는 기본값을 사용
       my_add(11)

       # 첫 번째와 두 번째 매개변수는 입력한 인수를 사용하고 나머지는 기본값을 사용
       my_add(11, 12)

       # 모든 매개변수가 입력한 인수를 사용
       my_add(11, 12, 13)
```

```
Out:   1 + 2 + 3 = 6
       11 + 2 + 3 = 16
       11 + 12 + 3 = 26
       11 + 12 + 13 = 36
```

매개변수에 기본값을 지정한 함수를 호출할 때 순서대로 인수를 입력하지 않고 다음과 같이 매개변수를 명시적으로 표시하고 값을 직접 지정하는 방식을 따를 수도 있습니다.

```
In :   # 첫 번째와 세 번째 매개변수는 입력한 인수를 사용하고 두 번째는 기본값을 사용
       my_add(11, c=13) # 인수 입력이 매개변수에 의한 입력보다 먼저 와야 함

       # 두 번째와 세 번째 매개변수는 입력한 인수를 사용하고 첫 번째는 기본값 사용
       my_add(c=13, b=12) # 매개변수에 의한 입력끼리는 순서가 중요하지 않음
```

```
Out:   11 + 2 + 13 = 26
       1 + 12 + 13 = 26
```

기본값이 없는 매개변수와 기본값이 있는 매개변수를 함께 사용해 함수를 만들 수도 있습니다. 이때 기본값이 없는 매개변수가 기본값이 있는 매개변수보다 앞에 위치합니다. 이러한 형태의 함수에서 기본값이 있는 매개변수는 함수의 옵션을 지정하는 방법으로 많이 이용합니다.

다음은 기본값이 없는 매개변수와 기본값이 있는 매개변수를 함께 사용해 함수를 정의한 예입니다.

```
In :    def my_add2(a, b, c=3, d=4):
            y = a + b + c + d
            print("{0} + {1} + {2} + {3} = {4}".format(a, b, c, d, y))
```

위 함수를 호출할 때 기본값이 없는 매개변수에 대해서는 같은 개수와 순서의 인수가 반드시 필요하며
기본값이 있는 매개변수에 대해서는 인수를 사용하지 않을 수 있습니다. 인수를 사용하지 않으면 기본
값으로 입력됩니다. 다음은 다양한 방법으로 인수를 사용해 함수를 호출한 예입니다.

```
In :    my_add2(1, 2)          # 기본값 없는 매개변수는 반드시 인수 필요. c와 d에는 기본값 입력
        my_add2(1, 2, 13)      # d에는 기본값이 입력됨
        my_add2(1, 2, 13, 14)  # c와 d에 모두 인수로 지정한 값 입력
        my_add2(1, 2, d=14)    # c에는 기본값이 입력됨
```
```
Out:    1 + 2 + 3 + 4 = 10
        1 + 2 + 13 + 4 = 20
        1 + 2 + 13 + 14 = 30
        1 + 2 + 3 + 14 = 20
```

3.1.2 내장 함수

파이썬에는 문제없이 잘 동작하는 검증된 내장 함수(Built-in function)가 많이 있습니다. 따라서 함
수를 직접 만들기 전에 원하는 기능을 수행하는 내장 함수가 있는지 먼저 알아보는 것이 좋습니다. 우
리는 앞에서 print(), type(), len(), range() 등의 내장 함수를 이미 살펴봤습니다. 여기서는 그 외
에 활용도가 높은 내장 함수를 좀 더 살펴보겠습니다. 더 많은 내장 함수를 알고 싶다면 파이썬의 내장
함수를 소개한 문서(https://docs.python.org/3/library/functions.html)를 참조하길 바랍니다.

자료형 변환 함수

데이터를 다루는 코드를 작성하다 보면 주어진 데이터의 자료형을 다른 자료형으로 변환해야 할 때가
있습니다. 파이썬에는 자료형을 변환하는 내장함수가 있어 손쉽게 자료형을 변환할 수 있습니다.

정수, 실수, 문자열 데이터를 변환하는 함수는 표 3-1과 같습니다.

표 3-1 정수, 실수, 문자열 데이터를 변환하는 함수

내장 함수	기능	사용 예
int()	실수/문자열(정수 표시) 데이터를 정수로 변환	int(12.34), int("1234")
float()	정수/문자열(정수 및 실수 표시) 데이터를 실수로 변환	float(12), float("12.34")
str()	정수/실수 데이터를 문자열로 변환	str(1234), str(12.34)

내장 함수인 int()는 실수 데이터를 정수로 변환할 때 소수점 이하를 버립니다. 문자열 자료형은 연산을 할 수 없으므로 연산을 위해서는 숫자를 표시하는 문자열을 숫자(정수 혹은 실수)로 변환해야 합니다. 하지만 변환하려고 하는 문자열이 표시하고 있는 것이 정수인지 실수인지 모른다면 float() 함수를 이용해 변환하면 됩니다.

아래는 표 3-1에 있는 int(), float(), str()로 데이터를 변환하는 예입니다.

```
In :  print("정수로 변환:", [int(12.34), int("1234"), int(0.56), int(-56.78)])
      print("실수로 변환:", [float(12), float("12.34"), float("56"), float(-98)])
      print("문자열로 변환:", [str(12), str(12.34)])
```
```
Out:  정수로 변환: [12, 1234, 0, -56]
      실수로 변환: [12.0, 12.34, 56.0, -98.0]
      문자열로 변환: ['12', '12.34']
```

최솟값, 최댓값, 합계를 구하는 함수

내장 함수 min()과 max()는 두 개의 입력값이나 리스트, 튜플, 세트 등에서 전체 요소 중 최솟값과 최댓값을 구할 수 있습니다. 내장 함수 sum()은 요소 전체의 합을 구할 수 있습니다.

다음은 리스트 데이터가 있을 때 전체 요소 중 최솟값과 최댓값을 구하고 요소 전체의 합을 구하는 예입니다.

```
In :  list_data = [-2, -1, 0, 1, 2, 3, 4, 5] # 리스트 데이터

      print("최소:", min(list_data)) # 리스트 요소의 최솟값
      print("최대:", max(list_data)) # 리스트 요소의 최댓값
      print("합계:", sum(list_data)) # 리스트 요소의 합
```

```
Out:   최소: -2
       최대: 5
       합계: 12
```

앞에서 살펴본 요소의 개수를 반환하는 내장 함수 len()을 사용하면 다음과 같이 리스트 요소 전체의
평균값도 쉽게 계산할 수 있습니다.

```
In :   mean = sum(list_data) / len(list_data) # 요소의 평균 = 요소의 합 / 요소의 개수

       print("평균:", mean)
```
```
Out:   평균: 1.5
```

세트는 중복된 요소를 제거하므로 합계와 개수를 구할 때 주의해야 합니다. 다음은 세트에 대한 최솟
값, 최댓값, 합계, 요소의 개수를 구하는 예입니다.

```
In :   set_data = {-2, -1, 0, 1, 2, 3, 3, 3} # 중복 요소는 제거하고 세트 생성

       print("세트 데이터:", set_data)
       print("최소: {}, 최대: {}".format(min(set_data), max(set_data)))
       print("합계: {}, 데이터 개수: {}".format(sum(set_data), len(set_data)))
```
```
Out:   세트 데이터: {0, 1, 2, 3, -1, -2}
       최소: -2, 최대: 3
       합계: 3, 데이터 개수: 6
```

키보드 입력 함수

파이썬의 내장 함수 input()은 사용자로부터 키보드 입력을 받는 데 사용됩니다. 이 함수는 사용자가
입력한 값을 문자열 형태로 반환합니다. 필요한 경우 반환된 문자열을 다른 데이터 타입으로 변환해야
합니다.

input() 함수는 input("프롬프트_문자열")처럼 인수로 문자열을 사용할 수 있으며 이 경우 해당 문
자열을 프롬프트로 사용하여 사용자에게 입력을 요청합니다. 사용자가 키보드 입력을 완료하고 Enter
키를 입력하면 이 함수는 실행을 완료합니다.

다음은 input() 함수를 사용하는 예입니다.

```
In :  name = input("이름을 입력하세요: ")
      age = int(input("나이를 입력하세요: "))

      if age >= 20: # age는 조건문에 활용
          print(f"안녕하세요, {name}님! 당신의 나이는 {age}살로 성인입니다.")
      else:
          print(f"안녕하세요, {name}님! 당신의 나이는 {age}살로 성인이 아닙니다.")
```
```
Out:  이름을 입력하세요: 홍길동
      나이를 입력하세요: 25
      안녕하세요, 홍길동님! 당신의 나이는 25살로 성인입니다.
```

위 예제에서 input() 함수를 사용해 이름과 나이를 입력받았습니다. 이름은 문자열로 자료형을 변경하지 않았지만, 나이는 if 문에서 age >= 20에 이용하기 위해 정수로 변환했습니다. 이후 입력받은 이름과 나이를 출력했습니다.

아래는 input() 함수를 이용해 두 개의 값을 입력받아 연산을 수행하는 예입니다. input() 함수로 값을 입력받으면 문자열이 되므로 이를 연산에 이용하려면 정수나 실수로 변환해야 합니다. 다음은 input() 함수로 입력받은 내용을 float() 함수를 이용해 실수로 변환하고 필요한 연산을 수행하는 예입니다.

```
In :  height = float(input("키 입력(cm): "))      # 입력받은 문자열을 실수로 변환
      weight = float(input("몸무게 입력(kg): ")) # 입력받은 문자열을 실수로 변환

      BMI = weight / ((height/100)**2) # BMI 계산 공식 : 체중(kg) / 키(m)의 제곱
      print(f"BMI: {BMI:.2f}")
```
```
Out:  키 입력(cm): 172.5
      몸무게 입력(kg): 65.2
      BMI: 21.91
```

클래스(Class)와 객체(Object)

앞에서 함수에 대해 살펴봤는데, 한 단계 더 나아가 여러 변수와 함수를 묶어서 처리할 수 있는 클래스(Class)와 객체(Object)를 이용해 코드를 작성할 수도 있습니다. 객체는 속성과 행위를 가진 대상으로, 프로그래밍 언어에서 변수와 함수로 구현됩니다. 객체를 만들기 위해 클래스를 선언하며, 객체는 클래스의 인스턴스(Instance)입니다. 즉, 클래스는 객체를 만들기 위한 기본 틀이고 객체는 클래스로부터 만들어진 결과입니다. 클래스와 객체의 관계를 붕어빵 틀과 붕어빵으로 설명하면, 클래스는 붕어빵 틀처럼 객체를 만들기 위한 원형이고, 객체는 붕어빵처럼 클래스로부터 만들어진 결과물입니다.

클래스를 통해 객체를 만들고 활용할 수 있는 프로그래밍 언어를 객체지향 프로그래밍(Object-Oriented Programming, OOP) 언어 혹은 객체지향 언어라고 하며, 파이썬도 객체지향 언어입니다. 객체지향 프로그래밍 언어를 사용하면 규모가 크거나 유사한 객체가 많은 프로그램을 더 효율적으로 작성할 수 있습니다. 실제 파이썬으로 작성된 많은 프로그램이 객체지향 기법을 이용합니다.

함수와 메서드

클래스에서 정의한 함수를 객체를 생성한 후에 사용할 때는 메서드(method)라고 합니다. 하지만 객체 생성과 상관없이 클래스에서 정의한 함수를 메서드라고 하기도 합니다. 이처럼 클래스와 객체에서 함수와 메서드라는 용어는 구분 없이 사용하지만, 둘 다 클래스에서 정의한 함수를 말하는 것입니다.

3.2 모듈

파이썬에서는 변수, 함수, 클래스 등의 코드가 저장된 파일을 모듈(module)이라고 합니다. 모듈의 변수, 함수, 클래스는 다른 파일이나 파이썬 콘솔에서 사용할 수 있습니다. 파이썬은 자신이 직접 만든 모듈뿐 아니라 내장 모듈과 다양한 외부 공개 모듈을 이용할 수 있어 이를 잘 활용하면 손쉽게 코드를 작성할 수 있습니다. 이번에는 모듈을 만들고 불러오는 방법과 주요 내장 모듈을 활용하는 방법을 살펴보겠습니다.

3.2.1 모듈 만들고 불러오기

모듈은 파이썬 코드가 저장된 파일로, '**모듈명.py**' 형식으로 파일을 만듭니다. 예를 들어 `my_module`이라는 모듈을 만들고 싶다면 파이썬 코드를 '`my_module.py`' 파일로 저장합니다. 이 파일의 **모듈명**은 나중에 모듈을 불러올 때 사용합니다. 이제 모듈을 만들고 불러오는 방법을 살펴보겠습니다.

모듈 만들기

기능 혹은 역할별로 변수, 함수, 클래스를 적절히 정의하여 모듈을 만들어 두면 모듈을 사용할 때 편리하게 활용할 수 있습니다. 모듈을 만드는 예를 살펴보기 위해 우선 변수와 함수를 포함한 간단한 코드를 작성해 'C:\myPyAI\code' 디렉터리(폴더)에 'calc_area.py' 파일로 저장하겠습니다.

이를 위해 1장에서 설명한 마술 명령어 '%%writefile 파일명'을 사용합니다. 'C:\myPyAI\code' 디렉터리가 없다면 아래 코드를 수행하기 전에 만들어 둬야 합니다.

```
In :  %%writefile C:\myPyAI\code\calc_area.py
      # File name: calc_area.py
      PI = 3.14
      def rectangle(l, w): # 직사각형(가로: l, 세로: w)의 넓이를 반환
          return l * w

      def circle(r): # 원(반지름: r)의 넓이를 반환
          return PI * r ** 2
```

Out: Writing C:\myPyAI\code\calc_area.py

디렉터리 구분자로 윈도우에서는 '\'를 사용하고, 리눅스나 맥 OS에서는 '/'를 사용합니다. '%%writefile 파일명'을 입력할 때 **파일명**에 디렉터리를 포함하는 경우 디렉터리 구분자를 운영체제에 맞게 사용하면 됩니다. 단, 윈도우의 경우 '%%writefile 파일명'을 입력할 때 디렉터리 구분자로 '\'와 '/'를 모두 사용할 수 있습니다. 따라서 위 코드에서 '%%writefile C:\myPyAI\code\calc_area.py' 대신 '%%writefile C:/myPyAI/code/calc_area.py'를 사용할 수도 있습니다.

다음으로 클래스를 선언한 모듈을 살펴보기 위해 아래의 코드를 car.py 파일로 저장하겠습니다.

```
In :  %%writefile C:/myPyAI/code/car.py
      # File name: car.py

      class Car(): # 클래스 선언
          def __init__(self, size, color):
              self.size = size    # 인스턴스 변수 생성 및 초기화
              self.color = color  # 인스턴스 변수 생성 및 초기화

          def move(self):
              print("자동차({0} & {1})가 움직입니다.".format(self.size, self.color))
```

Out: Writing C:/myPyAI/code/car.py

이제 앞에서 만든 모듈을 불러와서 사용하는 방법을 살펴보겠습니다.

모듈 불러오기

모듈을 불러오려면 다음과 같이 import 문을 사용합니다.

```
import 모듈명
```

모듈을 임포트하려면 모듈이 있는 폴더로 이동하거나 모듈이 있는 폴더를 PYTHONPATH 환경 변수에 설정해야 합니다. 모듈을 임포트한 후에는 **모듈명.변수, 모듈명.함수(), 모듈명.클래스()**와 같은 형식으로 모듈에서 정의한 내용을 사용할 수 있습니다. 작업 폴더를 PYTHONPATH 환경 변수에 설정하는 방법은 **[부록]**을 참고하세요.

여기서는 앞에서 정의한 모듈이 있는 폴더(**C:\myPyAI\code**)를 PYTHONPATH 환경 변수에 설정하지 않았다고 가정하고, 먼저 해당 폴더로 이동하겠습니다.

```
In :  cd C:\myPyAI\code
```

Out: C:\myPyAI\code

이제 앞에서 정의한 calc_area 모듈을 불러와 변수와 함수를 사용하는 예를 살펴보겠습니다.

```
In :  import calc_area # 모듈 임포트

pi = calc_area.PI              # 임포트한 모듈의 변수를 사용
rect = calc_area.rectangle(5, 2) # 임포트한 모듈의 함수를 호출
circ = calc_area.circle(3)     # 임포트한 모듈의 함수를 호출

print(f"원주율:{pi}, 직사각형 넓이: {rect}, 원의 넓이: {circ}")
```

Out: 원주율:3.14, 직사각형 넓이: 10, 원의 넓이: 28.26

다음은 모듈의 클래스로부터 객체를 생성해 메서드를 호출하는 예를 보여줍니다.

```
In :  import car # 모듈 임포트

      my_car = car.Car("중형", "검은색") # 임포트한 모듈의 클래스에서 객체를 생성
      my_car.move()
```
Out: 자동차(중형 & 검은색)가 움직입니다.

PYTHONPATH 환경 변수를 설정하면 모듈이 있는 폴더로 이동하지 않고 어느 곳에서나 모듈을 임포트할 수 있어서 편리하니 가능하면 PYTHONPATH 환경 변수를 설정하길 바랍니다.

앞에서는 모듈을 불러와서 모듈의 변수, 함수, 클래스를 사용할 때 **모듈명.변수**, **모듈명.함수()**, **모듈명.클래스()**와 같은 형식으로 호출했는데, 다음과 같은 형식으로 선언하면 **모듈명** 없이 **변수**, **함수()**, **클래스()**를 호출해 사용할 수 있습니다.

from 모듈명 import 변수명/함수명/클래스명

여기서 **변수명/함수명/클래스명**은 쉼표(,)를 써서 여러 개의 **변수명**, **함수명**, **클래스명**을 임포트할 수도 있습니다.

또한 모듈의 모든 변수, 함수, 클래스를 사용하고 싶으면 다음과 같은 형식으로 임포트합니다.

from 모듈명 import *

이 방법은 모듈의 **변수**, **함수**, **클래스** 이름을 지정하지 않고 임포트할 수 있어 편리하지만, 모듈을 여러 개 임포트할 때는 주의해야 합니다. 임포트한 모듈 가운데 겹치는 변수명, 함수명, 클래스명이 있으면 맨 마지막에 가져온 것만 사용할 수 있습니다.

다음은 앞에서 만든 calc_area 모듈을 'from **모듈명** import **변수명/함수명/클래스명**' 형식으로 선언해 사용하는 예입니다.

```
In :  from calc_area import PI, rectangle, circle # 모듈의 변수, 함수를 임포트

      pi = PI                # 모듈명 없이 바로 변수를 사용
      rect = rectangle(5, 2) # 모듈명 없이 바로 함수를 호출
      circ = circle(3)       # 모듈명 없이 바로 함수를 호출

      print(f"원주율:{pi}, 직사각형 넓이: {rect}, 원의 넓이: {circ}")
```
Out: 원주율:3.14, 직사각형 넓이: 10, 원의 넓이: 28.26

앞에서 모듈을 부르기 위해 사용한 'import 모듈명 '형식은 다음과 같은 형식으로 새로운 이름(별명)을 붙여 사용할 수 있습니다. 이 방법은 긴 모듈명을 짧은 별명으로 줄일 수 있어 편리합니다.

```
import 모듈명 as 별명
```

위와 같이 모듈을 임포트하면 모듈의 **변수, 함수(), 클래스()**를 **별명.변수, 별명.함수(), 별명.클래스()**와 같이 사용할 수 있습니다.

또한 '**from 모듈명 import 변수명/함수명/클래스명**' 형식도 다음과 같이 변수명, 함수명, 클래스명에 별명을 붙일 수 있습니다. 이 경우 여러 모듈을 부를 때 임포트한 모듈 중에 같은 이름의 변수, 함수, 클래스가 있을 경우에 발생하는 문제를 피할 수 있습니다.

```
from 모듈명 import 변수명/함수명/클래스명 as 별명
```

이때도 변수명, 함수명, 클래스명 대신 별명으로 사용할 수 있습니다.

다음은 모듈을 불러올 때 모듈명 대신 별명을 사용하는 예입니다.

```
In :  import calc_area as area      # 모듈을 불러와서 별명으로 지정

      pi = area.PI                   # 임포트한 모듈의 별명과 함께 변수를 사용
      rect = area.rectangle(5, 2)    # 임포트한 모듈의 별명과 함께 함수를 호출
      circ = area.circle(3)          # 임포트한 모듈의 별명과 함께 함수를 호출

      print(f"원주율:{pi}, 직사각형 넓이: {rect}, 원의 넓이: {circ}")
Out:  원주율:3.14, 직사각형 넓이: 10, 원의 넓이: 28.26
```

위의 예에서 모듈명 calc_area 대신 별명 area를 가지고 모듈의 변수와 함수를 사용했습니다.

다음은 모듈의 변수와 함수에 별명을 붙여 사용한 예입니다.

```
In :  from calc_area import PI as pi           # 모듈의 변수를 별명으로 지정
      from calc_area import rectangle as rect   # 모듈의 함수를 별명으로 지정
      from calc_area import circle as circ      # 모듈의 함수를 별명으로 지정

      p = pi          # 모듈의 변수를 별명으로 사용
      r = rect(5, 2)  # 모듈의 함수를 별명으로 호출
```

```
c = circ(3)      # 모듈의 함수를 별명으로 호출

print(f"원주율:{p}, 직사각형 넓이: {r}, 원의 넓이: {c}")
```
Out: 원주율:3.14, 직사각형 넓이: 10, 원의 넓이: 28.26

앞에서는 모듈을 불러올 때 모듈명을 별명으로 지정하는 방법과 모듈의 변수명, 함수명, 클래스명도 별명으로 지정하는 방법을 알아봤습니다. 이러한 지정 방법은 모듈을 불러와서 활용할 때 이름을 짧게 만들 수 있어 실제로 많이 사용합니다.

하나의 디렉터리에 여러 모듈을 모아 놓을 수 있는데 이를 패키지(Package)라고 합니다. 디렉터리 아래에는 하위 디렉터리를 만들고 그 안에 모듈을 만들 수도 있습니다. 규모가 큰 프로그램을 만들 때 패키지로 만들면 각 기능을 여러 모듈로 체계적으로 나눠서 관리할 수 있어 효율적으로 코드를 작성할 수 있습니다.

패키지의 모듈을 임포트하는 방법은 다음과 같습니다.

```
import 패키지명[.하위폴더명].모듈명
from 패키지명[.하위폴더명] import 모듈명
```

이후 모듈에 있는 변수, 함수, 클래스를 사용할 때는 앞에서 살펴본 방법을 그대로 이용할 수 있습니다.

패키지 설치

파이썬에는 다양한 공개 패키지가 있어 필요한 패키지를 설치해 사용할 수 있습니다. 파이썬의 공개 패키지 정보는 파이썬 패키지 인덱스 사이트(https://pypi.org)에서 찾을 수 있습니다. 파이썬의 공개 패키지는 윈도우 명령창에서 'pip install 패키지명'으로 설치하거나 주피터 노트북의 코드 셀에서 '!pip install 패키지명'으로 설치할 수 있습니다. 아나콘다 배포판은 많이 사용하는 공개 패키지가 기본적으로 설치돼 있습니다.

3.2.2 내장 모듈

앞에서는 모듈을 직접 만들어 활용했지만 파이썬에는 미리 만들어진 다양한 내장 모듈(https://docs.python.org/3/py-modindex.html)이 있습니다. 이번 절에서는 여러 내장 모듈 중 경로와 파일 관련 처리를 할 수 있는 pathlib 모듈과 날짜와 시간 관련 처리를 할 수 있는 datetime 모듈을 살펴보겠습니다.

파일과 경로 처리 모듈

파이썬 코드를 작성할 때는 파일과 관련된 처리 작업을 손쉽게 할 수 있으면 큰 도움이 됩니다. 경로 파악과 파일 처리를 손쉽게 할 수 있는 pathlib 내장 모듈(https://docs.python.org/3/library/pathlib.html)을 살펴보겠습니다.

파일 시스템의 경로를 다루는 모듈로는 os 내장 모듈도 있지만 파이썬 3.4 이후에 추가된 pathlib 내장 모듈은 파일의 경로를 문자열이 아니라 객체로 다루기 때문에 좀 더 편리하게 코드를 작성할 수 있습니다. pathlib 모듈의 Path 클래스를 사용하여 파일 시스템의 경로를 다루는 방법을 알아보겠습니다.

먼저 다음과 같이 'from pathlib import Path'를 실행한 후 Path 클래스의 객체를 생성합니다.

```
from pathlib import Path
path = Path(경로)
```

Path 클래스의 객체(path)를 생성할 때는 **경로**를 입력합니다. **경로**는 파일의 위치를 나타내는 것으로 디렉터리(폴더)명이나 파일명으로 구성되며, 절대 경로(최상위 디렉터리를 기준으로 작성한 경로)나 상대 경로(현재 디렉터리를 기준으로 작성한 경로)로 지정할 수 있습니다. 객체를 생성한 후에는 Path 클래스의 속성과 메서드를 사용할 수 있습니다. 표 3-2는 Path 클래스의 주요 속성을 보여줍니다. 파일의 전체 경로에서 디렉터리만 가져오거나 파일명, 확장자, 확장자를 제외한 파일명을 가져올 수 있습니다.

표 3-2 내장 모듈 pathlib에 있는 Path 클래스의 속성

Path 클래스의 속성	설명	사용 예
parent	경로에서 파일명을 제외한 디렉터리 혹은 상위 디렉터리	path.parent
name	경로에서 디렉터리를 제외한 파일명	path.name
suffix	경로에서 파일의 확장자(. 포함)	path.suffix
stem	확장자를 제외한 파일명	path.stem

또한 표 3-3은 Path 클래스의 주요 메서드를 보여줍니다.

표 3-3 내장 모듈 pathlib에 있는 Path 클래스의 주요 메서드

Path 클래스의 메서드	설명	사용 예
exists()	경로가 있으면 True를, 없으면 False를 반환	path.exists()
is_dir()	경로가 있고 디렉터리이면 True를, 없거나 디렉터리가 아니면 False를 반환	path.is_dir()
is_file()	경로가 있고 파일이면 True를, 없거나 파일이 아니면 False를 반환	path.is_file()
home()	사용자의 홈(home) 디렉터리를 반환	path.home()
resolve()	상대 경로를 절대 경로로 변환해 반환	path.resolve()
cwd()	현재 작업 디렉터리를 반환	path.cwd()
mkdir()	디렉터리를 생성	path.mkdir()
rmdir()	빈 디렉터리를 제거	path.rmdir()

이어서 표 3-2와 표 3-3의 사용 예를 살펴보겠습니다. 이를 위해 앞에서 만든 C:\myPyAI\code 디렉터리에 있는 파일을 사용하겠습니다.

참고

파일의 디렉터리 구분자 입력

리눅스나 맥OS에서 파일의 경로를 나타낼 때 '/'로 디렉터리를 구분하지만 윈도우는 '\'로 구분합니다. 파이썬에서 리눅스나 맥OS의 경로를 코드에 입력할 때는 디렉터리 구분자로 '/'를 그대로 사용하고, 윈도우의 경로를 코드에 입력할 때 오류가 발생하면 '\'를 두 번 연속으로 입력('\\')하거나 r'윈도우 경로'를 입력합니다. 혹은 '\' 대신 '/'를 사용합니다. 예를 들어 윈도우에서 파일 경로가 'C:\myPyAI\code\sample.txt'일 때 코드에서는 'C:\\myPyAI\\code\\sample.txt'나 r'C:\myPyAI\code\sample.txt', 혹은 'C:/myPyAI/code/sample.txt'로 입력합니다.

먼저 'C:/myPyAI/code/car.py'를 인수로 pathlib 모듈의 Path 클래스에서 객체를 생성하고 표 3-2에서 설명한 속성을 사용하는 예를 살펴보겠습니다.

```
In :  from pathlib import Path

      # 파일의 경로 입력해 Path 클래스에서 file_path 객체 생성
      file_path = Path('C:/myPyAI/code/car.py')

      print("- 파일의 전체 경로:", file_path)         # 파일의 전체 경로 출력
      print("- 파일의 디렉터리:", file_path.parent)    # 파일의 디렉터리 출력
      print("파일명:", file_path.name)                # 파일의 이름 출력
      print("- 파일의 확장자:", file_path.suffix)      # 파일의 확장자 출력
      print("- 확장자 제외한 파일명:", file_path.stem)  # 확장자를 제외한 파일명 출력
```
```
Out:  - 파일의 전체 경로: C:\myPyAI\code\car.py
      - 파일의 디렉터리: C:\myPyAI\code
      - 파일명: car.py
      - 파일의 확장자: .py
      - 확장자 제외한 파일명: car
```

이번에는 표 3-3에서 설명한 Path 클래스의 메서드를 사용하는 예를 살펴보겠습니다.

```
In :  from pathlib import Path

      dir_path = Path('C:/myPyAI/code') # 디렉터리 경로를 입력해 dir_path 객체 생성

      print("- 지정한 경로:", dir_path)
      print("- 경로 존재 여부 확인:", dir_path.exists())
```

```
print("- 경로가 디렉터리(폴더)인지 확인:", dir_path.is_dir())
print("- 경로가 파일인지 확인:", dir_path.is_file())
print("- 홈 디렉터리:", dir_path.home())
```

Out: - 지정한 경로: C:\myPyAI\code
- 경로 존재 여부 확인: True
- 경로가 디렉터리(폴더)인지 확인: True
- 경로가 파일인지 확인: False
- 홈 디렉터리: C:\Users\choies

위 코드의 dir_path 객체는 디렉터리(C:/myPyAI/code)이므로 dir_path.is_dir()의 결과는 True이고, dir_path.is_file()의 결과는 False입니다. 만약 이전 코드의 파일 경로(C:/myPyAI/code/car.py)를 인수로 입력해 생성한 객체 file_path를 사용하면 file_path.is_dir()와 file_path.is_file()의 결과는 어떻게 될까요? 다음 코드를 살펴보겠습니다.

In :
```
print("- 파일의 전체 경로:", file_path)
print("- 경로 존재 여부 확인:", file_path.exists())
print("- 경로가 디렉터리(폴더)인지 확인:", file_path.is_dir())
print("- 경로가 파일인지 확인:", file_path.is_file())
```

Out: - 파일의 전체 경로: C:\myPyAI\code\car.py
- 경로 존재 여부 확인: True
- 경로가 디렉터리(폴더)인지 확인: False
- 경로가 파일인지 확인: True

위에서 file_path.is_dir()의 실행 결과가 False이고 file_path.is_file()의 실행 결과가 True이므로 file_path 객체는 파일의 경로임을 알 수 있습니다.

다음은 필요한 디렉터리를 생성하는 예를 살펴보겠습니다. 예를 들어 'C:\myPyAI\code' 디렉터리 아래에 st 디렉터리를 만들고 싶다면 다음과 같이 코드를 작성하면 됩니다.

```
In :    from pathlib import Path

        # 디렉터리 경로를 입력해 path 객체를 생성
        dir_path = Path('C:/myPyAI/code/st')

        # 디렉터리가 없다면 생성
        dir_path.mkdir(parents=True, exist_ok=True)

        # 생성한 디렉터리의 존재 여부 확인
        print("{0} 디렉터리의 존재 여부: {1}".format(dir_path, dir_path.exists()))
```

Out: C:\myPyAI\code\st 디렉터리의 존재 여부: True

위에서 mkdir()의 인수 parents는 상위 디렉터리가 없을 경우 생성할지 여부를 설정하는 것으로
True이면 상위 디렉터리가 없으면 상위 디렉터리를 함께 생성합니다. 인수 exist_ok는 이미 해당 디
렉터리가 있는지 확인하는 것으로 True이면 디렉터리가 이미 존재해도 오류가 발생하지 않고, False
이면 오류가 발생합니다.

날짜와 시간 처리 모듈

데이터를 생성할 때 어떠한 사건이 발생한 날짜와 시각을 함께 표시해 두면 시각 변화에 따른 사건 발
생 추이를 파악할 수 있고 특정 기간 동안 사건의 빈도도 알 수 있습니다. 따라서 데이터를 생성할 때
날짜와 시각을 포함하는 경우가 많습니다. 이번에는 날짜와 시각(혹은 시간) 관련 처리를 할 수 있는
datetime 내장 모듈(https://docs.python.org/3/library/datetime.html)을 살펴보겠습니다.

내장 모듈 datetime에는 날짜를 표현하는 date 클래스, 시각을 표시하는 time 클래스, 날짜와 시각을
모두 표현하는 datetime 클래스, 날짜와 시각의 차이를 표시하는 timedelta 클래스 등이 있습니다.
이러한 클래스로부터 객체를 생성해 날짜와 시각 데이터를 처리할 수도 있고 클래스 메서드를 바로 사
용하는 방법도 있습니다. 내장 모듈 datetime을 임포트할 때는 'import 모듈명' 형식으로 모듈을 먼
저 불러온 후에 클래스나 메서드를 사용해도 되지만, 여기서는 코드 작성의 편리성을 위해 'from 모듈
명 import 변수명/함수명/클래스명' 형식을 사용합니다.

다음은 datetime 모듈에서 사용하려는 클래스를 한 번에 부른 후에 각 클래스에서 객체를 생성하는 방
법을 보여줍니다.

```
from datetime import date, time, datetime, timedelta

date_obj = date(year, month, day)
time_obj = time(hour=0, minute=0, second=0, microsecond=0)
datetime_obj = datetime(year, month, day,
                        hour=0, minute=0, second=0, microsecond=0)
timedelta_obj = timedelta(days=0, seconds=0, microseconds=0,
                          milliseconds=0, minutes=0, hours=0, weeks=0)
```

위에서 생성한 객체를 가지고 각 클래스의 속성을 사용할 수 있습니다. date 클래스에는 year, month, day의 속성이 있으며 time 클래스에는 hour, minute, second, microsecond의 속성이 있습니다. datetime 클래스에는 date 클래스와 time 클래스의 모든 속성이 있습니다. 또한 timedelta 클래스는 days, seconds, microseconds, milliseconds, minutes, hours, weeks 속성이 있습니다.

먼저 datetime 모듈의 date, time, datetime 클래스를 사용해 날짜와 시각을 지정해 객체를 생성한 다음에 이를 활용하는 방법을 살펴보겠습니다.

```
In :  from datetime import date, time, datetime, timedelta

      date_obj = date(2023, 10, 9) # 날짜 지정
      time_obj = time(15, 23, 21)  # 시각 지정
      datetime_obj = datetime(2024, 8, 15, 20, 19, 45) # 날짜와 시각 지정

      print("[date 클래스로 날짜 지정]", date_obj)
      print("[date 클래스의 속성 이용] {0}/{1}/{2}".format(date_obj.year,
                                                        date_obj.month,
                                                        date_obj.day))

      print("[time 클래스로 시각 지정]", time_obj)
      print("[time 클래스의 속성 지정] {0}/{1}/{2}".format(time_obj.hour,
                                                        time_obj.minute,
                                                        time_obj.second))

      print("[datetime 클래스로 날짜와 시각 지정]", datetime_obj)
```
```
Out:  [date 클래스로 날짜 지정] 2023-10-09
      [date 클래스의 속성 이용] 2023/10/9
      [time 클래스로 시각 지정] 15:23:21
      [time 클래스의 속성 지정] 15/23/21
      [datetime 클래스로 날짜와 시각 지정] 2024-08-15 20:19:45
```

앞에서 날짜와 시각 관련 객체를 생성해 연, 월, 일, 시, 분, 초를 표시했습니다. 출력 결과에서 보듯이 시각은 24시간제가 적용됩니다.

date 객체끼리 또는 datetime 객체끼리는 서로 빼기 연산을 할 수 있습니다. 이때 연산 결과는 timedelta 객체가 됩니다. 다음은 date 객체끼리 빼기 연산을 통해 날짜의 차이를 계산하는 예입니다.

```
In :  date_obj2 = date(2023, 10, 15)   # 날짜 지정
      diff_date = date_obj2 - date_obj # date 객체의 날짜 차이를 연산
      diff_date
```
```
Out:  datetime.timedelta(days=6)
```

위 결과에서 날짜만 출력하려면 다음과 같이 timedelta 클래스의 days 속성을 사용합니다.

```
In :  print("두 날짜의 차이: {}일".format(diff_date.days))
```
```
Out:  두 날짜의 차이: 6일
```

다음과 같이 timedelta 객체를 사용해 date 객체에 날짜를 더하거나 뺄 수도 있습니다.

```
In :  date_org = date(2023, 5, 15) # 날짜 지정
      date_result = date_org - timedelta(weeks=1) # 일주일 전의 날짜 계산
      print("지정 날짜: {0}, 일주일 전 날짜: {1}".format(date_org, date_result))
```
```
Out:  지정 날짜: 2023-05-15, 일주일 전 날짜: 2023-05-08
```

datetime 객체에도 timedelta 객체를 사용해 날짜나 시간을 더하거나 뺄 수 있습니다.

```
In :  # 날짜 및 시간 지정
      datetime_org = datetime(2023, 11, 14, 23, 0, 0)

      # 1시간 30분 후 날짜 및 시각 계산
      datetime_result = datetime_org + timedelta(hours=1, minutes=30)

      print(datetime_result)
```
```
Out:  2023-11-15 00:30:00
```

date 클래스의 today() 메서드를 사용하면 오늘 날짜로 객체를 생성할 수 있습니다. 또한 datetime 클래스의 now() 메서드로 현재 날짜와 시각으로 객체를 생성할 수 있습니다. 이때도 각 클래스의 속성은 그대로 사용할 수 있습니다. today() 메서드와 now() 메서드를 잘 활용하면 날짜와 시각을 일일이 지정하지 않고도 오늘 날짜 혹은 현재 날짜와 시각을 자동으로 지정할 수 있어 편리합니다.

다음의 예를 살펴보겠습니다.

```
In :  today = date.today()
      now = datetime.now()

      print("- 오늘의 날짜: {0}-{1}-{2}".format(today.year, today.month, today.day))
      print("- 현재의 날짜 및 시각(전체 표시):", now)
      print("- 현재의 날짜: {0}-{1}-{2}".format(now.year, now.month, now.day))
      print("- 현재의 시각: {0}:{1}:{2}".format(now.hour, now.minute, now.second))
```

```
Out:  - 오늘의 날짜: 2023-5-28
      - 현재의 날짜 및 시각(전체 표시): 2023-05-28 14:33:12.592664
      - 현재의 날짜: 2023-5-28
      - 현재의 시각: 14:33:12
```

날짜와 시각을 출력할 때 각 클래스의 속성을 사용할 수도 있지만 다음과 같이 날짜 및 시각 출력 양식을 지정해 출력할 수도 있습니다.

```
In :  special_day = datetime(2023, 4, 8, 13, 30, 0)

      print("- 날짜 표시: {0:%Y}년 {0:%m}월 {0:%d}일".format(special_day))
      print("- 날짜 표시(다른 표현): {:%Y-%m-%d}".format(special_day))
      print("- 시각 표시: {0:%H}시 {0:%M}분 {0:%S}초 ({0:%p})".format(special_day))
      print("- 시각 표시(다른 표현): {:%H/%M/%S (%p)}".format(special_day))
      print("- 요일 표시: {0:%A}, {0:%a}, {0:%w}".format(special_day))
      print("- 월 표시: {0:%B}, {0:%b}".format(special_day))
```

```
Out:  - 날짜 표시: 2023년 04월 08일
      - 날짜 표시(다른 표현): 2023-04-08
      - 시각 표시: 13시 30분 00초 (PM)
      - 시각 표시(다른 표현): 13/30/00 (PM)
      - 요일 표시: Saturday, Sat, 6
      - 월 표시: April, Apr
```

앞에서 지정한 날짜 및 시각 출력 양식 중 %Y, %m, %d는 각각 연도(4자리), 월(2자리), 일(2자리)을 표시하고 %H, %M, %S는 각각 시(2자리), 분(2자리), 초(2자리)를 표시하고, %p는 오전이면 AM, 오후면 PM을 표시합니다. 또한 %A, %a, %w는 모두 요일을 표시하는데 %A는 전체 이름으로, %a는 축약 이름으로, %w는 0(일요일)~6(토요일) 중 하나의 숫자로 요일을 표시합니다. 마지막으로 %B와 %b는 월을 표시하는데 %B는 전체 이름으로, %b는 축약 이름으로 월을 표시합니다.

요일을 표시하는 %A, %a와 월을 표시하는 %B, %b는 지정한 로케일(locale)에 따라 표시됩니다. 로케일은 언어나 국가에 따라 선호하는 사항을 지정한 매개변수의 모임으로, 이에 따라서 표시 언어나 형식이 달라집니다. 로케일을 지정하지 않으면 기본적으로 영어로 요일과 월을 표시합니다. 파이썬에서는 locale 모듈의 setlocale()로 로케일을 설정하고 getlocale()로 설정된 로케일을 확인할 수 있습니다.

다음은 로케일에 따라 %A, %a의 표시가 어떻게 달라지는지를 보여줍니다.

```
In :  import locale

      # 한글, 한국, UTF-8 인코딩을 로케일로 지정
      locale.setlocale(locale.LC_ALL, 'ko_KR.UTF-8')

      print("* 설정한 로케일: ", locale.getlocale())  # 설정한 로케일 가져오기
      print("- 요일 표시(한글/한국): {0:%A}, {0:%a}".format(special_day))
      print("- 월 표시(한글/한국): {0:%B}, {0:%b}".format(special_day))

      # 영어, 미국, UTF-8 인코딩을 로케일로 지정
      locale.setlocale(locale.LC_ALL, 'en_US.UTF-8')

      print("* 설정한 로케일: ", locale.getlocale()) # 설정한 로케일 가져오기
      print("- 요일 표시(영어/미국): {0:%A}, {0:%a}".format(special_day))
      print("- 월 표시(한글/한국): {0:%B}, {0:%b}".format(special_day))
```
```
Out:  * 설정한 로케일:  ('ko_KR', 'UTF-8')
      - 요일 표시(한글/한국): 토요일, 토
      - 월 표시(한글/한국): 4월, 4
      * 설정한 로케일:  ('en_US', 'UTF-8')
      - 요일 표시(영어/미국): Saturday, Sat
      - 월 표시(한글/한국): April, Apr
```

날짜 및 시간 출력 양식을 지정해 표시할 때에는 `print()` 함수의 형식 지정 출력뿐 아니라 `strftime()` 메서드로 출력할 수도 있습니다. 이때 `strftime()` 메서드는 지정한 양식으로 표시한 문자열을 반환합니다. `strftime()`에 한글을 입력하려면 로케일을 먼저 지정해야 합니다.

```
In :  # 한글, 한국, UTF-8 인코딩을 로케일로 지정
      locale.setlocale(locale.LC_ALL, 'ko_KR.UTF-8')
      print(special_day.strftime("[날짜] %Y-%m-%d, %A [시간] %H:%M:%S (%p)"))

      # 영어, 미국, UTF-8 인코딩을 로케일로 지정
      locale.setlocale(locale.LC_ALL, 'en_US.UTF-8')
      print(special_day.strftime("[Date] %Y-%m-%d, %A [Time] %H:%M:%S (%p)"))
```

```
Out:  [날짜] 2023-04-08, 토요일 [시간] 13:30:00 (오후)
      [Date] 2023-04-08, Saturday [Time] 13:30:00 (PM)
```

3.3 정리

이번 장에서는 함수와 모듈을 살펴봤습니다. 함수에서는 함수의 기본 구조를 이용해 다양한 함수를 정의하고 호출하는 예를 살펴봤고 내장 함수를 활용하는 방법도 살펴봤습니다. 모듈에서는 모듈을 만들고 활용하는 방법과 내장 모듈(파일과 경로 처리 모듈, 날짜와 시간 처리 모듈)을 활용하는 방법을 살펴봤습니다. 또한 패키지 내의 모듈을 활용하는 방법도 살펴봤습니다. 앞으로는 코드를 작성할 때 함수를 많이 이용할 것이며, 가끔은 모듈도 직접 만들어 이용하게 될 것입니다. 패키지까지 만들 일은 많지 않겠지만 다양한 패키지를 활용하므로 패키지를 부르는 방법을 알아두면 도움이 됩니다.

CHAPTER 04

파일 읽고 쓰기와
문자열 처리

3장까지는 코드에 데이터를 직접 입력했지만 실제로는 파일 형태의 데이터를 다루는 일이 많습니다. 파일에는 문자나 숫자로 이뤄진 텍스트 파일이 있고, 사진 파일, 음악 파일, 동영상 파일처럼 바이너리 파일도 있습니다. 파이썬은 텍스트 파일과 바이너리 파일을 읽고 쓰는 방법을 제공합니다. 이번 장에서는 텍스트 파일과 바이너리 파일을 읽고 쓰는 방법을 살펴보고, 텍스트 파일에서 읽어온 데이터를 처리하는 데 필요한 다양한 문자열 처리 기법에 대해 알아봅니다.

4.1 파일 읽고 쓰기

이번에는 파이썬에서 텍스트 파일이나 이진 파일을 읽고 쓰는 방법을 살펴보겠습니다.

4.1.1 파일을 읽고 쓰기 위한 기본 구조

파이썬에서 파일을 읽고 쓰는 기본 구조는 다음과 같습니다.

```
# 1) 파일 열기
f = open(file_name[, mode, encoding = 인코딩_방식])

# 2) 파일 객체(f)를 이용해 파일을 읽거나 쓰기
data = f.read()  # 파일의 내용 읽기
    혹은
```

```
f.write(str)     # 파일에 문자열 쓰기

# 3) 파일 객체(f) 닫기
f.close()
```

위에서 파이썬 내장 함수인 open()은 텍스트 파일(file_name)을 열어서 파일 객체(f)로 반환합니다. 그다음 파일 읽기나 쓰기를 수행하고 생성한 파일 객체는 close()로 닫습니다. open()에서 file_name은 디렉터리를 포함한 전체 경로를 사용할 수도 있고, 파일 이름만 지정할 수도 있습니다. 파일 이름만 지정하면 현재 디렉터리에서 파일을 엽니다. 옵션으로 mode와 encoding을 지정할 수 있는데 의미와 사용 방법은 다음과 같습니다.

- mode: 파일 열기 모드로 여는 파일의 속성을 지정합니다. 표 4-1은 mode로 지정할 수 있는 파일의 속성을 보여줍니다. {r, w, x, a}와 {b, t}는 'rb'처럼 혼합해 사용할 수 있습니다. {r, w, x, a} 중 어느 하나도 입력하지 않으면 기본적으로 읽기 모드('r')로 지정되고, {b, t} 중 어느 하나를 입력하지 않으면 기본적으로 텍스트 파일 모드('t')로 지정됩니다. 지정하지 않으면 기본적으로 텍스트 파일 읽기 모드('rt')가 됩니다.

- encoding: 텍스트 파일의 인코딩 방식을 지정합니다. 예를 들어 텍스트 파일이 utf-8로 인코딩돼 있으면 'utf-8'로 지정합니다. 지정하지 않으면 기본 인코딩 방식으로 텍스트 파일을 엽니다.

표 4-1 파일 열기 모드

모드	의미
r	읽기 모드로 파일 열기(기본). 모드를 지정하지 않으면 기본적으로 읽기 모드로 지정됨.
w	쓰기 모드로 파일 열기. 같은 이름의 파일이 있으면 기존 내용은 모두 삭제됨.
x	쓰기 모드로 파일 열기. 같은 이름의 파일이 있으면 오류가 발생함.
a	추가 모드로 파일 열기. 같은 이름의 파일이 없으면 w와 기능이 같음.
b	바이너리 파일 모드로 파일 열기.
t	텍스트 파일 모드로 파일 열기(기본). 지정하지 않으면 기본적으로 텍스트 모드로 지정됨.

이제 파일을 읽고 쓰기 위한 기본 구조를 이용해 텍스트 파일을 읽고 쓰는 방법을 살펴보겠습니다.

4.1.2 파일 읽기

파일을 읽기 위해서는 우선 파일이 있어야 하므로 이번 장에서 사용할 데이터 디렉터리(C:\myPyAI\data)에 텍스트 파일을 생성하겠습니다.

이를 위해서는 먼저 데이터 디렉터리(C:\myPyAI\data)가 있어야 합니다. 3장에서 살펴본 pathlib 라이브러리를 이용해 아래와 같이 디렉터리를 생성합니다.

```
In :   from pathlib import Path

       # 디렉터리 경로를 입력해 path 객체를 생성
       dir_path = Path('C:/myPyAI/data/')

       # 디렉터리가 없다면 생성
       dir_path.mkdir(parents=True, exist_ok=True)

       # 생성한 디렉터리의 존재 여부 확인
       print("{0} 디렉터리의 존재 여부: {1}".format(dir_path, dir_path.exists()))
```
```
Out:   C:\myPyAI\data 디렉터리의 존재 여부: True
```

이제 마술 명령어 **%%writefile**로 텍스트 파일(read_test.txt)을 생성합니다.

```
In :   %%writefile C:\myPyAI\data\read_test.txt
       All grown-up
       were once children,
       although few of them
       remember it.
```
```
Out:   Writing C:\myPyAI\data\read_test.txt
```

텍스트 편집기로 **read_test.txt** 파일을 열어보면 그림 4-1처럼 해당 텍스트 파일이 잘 생성됐는지 확인할 수 있습니다.

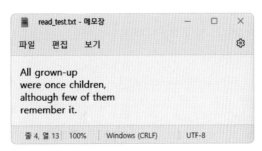

그림 4-1 테스트를 위해 생성한 텍스트 파일

이제 파이썬에서 텍스트 파일을 읽는 방법을 알아보겠습니다. 텍스트 파일을 읽기 위한 기본 구조는 다음과 같습니다.

```
f = open(file_name[, 'r', encoding = 인코딩_방식])  # 파일 열기(읽기 모드)
data = f.read() # 파일의 내용 읽기
f.close()        # 파일 닫기
```

위의 텍스트 파일 읽기 방법으로 앞에서 생성한 텍스트 파일을 읽어보겠습니다.

```
In :  f = open('C:/myPyAI/data/read_test.txt', 'r')  # 파일 열기(읽기 모드)
      data = f.read() # 파일의 내용 전체를 읽어서 변수에 할당
      f.close()          # 파일 닫기

      print(data)       # 읽어온 파일 내용 출력
```

```
Out:  All grown-up
      were once children,
      although few of them
      remember it.
```

출력 결과를 보면 생성한 텍스트 파일의 내용을 잘 읽어온 것을 볼 수 있습니다.

다음은 한글을 포함한 텍스트 파일을 읽는 방법을 알아보겠습니다. 한글 텍스트 파일을 open()으로 열 때는 encoding 옵션으로 인코딩 방식을 지정해야 오류 없이 파일을 읽어옵니다. 한글을 표현할 수 있는 인코딩 방식에는 여러 가지가 있는데, 그중 utf-8이나 cp949를 주로 사용합니다. 읽어올 텍스트 파일이 cp949로 인코딩됐다면 encoding='cp949'를 지정하고 utf-8로 인코딩됐다면 encoding='utf-8'을 지정합니다. 한글 윈도우 환경에서 cp949로 인코딩한 텍스트 파일을 open()으로 열 때는 encoding 옵션을 생략해도 됩니다.

다음은 cp949와 utf-8로 인코딩한 한글 텍스트 파일을 읽어오는 예입니다. 테스트용 한글 텍스트 파일은 이 장의 데이터 폴더에 있습니다.

```
In :  # cp949로 인코딩된 한글 텍스트 파일 읽기
      file_name='C:/myPyAI/data/헌법_cp949.txt' # 파일 경로를 변수에 할당

      f = open(file_name, 'r', encoding='cp949') # 파일 열기(읽기 모드)
      # f = open(file_name)
```

```
        data = f.read() # 파일의 내용 전체를 읽어서 변수에 할당
        f.close()       # 파일 닫기

        print(data)     # 읽어온 파일 내용 출력
```

Out: 대한민국 헌법(cp949로 인코딩)

        제1조
        ①대한민국은 민주공화국이다.
        ②대한민국의 주권은 국민에게 있고, 모든 권력은 국민으로부터 나온다.

In :
```
        # utf-8로 인코딩된 한글 텍스트 파일 읽기
        file_name = 'C:/myPyAI/data/헌법_utf8.txt' # 파일 경로를 변수에 할당

        f = open(file_name, 'r', encoding='utf-8') # 파일 열기(읽기 모드)
        data = f.read() # 파일의 내용 전체를 읽어서 변수에 할당
        f.close()       # 파일 닫기

        print(data)     # 읽어온 파일 내용 출력
```

Out: 대한민국 헌법(utf-8로 인코딩)

        제1조
        ①대한민국은 민주공화국이다.
        ②대한민국의 주권은 국민에게 있고, 모든 권력은 국민으로부터 나온다.

이번에는 바이너리 파일을 읽어오는 예를 살펴보겠습니다. 이를 위해 먼저 주피터 노트북에서 이미지 파일을 표시하는 방법을 알아보겠습니다.

In :
```
        from IPython import display

        file_name = 'C:/myPyAI/data/python-logo.png' # 파일 경로를 변수에 할당
        display.Image(file_name) # 이미지 파일 표시
```

Out:

이처럼 표시되는 이미지 파일의 데이터를 읽는 예를 살펴보겠습니다.

```
In :  # 이미지 파일 읽기
      file_name = 'C:/myPyAI/data/python-logo.png' # 파일 경로를 변수에 할당

      f = open(file_name, 'br') # 파일 열기(바이너리 파일 읽기 모드)
      data = f.read()            # 파일의 내용 전체를 읽어서 변수에 할당
      f.close()                  # 파일 닫기

      print(data[:50])      # 읽어온 파일 내용 출력
```

```
Out:  b'\x89PNG\r\n\x1a\n\x00\x00\x00\rIHDR\x00\x00\x01"\x00\x00\x00R\x08\x06\x00\x00\x00\xf0\xeb\
      xd9\xc3\x00\x00\x00\tpHYs\x00\x00\x0b\x13\x00\x00\x0b\x13\x01'
```

위 예제는 이미지 파일을 바이너리 형식으로 읽어오고, 읽어온 데이터를 출력합니다. 출력 결과는 바이너리 형식의 데이터로 사람이 알아볼 수 있는 데이터는 아니지만, 바이너리 데이터가 읽어진 것은 확인할 수 있습니다.

4.1.3 텍스트 파일을 한 줄씩 읽어 처리하기

앞에서는 파일을 열어 read()로 파일의 전체 내용을 읽어왔습니다. 이 방법은 파일 내용 전체를 문자열로 반환하므로 데이터를 한 줄씩 처리하기는 어렵습니다. 텍스트 파일의 내용을 한 줄씩 읽어 처리하려면 readline()이나 readlines()를 사용합니다.

한 줄씩 읽어오기: readline()

먼저 readline()을 이용하는 방법을 알아보겠습니다. 텍스트 파일을 연 후 readline()을 실행하면 텍스트 파일로부터 한 줄을 읽어서 문자열로 반환합니다. 다시 readline()을 실행하면 바로 그다음 문자열 한 줄을 읽습니다. 이런 식으로 readline()은 실행한 횟수만큼 문자열을 한 줄씩 읽습니다. 텍스트 파일의 마지막 한 줄을 읽고 나서 다시 readline()을 실행하면 빈 문자열을 반환합니다.

readline() 실행 결과

파이썬에서 readline()을 실행하면 한 줄의 첫 문자부터 개행문자(\n)까지의 문자열을 읽습니다. 따라서 readline()으로 텍스트 파일의 문자열 한 줄을 읽으면 그 문자열에는 개행문자가 포함돼 있습니다. 단, 파일의 마지막 줄은 텍스트 파일이 생성된 운영체제에 따라 개행문자 없이 끝나기도 합니다. 참고로 readline()으로 문자열을 읽었는데 개행문자만 있다면 그 줄은 공백 줄입니다.

다음은 앞에서 생성한 파일(read_test.txt)을 readline()으로 한 줄씩 읽은 예입니다.

```
In : file_name = 'C:/myPyAI/data/read_test.txt' # 파일 경로를 변수에 할당

     f = open(file_name, 'r') # 파일 열기(읽기 모드)

     line1 = f.readline()     # 파일의 내용을 한 줄씩 읽어서 변수에 할당
     line2 = f.readline()     # 파일의 내용을 한 줄씩 읽어서 변수에 할당
     f.close()                # 파일 닫기

     print(line1, end='')     # print 자체의 개행문자는 출력하지 않고 내용 출력
     print(line2, end='')
```

```
Out: All grown-up
     were once children,
```

위에서는 원하는 파일을 텍스트 읽기 모드로 열어서 readline()을 이용해 한 줄씩 두 번 읽어 온 후 print()로 출력했습니다. 이때 readline()으로 읽은 문자열에는 이미 개행문자가 포함됐으므로 print()로 출력할 때는 end 옵션에 빈 문자열을 지정해 줄 바꿈이 중복되지 않게 했습니다.

readline()으로 모든 줄을 읽어 처리하고자 한다면 다음처럼 while 문과 if 문을 사용하면 됩니다.

```
In : file_name = 'C:/myPyAI/data/read_test.txt' # 파일 경로를 변수에 할당

     f = open(file_name, 'r')     # 파일 열기(읽기 모드)
     line_num = 0                 # 줄 수 표시를 위한 변수 초기화

     while True:
         line = f.readline()      # 파일의 내용을 한 줄씩 읽어서 변수에 할당
         if (line == ''):         # line이 빈 문자열인지 검사
             break                # 빈 문자열이면 while 문을 빠져나감
         line_num = line_num + 1  # line_num을 1씩 증가
```

```
    print("{0}: {1}".format(line_num, line), end='') # 줄 수와 읽은 문자열 출력

f.close() # 파일 닫기
```

```
Out:  1: All grown-up
      2: were once children,
      3: although few of them
      4: remember it.
```

위에서는 while 문과 readline()으로 파일의 첫 줄부터 마지막 줄까지 문자열을 한 줄씩 읽어왔습니다. 파일의 마지막 줄을 읽고 나서 readline()을 수행하면 빈 문자열을 반환하므로 if 문으로 line이 빈 문자열인지를 검사해 빈 문자열이 아니면 while 문을 계속 수행하고 빈 문자열이면 break를 이용해 while 문을 빠져나오게 했습니다. 위 코드에서 'if (line == ''):'대신 'if not line:'을 쓸 수도 있습니다.

한 줄씩을 요소로 갖는 리스트로 읽어오기: readlines()

텍스트 데이터를 한 줄씩 처리하는 또 다른 방법은 readlines()를 이용하는 것입니다. 파일을 연 후에 readlines()를 실행하면 파일 전체의 모든 줄을 읽어서 한 줄씩을 요소로 갖는 리스트를 반환합니다. 파일 전체를 읽어오므로 하나의 파일에 대해 readlines()를 한 번만 실행하면 됩니다.

다음은 readlines()를 이용해 앞에서 생성한 파일(read_test.txt)의 전체 내용을 읽어오는 예입니다.

```
In :  file_name = 'C:/myPyAI/data/read_test.txt' # 파일 경로를 변수에 할당

      f = open(file_name, 'r')    # 파일 열기(읽기 모드)
      lines = f.readlines()       # 파일 전체의 내용을 읽어서 변수에 할당
      f.close()      # 파일 닫기

      print(lines)
```

```
Out:  ['All grown-up\n', 'were once children,\n', 'although few of them\n', 'remember it.\n']
```

위 출력 결과를 보면 변수 lines의 각 요소에는 파일의 전체 내용이 한 줄씩 할당된 것을 볼 수 있습니다. 각 요소에 들어간 문자열에는 개행문자도 포함된 것을 볼 수 있습니다.

lines에 할당된 문자열을 한 줄씩 처리하고 싶으면 다음 코드처럼 for 문을 이용하면 됩니다.

```
In :  file_name = 'C:/myPyAI/data/read_test.txt' # 파일 경로를 변수에 할당

      f = open(file_name, 'r') # 파일 열기(읽기 모드)
      lines = f.readlines()    # 파일 전체의 내용을 읽어서 변수에 할당
      f.close() # 파일 닫기

      line_num = 0 # 줄 수 표시를 위한 변수 초기화
      for line in lines:
          line_num = line_num + 1  # line_num을 1씩 증가
          print("{0}: {1}".format(line_num, line), end='') # 줄 수와 읽은 문자열 출력
```

```
Out:  1: All grown-up
      2: were once children,
      3: although few of them
      4: remember it.
```

4.1.4 파일 쓰기

앞에서는 텍스트 파일을 읽는 방법을 살펴봤는데, 이번에는 코드의 결과를 텍스트 파일로 쓰는 방법을 알아보겠습니다.

```
f = open(file_name, 'w') # 파일 열기(텍스트 파일 쓰기 모드)
f.write(str)             # 파일에 문자열 쓰기
f.close()                # 파일 닫기
```

파일에 텍스트를 쓰려면 open()을 사용해 파일(file_name)을 쓰기 모드(w)로 열어 파일 객체(f)를 생성합니다. 파일을 쓰기 모드로 연 후에는 write(str)로 문자열 str을 파일에 씁니다. print() 함수에서 사용하는 출력 방식을 write()에 그대로 적용할 수 있습니다. 즉, 따옴표를 이용해 문자열을 파일로 출력할 수도 있고 형식 지정 출력 방식을 이용해 문자열을 파일로 출력할 수도 있습니다. 단, write() 함수는 자동으로 줄 바꿈이 되지 않으므로 파일에서 줄을 바꾸려면 문자열 끝에 개행문자를 추가해야 합니다.

다음은 쓰기 모드로 텍스트 파일을 열어서 데이터를 쓰는 예입니다.

```
In :  file_name = 'C:/myPyAI/data/write_test.txt' # 파일 경로를 변수에 할당

      f = open(file_name, 'w') # 파일 열기(텍스트 파일 쓰기 모드)
      f.write("Python is powerful... and fast;\n") # 문자열을 파일에 쓰기
```

```
f.write("plays well with others;\n")
f.write("runs everywhere;\n")
f.write("is friendly & easy to learn;\n")
f.write("is Open.\n")
f.close() # 파일 닫기

print("생성한 파일:", file_name) # 생성한 파일 이름 출력
```

Out: 생성한 파일: C:/myPyAI/data/write_test.txt

위 코드의 write()는 print()와 달리 개행문자가 자동으로 들어가지 않아 줄 바꿈을 위해 문자열 끝에 개행문자를 추가했습니다. 파일이 잘 생성됐는지 확인하려면 다음과 같이 윈도우 type 명령으로 텍스트 파일 내용을 표시합니다.

In :   !type C:\myPyAI\data\write_test.txt

Out: Python is powerful... and fast;
       plays well with others;
       runs everywhere;
       is friendly & easy to learn;
       is Open.

위의 출력 결과를 보면 파일 쓰기가 잘 수행된 것을 확인할 수 있습니다.

다음은 문자열을 write()를 이용해 파일로 쓸 때 형식 지정 출력 방식을 이용하는 예를 살펴보겠습니다.

In :   file_name = 'C:/myPyAI/data/two_times.txt' # 파일 경로를 변수에 할당

```
f = open(file_name, 'w') # 파일 열기(쓰기 모드)
f.write("[구구단 2단의 일부]\n")
for num in range(1, 6): # for문: num이 1~5까지 반복
    format_string = "2 x {0} = {1}\n".format(num, 2 * num) # 저장할 문자열 생성
    f.write(format_string) # 파일에 문자열 쓰기
f.close() # 파일 닫기

print("생성한 파일:", file_name) # 생성한 파일 이름 출력
```

Out: 생성한 파일: C:/myPyAI/data/two_times.txt

앞에서와 마찬가지로 방법으로 파일이 잘 생성됐는지 확인해 보겠습니다.

```
In :  !type C:\myPyAI\data\two_times.txt
```

```
Out:  [구구단 2단의 일부]
      2 x 1 = 2
      2 x 2 = 4
      2 x 3 = 6
      2 x 4 = 8
      2 x 5 = 10
```

이번에는 바이너리 파일인 이미지 파일을 쓰는 예를 살펴보겠습니다. 이를 앞에서 사용한 이미지 파일을 읽고 다른 이름으로 써보겠습니다.

```
In :  # 이미지 파일 읽고 쓰기
      file_name = 'C:/myPyAI/data/python-logo.png'   # 읽을 파일 경로
      file_name2 = 'C:/myPyAI/data/python-logo2.png' # 쓸 파일 경로

      f = open(file_name, 'br') # 파일 열기(바이너리 파일 읽기 모드)
      data = f.read() # 파일에서 이미지 데이터 읽어서 할당
      f.close()        # 파일 닫기

      f = open(file_name2, 'bw') # 파일 열기(바이너리 파일 쓰기 모드)
      f.write(data)  # 파일에 이미지 데이터 쓰기
      f.close()        # 파일 닫기

      print("생성한 이미지 파일:", file_name2)
```

```
Out:  생성한 이미지 파일: C:/myPyAI/data/python-logo2.png
```

앞에서 새로 생성한 이미지 파일(python-logo2.png)을 주피터 노트북에서 읽어서 표시하면 다음과 같습니다. 결과를 보면 읽은 이미지 파일(python-logo.png)과 같은 것을 볼 수 있습니다.

```
In :  from IPython import display

      display.Image(file_name2) # 이미지 파일 표시
```

Out:

4.1.5 with 문으로 파일 읽고 쓰기

지금까지는 open() 함수로 파일을 열어 읽기나 쓰기 작업을 하고 close()로 파일을 닫았습니다. 아래와 같이 with 문을 사용하면 수행이 끝난 후에 자동으로 파일을 닫으므로 close()가 필요 없습니다.

```
with open(file_name[, mode, encoding = 인코딩_방식]) as f:
    파일 객체(f)를 이용해 파일을 읽거나 쓰는 코드
```

다음은 with 문으로 파일을 쓰는 예입니다.

```
In :  file_name = 'C:/myPyAI/data/three_times.txt' # 파일 경로를 변수에 할당

      with open(file_name, 'w') as f: # 파일 열기(쓰기 모드)
          f.write("[구구단 3단의 일부]\n")
          for num in range(1, 6): # for문: num이 1~5까지 반복
              format_string = "3 x {0} = {1}\n".format(num, 3 * num) # 저장할 문자열 생성
              f.write(format_string) # 파일에 문자열 쓰기
```

다음은 with 문으로 파일을 읽는 예입니다.

```
In :  with open(file_name, 'r') as f: # 파일 열기(읽기 모드)
          data = f.read() # 파일에서 문자열 읽기
          print(data)
```
```
Out:  [구구단 3단의 일부]
      3 x 1 = 3
      3 x 2 = 6
      3 x 3 = 9
      3 x 4 = 12
      3 x 5 = 15
```

위의 예제에서 보듯이 with 문으로 파일을 열었을 때는 close()를 사용할 필요가 없어 편리합니다.

4.2 문자열 처리

파이썬에서는 따옴표로 둘러싸인 문자의 집합을 문자열이라고 했습니다. 또한 텍스트 파일의 내용을 읽어 온 결과도 문자열입니다. 텍스트 파일을 읽어서 가져온 문자열은 대부분 문자열 처리(문자열 분리, 불필요한 문자열 삭제 등)를 통해 원하는 형태의 데이터로 가공해 이용합니다. 파이썬은 문자열 처리를 위한 다양한 메서드가 있어서 문자열을 처리하기가 쉽습니다. 이번에는 파이썬의 주요 문자열 메서드를 알아보겠습니다.

4.2.1 문자열 분리하기

문자열을 부분 문자열로 나누고 싶을 때는 split() 메서드를 이용합니다. split() 메서드의 사용법은 다음과 같습니다.

```
str.split([sep])
```

split() 메서드는 구분자 sep를 기준으로 str 문자열을 분리해 리스트로 반환합니다. 여기서 소괄호 안의 대괄호([ ]) 부분은 생략할 수 있습니다. str.split()을 호출할 때 인자를 생략하면 문자열 사이의 모든 공백과 개행문자를 없애고 분리된 문자열을 항목으로 담은 리스트를 반환합니다.

다음은 쉼표(,)로 구분된 단어가 여러 개 있는 문자열에서 split() 메서드로 단어를 분리하는 예입니다. 이때 구분자는 쉼표(,)를 이용합니다.

```
In :  "에스프레소,아메리카노,카페라떼,카푸치노".split(',')

Out:  ['에스프레소', '아메리카노', '카페라떼', '카푸치노']
```

위 예의 출력 결과를 살펴보면 구분된 단어는 리스트 형태로 반환된 것을 볼 수 있습니다.

문자열에 있는 모든 공백과 개행문자를 없애고 단어를 분리하려면 다음 예처럼 구분자 없이 split()을 사용합니다.

```
In :  "  에스프레소 아메리카노    카페라떼      카푸치노\n".split()

Out:  ['에스프레소', '아메리카노', '카페라떼', '카푸치노']
```

4.2.2 불필요한 문자열 삭제하기

문자열에서는 앞뒤 공백 혹은 개행문자와 같이 불필요한 부분을 지워야 할 때가 있습니다. 이때 사용할 수 있는 것이 strip() 메서드입니다. 다음은 strip() 메서드의 사용법입니다.

```
str.strip([chars])
```

strip() 메서드는 str 문자열의 앞과 뒤에서 시작해 chars에 지정한 문자 외의 다른 문자를 만날 때까지 지정한 문자를 모두 삭제한 문자열을 반환합니다. 지정한 문자와 일치하는 것이 없으면 str을 그대로 반환합니다. chars에 여러 개의 문자를 지정한 경우 순서는 상관이 없습니다. str.strip()를 인자 없이 실행하면 문자열 앞과 뒤의 모든 공백과 개행문자를 삭제한 문자열을 반환합니다.

다음으로 strip() 메서드의 사용 예를 살펴보겠습니다. 먼저 문자열 "aaaaPythonaaa"에서 앞뒤의 모든 'a'를 제거하고 싶다면 다음과 같이 없애고자 하는 문자를 'a'로 지정해 strip() 메서드를 실행하면 됩니다.

```
In :  "aaaaPythonaaa".strip('a')
Out:  'Python'
```

문자열 앞뒤의 공백과 개행문자를 지우고 싶을 때는 다음과 같이 인자 없이 strip() 메서드를 실행하면 됩니다.

```
In :  "\n  Python  \n\n".strip()
Out:  'Python'
```

4.2.3 문자열 연결하기

앞에서 문자열에 split() 메서드를 적용하면 구분자를 기준으로 문자열을 분리해 리스트를 반환한다고 했습니다. 이와는 반대로 리스트의 모든 요소를 하나의 문자열로 만들고 싶다면 다음과 같이 join() 메서드를 사용합니다.

```
str.join(seq)
```

join() 메서드는 문자열을 항목으로 갖는 시퀀스(seq)의 항목 사이에 구분자 문자열(str)을 모두 넣은 후에 문자열로 반환합니다. 여기서 시퀀스는 리스트나 튜플과 같이 여러 데이터를 순서대로 담고 있는 나열형 데이터입니다.

다음은 join() 메서드를 이용해 문자열을 요소로 갖는 리스트를 문자열로 변환하는 예입니다.

```
In :  " ".join(["서울시","서초구","반포대로","201(반포동)"])
```

```
Out:  '서울시 서초구 반포대로 201(반포동)'
```

위의 출력 결과는 리스트의 모든 요소 사이에 구분자 문자열(공백)을 추가해 문자열을 반환한 것을 볼 수 있습니다.

다음은 다른 구분자 문자열(****)을 이용해 리스트의 모든 요소를 연결해 문자열을 반환하는 예입니다.

```
In :  "****".join(["서울시","서초구","반포대로","201(반포동)"])
```

```
Out:  '서울시****서초구****반포대로****201(반포동)'
```

리스트의 모든 요소를 개행문자로 연결하려면 다음과 같이 구분자 문자열을 개행문자로 지정해 join() 메서드를 수행합니다.

```
In :  joined_str = "\n".join(["서울시","서초구","반포대로","201(반포동)"])
      joined_str
```

```
Out:  '서울시\n서초구\n반포대로\n201(반포동)'
```

위와 같이 리스트의 모든 요소를 개행문자로 연결하면 문자열에 개행문자가 포함됩니다. 이 문자열을 print()로 출력하면 개행문자로 인해 아래와 같이 리스트의 모든 요소를 줄 바꿈 해 출력합니다.

```
In :  print(joined_str)
```

```
Out:  서울시
      서초구
      반포대로
      201(반포동)
```

4.3 내장 모듈을 활용한 문자열 처리

앞에서 살펴본 것처럼 파이썬에는 문자열 처리를 위한 다양한 메서드가 있어서 문자열 처리를 편리하게 수행할 수 있습니다. 파이썬 문자열 처리 메서드만으로도 편리하지만, 여러 문장으로 구성된 긴 텍스트 문자열을 처리할 때 유용하게 사용할 수 있는 파이썬 내장 모듈 textwrap이 있습니다. 파이썬의 textwrap 모듈은 텍스트 문자열을 특정 너비로 나누거나 축약하는 등의 텍스트 처리에 유용한 기능들을 제공합니다. 이번에는 파이썬 내장 모듈 textwrap를 이용해 문자열을 나누는 방법과 축약하는 방법을 살펴보겠습니다.

4.3.1 문자열 나누기

텍스트 문자열 처리를 하다 보면 하나의 문자열이 너무 길어서 나눠서 처리해야 할 때가 있습니다. 이럴 때 textwrap의 `wrap()` 함수를 이용할 수 있습니다. textwrap을 사용하려면 먼저 `import textwrap`을 이용해 textwrap 모듈을 임포트해야 합니다.

```
import textwrap
```

다음은 textwrap의 `wrap()` 함수 사용 방법입니다.

```
textwrap.wrap(text [, width=70])
```

`wrap()` 함수는 주어진 텍스트(`text`)를 너비(`width`)만큼 잘라서 여러 줄로 만듭니다. 여기서 `[, width=70]`은 옵션으로 지정하지 않으면 `width`에 기본값인 `70`이 설정되는 것을 의미합니다. 결과는 각 줄이 요소인 문자열의 리스트로 반환합니다. 텍스트를 나눌 때 `width`에 따라서 정확히 나누는 것이 아니라 단어가 잘리지 않도록 나눕니다.

다음은 textwrap의 `wrap()` 함수를 사용하는 예입니다.

```
In :  import textwrap

      # 긴 텍스트를 생성
      text = "파이썬은 배우기 쉬운 프로그래밍 언어입니다. 아주 편리한 언어죠. " * 3
      print(text) # 텍스트 출력

      textwrap.wrap(text, width=16) # width를 16으로 지정
```

Out: 파이썬은 배우기 쉬운 프로그래밍 언어입니다. 아주 편리한 언어죠. 파이썬은 배우기 쉬운
             프로그래밍 언어입니다. 아주 편리한 언어죠. 파이썬은 배우기 쉬운 프로그래밍 언어입니다. 아주
             편리한 언어죠.
             ['파이썬은 배우기 쉬운',
              '프로그래밍 언어입니다. 아주',
              '편리한 언어죠. 파이썬은',
              '배우기 쉬운 프로그래밍',
              '언어입니다. 아주 편리한',
              '언어죠. 파이썬은 배우기 쉬운',
              '프로그래밍 언어입니다. 아주',
              '편리한 언어죠.']

위의 출력 결과를 보면 지정한 너비(16)에 따라서 텍스트를 나누는데, 단어가 잘리지 않도록 나눈 것을 볼 수 있습니다. 앞에서 사용한 wrap() 함수에서 너비를 달리 지정하면 텍스트를 다르게 나눕니다.

In :   textwrap.wrap(text, width=20) # width를 20으로 지정

Out: ['파이썬은 배우기 쉬운 프로그래밍',
             '언어입니다. 아주 편리한 언어죠.',
             '파이썬은 배우기 쉬운 프로그래밍',
             '언어입니다. 아주 편리한 언어죠.',
             '파이썬은 배우기 쉬운 프로그래밍',
             '언어입니다. 아주 편리한 언어죠.']

4.3.2 문자열 축약하기

긴 문자열을 출력할 때 전체를 다 출력하지 않고 앞부분 일부만 출력하고 싶을 때가 있습니다. 이럴 때 shorten() 함수를 이용하면 편리합니다.

다음은 shorten() 함수의 사용법입니다.

```
textwrap.shorten(text, width [,placeholder=축약표시문자열])
```

shorten() 함수는 주어진 텍스트(text)를 너비(width) 만큼 축약해 줍니다. 이때 텍스트의 앞과 뒤의 공백은 제거되고, 문자 사이의 연속된 공백은 하나의 공백으로 대체됩니다. 축약 마지막에는 기본적으로 [...]가 표시되는데, 옵션인 placeholder에 **축약표시문자열**을 지정하면 이것으로 대체됩니다. 축

약 결과는 placeholder에 지정한 **축약표시문자열**을 포함하기 때문에 지정할 너비(width)는 **축약표시문자열**의 길이보다는 크거나 같아야 합니다. 공백 처리한 문자열의 길이가 너비(width)보다 작으면 공백 처리한 문자열 전체를 반환하고, 크면 축약한 문자열이 **축약표시문자열**과 함께 반환합니다. 축약할 때도 width에 따라서 정확히 축약하는 것이 아니라 단어가 잘리지 않도록 축약합니다.

다음은 textwrap의 shorten() 함수를 사용하는 예입니다. shorten() 함수의 width를 변경했을 때 결과가 어떻게 달라지는지 확인해 보세요.

```
In :  textwrap.shorten("안녕. 나는 인공 지능 로봇이야.", width=20)
```
```
Out:  '안녕. 나는 인공 지능 로봇이야.'
```

```
In :  textwrap.shorten("안녕. 나는 인공 지능 로봇이야.", width=15)
```
```
Out:  '안녕. 나는 인공 [...]'
```

```
In :  textwrap.shorten("안녕. 나는 인공 지능 로봇이야.", width=12, placeholder="..")
```
```
Out:  '안녕. 나는 인공..'
```

다음은 shorten() 함수 사용 시 문자열에서 공백을 제거하는 예를 보여줍니다.

```
In :  text = "  파이썬은 배우기   쉬운   프로그래밍 언어입니다.   "

      shorten_text = textwrap.shorten(text, 25)

      print("- 원본 문자열 길이: ", len(text))
      print("- 축약 문자열 길이: ", len(shorten_text))
      print("- 축약 문자열:", shorten_text)
```
```
Out:  - 원본 문자열 길이:  33
      - 축약 문자열 길이:  24
      - 축약 문자열: 파이썬은 배우기 쉬운 프로그래밍 언어입니다.
```

위의 축약 문자열 결과를 보면 원본 문자열의 앞과 뒤의 공백을 모두 제거했고 문자 사이의 연속된 공백도 하나의 공백으로 대체된 것을 볼 수 있습니다.

문자열을 축약할 때 placeholder에는 원하는 길이로 **축약표시문자열**을 지정할 수 있지만 placeholder에 지정하는 **축약표시문자열**의 길이만큼 원본 문자열에 표시할 수 있는 내용이 줄어듭니다.

```
In :   shorten_text = textwrap.shorten(text, 20, placeholder=' [..이하 생략..]')

       print("- 축약 문자열 길이: ", len(shorten_text))
       print("- 축약 문자열:",shorten_text)
```

Out: - 축약 문자열 길이: 20
        - 축약 문자열: 파이썬은 배우기 [..이하 생략..]

4.4 정리

이번 장에서는 텍스트 파일과 바이너리 파일을 읽고 쓰는 방법과 문자열 처리 방법을 살펴봤습니다. 텍스트 파일을 읽을 때 전체 파일 내용을 한 번에 읽는 방법, 한 줄씩 읽어서 처리하는 방법, 한 줄씩을 요소로 갖는 리스트로 읽어오는 방법을 살펴봤습니다. 텍스트 파일을 쓸 때는 단순히 문자열을 출력하는 방식과 형식 지정 출력 방식을 이용해 원하는 형식으로 데이터를 파일로 쓰는 방식을 알아봤습니다. 또한 with 문으로 파일을 읽고 쓰는 방법도 살펴봤습니다. 문자열을 처리하는 방식에서는 문자열 분리, 불필요한 문자열 삭제, 문자열 연결 방법을 알아봤습니다. 또한 textwrap 모듈을 이용해 텍스트 문자열을 처리하는 다양한 방법을 살펴봤습니다. 이번 장에서 알아본 내용은 데이터 파일을 읽어서 처리하고 원하는 형식으로 출력할 때 많이 이용하게 될 테니 잘 알아두길 바랍니다.

Part 02

인공지능 API
활용하기

웹 API 기초

웹 API(Application Programming Interface)는 인터넷을 통해 서로 다른 소프트웨어 프로그램, 애플리케이션, 혹은 시스템 간에 데이터와 기능을 교환하기 위한 규약입니다. 웹 API를 사용하면 복잡한 기능을 직접 구현할 필요 없이 자신의 애플리케이션에 쉽게 통합할 수 있습니다. 최근 빠르게 발전하고 있는 다양한 인공지능 서비스도 웹 API를 이용할 수 있는 기능을 제공합니다. 이러한 인공지능 웹 API를 활용하면 개발자들은 비용, 시간, 노력을 크게 절약하면서도 최신 인공지능 기술을 자신의 애플리케이션에 통합해 멋진 기능을 만들 수 있습니다.

인공지능 API에 대해 살펴보기 전에 이번 장에서는 웹 API의 데이터 요청과 응답 과정, 응답 데이터의 처리 방법, Requests 라이브러리를 활용해 데이터를 요청하고 응답받는 방법을 알아보겠습니다.

5.1 웹 API의 이해

웹 API가 나오기 전에 API가 있었습니다. API(Application Programming Interface, 응용 프로그램 프로그래밍 인터페이스)는 주로 하나의 컴퓨터 안에서 프로그램을 만들 때 운영체제(OS)나 프로그래밍 언어가 제공하는 기능을 제어하고 상호작용하는 데 이용됐습니다. 반면 웹 API는 웹 서버가 웹으로 연결된 다른 기기들과 데이터를 공유하기 위해 제공하는 API입니다. 웹 API는 어떤 기기가 웹 서버에 데이터를 요청하면 웹 서버가 응답하는 방식으로 데이터를 주고받습니다. 웹 API를 이용하면 응용 프로그램이나 서비스를 직접 만들지 않아도 다양한 기능을 손쉽게 구현할 수 있습니다.

많은 웹 사이트가 웹 API를 공개하고 있어 웹 API만 잘 활용해도 훌륭한 프로그램을 만들 수 있습니다. 웹 API는 무료로 이용할 수 있는 것도 있고 유료인 경우도 있습니다. 또한 서비스가 지속적으로 유지되기도 하지만, 상황에 따라서 서비스가 중단되거나 사용 방법이 변경되기도 하므로 웹 API를 이용하는 코드는 지속적인 관리가 필요합니다.

이번 절에서는 웹 API를 이용해 원하는 데이터를 가져오는 데 필요한 기본적인 내용을 살펴보겠습니다. 즉 웹 API에 데이터를 요청하고 응답받는 과정, 웹 API의 인증 방식, 응답받은 데이터를 처리하는 방법을 알아봅니다.

5.1.1 웹 데이터의 요청과 응답 과정

우리는 웹 브라우저에서 다양한 웹 사이트에 접속해 원하는 내용을 검색하고, 뉴스 기사를 읽고, 만화를 즐기고, 동영상을 감상하고, SNS를 이용합니다. 이렇게 매일 사용하는 인터넷과 웹 브라우저는 어떤 과정을 거쳐서 웹 사이트에 접속하고 컴퓨터나 스마트폰으로 정보를 가져올까요? 웹 API의 동작을 이해하려면 간단하게나마 이런 과정을 이해할 필요가 있습니다.

그림 5-1은 컴퓨터에서 웹 브라우저를 통해 웹 사이트의 데이터를 가져오는 과정을 보여줍니다. 웹 사이트에 접속하는 컴퓨터나 스마트폰 등을 클라이언트(Client)라고 하고 웹 사이트를 운영하는 시스템을 서버(Server) 혹은 웹 서버(Web Server)라고 합니다.

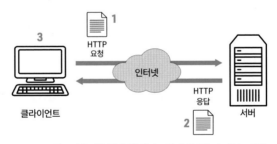

그림 5-1 웹 브라우저를 통해 웹 사이트의 데이터를 가져오는 과정

1. 컴퓨터에서 웹 브라우저를 사용하여 인터넷을 통해 웹 사이트(웹 서버)에 HTTP 형식으로 원하는 정보를 요청 (Request)합니다.

2. 웹 사이트(웹 서버)는 해당 요청을 받아들여 HTTP 형식으로 응답(Response)해 HTML 파일을 보내줍니다.

3. 응답으로 받은 HTML 파일을 컴퓨터의 웹 브라우저가 해석해 사람이 알아보기 쉬운 형태로 변환합니다.

즉 웹 브라우저에 인터넷 주소를 입력하면 웹 사이트로 요청하고, 그 요청을 받은 웹 사이트는 응답해 HTML 파일을 보냅니다. 웹 브라우저가 이 파일을 사람이 보기 쉽게 해석해 보여주기 때문에 우리는 웹 브라우저를 통해 다양한 일을 할 수 있습니다.

용어 설명

- **HTTP**: HyperText Transfer Protocol의 약자로 인터넷상에서 HTML 문서의 정보를 주고받을 수 있도록 만든 프로토콜(Protocol, 전송 규약)입니다.

- **HTML**: HyperText Markup Language의 약자로 웹 페이지의 구조적 구성을 위한 언어입니다.

- **웹 페이지**: 웹상에 있는 HTML로 구성된 개별 문서입니다. 보통 하나의 웹 사이트는 여러 개의 웹 페이지로 구성됩니다.

HTTP 요청과 HTTP 응답 메시지의 구조를 좀 더 자세히 살펴보면 그림 5-2와 같습니다. HTTP 요청과 응답 메시지는 요청/상태 라인, 헤더(header), 공백 라인, 본문(body)으로 구성됩니다.

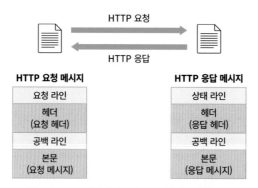

그림 5-2 HTTP 요청 메시지와 HTTP 응답 메시지의 구조

HTTP 요청을 위한 메서드에는 GET, POST, PUT, DELETE 등이 있습니다. 각 메서드의 역할을 정리하면 다음과 같습니다.

- **GET 메서드**: 서버에 있는 자원(리소스, 데이터)을 조회(읽기, 검색 등)하기 위한 요청
- **POST 메서드**: 서버에 새로운 자원을 생성하기 위한 요청
- **PUT 메서드**: 서버에 있는 자원을 수정하기 위한 요청
- **DELETE 메서드**: 서버에 있는 자원을 삭제하기 위한 요청

HTTP 요청 메서드와 전달하고자 하는 내용에 따라서 HTTP 요청 라인과 헤더, 본문에 들어가는 내용이 달라지고 HTTP 응답 내용도 달라집니다.

그림 5-3은 GET 메서드를 이용한 HTTP 요청 메시지의 예입니다. GET 메서드는 요청에 필요한 내용(매개변수, 파라미터)을 본문에 담지 않고 인터넷 주소인 URL 뒤에 ?로 연결해 보내기 때문에 본문(바디)이 없습니다. 여기서 ? 다음에 보내는 문자열을 쿼리 스트링(query string)이라고 하는데, 쿼리 스트링은 '키=값' 형태로 구성되며, 여러 개의 매개변수를 전달할 때는 &로 연결합니다.

그림 5-3 HTTP 요청 메시지의 예(GET 메서드 이용)

그림 5-4는 POST 메서드를 이용한 HTTP 요청 메시지의 예입니다. POST 메서드는 요청에 필요한 내용을 본문에 담아 서버로 전송합니다.

그림 5-4 HTTP 요청 메시지의 예(POST 메서드 이용)

클라이언트가 HTTP 요청 메시지를 보내면 서버가 응답 메시지를 반환합니다. 그림 5-5는 HTTP 응답 메시지의 예입니다. 응답이 정상적으로 오면 응답 코드는 200을 반환합니다. HTTP 응답 메시지의 본문(바디)에는 HTTP 요청에 따라서 텍스트로 형식으로 HTML 코드가 반환되거나 바이너리 데이터가 반환됩니다.

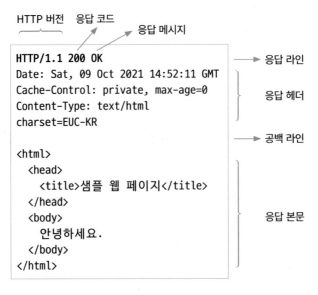

그림 5-5 HTTP 응답 메시지의 예

5.1.2 웹 페이지 언어(HTML) 구조

웹 API에 대해 살펴보기 전에 웹 페이지를 구성하는 언어인 HTML에 대한 이해가 필요합니다. 이 책에서는 HTML 문법에 대해서 자세히 다루지 않을 것입니다. HTML 문법에 대한 설명은 관련 서적이나 인터넷 자료를 참조하기 바랍니다. 앞에서도 설명했지만, HTML은 웹 페이지의 문서를 구조적으로 표현할 수 있는 언어입니다. 즉, 인터넷상에서 웹 페이지의 문서를 만들기 위한 표준화된 언어입니다. HTML은 구조화된 언어로 크게 머리(head)와 몸통(body)으로 이뤄져 있습니다. 내부적으로는 각 항목을 이루는 요소와 그 속성으로 구성돼 있습니다.

간단한 HTML 파일의 소스 코드 예를 살펴보면 그림 5-6과 같습니다.

```
<!doctype html>
<html> ─── → 태그(tag)
    <head>
        <title>이것은 HTML 예제</title>
    </head>                  └─→ 요소
    <body>
        <h1>출간된 책 정보</h1>
        <p id="book_title">초거대 인공지능의 이해</p>
        <p id="author">홍길동</p>
        <p id="publisher">위키북스 출판사</p>
        <p id="year">2023</p>
    </body>              └─→ 속성
</html>
```

머리(head)

몸통(body)

그림 5-6 HTML 파일의 소스 코드 예

위의 HTML 소스 코드의 첫 줄에 있는 <!doctype html>은 문서가 HTML임을 명시하기 위한 DTD(Document Type Definition) 선언입니다. 나머지 부분에서 < >로 둘러싸인 부분은 HTML 태그(tag)입니다. 이 태그에 따라서 HTML 문서의 구조가 결정되며 웹 브라우저를 통해 표시되는 내용이 달라집니다. 태그 중 <태그>를 시작 태그라고 하고 </태그>를 종료 태그라고 합니다. 시작 태그 안에는 속성(attributes)을 지정해 추가적인 정보를 제공할 수 있습니다. 시작 태그와 종료 태그 그리고 그 안에 포함된 내용 전체를 태그의 요소(element)라고 합니다. 요소 내부에는 일반 텍스트뿐 아니라 태그를 포함하는 다른 요소를 넣을 수도 있습니다.

HTML 소스 코드는 트리(tree) 형태의 구조로 표현할 수 있습니다. 위의 HTML 코드의 경우 그림 5-7과 같이 트리 구조로 나타낼 수 있습니다.

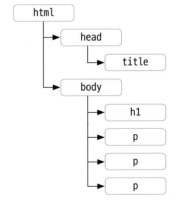

그림 5-7 예제 HTML 소스 코드를 트리 구조로 표현

위의 HTML 소스 코드에서 p 태그의 요소(<p id="id_속성값">텍스트</p>) 중 시작 태그 안에 있는 속성(id="id_속성값")은 웹 브라우저로 보는 결과에 영향을 주지 않습니다. 즉, 속성이 있어도 없어도 웹 브라우저는 같은 결과를 보여줍니다. 하지만 id와 같은 태그의 속성은 웹 페이지에서 특정 데이터를 추출하는 데 아주 중요한 정보입니다. 이 속성을 활용하면 HTML 파일에서 원하는 데이터를 손쉽게 가져올 수 있습니다.

5.1.3 웹 API의 데이터 획득 과정

웹 API를 통해 필요한 데이터를 요청하고 응답받는 과정은 앞에서 살펴본 웹 페이지의 정보를 획득하는 과정과 유사합니다. 클라이언트가 서버에 필요한 데이터를 요청하면 서버는 요청에 상응하는 데이터를 응답으로 보내줍니다. 그 후 클라이언트는 응답받은 데이터를 분석하고 필요한 정보를 추출합니다. 웹 API에는 REST(Representational State Transfer) API와 스트리밍(Streaming) API가 있습니다. 웹 서비스가 웹 API를 지원한다고 하면 대부분 REST API를 지원하는 것을 의미합니다. 일부 웹 API는 REST API와 함께 스트리밍 API도 지원합니다.

REST API는 웹 서비스 통신을 위한 일반적인 방법으로 데이터를 요청하고 응답한 후에는 연결이 끊어집니다. 반면 스트리밍 API는 향후 발생할 이벤트에 대해 등록해 놓고 그 이벤트가 발생하면 데이터를 갱신(update)한 후에 응답합니다. 응답한 이후에도 강제로 연결을 끊기 전까지는 연결을 계속 유지합니다. REST API와 스트리밍 API의 연결을 요청하는 클라이언트(Client)와 응답하는 서버(Sever) 사이의 동작을 표현하면 그림 5-8과 같습니다.

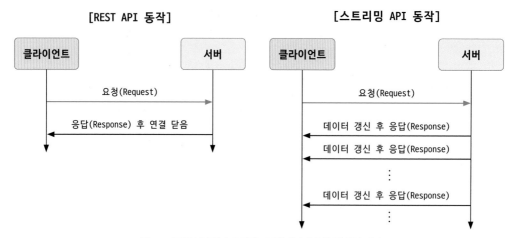

그림 5-8 REST API와 스트리밍 API의 데이터 요청 및 응답 과정

5.1.4 웹 API의 인증 방식

인터넷 서비스를 이용할 때 로그인이 필요 없는 경우도 있지만, 많은 경우 로그인이 필요한 것처럼 웹 API를 사용할 때도 대부분 인증이 필요합니다. 초기에는 아이디와 비밀번호를 사용했지만, 보안과 호환성 문제로 인해 OAuth 인증이 등장했습니다. OAuth는 외부 애플리케이션의 보안 인증을 허용하는 개방형 규약입니다.

OAuth 인증 방식은 API 키, 액세스 토큰, 그리고 이들의 패스워드를 사용합니다. 웹 API마다 인증 요구사항이 다르며, 이러한 인증 정보를 얻기 위해서는 서비스 제공 사이트에서 사용자 등록 및 애플리케이션 신청을 해야 합니다. 생성된 인증 정보는 절대로 공개하면 안 되며, 인증 정보가 공개된 경우에는 다시 생성해야 합니다.

> **주의 사항**
>
> 대부분 웹 API는 일정 시간 내에 웹 API로 접속하는 횟수를 제한하고 있습니다. 이는 특정 사용자나 프로그램이 웹 API에 너무 빈번하게 접속해서 웹 서버에 영향을 주는 것을 막으려는 조치입니다. 이처럼 일정 시간 내에 접속 횟수를 제한하는 것을 속도 제한(Rate Limit)이라고 합니다. 웹 API마다 설정된 속도 제한이 다르므로, 웹 API를 이용하는 코드를 작성하기 전에 미리 속도 제한을 미리 확인해야 합니다. 또한, 일부 웹 API는 접속 횟수뿐 아니라 요청 데이터나 응답 데이터의 용량에 제한을 두기도 합니다.

5.1.5 응답 데이터의 형식 및 처리

웹 API의 응답 데이터 형식으로는 주로 JSON과 XML이 사용됩니다. 두 형식 모두 계층적으로 구조화된 데이터 형식이지만, XML은 크기와 복잡성에서 단점이 있습니다. 이러한 단점을 극복하기 위해 JSON 형식이 등장했습니다. JSON은 구조가 단순하고 크기가 작아서 데이터 전송이 빠르며 추출도 쉽게 할 수 있습니다. 최근에는 웹 API 응답 데이터로 JSON 형식이 더 많이 사용되며, 일부 API는 두 형식을 모두 지원합니다. 이 책에서는 JSON 형식을 간단히 살펴보고, 파이썬에서 JSON 데이터를 사용하고 추출하는 방법을 다룹니다.

JSON 데이터 형식

JSON은 데이터 교환을 목적으로 만든 텍스트 기반의 데이터 형식으로 자바스크립트에서 사용하기 위해 만들어졌지만, 현재는 대부분의 프로그래밍 언어에서 사용할 수 있습니다. JSON 데이터는 객체라는 기본 단위로 이루어져 있으며, 객체는 중괄호({ })로 감싸진 '**이름:값**' 쌍으로 구성됩니다. 이름은 문자열로 표현되고, 값은 숫자, 문자열, 배열, 또는 다른 객체가 될 수 있습니다. 문자열은 따옴표(" ")로, 배열은 대괄호([ ])로 표현되며, 배열의 요소는 쉼표(,)로 구분합니다.

설명은 다소 복잡해 보이지만 실제 JSON 형식의 데이터를 보면 그다지 복잡하지 않습니다. 다음은 JSON 형식으로 표시한 간단한 데이터의 예입니다.

```
{
    "이름": "홍길동",
    "나이": 25,
    "거주지": "서울",
    "신체정보": {
        "키": 175.4,
        "몸무게": 71.2
    },
    "취미": [
        "등산",
        "자전거타기",
        "독서"
    ]
}
```

또 다른 예를 살펴보겠습니다. 다음 예는 서울의 날씨 데이터를 JSON 형식으로 표시한 것으로 배열 안에 객체가 들어있습니다.

```
{
    "coord": {
        "lon": 126.98,
        "lat": 37.57
    },
    "weather": [{
        "id": 721,
        "main": "Haze"
    },
    {
        "id": 501,
        "main": "Rain"
    }
```

```
    ],
    "main": {
        "temp": 7.28,
        "pressure": 1017,
        "humidity": 42
    },
    "id": 1835848,
    "name": "Seoul"
}
```

JSON 데이터 변환 및 데이터 추출

JSON 객체의 형식은 파이썬의 딕셔너리와 유사하지만 둘은 같지 않습니다. JSON 객체는 정해진 형식으로 데이터를 표현하는 텍스트로 파이썬에서 JSON 객체의 데이터를 읽으면 형식은 문자열입니다. 하지만 JSON 객체와 파이썬 데이터 타입의 유사성으로 인해 서로 변환해서 사용할 수 있습니다.

파이썬에는 JSON 형식의 데이터를 파이썬의 데이터 타입으로 변환하고 파이썬의 데이터를 JSON 형식으로 변환하는 내장 라이브러리(json)가 있습니다. 이를 이용하려면 먼저 'import json'으로 json 모듈을 불러옵니다.

파이썬의 데이터를 JSON 형태로 변환하려면 다음과 같이 'json.dumps()'를 이용합니다.

```
json.dumps(python_data [, indent=None, sort_keys=False, ensure_ascii=True])
```

- python_data: 파이썬 데이터이고 필수 매개변수입니다.

- indent: 음이 아닌 정수 n을 지정해 n 칸만큼 들여쓰기를 적용합니다. 기본값은 None으로, 지정하지 않으면 가장 간결한 표현을 선택합니다.

- sort_keys: 파이썬 데이터가 딕셔너리 타입일 때 True이면 키(key)를 기준으로 정렬합니다. 기본값은 False입니다.

- ensure_ascii: ASCII 코드로 구성된 문자열인지 여부를 설정합니다. 기본값은 True인데 python_data에 한글이 포함돼 있을 때는 False로 지정합니다.

여기서 [ ]로 둘러싸인 매개변수는 옵션으로 지정하지 않으면 기본값으로 지정됩니다.

JSON 형태의 데이터를 파이썬에서 사용할 수 있는 데이터 타입으로 변환하려면 아래와 같이 `json.loads()`를 이용합니다.

```
json.loads(json_data)
```

- json_data: JSON 형식의 문자열 데이터입니다.

이제 json 모듈을 활용해 파이썬의 딕셔너리 데이터를 JSON 형식으로 변환하고, JSON 형식의 데이터를 다시 파이썬의 딕셔너리 타입으로 변환해 보겠습니다. 이를 위해 다음과 같이 딕셔너리 타입의 데이터를 생성합니다.

```
In : import json

python_dict = {
    "이름": "홍길동",
    "나이": 25,
    "거주지": "서울",
    "신체정보": {
        "키": 175.4,
        "몸무게": 71.2
    },
    "취미": [
        "등산",
        "자전거타기",
        "독서"
    ]
}
type(python_dict)
```

```
Out: dict
```

위 코드에서 `type()`의 출력 결과는 dict입니다. 출력 결과를 통해 위 코드에서 변수 `python_dict`에 할당된 데이터가 딕셔너리 데이터인 것을 알 수 있습니다. 이제 딕셔너리 데이터를 JSON 형식의 데이터로 변환하겠습니다.

```
In :   json_data = json.dumps(python_dict)
       type(json_data)
```

```
Out:   str
```

위 코드에서 **type()**의 출력 결과를 보면 **str**로, 파이썬의 딕셔너리 데이터가 문자열로 바뀐 것을 확인할 수 있습니다. 여기서는 JSON 형식의 문자열 데이터로 변환됐음을 의미합니다. 이제 변수 `json_data`를 출력해 JSON 형태의 데이터로 잘 변환됐는지 확인해 보겠습니다.

```
In :   print(json_data)
```

```
Out:   {"\uc774\ub984": "\ud64d\uae38\ub3d9", "\ub098\uc774": 25, "\uac70\uc8fc\uc9c0": "\uc11c\
       uc6b8", "\uc2e0\uccb4\uc815\ubcf4": {"\ud0a4": 175.4, "\ubab8\ubb34\uac8c": 71.2}, "\ucde8\
       ubbf8": ["\ub4f1\uc0b0", "\uc790\uc804\uac70\ud0c0\uae30", "\ub3c5\uc11c"]}
```

출력 결과를 보면 데이터의 형태는 JSON 형식이지만, 한글이 출력되지 않고 들여쓰기가 적용되지 않아 알아보기가 어렵습니다. 이번에는 **json.dumps()**에 옵션을 추가하여 변환한 후에 출력해 보겠습니다.

```
In :   json_data = json.dumps(python_dict, indent=3, sort_keys=True, ensure_ascii=False)
       print(json_data)
```

```
Out:   {
          "거주지": "서울",
          "나이": 25,
          "신체정보": {
             "몸무게": 71.2,
             "키": 175.4
          },
          "이름": "홍길동",
          "취미": [
             "등산",
             "자전거타기",
             "독서"
          ]
       }
```

출력된 결과를 보면 JSON 형식의 데이터에 들여쓰기가 적용돼 보기 편하고, 한글도 잘 출력됐습니다. 이제 json.loads()를 이용해 JSON 형식의 데이터를 파이썬의 딕셔너리 데이터로 변경해 보겠습니다.

```
In :  dict_data = json.loads(json_data) # JSON 데이터를 파이썬의 딕셔너리 타입으로 변환
      type(dict_data)
```
```
Out:  dict
```

출력 결과를 보면 JSON 형식의 데이터가 파이썬의 딕셔너리 타입으로 바뀐 것을 확인할 수 있습니다. 이제 변수 dict_data에 담긴 딕셔너리 타입의 데이터에서 키를 이용해 값을 추출해 보겠습니다. 변수 dict_data에서 신체정보 중 몸무게의 값을 얻으려면 다음과 같이 수행합니다.

```
In :  dict_data['신체정보']['몸무게']
```
```
Out:  71.2
```

다음으로 변수 dict_data에서 취미 데이터를 얻는 방법을 살펴보겠습니다.

```
In :  dict_data['취미']
```
```
Out:  ['등산', '자전거타기', '독서']
```

출력 결과를 보면 리스트 형식의 데이터를 반환했습니다. 이 중 첫 번째 요소를 추출하려면 다음과 같이 수행합니다.

```
In :  dict_data['취미'][0]
```
```
Out:  '등산'
```

지금까지 JSON 형식의 데이터를 파이썬에서 이용할 수 있는 데이터로 변환하고 원하는 값을 추출하는 방법을 살펴봤습니다. 여기서 살펴본 방법은 실제 웹 API에서 받은 JSON 형식의 응답에서 원하는 데이터를 추출할 때 활용되므로 잘 알아두기 바랍니다.

5.2 Requests 라이브러리 활용 방법

파이썬의 Requests 라이브러리는 HTTP 요청을 보내고, 응답을 쉽게 처리할 수 있게 도와주는 라이브러리입니다. Requests를 사용하면 웹 API와 통신하거나 웹 페이지의 내용을 가져오는 작업을 간결하고 직관적인 코드로 작성할 수 있습니다. Requests 라이브러리는 다음과 같은 주요 기능을 제공합니다.

- **HTTP 메서드 지원**: GET, POST, PUT, DELETE 등의 HTTP 메서드를 사용하여 웹 서버와 통신할 수 있습니다.

- **URL 매개변수 처리**: URL에 매개변수를 쉽게 추가할 수 있어 API 요청을 보낼 때 편리합니다.

- **응답 객체 처리**: 웹 서버로부터 받은 응답을 파이썬 객체로 변환하여 처리할 수 있습니다. 이를 통해 응답 헤더, 응답 본문, 상태 코드 등의 정보를 쉽게 가져올 수 있습니다.

- **JSON 데이터 처리**: 웹 API와 소통할 때 자주 사용되는 JSON 데이터 형식을 간편하게 인코딩하거나 디코딩할 수 있습니다.

- **세션 및 쿠키 관리**: 로그인이 필요한 웹사이트에서 세션 및 쿠키 정보를 관리하고 유지할 수 있습니다.

아나콘다를 설치할 때 이미 Requests 라이브러리가 설치됐으므로 따로 설치할 필요는 없습니다. 여기서는 Requests 라이브러리의 활용 방법을 간단히 살펴보겠습니다. 좀 더 자세한 내용은 Requests 라이브러리의 설명 문서(https://docs.python-requests.org/en/latest/)를 참조하세요.

5.2.1 웹 사이트 주소에 요청하고 응답 받기

Requests 라이브러리는 HTTP 요청 방법 중 GET, POST, PUT, DELETE 메서드를 모두 지원합니다. 여기서는 그중 가장 많이 이용하는 GET과 POST 메서드에 대해 Requests 라이브러리를 이용하는 방법을 알아보겠습니다.

웹 브라우저에서 주소창에 웹 사이트 주소(예를 들어 www.google.com)를 입력하면 이때 GET 메서드를 이용해 주소창에 입력한 데이터를 전송하게 됩니다. GET 메서드를 지원하는 웹 사이트나 웹 API에 HTTP 요청을 하려면 Requests 라이브러리의 get()을 이용합니다. 다음은 Requests 라이브러리의 get()을 이용해 HTTP 요청을 수행하고 HTTP 응답에 대한 응답 객체를 가져오는 방법입니다.

```
import requests

r = requests.get(url [, params=None, headers=None])
```

- url: 웹 사이트 주소로 필수 매개변수입니다.

- params: 전달할 매개변수(파라미터, parameter)를 지정합니다.

- header: HTTP 프로토콜의 헤더에 들어갈 내용을 지정합니다. 인증을 위한 키(key)나 토큰(token)을 보낼 때 사용할 수 있습니다.

- params와 headers는 옵션으로 지정하지 않아도 되며, 지정할 때는 딕셔너리 형식으로 키와 값의 쌍을 지정합니다.

- r: 응답 객체로 반환된 응답 결과입니다. 표 5-1은 응답 객체(r)의 주요 속성과 메서드를 보여줍니다.

표 5-1 HTTP 응답 객체(r)의 주요 속성과 메서드

속성 및 메서드	타입	설명
r.status_code	정수형	요청에 대한 응답 코드. 성공 시 200을 반환
r.url	문자열	요청한 최종 URL
r.text	문자열	응답 본문의 문자열 데이터
r.content	바이너리	응답 본문의 바이너리(바이트) 데이터
r.headers	딕셔너리	응답 헤더
r.iter_content(chunk_size=n)	바이너리	응답 본문의 바이너리(바이트) 데이터를 chunk_size만큼 나눠 받음
r.json()	딕셔너리	응답 본문의 JSON 형식 데이터를 딕셔너리 형식으로 변환

다음은 가상의 웹 주소(https://api.example.com/get)에 GET 메서드로 HTTP 요청을 보내고 응답받아서 처리하는 예제 코드입니다.

```
import requests

url = 'https://api.example.com/get' # 가상의 웹 주소(실제 동작 안함)
response = requests.get(url)

if response.status_code == 200: # 응답 성공 확인
    data = response.json() # JSON 형식의 데이터를 딕셔너리 형식으로 변환
    print(data)
```

```
else:
    print(f"Error: {response.status_code}")
```

위 코드는 변수 url에 GET 요청을 보낼 주소(https://api.example.com/get)를 지정하고 requests.get() 함수를 이용해 GET 메서드로 요청을 보냅니다. 응답이 성공적일 경우(JSON 형식의 데이터를 반환) JSON 형식의 데이터를 파이썬의 딕셔너리 타입으로 변환해 출력합니다.

이번에는 Requests 라이브러리로 POST 메서드를 지원하는 웹 사이트나 웹 API에 HTTP 요청을 보내는 방법을 알아보겠습니다. 웹 브라우저에서 게시판에 글을 작성하는 경우나 웹 API로 긴 텍스트를 전송하는 경우에는 POST 메서드를 이용합니다. POST 메서드는 요청에 필요한 데이터를 HTTP 요청 메시지의 본문(바디)에 담아 전송합니다.

다음은 POST 메서드를 지원하는 웹 사이트나 웹 API에서 Requests 라이브러리의 post()를 이용해 요청하고 응답 객체를 가져오는 방법입니다.

```
import requests

r = requests.post(url [, data=None, json=None, headers=None])
```

- url: 웹 사이트 주소로 필수 매개변수입니다.

- data와 json: 바디에 포함돼 서버에 전달할 데이터를 지정합니다. data와 json은 둘 중 하나만 이용합니다. json을 이용하면 JSON 형식의 데이터를 전송할 수 있으며 헤더의 Content-Type에 application/json이 자동으로 설정됩니다.

- headers: HTTP 요청 메시지의 헤더에 들어갈 내용을 지정하는데 인증을 위한 키나 토큰을 지정하거나 본문(바디)에 들어갈 데이터의 타입을 Content-Type에 설정할 때 이용합니다.

- url은 필수이며 data, json, headers는 옵션으로 지정하지 않아도 됩니다.

- r: 응답 객체로 반환된 응답 결과입니다. 응답 객체(r)의 속성은 앞에서 살펴본 표 5-1을 참고하면 됩니다.

다음은 가상의 웹 주소(https://api.example.com/post)에 POST 메서드로 요청을 보내고 응답을 처리하는 예제 코드입니다. 이 예제에서는 JSON 형식의 데이터를 서버에 전송하고, 서버로부터의 응답을 처리합니다.

```
import requests
import json

url = 'https://api.example.com/post'  # 가상의 웹 주소(실제 동작 안함)
headers = {'Content-Type': 'application/json'}
data = {
    'key1': 'value1',
    'key2': 'value2',
    'key3': 'value3'
}

response = requests.post(url, headers=headers, data=json.dumps(data))

if response.status_code == 200: # 응답 성공 확인
    result = response.json()
    print("Server response:", result)
else:
    print(f"Error: {response.status_code}")
```

위의 예제에서는 먼저 변수 url에 POST 요청을 보낼 주소(https://api.example.com/post)를 지정하고, 변수 headers에 JSON 형식의 데이터를 전송할 것임을 명시합니다. 그다음 변수 data에 전송할 데이터를 파이썬 딕셔너리 형태로 작성합니다. POST 메서드로 요청하기 위해 requests.post() 함수를 사용해 요청하고, response 객체에 응답을 할당합니다. 응답의 상태 코드가 200이면 (성공적인 요청) 서버로부터 받은 JSON 데이터를 파이썬 객체로 변환하여 출력합니다. 그렇지 않으면 에러 코드를 출력합니다.

지금까지 Requests 라이브러리를 이용해 GET 메서드와 POST 메서드로 요청하는 방법을 간략히 살펴봤습니다. 앞으로 실제 웹 API를 이용할 때 GET 메서드와 POST 메서드를 모두 활용해 원하는 요청을 보내고 응답을 처리하게 될 것이므로 잘 익혀두길 바랍니다.

5.2.2 웹 사이트 주소에 부가 정보 추가하기

웹 사이트나 웹 API에 요청 데이터를 보낼 때는 기본 주소(URL)에 경로를 추가해 보낼 수도 있고, 매개변수(파라미터, parameter)를 추가해 보낼 수도 있습니다. 예를 들어 날씨 정보를 가져오려면 해당 지역의 지명을 보내야 하고 환율 정보를 가져오려면 통화명 코드를 보내야 합니다. 이번에는 웹 사이트나 웹 API의 기본 주소(URL)에 경로를 추가하거나 매개변수를 추가해 각종 정보를 전달하는 방법을 살펴보겠습니다.

웹 사이트 주소에 경로 추가하기

앞에서 살펴본 Requests 라이브러리의 **requests.get("웹_사이트_주소")**를 이용해 데이터를 요청하고 응답받는 방법은 다음과 같았습니다.

```
url = "https://api.github.com/"
r = requests.get(url)
```

만약 기본 웹 사이트 주소는 유지하면서 그 웹 사이트 내에서 경로를 변경해 가면서 데이터를 요청해야할 경우에는 다음과 같이 문자열을 연결하는 방법으로 기본 웹사이트 주소에 경로를 추가하면 됩니다.

```
In :  base_url = "https://api.github.com/"
      sub_dir = "events"
      url = base_url + sub_dir
      print(url)
```

```
Out:  https://api.github.com/events
```

출력 결과를 보면 기본 웹 사이트 주소(**https://api.github.com/**)에 하위 경로(**events**)를 연결해 하나의 URL을 생성한 것을 볼 수 있습니다. 이처럼 문자열 연결로 URL을 생성하는 방법은 기본 웹 사이트 주소는 변하지 않고 하위 경로만 변경되는 경우에 유용합니다. 다음 코드는 기본 웹 사이트 주소는 고정하고 하위 경로만 변경해 URL을 생성하고 Requests 라이브러리의 **requests.get()**을 이용해 데이터를 요청하고 응답받는 예입니다.

```
In :  import requests

      base_url = "https://api.github.com/"
      sub_dirs = ["events", "user", "emails"]

      for sub_dir in sub_dirs:
          url_dir = base_url + sub_dir
          r = requests.get(url_dir)
          print(r.url)
```

```
Out:  https://api.github.com/events
      https://api.github.com/user
      https://api.github.com/emails
```

앞선 코드에서 requests.get()으로 가져온 응답 객체 r에 r.url을 수행하면 응답 객체의 URL 주소를 반환합니다. 따라서 print(r.url)를 수행하면 응답 객체의 URL을 출력합니다. 출력 결과를 통해 앞선 코드를 실행한 결과 호스트 이름과 경로를 조합한 URL도 잘 생성되고, 응답도 오류 없이 잘 받았음을 알 수 있습니다.

웹 사이트 주소에 매개변수 추가하기

웹 사이트에 특정 데이터를 요청하기 위해 종종 웹 사이트 주소에 매개변수(지정된 키와 값으로 구성)를 추가해 보내기도 합니다. 이 경우 물음표(?)를 이용해 해당 웹 사이트에 매개변수를 보낼 수 있습니다. 예를 들어 웹 사이트 주소와 경로가 'http://abc.org/get'일 때, 지정된 키(key)에 값(value)을 넣어서 데이터를 요청하기 위한 전체 URL은 'http://abc.org/get?key=value'가 됩니다. 전달하려는 매개변수가 두 개 이상이면 &로 연결해 보낼 수 있습니다. 예를 들어 키 key1과 key2에 각각 값 value1과 value2를 전달하려면 전체 URL을 'http://abc.org/get?key1=value1&key2=value2'와 같이 생성할 수 있습니다. 여러 개의 키와 값 쌍을 전달할 때 키와 값 쌍의 순서는 중요하지 않습니다. 즉, 'http://abc.org/get?key1=value1&key2=value2'와 'http://abc.org/get?key2=value2&key1=value1'은 같은 응답 결과를 보내줍니다.

네이버에서 검색창에 검색어를 입력해 검색 결과를 출력할 때 웹 브라우저의 주소창에는 'https://search.naver.com/search.naver?where=nexearch&sm=top_hty&fbm=1&ie=utf8&query=검색어'처럼 검색어를 포함해 미리 지정된 검색 옵션으로 매개변수가 생성됩니다. 그림 5-9는 검색창에 'python'을 입력하여 검색했을 때, 주소창에 생성된 매개변수를 포함한 URL을 보여줍니다.

그림 5-9 네이버에서 검색어를 입력했을 때 주소창의 URL

다음 코드는 네이버를 이용해 검색할 때 여러 매개변수를 전달하기 위해 직접 URL을 생성한 예입니다.

```
In : import requests

     where_value = 'nexearch'
     sm_value = 'top_hty'
     fbm_value = 1
     ie_value = 'utf8'
     query_value = 'python'

     base_url = "https://search.naver.com/search.naver"
     parameter = "?where={0}&sm={1}&fbm={2}&ie={3}&query={4}".format(where_value, sm_value,
                                                                     fbm_value, ie_value,
                                                                     query_value)

     url_para = base_url + parameter
     r = requests.get(url_para)

     print(r.url)
```

Out: https://search.naver.com/search.naver?where=nexearch&sm=top_hty&fbm=1&ie=utf8&query=python

위 결과를 보면 웹 사이트에 요청을 위한 URL이 잘 생성된 것을 확인할 수 있습니다.

앞에서와 같이 키와 값이 포함된 URL을 직접 생성하는 대신 requests의 `requests.get()`에 `params`
옵션을 사용해 키와 값을 딕셔너리 타입으로 전달할 수도 있습니다. 예를 들어 `'http://abc.org/get'`
에 `'key1=value1'` 및 `'key2=value2'`를 전달하려면 다음과 같이 코드를 작성합니다.

```
url = 'http://abc.org/get'
parameters = {'key1':'value1', 'key2':'value2'}
r = requests.get(url, params=parameters)
```

이제 앞에서 직접 생성한 URL을 요청 주소(`url`)와 요청 매개변수(`parameters`)로 분리한 후
`'requests.get(url, params=parameters)'`을 이용해 URL을 생성한 예를 살펴보겠습니다.

```
In :   import requests

       where_value = 'nexearch'
       sm_value = 'top_hty'
       fbm_value = 1
       ie_value = 'utf8'
       query_value = 'python'

       url = "https://search.naver.com/search.naver"
       parameters = {"where":where_value, "sm":sm_value, "fbm":fbm_value,
                     "ie":ie_value, "query":query_value}
       r = requests.get(url, params=parameters)
       print(r.url)
```

Out: https://search.naver.com/search.naver?where=nexearch&sm=top_hty&fbm=1&ie=utf8&query=python

출력 결과를 통해 코드에서 요청 주소(url)와 요청 매개변수(params)를 분리해 입력해도 원하는 URL
이 잘 생성된 것을 알 수 있습니다.

5.3 정리

이번 장에서는 웹 API를 이용하기 위한 기본적인 내용과 Requests 라이브러리 이용 방법을 살펴봤습
니다. 먼저 웹 API를 이해하기 위해 웹 API에 데이터를 요청하고 획득하는 과정, API 키와 토큰을 통
한 인증 방식, 응답 데이터의 형식과 처리 방법을 알아봤습니다. 다음으로 Requests 라이브러리를 이
용해 웹 API에서 어떻게 데이터를 요청하고 응답받은 데이터를 처리하는지 알아봤습니다. 이번 장에
살펴본 웹 API에 관한 기초 지식은 이후 살펴볼 인공지능 웹 API를 활용하는 데 필요하니 숙지하세요.

자연어를 이해하고
생성하는 OpenAI 모델

인공지능 기술의 개발은 전문적인 지식과 경험이 필요하지만, 기술의 활용은 약간의 지식만으로도 가능합니다. 최근에는 OpenAI사의 API를 업무나 서비스에 통합하는 사례가 늘고 있습니다. 예를 들어, 업스테이지(upstage)는 자사의 광학 문자 인식(OCR) 기술에 OpenAI의 챗GPT API를 결합[1]해 카카오톡 채널에 아숙업(AskUp)을 선보였습니다. 이는 사용자가 보낸 사진에서 문자를 인식해 이를 기반으로 질문에 답변해 줍니다. 또한, 스피크(Speak)는 OpenAI의 음성 인식 기술인 Whisper API를 이용[2]해 다양한 언어를 배울 수 있는 서비스를 출시했습니다. 실제 서비스나 앱을 개발한 내용을 다룬 인터뷰 기사[3]를 보면 기존의 서비스에 며칠 만에 인공지능 기술을 통합했다고 합니다. 이것은 모두 인공지능 API가 있기에 가능한 일입니다.

이번 장에는 대표적인 인공지능 회사인 OpenAI의 다양한 인공지능 서비스를 둘러보고 OpenAI의 인공지능 모델과 OpenAI API를 이용하는 방법을 알아보겠습니다.

---

1   https://askup.oopy.io/b7545ee7-a711-47b2-af69-2d3a9658edab

2   https://www.speak.com/blog/speak-openai-speech-recognition

3   https://zdnet.co.kr/view/?no=20230223101252

6.1 OpenAI 소개

OpenAI는 인공지능(AI) 연구 및 개발을 수행하는 민간 기업입니다. 2015년에 설립되었으며, 일론 머스크와 샘 알트먼 등 여러 유명한 기술 리더들이 창립자로 참여했습니다. OpenAI의 주요 목표는 인간의 복지를 증진하는 데 기여할 수 있는 AGI(Artificial General Intelligence, 인공 일반 지능)를 개발하는 것입니다. 인공 일반 지능이란 인간 수준의 지능을 가진 AI로, 다양한 지적 작업에서 인간의 능력을 뛰어넘을 수 있는 기술을 말합니다.

OpenAI는 GPT(Generative Pre-trained Transformer) 시리즈(GPT-3, GPT-3.5, GPT-4)와 같은 혁신적인 AI 모델들을 개발했습니다. 이러한 모델은 자연어 처리, 이미지 생성, 번역, 질문-답변 등 여러 분야에서 높은 성능을 보여주며 AI 기술의 발전에 큰 영향을 끼쳤습니다.

OpenAI는 자사에서 개발한 인공지능 모델을 외부에서 이용할 수 있도록 웹 API를 제공합니다. 이 API를 사용하면 자연어 처리 작업에 대한 입력을 전송하고, 해당 작업에 대한 결과를 받아올 수 있습니다. 예를 들어, 질문에 대한 답변을 생성하거나, 텍스트를 요약하거나, 음성을 텍스트로 변환하거나, 컴퓨터 프로그래밍 코드를 생성하는 등의 다양한 작업을 수행할 수 있습니다.

OpenAI의 API를 설명하기 전에 OpenAI의 대표적인 인공지능 모델인 챗GPT와 DALL·E에 대해 알아보고 OpenAI API로 할 수 있는 작업에는 어떤 것이 있는지 간단하게 둘러보겠습니다.

6.1.1 OpenAI의 챗GPT와 DALL·E

OpenAI의 대표적인 인공지능 모델에는 챗GPT와 DALL·E가 있습니다. 두 모델 모두 OpenAI에서 개발한 최신 기술로, 인공지능 분야에서 매우 중요한 위치를 차지하고 있습니다. 두 모델의 특징과 이에 기반한 서비스에 대해 간단히 살펴보겠습니다.

챗GPT는 GPT 시리즈의 최신 버전인 GPT-3.5와 GPT-4 아키텍처를 기반으로 만든 대화형 인공지능 모델입니다. 이 모델은 인간과 자연스럽게 대화하며 다양한 언어 작업을 수행할 수 있습니다. 챗GPT는 방대한 양의 데이터를 기반으로 사전 훈련되었으며, 일반적인 자연어 이해, 자연어 생성 및 대화 스타일링과 같은 작업을 수행할 수 있습니다.

그림 6-1은 챗GPT를 기반으로 한 채팅 웹 페이지(https://chat.openai.com/)입니다. 프롬프트에 질문을 입력하면 챗GPT가 질문에 대해 답변해 줍니다.

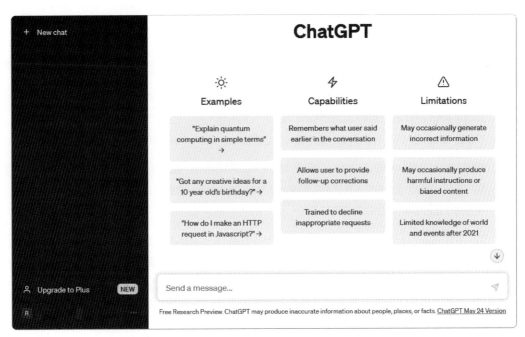

그림 6-1 OpenAI 채팅 웹 페이지 – 챗GPT

그림 6-2는 프롬프트에 질문을 하고 답변을 받는 예입니다. 질문에 따라서 다른 답변을 주기 때문에 원하는 답변을 얻기 위해서는 질문을 잘하는 것이 중요합니다.

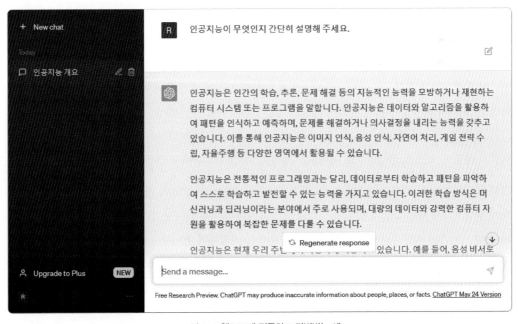

그림 6-2 챗GPT에 질문하고 답변받는 예

챗GPT의 문제점 및 주의 사항

- **답변의 정확성과 신뢰성**: 챗GPT는 GPT-3.5와 GPT-4 모델 모두 2021년 9월까지의 데이터로 학습했기 때문에 이후의 최신 정보에 대한 답변은 정확하지 않을 수 있습니다. 또한 학습 데이터의 부족으로 인해 일부 질문에 대한 답변은 부정확한 경우가 있으니, 질문에 대한 답변을 활용할 때는 주의가 필요합니다. 챗GPT의 문장 생성 방법의 특징으로 할루시네이션(hallucination, 인공지능이 실제로는 존재하지 않거나 사실과 일치하지 않는 정보를 생성하는 현상)이 발생할 수 있으니 답변 결과가 맞는지 꼭 확인해야 합니다.

- **저작권**: 언어 모델은 대부분 인터넷에서 수집한 대규모 텍스트 데이터를 학습에 사용합니다. 따라서 생성한 문장이 저작권이 있는 콘텐츠를 포함할 수도 있습니다. 챗GPT로 생성한 내용을 상업적으로 이용할 때는 저작권에 문제가 없는지 확인하는 것이 중요합니다.

- **정보 유출**: 챗GPT에 질문을 입력하면 입력한 데이터가 운영사로 전송됩니다. 운영사가 입력한 정보를 활용하지 않거나 공개하지 않는다고 해도 해킹이나 오류의 문제가 있기 때문에 노출될 가능성은 있습니다. 따라서 민감한 개인 정보, 정부나 공공 기관의 비공개 업무 자료, 회사의 주요 경영 자료나 핵심 기술 정보 등 민감 정보는 아예 입력하지 않는 것이 좋습니다. 이러한 정보 유출의 문제로 인해 챗GPT를 아예 사용하지 못하게 하는 회사나 정부 기관이 있습니다.

- **데이터 편향성**: 언어 모델은 편향성 있는 학습 데이터로 훈련되어 이를 바탕으로 편향된 응답을 할 수 있습니다. 즉, 학습 데이터가 성별, 지역, 인종 그룹에 대한 편견을 포함할 수 있습니다. 따라서 민감한 주제의 경우는 응답 결과를 다양한 관점에서 검토하는 것이 필요합니다.

DALL·E는 텍스트 설명을 입력받아 해당 설명에 맞는 이미지를 생성하는 이미지 생성 모델입니다. DALL·E는 크게 두 단계로 구성됩니다. 첫 번째 단계는 입력된 텍스트를 이해하는 과정으로 자연어 처리 기술을 사용해 입력된 설명을 이해하고 이미지 생성에 필요한 정보로 변환합니다. 두 번째 단계는 이미지를 생성하는 과정으로 이미지와 텍스트를 이용해 사전에 훈련한 데이터를 활용해 입력된 텍스트에 맞는 이미지를 생성합니다. 따라서 DALL·E는 "나무 위에 앉은 빨간 새"나 "눈송이 모양의 청록색 로봇"과 같은 설명에 대한 이미지를 생성할 수 있습니다. 이 모델은 그림이나 사진과 같은 이미지를 입력받지 않고도, 텍스트 설명만으로 이미지를 생성할 수 있다는 점에서 매우 혁신적인 기술입니다.

그림 6-3은 DALL·E에 기반한 이미지 생성 웹 페이지(https://labs.openai.com/)입니다. 프롬프트에 생성하고자 하는 그림의 설명을 입력하면 이미지를 생성해 줍니다. DALL·E를 기반으로 한 이미지 생성 서비스를 이용하려면 회원 가입을 하고 비용을 지불해야 합니다.

그림 6-3 DALL·E 모델 기반 이미지 생성 웹 페이지

6.1.2 OpenAI API 둘러보기

OpenAI는 개발자들이 인공지능 기반 기능을 활용할 수 있도록 다양한 API를 제공합니다. 그림 6-4는 OpenAI에서 제공하는 API의 기능을 소개한 웹 사이트(https://platform.openai.com/overview) 화면입니다.

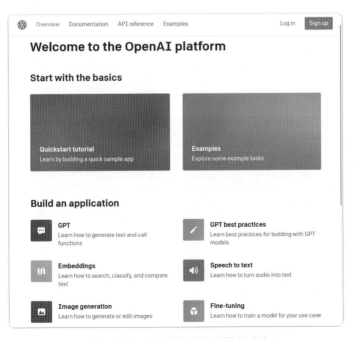

그림 6-4 OpenAI API 응용 예를 설명한 웹 사이트

그림 6-4에 나와 있는 응용을 위한 API를 간략히 설명하면 다음과 같습니다.

- **GPT**: 대화형 인공지능 애플리케이션을 구축하기 위한 API입니다. GPT-3.5, GPT-4 모델을 기반으로 자연스러운 대화를 제공하며, 질문에 응답하거나 정보를 찾는 등 다양한 대화형 작업을 수행할 수 있습니다. 또한 함수 호출 기능을 이용할 수도 있습니다.

- **Embeddings**: 텍스트를 고차원 벡터로 변환하는 API입니다. 이러한 임베딩은 문장, 문서, 단어 간의 유사성을 측정하거나 머신러닝 모델의 입력으로 사용될 수 있습니다.

- **Speech to Text**: 음성을 텍스트로 변환하는 API입니다. Whisper 모델을 기반으로 음성 인식 기능을 제공합니다. 음성 명령을 처리하거나, 음성 메모를 텍스트로 변환하는 등 다양한 애플리케이션을 구축할 수 있습니다.

- **Image Generation**: 텍스트 설명을 기반으로 이미지를 생성하는 API입니다. DALL · E 모델을 기반으로 사용자의 요구에 맞춰 독창적인 시각적 콘텐츠를 생성할 수 있습니다.

- **Fine-tuning**: OpenAI 모델을 특정 목적이나 데이터 셋에 맞게 미세 조정하는 기능을 제공하는 API입니다. 기본 모델을 사용자의 요구에 맞춰 최적화하고 성능을 향상시킬 수 있습니다.

이러한 API들은 각자의 목적에 맞게 사용해 다양한 인공지능 기반 애플리케이션 및 서비스를 구축하는 데 활용할 수 있습니다. 여기서는 GPT, Speech to Text, Image Generation을 위한 API 활용법을 알아보겠습니다.

6.2 OpenAI API 사용을 위한 API 키 생성

OpenAI의 API를 사용하려면 API 키가 필요하며, API 키가 있어야 요청을 보내고 응답받을 수 있습니다. 여기서는 OpenAI의 API 사용을 위한 API 키를 생성하는 방법을 알아보겠습니다.

6.2.1 OpenAI 회원 가입 및 로그인

OpenAI의 서비스를 이용하려면 먼저 회원 가입을 해야 합니다. 회원 가입을 위한 과정은 다음과 같습니다.

01. 웹 브라우저의 주소창에 아래 주소를 입력해 OpenAI의 개발자 웹사이트에 접속합니다(그림 6-5).

- OpenAI의 개발자 웹사이트: https://platform.openai.com/overview

02. 웹 사이트의 오른쪽 위에 있는 [Sign up] 버튼을 클릭해 회원 가입 페이지로 이동합니다(그림 6-5).

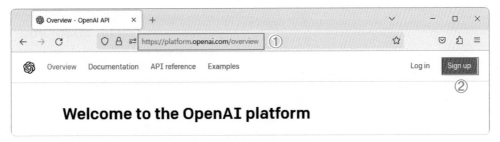

그림 6-5 OpenAI 웹 페이지에서 [Sign up] 버튼을 클릭

03. 이메일 주소를 직접 입력하거나, 구글이나 마이크로소프트 계정을 선택해 회원 가입을 진행합니다(그림 6-6).

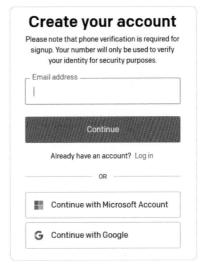

그림 6-6 OpenAI 웹 페이지에서 계정 생성

04. 작성한 이메일 주소로 인증 메일이 발송됩니다. 수신한 이메일에서 [Verify email address] 버튼을 클릭하여 이메일 주소를 인증합니다(그림 6-7).

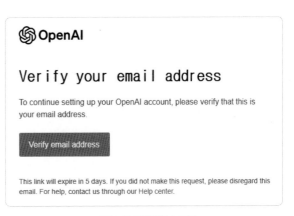

그림 6-7 이메일 주소 인증

05. 진행하던 회원 가입 화면으로 돌아와 이름과 생일을 입력합니다 (그림 6-8).

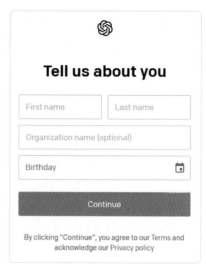

그림 6-8 이메일 주소 인증

06. 휴대폰 번호를 입력합니다(그림 6-9). 하나의 휴대폰 번호에 최대 2개의 이메일 주소 인증이 가능합니다.

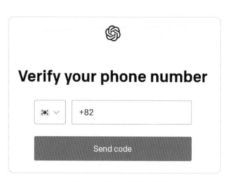

그림 6-9 휴대폰 번호 입력

07. 휴대폰 문자로 인증번호가 도착하면 이를 입력합니다(그림 6-10). 이제 회원 가입을 완료했습니다.

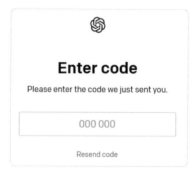

그림 6-10 인증번호 입력

이후 OpenAI 웹사이트에 로그인하여 서비스를 이용하거나, API 키를 발급받아 API를 사용할 수 있습니다.

6.2.2 OpenAI API 키 생성

OpenAI API 키를 생성하려면 다음과 같은 단계로 진행합니다.

01. 아래의 OpenAI 개발자 웹사이트에 접속하여 로그인합니다(그림 6-11).

- OpenAI 개발자 웹 사이트: `https://platform.openai.com`

02. 웹 사이트 오른쪽 메뉴에서 [`Personal`] → [`View API keys`]를 차례로 클릭합니다(그림 6-11).

그림 6-11 OpenAI 웹 페이지에서 [`View API keys`] 버튼을 클릭

03. 신규 API 키를 생성하기 위해 중간에 위치한 [`Create new secret key`] 버튼을 클릭합니다(그림 6-12).

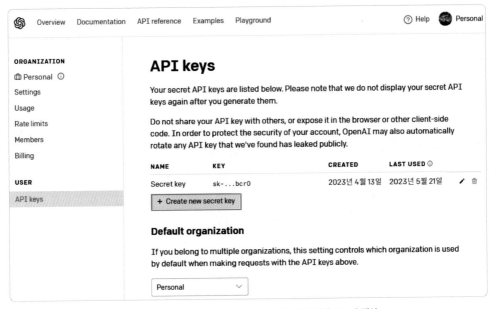

그림 6-12 [`Create new secret key`] 버튼을 클릭해 API 키 생성

04. [복사] 아이콘을 클릭해 생성한 API 키를 복사합니다. 생성할 때 복사하지 않으면 다시는 볼 수 없으므로 복사한 API 키를 다른 곳에 잘 보관해 둡니다. 복사한 API 키는 나중에 코드에서 OpenAI API를 이용할 때 사용합니다(그림 6-13).

그림 6-13 [복사] 아이콘을 클릭해 생성한 API 키 복사

05. 생성된 API 키는 API Keys 페이지에 나열됩니다. 키의 세부 정보(API 키 생성 날짜, 마지막으로 사용한 날짜)를 볼 수 있으며 필요한 경우 키를 삭제하거나 키 이름(name)을 수정할 수 있습니다.

참고

환경 변수에 OpenAI API 키 설정하기

생성된 API 키를 코드에 직접 입력해 사용해도 되지만 이 경우 코드를 공유하면 API 키가 노출되기 때문에 보통은 환경 변수에 설정해 이용합니다. 생성한 OpenAI API 키를 이 책의 [부록]을 참조해 OPENAI_API_KEY 환경 변수에 설정하세요.

아래의 코드를 실행해 나온 출력 값이 앞에서 생성한 OpenAI API 키와 같다면 OPENAI_API_KEY 환경 변수에 잘 설정된 것입니다.

```
import os
print(os.environ["OPENAI_API_KEY"])
```

처음 OpenAI에 회원 가입을 하면 3개월 동안 API를 사용할 수 있는 $5가 무료로 제공됩니다. 3개월이 지나거나 기본으로 제공되는 $5를 모두 사용하고 난 후에는 요금제를 선택한 후에 신용카드를 이용해 결제 정보를 입력해야 API 서비스를 계속 이용할 수 있습니다. 월별 API 사용 비용과 일별 사용 현황은 [Usage] 메뉴에서 확인할 수 있습니다(그림 6-14).

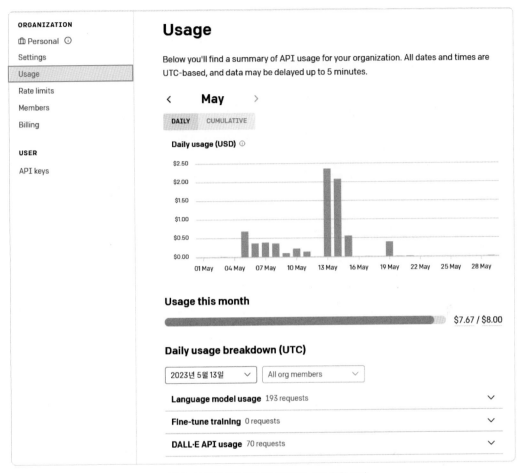

그림 6-14 월별 API 사용 비용과 일별 사용 현황 표시

지금까지 OpenAI의 API 사용을 위해 계정을 생성하고 API 키를 생성하는 방법을 알아봤습니다. 이어서 OpenAI의 API를 실제로 사용하는 방법을 살펴보겠습니다.

6.3 OpenAI의 모델

OpenAI에는 목적에 따라서 학습한 다양한 인공지능 모델이 있습니다. OpenAI의 각 모델은 다른 목적과 기능을 가지고 있습니다. OpenAI의 모델 설명 문서(`https://platform.openai.com/docs/models/overview`)에는 모델별로 특징이 자세하게 설명돼 있습니다. 표 6-1은 OpenAI의 API에서 사용할 수 있는 주요 모델의 특징을 보여줍니다.

표 6-1 OpenAI의 주요 인공지능 모델

모델	설명
GPT-3	자연어를 이해하고 생성할 수 있는 모델 세트
GPT-3.5	GPT-3의 개선 모델 세트
GPT-4	GPT-3.5를 개선한 멀티모달(multimodal) 모델 세트
DALL · E	자연어 입력으로 이미지를 생성하고 편집할 수 있는 모델
Whisper	오디오를 텍스트로 변환할 수 있는 모델

6.3.1 GPT-3.5와 GPT-4 모델

다양한 OpenAI 모델 중에서 GPT-3.5와 GPT-4에 대해 좀 더 자세히 살펴보겠습니다. 이 책을 집필하고 있는 시점에 가장 최신 모델은 GPT-4입니다. GPT-3.5와 GPT-4가 자연어 처리와 프로그래밍 코드를 생성하는 챗GPT(ChatGPT) 서비스에서 사용하는 모델입니다.

표 6-2와 표 6-3은 각각 GPT-3.5와 GPT-4 모델을 분류해 놓은 모델 이름(ID)입니다. 자신의 상황에 맞게 모델 ID를 지정해 사용할 수 있습니다.

표 6-2 GPT-3.5의 주요 모델

모델 ID	설명	최대 토큰	학습 데이터(최대)
gpt-3.5-turbo	가장 성능이 뛰어난 GPT-3.5 모델임	4,096	2021년 9월
gpt-3.5-turbo-16k	gpt-3.5-turbo와 같은 성능이지만 최대 토큰 크기가 4배 늘어남	16,384	2021년 9월

표 6-3 GPT-4의 주요 모델

모델 ID	설명	최대 토큰	학습 데이터(최대)
gpt-4	GPT-3.5 모델보다 뛰어나 좀 더 복합한 작업도 수행 가능	8,192	2021년 9월
gpt-4-32k	gpt-4와 같은 성능이지만 최대 토큰 크기가 4배 늘어남	32,768	2021년 9월

OpenAI의 토큰(token)

OpenAI에서 사용하는 토큰(token)은 언어 모델의 입력과 출력을 구성하는 최소 단위입니다. GPT 시리즈 모델들은 텍스트를 토큰으로 분해한 다음, 이러한 토큰을 사용하여 텍스트를 처리하고 생성합니다. 토큰은 주로 단어, 문장 부호, 공백, 혹은 언어에 따라 어절, 음절 등의 단위로 분해될 수 있습니다. GPT 모델은 토큰을 처리하고 생성하기 위해 토큰 임베딩, 트랜스포머 아키텍처 및 디코더를 사용합니다.

OpenAI의 GPT-4 모델이 2023년 3월에 처음 나왔을 때는 대기 리스트(waitlist)에 등록한 후 사용 초대 메일(그림 6-15)을 받은 사람만 OpenAI API의 GPT-4 모델을 이용할 수 있었습니다. 하지만 OpenAI에서 정책을 변경해 2023년 7월 말 이후에는 특별한 절차 없이 유료 사용자 누구나 GPT-4 모델을 이용할 수 있습니다.

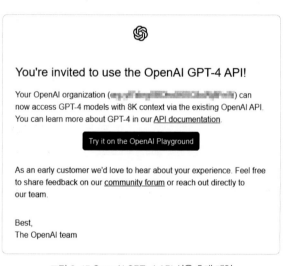

그림 6-15 OpenAI GPT-4 API 사용 초대 메일

OpenAI의 설명에 의하면 GPT-4 모델이 GPT-3.5 기반 모델보다 능력이 우수하지만, 대부분의 경우는 응답 결과가 큰 차이가 없다고 합니다. 따라서 일반적으로는 GPT-3.5 모델로도 충분하겠지만 최대 토큰에 차이가 있어서 긴 질문과 응답이 필요할 때는 GPT-4 모델이 유용할 수 있습니다.

API를 사용하는 비용은 모델에 따라 다릅니다. 토큰당 사용 비용(`https://openai.com/pricing` 참조)은 표 6-4와 같습니다. GPT-4 모델 사용료가 더 비싼 것을 볼 수 있습니다. 그러므로 OpenAI의 API를 사용해 서비스를 구축할 계획이라면 각 GPT 모델을 사용한 결과를 충분히 비교해 보고 최적의 모델을 선택하길 추천합니다.

표 6-4 GPT 모델별 사용 비용

모델 ID	입력 (1K 토큰당)	출력 (1K 토큰당)
gpt-3.5-turbo	$0.0015	$0.002
gpt-3.5-turbo-16k	$0.003	$0.004
gpt-4	$0.03	$0.06
gpt-4-32k	$0.06	$0.12

6.3.2 DALL · E와 Whisper 모델

OpenAI의 챗GPT가 유명해 OpenAI의 API 모델로 자연어 처리 관련 모델만 생각할 수 있는데, OpenAI API 모델에는 이미지를 생성하는 DALL · E, 음성에서 텍스트를 추출하는 Whisper도 있습니다. DALL · E와 Whisper는 OpenAI API에서 제공하는 두 가지 독특한 인공지능 모델로 기능과 용도에 대해 간단히 살펴보면 다음과 같습니다.

- DALL · E: 텍스트 설명을 기반으로 이미지를 생성하는 AI 이미지 생성 모델입니다. 생성한 이미지는 반환되는 URL 링크에서 다운로드할 수 있습니다.

- Whisper: 음성에서 텍스트를 추출하기 위한 모델입니다. 이 모델을 사용하려면 OpenAI API를 통해 동영상 파일이나 오디오 파일을 전송해야 합니다. 음성 인식 결과는 텍스트로 반환합니다. 모델로는 whisper-1이 있습니다.

DALL · E와 Whisper API를 이용할 때도 사용량에 따른 비용이 발생합니다(표 6-5와 6-6).

표 6-5 DALL · E 모델의 이미지 크기에 따른 사용 비용

모델	이미지 크기	비용 (이미지 당)
DALL · E	1024 × 1024	$0.020
DALL · E	512 × 512	$0.018
DALL · E	256 × 256	$0.016

표 6-6 Whisper 모델의 사용 비용

모델	비용 (분당)
Whisper	$0.006

6.3.3 모델 테스트를 위한 플레이그라운드

OpenAI는 사용자가 다양한 모델을 테스트할 수 있는 플레이그라운드(Playground)를 제공합니다. OpenAI의 플레이그라운드는 웹 기반 인터페이스로, OpenAI에서 제공하는 다양한 언어 모델과 상호 작용하고 테스트할 수 있는 환경을 제공합니다. 플레이그라운드에서 사용자는 텍스트 프롬프트를 입력 하고, 선택한 언어 모델에 의해 생성된 응답을 받을 수 있습니다.

플레이그라운드를 이용하려면 아래의 OpenAI 개발자 웹사이트에 접속 후 로그인한 다음 [Playground] 메뉴(그림 6–16)를 클릭하거나 플레이그라운드 웹 사이트에 직접 접속합니다.

- OpenAI 개발자 웹사이트: https://platform.openai.com

- 플레이그라운드 웹 사이트: https://platform.openai.com/playground

그림 6–16 Playground 메뉴 선택

이제 다양한 모델을 테스트할 수 있는 플레이그라운드 웹 사이트가 나옵니다(그림 6–17).

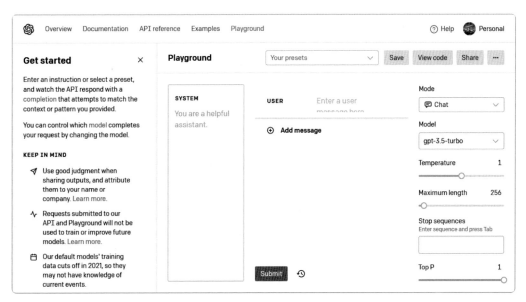

그림 6–17 플레이그라운드 웹 사이트

플레이그라운드 웹 사이트에서 모드(Mode)에는 Chat, Complete, Edit가 있습니다(그림 6-18). 모드를 선택한 후에는 모델(Model)을 선택할 수 있고 모델 선택 후에는 이에 맞는 다양한 매개변수 항목이 나타납니다. 주요 매개변수에 대해서는 뒤에서 살펴보겠습니다.

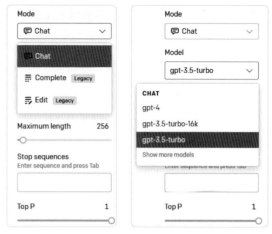

그림 6-18 플레이그라운드의 모드(Mode)와 모델(Model) 선택

그림 6-19는 플레이그라운드에서 Chat 모드로 설정하고, USER 부분에 요청을 입력해 응답을 얻은 예제입니다. 온도(Temperature), 길이(Maximum length) 등 다양한 매개변수를 변경해 응답을 미세 조정할 수 있습니다.

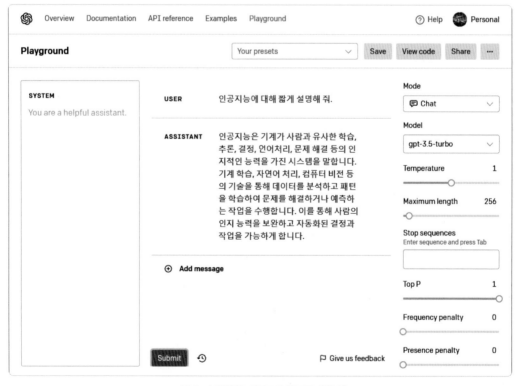

그림 6-19 플레이그라운드의 챗 모드 사용 예

플레이그라운드를 통해 OpenAI의 다양한 언어 모델 기능을 확인할 수 있으며, 다양한 매개변수의 값을 변경해 가며 모델을 탐색할 수 있도록 설계되었습니다. OpenAI의 API를 사용할 때 플레이그라운드를 함께 활용하면 모델별 특징과 매개변수의 역할을 이해하는 데 도움이 될 것입니다.

6.4 OpenAI API 사용하기

지금까지 OpenAI API를 사용하기 위한 준비를 했습니다. 이제 OpenAI 파이썬 라이브러리를 설치하고, OpenAI의 챗 완성(Chat Completions) API, 이미지(Image) API, 오디오(Audio) API를 사용하는 방법을 살펴보겠습니다.

6.4.1 OpenAI 파이썬 라이브러리 설치

OpenAI API는 모든 언어의 HTTP 요청을 통해 상호 작용할 수 있습니다. 따라서 OpenAI의 API 참조 문서(https://platform.openai.com/docs/api-reference/)를 바탕으로 5장에서 살펴본 파이썬 Requests 라이브러리를 이용해 필요한 내용을 요청하고 응답 데이터를 가져올 수 있습니다. 이 과정은 다소 복잡할 수 있는데 공식 파이썬 라이브러리인 openai를 사용하면 OpenAI API를 더 쉽게 이용할 수 있습니다.

이 책에서는 openai 라이브러리를 사용해 코드를 작성하겠습니다. 이를 위해 먼저 아나콘다 프롬프트에서 openai 라이브러리를 설치해야 합니다. 단, 아나콘다를 관리자 모드로 설치했으므로 앞으로 설치하는 라이브러리는 아나콘다 프롬프트를 관리자 모드로 실행해 설치해야 합니다. 아나콘다 메뉴에서 [Anaconda Prompt] 위에 마우스 커서를 위치하고 마우스 오른쪽 버튼 클릭하고 [기타], [관리자 권한으로 실행]을 차례로 클릭하면 관리자 권한으로 아나콘다 프롬프트를 실행할 수 있습니다(그림 6-20).

그림 6-20 관리자 권한으로 아나콘다 프롬프트 실행

관리자 권한으로 실행한 아나콘다 프롬프트에서 아래의 방법으로 openai 라이브러리를 설치합니다.

```
pip install openai
```

파이썬 코드에서 openai 라이브러리를 이용하려면 다음 예제와 같이 `import openai`를 실행해 openai 라이브러리를 임포트하고 `openai.api_key`에 OpenAI의 API 키를 지정합니다.

```
In :  import openai # openai 라이브러리 임포트

      openai.api_key = "your_api_key" # OpenAI API의 API 키 지정
```

`OPENAI_API_KEY` 환경 변수에 OpenAI의 API 키를 설정했다면 다음과 같이 실행해 `openai.api_key`에 OpenAI API 키를 지정합니다.

```
In :  import openai
      import os

      # API 키 설정
      openai.api_key = os.environ["OPENAI_API_KEY"]
```

아래는 openai 라이브러리를 임포트하고, `openai.api_key`에 OpenAI의 API 키를 설정한 후에 OpenAI API에서 지원하는 인공지능 모델 리스트를 요청해 가져오는 코드입니다.

```
In :  import openai
      import os

      # API 키 설정
      openai.api_key = os.environ["OPENAI_API_KEY"]

      # 모든 OpenAP API의 모델 리스트를 요청해 가져오기
      models = openai.Model.list()

      # 가져온 모델 리스트 출력하기
      print(models["data"][0]['id']) # 모델 리스트 중 첫 번째 항목의 ID 출력
      # print(models["data"]) # 모델 리스트 전체 정보 출력
```

```
Out:  whisper-1
```

앞선 코드에서 자신의 API 키를 입력해 수행했을 때, 오류 없이 OpenAI API에서 지원하는 모델 정보를 가져온다면 openai 라이브러리가 잘 설치됐고 생성한 API 키가 인증된 것입니다. 만약 `Incorrect API key provided` 오류가 발생한다면 API 키를 다시 생성해 사용하세요.

앞선 코드에서 OpenAI의 API 키 설정을 위해 `'openai.api_key = os.environ["OPENAI_API_KEY"]'`를 실행했지만 openai 라이브러리 내부적으로 `'os.environ["OPENAI_API_KEY"]'`를 이용하기 때문에 `'openai.api_key'`에 API 키를 설정하는 코드는 없어도 됩니다.

이제 OpenAI API를 이용하기 위한 준비가 완료됐습니다. 앞으로는 openai 라이브러리를 이용해 OpenAI API를 활용하는 방법을 살펴보겠습니다.

6.4.2 Chat Completions API를 이용한 챗봇 만들기

OpenAI는 인공지능 채팅을 위한 Chat Completions API를 제공합니다. 이 Chat Completions API는 GPT-3.5, GPT-4와 같은 자연어 처리 모델을 기반으로 하며, 사용자의 입력에 대한 적절한 응답을 생성합니다. 이를 활용하면 대화형 애플리케이션, 챗봇, 질의응답 시스템 등에 대화 기능을 통합할 수 있고, 대화 시나리오에 따라 적절한 맥락 및 정보를 제공해 질문에 대한 응답을 얻을 수 있습니다.

OpenAI의 채팅을 위한 Chat Completions API 주소는 다음과 같습니다.

- Chat Completions API 주소(URL): https://api.openai.com/v1/chat/completions

다음은 Chat Completions API를 사용할 수 있는 openai 라이브러리의 `openai.ChatCompletion.create()` 함수의 사용법입니다.

```
# 챗 완성 요청
response = openai.ChatCompletion.create(
        model="gpt-3.5-turbo",       # 사용할 모델 선택
        messages=messages,           # 전달할 메시지 지정
        functions=functions,         # 함수 호출을 사용할 때 설명 지정
        function_call="auto"         # functions 옵션 사용할 때만 지정 가능
        max_tokens=정수(기본: 무한대) # 응답 최대 토큰 수 지정
        temperature=실수(기본: 1.0),  # 온도 설정 (0-2 사이의 값)
        n=정수(기본: 1),  # 생성할 완성의 개수 지정
        stop=None        # 완성을 중단할 문자나 문자열 지정(예: ".", "\n")
)
```

앞선 함수의 매개변수에 대한 설명은 다음과 같습니다. 매개변수 중 **model**과 **messages**는 필수 매개변수이고 나머지는 입력하지 않으면 기본값이 입력됩니다.

- model: 사용하려는 모델의 이름(id)을 지정합니다(예: model="gpt-3.5-turbo"). 지정할 수 있는 모델로는 gpt-3.5-turbo, gpt-3.5-turbo-16k, gpt-4, gpt-4-32k 등이 있습니다. 이 중 OpenAI에서 추천하는 모델은 gpt-3.5-turbo입니다. 이 책의 집필 시점에 gpt-4-32k 모델은 사용할 수 없지만 추후에 접근 권한이 제공될 예정입니다.

- messages: 대화의 메시지 리스트를 전달합니다. 메시지 리스트의 요소는 role(예: system, user, assistant, function), content(메시지의 내용), name(함수 이름으로 role이 function일 경우 필수)을 포함하는 딕셔너리여야 합니다. 일반적으로 대화는 system 메시지로 시작하며, 이는 인공지능(AI)에게 전달하려는 기본적인 지시 사항을 제공합니다. 그런 다음 user 및 assistant 메시지를 번갈아 사용하여 대화를 구성합니다. 대화의 메시지를 생성할 때 role에서 user 부분은 필수입니다.

- functions: 함수 호출을 사용할 때 모델이 JSON 입력을 생성할 수 있는 함수 관련 리스트를 전달합니다. 함수 관련 리스트의 요소는 name(호출 함수 이름), description(함수 설명), parameters(함수의 매개변수로 JSON 형식으로 표시)를 포함하는 딕셔너리여야 합니다. 여기서 name은 필수이며, 함수 이름은 영어 알파벳 대소문자(a-z, A-Z), 숫자(0-9), 밑줄 문자(_)와 대시(-) 기호만 사용할 수 있으며 최대 길이는 64입니다.

- function_call: 모델이 함수 호출에 응답하는 방식을 제어하는 데 사용합니다. functions 옵션을 지정했을 때만 사용할 수 있습니다. "none"은 함수를 호출하지 않고 최종 사용자에게 응답합니다. "auto"는 모델이 최종 사용자와 함수 호출 중 하나를 자동으로 선택합니다. name에 특정 함수를 지정하면 모델이 해당 함수를 강제로 호출합니다. 함수 호출을 이용하지 않으면 "none"이 기본값이고 함수 호출을 이용하면 "auto"가 기본값입니다.

- max_tokens: 생성되는 응답의 최대 토큰 수를 지정합니다(예: max_tokens = 1000). 모델에 따라 토큰 수는 정해져 있습니다. messages의 토큰 수와 응답 최대 토큰 수의 합이 최대 토큰(gpt-3.5-turbo 경우 4096)을 넘을 수 없습니다.

- temperature: 응답의 창의성에 영향을 주는 매개변수로, 0과 2 사이의 실숫값을 지정합니다 (예: temperature=0.8). 높은 값(예: 0.8)은 더 다양하고 창의적인 응답을 생성하는 반면, 낮은 값(예: 0.2)은 더 보수적이고 일관된 응답을 생성합니다. (참고: 1 보다 큰 값을 지정해도 되지만 2에 가까운 값을 지정할수록 엉뚱한 응답을 할 가능성이 증가합니다.)

- n: 각 입력 메시지에 대해 생성할 응답 개수 지정합니다 (예: n = 1).

앞선 매개변수 중 **messages**는 대화의 메시지를 전달하는 데 사용됩니다. 각 메시지는 딕셔너리 형태로 제공됩니다. 메시지 딕셔너리는 다음 두 개의 키를 포함해야 합니다.

- role: 메시지의 역할을 나타내며, system, user, assistant, function 중 하나의 값을 가집니다.

  - system: Chat Completions API의 인공지능(AI)에게 전달할 초기 지시사항이나 정보를 제공하는 메시지입니다. 일반적으로 대화의 시작 부분에 사용됩니다.

  - user: 사용자의 질문이나 메시지를 나타냅니다. 이것은 인공지능이 응답해야 할 입력입니다.

  - assistant: 인공지능 조력자의 이전 응답을 나타냅니다. 이를 사용하면 여러 라운드의 대화에서 인공지능이 이전 응답을 기억하게 할 수 있습니다.

  - function: 함수 호출을 이용할 때 지정합니다.

- content: 메시지의 내용을 나타내는 문자열입니다. 이것은 각 역할에 따라 다양한 정보를 전달할 수 있습니다.

다음은 messages 변수에 입력한 내용의 예입니다. 먼저 role에 system이나 assistant 없이 user만 있는 경우입니다. 간단한 질문의 경우는 아래와 같이 role에 user만 있어도 원하는 결과를 가져올 수 있습니다.

```
messages = [
    {"role": "user", "content": "대한민국의 수도는 어디인가요?"}
]
```

다음은 role에 system을 지정하고 역할을 설정하는 예입니다. 설정한 역할에 따라 응답이 달라질 수 있습니다. 하지만 보통은 "You are a helpful assistant."라고 입력합니다.

```
messages = [
    {"role": "system", "content": "You are a helpful assistant."},
    {"role": "user", "content": "오늘 하루 일정을 작성해 주세요."}
]
```

이어서 role에 assistant를 추가해 인공지능 조력자의 이전 응답을 전달하는 예입니다. 이렇게 하면 인공지능이 이전 응답을 기억해 이를 기반으로 질문에 대한 응답을 생성합니다.

```
messages = [
    {"role": "system", "content": "You are a helpful assistant."},
    {"role": "user", "content": "대한민국의 수도는 어디인가요?"},
    {"role": "assistant", "content": "대한민국의 수도는 서울입니다."},
    {"role": "user", "content": "이곳의 인구는 얼마나 되나요?"}
]
```

이번에는 함수 호출을 사용하기 위해 messages 변수에 입력한 내용의 예입니다. role에는 function을, name에는 함수 이름을, content에는 함수 호출 결과를 지정합니다. 함수 호출을 위한 messages를 전달하면 함수 호출 결과를 기반으로 질문에 대한 응답을 생성합니다.

```
messages = [
    {
        "role": "function",
        "name": function_name, # 호출할 함수 이름 지정
        "content": function_response, # 함수 호출 결과를 지정
    }
]
```

반환 결과인 response는 응답 객체로 응답에 관한 다양한 정보를 담고 있습니다. 응답 결과의 role은 assistant이고, 함수 호출을 이용하지 않을 때는 content에 응답 내용이 있습니다. 응답 내용의 텍스트만 추출하고 싶다면 response.choices[k].message['content']를 이용해 k 번째 응답 텍스트를 가져올 수 있습니다. 여기서 k는 0부터 시작합니다. 함수 호출을 이용할 때, content에는 null이 들어가고 function_call에는 name과 arguments가 들어갑니다. 여기서 name에는 함수 이름 정보를 담고 있고, arguments에는 함수의 매개변수 정보를 담고 있습니다.

다음은 앞에서 살펴본 openai.ChatCompletion.create() 함수를 이용해 챗 완성에 질의를 하고 응답받는 예입니다.

```
In :   import openai

       # 대화 메시지 정의
       messages = [
           {"role": "user", "content": "대한민국의 수도는 어디인가요?"}
       ]

       # Chat Completions API 호출
       response = openai.ChatCompletion.create(
                   model="gpt-3.5-turbo", # 모든 사용자 설정 가능
                   # model="gpt-3.5-turbo-16k", # gpt-3.5-turbo 대비 4배 긴 토큰 처리
                   # model="gpt-4", # GPT-4 모델 사용
                   messages=messages,     # 전달할 메시지 지정
                   max_tokens=1000,       # 응답 최대 토큰 수 지정
                   temperature=0.8,       # 완성의 다양성을 조절하는 온도 설정
                   n=1                    # 생성할 완성의 개수 지정
```

```
)

# 응답 출력
assistant_reply = response.choices[0].message['content'] # 첫 번째 응답 결과 가져오기
print(assistant_reply)
```
Out: 대한민국의 수도는 서울입니다.

출력 결과를 보면 질문에 대한 응답이 잘 온 것을 볼 수 있습니다. 앞선 코드에서는 전달할 메시지 변수 **messages**에는 role에 필수인 user만 지정했습니다.

> 참고
> **OpenAI API 사용 시 유의점**
>
> openai 라이브러리를 이용해 작성한 코드를 실행하면 OpenAI API 문제로 가끔 오류가 발생합니다. 이 경우 대부분 코드를 다시 실행하면 오류 없이 수행됩니다. 실행 중 오류가 발생하는 예외에 대비해 try ~ except 문을 이용하면 좀 더 안정적인 코드를 작성할 수 있습니다.

OpenAI의 API 요청에 대한 응답은 JSON 형식입니다. 이를 확인하기 위해 앞에서 수행한 코드에서 **response**를 출력해 보겠습니다.

In :   response
Out: <OpenAIObject chat.completion id=chatcmpl-74V5L1Bh2Sg7GLsfHxUNYHRwQNTXL at 0x20029803040>
```
JSON: {
  "choices": [
    {
      "finish_reason": "stop",
      "index": 0,
      "message": {
        "content": "\ub300\ud55c\ubbfc\uad6d\uc758 \uc218\ub3c4\ub294 \uc11c\uc6b8 \uc785\ub2c8\ub2e4.",
        "role": "assistant"
      }
    }
  ],
  "created": 1681307159,
  "id": "chatcmpl-74V5L1Bh2Sg7GLsfHxUNYHRwQNTXL",
  "model": "gpt-3.5-turbo-0301",
  "object": "chat.completion",
  "usage": {
```

```
        "completion_tokens": 16,
        "prompt_tokens": 25,
        "total_tokens": 41
    }
}
```

위와 같은 JSON 형식의 응답에서 content에 있는 내용을 얻으려면 response.choices[0].message['content']와 같이 수행합니다. 위의 response 출력 결과에서는 content의 내용이 유니코드로 출력돼 알아보지 못하지만, 내용이 있다면 정상적으로 가져온 것입니다. 앞의 코드에서 'n=1'로 지정했기 때문에 응답이 하나만 왔습니다. 만약 'n=2'로 지정했다면 두 개의 응답이 오고 이는 각각 response.choices[0].message['content']와 response.choices[1].message['content']를 이용해 각각 가져올 수 있습니다. 응답 결과는 같을 수도 있고 다를 수도 있습니다. 위의 출력 결과를 보면 응답 message의 role은 assistant인 것을 확인할 수 있습니다.

만약 응답 결과(response)에서 message의 content의 한글 내용을 제대로 보이도록 하고 싶다면 다음과 같이 5장에서 살펴본 json.dumps()를 사용하면 됩니다.

```
In :    message = response.choices[0].message
        json.dumps(message, ensure_ascii=False)

Out:    '{"role": "assistant", "content": "대한민국의 수도는 서울입니다."}'
```

다음은 n=2로 지정해 두 개의 응답을 가져오는 예입니다.

```
In :    # 대화 메시지 정의
        messages = [
            {"role": "user", "content": "한글은 언제 만들어졌나요?"}
        ]

        # Chat Completions API 호출
        response = openai.ChatCompletion.create(
                    model="gpt-3.5-turbo",
                    messages=messages,
                    max_tokens=1000,
                    temperature=0.8,
                    n=2
        )
```

```
print("응답 개수:", len(response.choices)) # 응답 개수 출력
```

Out: 응답 개수: 2

이제 가져온 결과를 출력해 확인해 보겠습니다.

In :
```
print("[응답 0]", response.choices[0].message['content'])
print("[응답 1]", response.choices[1].message['content'])
```

Out: [응답 0] 한글은 1443년에 세종대왕이 창제하여 만들어졌습니다.
[응답 1] 한글은 1443년에 세종대왕이 발명하였습니다.

출력 결과를 보면 두 개의 응답 결과가 조금 다른 것을 볼 수 있습니다. OpenAI의 Chat Completions API의 응답은 때때로 올바르지 않은 경우가 있으니 잘 확인하고 이용해야 합니다.

다음은 앞에서 만든 코드를 이용해 만든 질문에 응답하는 함수입니다. 이 함수의 인자로는 질문(user_content), 응답 개수(r_num)가 있습니다.

In :
```
import openai

def response_from_ChatAI(user_content, r_num=1):

    # 대화 메시지 정의
    messages = [ {"role": "user", "content": user_content} ]

    # Chat Completions API 호출
    response = openai.ChatCompletion.create(
                model="gpt-3.5-turbo",
                messages=messages,
                max_tokens=1000,
                temperature=0.8,
                n=r_num
    )

    # 응답을 리스트에 할당
    assistant_replies = []

    for choice in response.choices:
```

```
        assistant_replies.append(choice.message['content'])

    return assistant_replies # 응답 반환
```

위 response_from_ChatAI() 함수의 user_content에 질의할 내용을 입력합니다. r_num은 응답 개수로, 지정하지 않으면 1이 지정되며 r_num의 개수에 맞게 응답을 반환합니다.

다음은 위의 함수를 호출하는 예입니다. r_num을 지정하지 않았으므로 1개의 응답을 반환합니다.

```
In :  resp = response_from_ChatAI("대한민국 헌법 제1조 1항은?")
      resp
```

Out: ['"대한민국은 민주공화국이다."']

이번에는 r_num을 2로 지정해 response_from_ChatAI() 함수를 호출해 보겠습니다. 출력한 내용이 길어서 textwrap 모듈의 shorten()을 이용해 응답 내용을 축약했습니다.

```
In :  import textwrap

      resps = response_from_ChatAI("ChatGPT는 무엇인가요?", 2) # 두 개의 응답 설정

      for resp in resps:
          shorten_resp = textwrap.shorten(resp, 100, placeholder=' [..이하 생략..]')
          print(shorten_resp) # 축약 내용 출력
          print() # 빈 줄 하나를 출력
```

Out: ChatGPT는 인공지능 챗봇으로, 사용자와 대화를 하면서 다양한 질문과 답변을 제공합니다. ChatGPT는 OpenAI가 개발한 GPT 모델을 기반으로 [..이하 생략..]

      ChatGPT는 인공지능 채팅 로봇입니다. ChatGPT는 사용자와 대화를 나누며, 사용자의 질문에 대답하고 다양한 주제에 대해 이야기합니다. ChatGPT는 [..이하 생략..]

위의 출력 결과를 보면 설정한 대로 두 개의 응답이 온 것을 볼 수 있습니다. 응답 내용을 보면 서로 약간씩 다른데 이렇게 여러 개의 응답을 받고 마음에 드는 것을 선택할 수도 있습니다.

Chat Completions API의 GPT 모델을 이용하면 요구 사항에 맞게 코드도 만들어 줍니다. 다음은 간단한 파이썬 코드를 요청하고 응답받는 예를 살펴보겠습니다.

```
In :   resps = response_from_ChatAI("두 숫자를 입력받아 더하는 파이썬 함수 만들어 줘")
       print(resps[0])
```

Out: 아래는 두 숫자를 입력받아 더하는 파이썬 함수입니다.

```python
def add_numbers(num1, num2):
    return num1 + num2
```

이 함수를 사용하려면, 아래와 같이 두 숫자를 인자로 전달해줍니다.

```python
result = add_numbers(3, 5)
print(result) # 8 출력
```

출력된 결과를 보면 파이썬 코드를 작성한 것을 볼 수 있습니다. 어떤 경우 코드에 주석까지 포함해 코드를 이해하기 쉽게 설명하기도 합니다. 여기서는 아주 간단한 파이썬 코드를 요청했지만, 다소 복잡한 코드도 잘 생성해 줍니다. 물론 이렇게 만들어진 파이썬 코드가 잘 수행된다는 보장이 없기 때문에 반드시 확인 과정을 거쳐야 합니다.

다음은 지속적으로 질문하고 응답받을 수 있는 인공지능 챗봇을 만들어 보겠습니다. 이를 위한 코드는 다음과 같습니다. 여기서 messages 내용의 role에 assistant를 추가해 인공지능 조력자의 이전 응답을 전달하도록 했습니다.

```
In :   import openai
       import os

       openai.api_key = os.environ["OPENAI_API_KEY"] # API 키 설정

       user_input = input("AI와 채팅할 내용을 입력하세요 (종료하려면 end를 입력하세요) \n[나]:")

       messages = [{"role": "system", "content": "You are a helpful assistant."}]

       ai_message = ""
       while(user_input !="end"):
           message = [{"role": "assistant", "content": ai_message},
```

```
                    {"role": "user", "content": user_input}]
        messages.extend(message)

        response = openai.ChatCompletion.create(
            model="gpt-3.5-turbo",
            messages=messages,
            max_tokens=1000,
            temperature=0.9,
            n=1)

        ai_message = response.choices[0].message['content']
        print(f"[AI]\n{ai_message}")
        user_input = input("\n[나]:")

if(user_input == "end"):
    print("AI와 채팅을 종료합니다.")
```

Out: AI와 채팅할 내용을 입력하세요 (종료하려면 end를 입력하세요)

[나]:ChatGPT는 무엇인가요?

[AI]

ChatGPT는 인공지능 채팅 봇입니다. 이 봇은 인공지능을 이용하여 자연어 처리를 수행하며, 다양한 주제에 대해 대화할 수 있습니다. ChatGPT는 질문에 대답하고 이야기하며, 사용자에게 도움이 될 수 있는 정보를 제공합니다. 이 봇은 온라인 상에서 많은 사람들에게 사용되며, 자동응답 시스템이 필요한 다양한 분야에서 활용됩니다.

[나]:위의 내용을 간단히 정리해 주세요.

[AI]

ChatGPT는 인공지능 채팅 봇으로, 사용자와 자연어를 이용하여 대화를 할 수 있습니다. 이 봇은 온라인 상에서 다양한 분야에서 사용됩니다.

[나]:end

AI와 채팅을 종료합니다.

위 코드에서 messages.extend(message)를 이용해 사용자(user)와 조력자(assistant)의 대화 내용을 모두 저장하고 전달하기 때문에 이전 질문과 응답 이력을 갖고 현재 질문에 응답합니다. 따라서 위 예제에서 "위의 내용을 간단히 정리해 주세요."와 같이 질문하면 바로 이전 응답을 기반으로 답변하는 것을 확인할 수 있습니다.

지금까지 OpenAI의 Chat Completions API를 이용해 챗봇을 만드는 방법을 알아봤습니다. 챗봇에게 다양하게 질문하면서 원하는 응답이 오는지 확인해 보세요.

6.4.3 Chat Completions API를 이용한 함수 호출

이번에는 Chat Completions API를 이용해 함수를 호출하는 방법을 알아보겠습니다. OpenAI는 2023년 6월에 Chat Completions API에 함수 호출(function calling) 기능을 추가했습니다. Chat Completions API에서 gpt-3.5-turbo와 gpt-4 모델을 이용해 함수 이름과 매개변수가 포함된 JSON 객체를 생성할 수 있습니다. 이를 통해 Chat Completions API의 결과를 외부 도구나 API와 보다 안정적으로 연결할 수 있습니다.

OpenAI의 블로그에서 소개한 함수 호출의 예를 살펴보면 다음과 같습니다.

- 요청: "서울의 날씨 어때?"

- 호출 함수: get_current_weather(location, unit)

- 응답: "서울의 날씨는 맑고 온도는 섭씨 32도입니다."

호출 함수는 내부 함수일 수도 있고, 웹 API를 이용하는 함수일 수도 있으며, 데이터베이스와 연결된 함수일 수도 있습니다.

Chat Completions API에서 함수 호출은 다음과 같은 단계로 수행합니다.

- 1단계: 사용자 입력과 함수 정보를 Chat Completions API 모델로 보내기

- 2단계: 모델이 사용자의 입력에 따라 함수 호출을 위한 응답(JSON 객체)이나 일반 응답을 생성

- 3단계: 함수 호출을 위한 응답일 경우 JSON 객체의 구문을 분석하고, 인수가 있는 경우 인수를 사용해 함수를 호출

- 4단계: 함수 호출 결과를 기존 메시지에 추가해 Chat Completions API 모델로 다시 보내고 응답 결과를 사용자에게 표시

위 과정의 '1단계'에서 사용자 입력이 함수 호출과 관련 있으면 '2단계'의 응답에 `function_call`이 포함되며, 이후 '3단계'와 '4단계'를 진행합니다. 만약 '1단계'에서 사용자 입력이 함수 호출과 관련 없으면 '2단계'의 응답에 `function_call`이 포함되지 않으며, '3단계'와 '4단계'는 진행하지 않습니다.

다음은 Chat Completions API를 이용해 함수 호출을 위한 응답을 생성하는 간단한 예제('1단계'와 '2단계' 수행)입니다. 아래의 `get_price_info_temp()` 함수는 호출할 함수이고, `run_conversation_temp()` 함수는 Chat Completions API에 사용자 입력과 함수 정보를 보내는 함수입니다. `run_conversation_temp()` 함수를 실행하면 Chat Completions API의 응답 결과를 반환합니다.

```
In : import openai
     import json

     # 호출 함수
     def get_price_info_temp(product_name):

         price_info = {
             "product_name": product_name,
             "price": "10,000"
         }

         return json.dumps(price_info) # JSON 형식으로 변환해 반환

     # Chat Completions API에 사용자 입력과 함수 정보를 보내는 함수
     def run_conversation_temp(user_query):
         # 사용자 입력
         messages = [{"role": "user", "content": user_query}]

         # 함수 정보 입력
         functions = [
             {
                 "name": "get_price_info_temp",
                 "description": "제품 이름에 따른 가격 가져오기",
                 "parameters": {
                     "type": "object",
                     "properties": {
                         "product_name": {
                             "type": "string",
                             "description": "제품 이름. 예를 들면, 키보드, 마우스",
                         },
                     },
                     "required": ["product_name"],
                 },
```

```
            }
        ]
        # 1단계: 사용자 입력과 함수 정보를 Chat Completions API 모델로 보내기
        response = openai.ChatCompletion.create( # Chat Completions API 모델로 보내기
                model="gpt-3.5-turbo",
                # model="gpt-4",
                messages=messages,
                functions=functions,
                function_call="auto"
        )
        # 2단계: 응답 생성
        response_message = response["choices"][0]["message"] # 응답 메시지

        return response_message # 응답 메시지 반환
```

위 run_conversation_temp() 함수에 대한 설명은 다음과 같습니다.

- messages에는 사용자가 입력하는 요청 내용(user_query)이 들어갑니다.

- functions에는 JSON 형식으로 호출할 함수의 설명을 입력합니다. functions에 입력하는 함수의 설명 항목으로 name, description, parameters가 들어갑니다. 여기서 parameters의 type에는 object를 지정하고, properties에는 함수의 매개변수에 대한 설명을 지정하며, required에는 필수 매개변수를 리스트로 지정합니다.

앞에서 만든 get_price_info_temp() 함수는 제품 이름을 입력하면 가격을 반환하는 함수입니다. 따라서 run_conversation_temp(user_query) 함수의 user_query에 제품 가격을 물어보면 get_price_info_temp() 함수 호출을 위한 응답을 반환하고, 제품 가격과 관련 없는 질문을 하면 함수 호출을 위한 응답 대신 질문에 대한 응답을 반환합니다.

먼저 제품 가격을 물어보는 질문이 아닌 다른 질문을 입력해 보겠습니다.

```
In :    response_message = run_conversation_temp("대한민국의 수도는 어디인가요?")
        json.dumps(response_message, ensure_ascii=False)
```

Out: '{"role": "assistant", "content": "대한민국의 수도는 서울입니다."}'

위의 출력 결과를 보면 제품 가격과 상관없는 질문에는 함수 호출과 관련된 응답을 하지 않고, 질의 내용에 관한 응답을 합니다.

다음은 제품의 가격을 묻는 질문을 해보겠습니다.

```
In :  user_query = "키보드의 가격은 얼마인가요?"
      response_message = run_conversation_temp(user_query)
      json.dumps(response_message, ensure_ascii=False)
```

```
Out:  '{"role": "assistant", "content": null, "function_call": {"name": "get_price_info_temp",
      "arguments": "{\\n  \\"product_name\\": \\"키보드\\"\\n}"}}'
```

```
In :  user_query = "마우스는 얼마인가요?"
      response_message = run_conversation_temp(user_query)
      json.dumps(response_message, ensure_ascii=False)
```

```
Out:  '{"role": "assistant", "content": null, "function_call": {"name": "get_price_info_temp",
      "arguments": "{\\n  \\"product_name\\": \\"마우스\\"\\n}"}}'
```

위 출력 결과를 보면 content에는 null이 들어가 있고 function_call에 함수 이름(name)과 인수 (arguments)가 들어있는 것을 확인할 수 있습니다. 위 반환 결과(response_message)에서 function_ call의 내용만 추출하려면 다음과 같이 실행합니다.

```
In :  response_message["function_call"] # response_message.get("function_call") 도 가능
```

```
Out:  <OpenAIObject at 0x2a2d2ae6de0> JSON: {
        "arguments": "{\n  \"product_name\": \"\ub9c8\uc6b0\uc2a4\"\n}",
        "name": "get_price_info_temp"
      }
```

위의 결과에서 호출하려는 함수의 이름을 추출하려면 다음과 같이 이용합니다.

```
In :  response_message["function_call"]["name"]
```

```
Out:  'get_price_info_temp'
```

함수의 인수 정보를 추출하려면 다음과 같이 json.loads()를 이용합니다.

```
In :  json.loads(response_message["function_call"]["arguments"])
```

```
Out:  {'product_name': '마우스'}
```

마지막으로 함수에 실제로 입력될 인수는 매개변수 이름을 이용해 다음과 같이 추출합니다.

```
In : json.loads(response_message["function_call"]["arguments"])["product_name"]
```

```
Out: '마우스'
```

앞에서 OpenAI의 Chat Completions API를 이용해 함수 호출을 위한 응답을 생성하는 예('1단계'와 '2단계' 수행)를 살펴봤습니다. 이제 앞에서 만든 run_conversation_temp() 함수를 '1단계'에서 '4단계'까지 모두 수행하도록 수정해 run_conversation() 함수를 만들겠습니다. 또한 get_price_info_temp() 함수도 몇 가지 가격 정보를 포함하도록 수정해 get_price_info() 함수로 만들겠습니다.

```
In : import openai
     import json

     # 호출 함수
     def get_price_info(product_name):
         # 가격 정보
         product_price = {"키보드": "3만원", "마우스": "2만원", "모니터": "30만원"}

         prince = product_price.get(product_name) # 제품 이름을 입력해 가격 가져오기
         if prince == None: # 제품 가격이 없을 경우
             prince = "해당 상품은 가격 정보가 없습니다."

         price_info = {
             "product_name": product_name,
             "price": prince
         }

         return json.dumps(price_info)

     # Chat Completions API를 이용해 사용자 입력에 따라 함수를 호출하고 응답하는 함수
     def run_conversation(user_query):
         # 사용자 입력
         messages = [{"role": "user", "content": user_query}]

         # 함수 정보 입력
         functions = [
             {
                 "name": "get_price_info",
                 "description": "제품 이름에 따른 가격 가져오기",
```

```python
        "parameters": {
            "type": "object",
            "properties": {
                "product_name": {
                    "type": "string",
                    "description": "제품 이름. 예를 들면, 키보드, 마우스",
                },
            },
            "required": ["product_name"],
        },
    }
]
# 1단계: 사용자 입력과 함수 정보를 Chat Completions API 모델로 보내기
response = openai.ChatCompletion.create( # Chat Completions API 모델로 보내기
        model="gpt-3.5-turbo",
        # model="gpt-4",

        messages=messages,
        functions=functions,
        function_call="auto"
)
# 2단계: 응답 생성
response_message = response["choices"][0]["message"] # 모델의 응답 메시지

if response_message.get("function_call"): # 응답이 함수 호출인지 확인하기
    # 3단계: JSON 객체를 분석해 함수 이름과 인수를 추출한 후에 함수 호출
    # (주의: JSON 응답이 항상 유효하지 않을 수 있음)

    # 함수 이름 추출
    function_name = response_message["function_call"]["name"]
    # 함수 호출을 위한 인수 추출
    function_args = json.loads(response_message["function_call"]["arguments"])

    # 함수 호출 및 반환 결과 받기
    function_response = get_price_info(
        product_name=function_args.get("product_name") # 인수 지정
    )
```

```python
    # 4단계: 함수 호출 결과를 기존 메시지에 추가하고,
    #        Chat Completions API 모델로 보내 응답받기

    # 함수 호출 결과를 기존 메시지에 추가하기
    messages.append(response_message)        # 기존 messages에 조력자 응답 추가
    messages.append(                         # 함수와 함수 호출 결과 추가
        {
            "role": "function",              # role: function으로 지정
            "name": function_name,           # name: 호출할 함수 이름 지정
            "content": function_response,    # content: 함수 호출 결과 지정
        }
    )
    # 함수 호출 결과를 추가한 메시지를 Chat Completions API 모델로 보내 응답받기
    second_response = openai.ChatCompletion.create(
        model="gpt-3.5-turbo",
        # model="gpt-4",

        messages=messages,
    )
    return second_response # 두 번째 응답 반환

    return response_message # 응답 메시지 반환
```

위 코드의 run_conversation() 함수에서 '2단계' 응답 메시지(response_message)에 function_call 이 포함돼 있으면 함수 호출 관련 코드를 처리하고 그렇지 않으면 바로 응답 메시지를 반환합니다. 응답 메시지(response_message)에 function_call이 포함돼 있으면 response_message["function_call"]에서 함수 이름과 인수를 추출하고 추출한 인수를 이용해 함수를 호출합니다. 즉, get_price_info() 함수를 호출할 때 인수로 function_args.get("product_name")를 입력했는데, 이것은 Chat Completions API의 응답 메시지(response_message)로부터 추출한 값입니다. 함수를 호출해 얻은 결과는 기본 메시지에 추가해 다시 Chat Completions API로 전달해 응답받습니다('4단계').

다음은 앞에서 만든 run_conversation() 함수를 호출하는 예입니다. get_price_info() 함수에 가격 정보가 있는 제품과 가격 정보가 없는 제품의 가격을 물어보겠습니다.

```
In :  user_query = "마우스는 얼마인가요?" # 가격 정보 있음
      response = run_conversation(user_query)
      json.dumps(response, ensure_ascii=False)

Out:  '{"id": "chatcmpl-7UbxpKKGZRdvX9TIRDMQGYPyFQsNX", "object": "chat.completion",
      "created": 1687530129, "model": "gpt-3.5-turbo-0613", "choices": [{"index": 0, "message":
      {"role": "assistant", "content": "마우스는 보통 20,000원 정도에 구매할 수 있습니다."},
      "finish_reason": "stop"}], "usage": {"prompt_tokens": 83, "completion_tokens": 24,
      "total_tokens": 107}}'
```

위의 출력 결과에서 content에 있는 내용을 보면 가격 정보를 포함한 응답이 있습니다. 출력 결과를 보면 get_price_info() 함수에 있는 가격 정보를 기반으로 가격을 알려주는 문장을 생성하는 것을 볼 수 있습니다.

다음은 가격 정보만 출력하기 위해 response["choices"][0]["message"]["content"]를 수행한 결과입니다.

```
In :  user_query = "모니터는 얼마인가요?" # 가격 정보 있음
      response = run_conversation(user_query)
      response["choices"][0]["message"]["content"]

Out:  '모니터의 가격은 약 30만 원정도입니다.'
```

get_price_info() 함수에 가격 정보가 없는 제품의 가격을 문의했을 때의 결과를 살펴보겠습니다.

```
In :  user_query = "HDD는 얼마인가요?" # 가격 정보 없음
      response = run_conversation(user_query)
      response["choices"][0]["message"]["content"]

Out:  '죄송하지만 HDD의 가격은 정보가 없습니다.'
```

위 출력 결과처럼 제품 가격이 없는 경우는 제품의 가격 정보가 없다고 나옵니다.

이번에는 Chat Completions API를 이용해 함수 호출 기능을 이용하는 방법을 살펴봤습니다. 여기서는 샘플로 만든 함수를 호출하는 예제를 살펴봤는데, 이를 응용해 기기나 앱을 제어하는 함수나 외부 웹 API를 활용하는 함수를 호출하는 데 활용하면 다양한 애플리케이션을 개발할 수 있을 것입니다.

6.4.4 Image API를 이용한 이미지 생성

OpenAI에서는 DALL·E 모델(현재 모델은 DALL·E 2)을 사용해 이미지를 생성할 수 있는 Image API도 제공합니다. 이 API는 세 가지 방법으로 이미지를 생성할 수 있습니다. 이미지 생성 방법에 대한 설명과 OpenAI의 Image API 주소, 이를 위한 openai 라이브러리 함수는 다음과 같습니다.

- **텍스트 기반 이미지 생성**: 텍스트 설명만으로 새로운 이미지를 생성합니다. 생성할 이미지를 설명하는 텍스트만 필요합니다.
  - 이미지 생성 API의 주소(URL): `https://api.openai.com/v1/images/generations`
  - openai 라이브러리의 함수: `openai.Image.create()`

- **이미지 편집 생성**: 제공한 원본 이미지의 특정 마스크 영역을 생성합니다. 텍스트 설명을 기반으로 마스크 영역을 채울 부분 이미지를 생성합니다. 편집할 원본 이미지와 마스크 이미지, 그리고 생성할 부분 이미지를 설명하는 텍스트가 필요합니다. 이것은 전체 이미지에서 특정 영역만 변경하고 싶을 때 유용합니다.
  - 이미지 편집 생성 API의 주소(URL): `https://api.openai.com/v1/images/edits`
  - openai 라이브러리의 함수: `openai.Image.create_edit()`

- **이미지 변형 생성**: 제공한 원본 이미지를 변형해 이미지를 생성합니다. 변형할 원본 이미지만 필요합니다. 이것은 원본 이미지의 전체적인 분위기는 유지하면서 변형된 이미지를 생성하고자 할 때 유용합니다.
  - 이미지 변형 생성 API의 주소(URL): `https://api.openai.com/v1/images/variations`
  - openai 라이브러리의 함수: `openai.Image.create_variation()`

다음은 이미지 생성을 위해 사용하는 openai 라이브러리의 `openai.Image.create()`, `openai.Image.create_edit()`, `openai.Image.create_variation()` 함수의 사용법입니다.

```python
# 이미지 생성 요청: 생성할 이미지를 설명하는 텍스트 필요
response = openai.Image.create(
          prompt="이미지_설명",    # 생성할 이미지를 위한 설명 문자열
          n=이미지_개수(기본: 1), # 생성할 이미지 개수 지정
          size=이미지사이즈(기본:"1024x1024") # 생성할 이미지의 크기 지정
)

# 이미지 편집 생성 요청: 원본 이미지와 마스크 이미지, 부분 이미지를 설명하는 텍스트 필요
response = openai.Image.create_edit(
          image=open("원본_이미지_파일", "rb"),
```

```
              mask=open("마스크_이미지_파일", "rb"),
              prompt="이미지_설명",    # 생성할 부분 이미지를 위한 설명 문자열
              n=이미지_개수(기본: 1), # 생성할 이미지 개수 지정
              size=이미지사이즈(기본:"1024x1024") # 생성할 이미지의 크기 지정
)

# 이미지 변형 생성 요청: 변형할 원본 이미지만 필요
response = openai.Image.create_variation(
              image=open("원본_이미지_파일", "rb"),
              n=이미지_개수(기본: 1), # 생성할 이미지 개수 지정
              size=이미지사이즈(기본:"1024x1024") # 생성할 이미지의 크기 지정
)
```

위 함수의 매개변수에 대한 설명은 다음과 같습니다. 매개변수 중 prompt는 필수 매개변수이고 나머지는 입력하지 않으면 기본값이 입력됩니다.

- prompt: 생성할 이미지를 위한 설명 문자열을 지정합니다. 문자열의 최대 길이는 공백을 포함해 1,000자입니다. 텍스트 설명을 입력할 때는 간단한 텍스트보다 구체적인 묘사를 담은 텍스트를 입력하면 자신이 원하는 결과와 좀 더 가까운 이미지를 생성할 수 있습니다. 텍스트를 입력할 때 영어로 입력해야 올바른 이미지를 생성합니다.

- image: 편집에 사용할 원본 이미지 데이터를 지정합니다. 원본_이미지_파일의 파일 형식은 PNG이고, 파일 사이즈는 4MB 미만이며, 가로와 세로의 비가 같은 정사각형이어야 합니다.

- mask: 편집에 사용할 특정 영역을 마스크한 이미지 데이터를 지정합니다. 마스크_이미지_파일의 마스크 영역은 투명해야 합니다. 이미지 파일 형식은 PNG이고, 파일 사이즈는 4MB 미만이며, 가로와 세로의 길이는 원본 이미지와 같아야 합니다. 마스크 이미지를 생성하기 위해 전문적인 이미지 프로그램을 사용해도 되고 'DALL-E 2 Image Mask Editor'(https://ai-image-editor.netlify.app/)를 이용해도 됩니다. 'DALL-E 2 Image Mask Editor'는 원본 이미지를 업로드한 후에 지우고 싶은 부분을 마우스로 지우고 나서 마스크 이미지를 다운로드하면 되는데 이때 이미지 사이즈가 864x864로 변경되기 때문에 마스크 이미지와 함께 업로드한 원본 이미지도 다운로드해서 이용해야 합니다.

- n: 각 입력 메시지에 대해 생성할 이미지의 개수를 지정합니다 (예: n=1).

- size: 생성할 이미지의 크기를 지정합니다. 256x256, 512x512, 1024x1024 중 하나를 지정합니다 (예: size="512x512").

응답 response에는 생성한 이미지의 주소(URL)가 포함되어 있습니다. 이 URL을 이용해 이미지를 내려받을 수 있습니다. 생성한 이미지 URL은 2시간까지 유효합니다. 따라서 생성한 이미지를 활용하려면 다운로드하는 것을 권장합니다. 생성한 이미지는 PNG 형식으로 확장자는 png입니다.

참고
---- DALL · E 2 프롬프트 책 ---------------------------------------

DALL · E에 프롬프트로 어떠한 텍스트를 입력했을 때 어떠한 그림이 생성됐는지를 보여주는 DALL · E 2 프롬프트 책이 있습니다. DALL · E 2 프롬프트 책(https://dallery.gallery/the-dalle-2-prompt-book/)은 웹 사이트에서도 볼 수 있고 PDF 파일을 내려받아 볼 수 있습니다.

다음은 앞에서 살펴본 openai.Image.create() 함수를 이용해 텍스트를 기반으로 이미지를 생성하는 예입니다.

```
In :    import openai

        response = openai.Image.create(
                    prompt="Happy robots playing in the playground",
                    n=1,
                    size="512x512" # 이미지 크기를 512 x 512로 지정
        )

        image_url = response['data'][0]['url']
        print(image_url) # 이미지 URL 전체 표시
```

```
Out:    https://oaidalleapiprodscus.blob.core.windows.net/private/org-yf7xbrgSBDhoX6SC8oWj8FnW/
        user-gBSS03tHL3p7ZeZmhjg0O4MS/img-jM6V8xJZNQc1N4OJdQ9U3HU5.png?st=2023-05-
        31T08%3A48%3A38Z&se=2023-05-31T10%3A48%3A38Z&sp=r&sv=2021-08-06&sr=b&rscd=inline&rsct=image/
        png&skoid=6aaadede-4fb3-4698-a8f6-684d7786b067&sktid=a48cca56-e6da-484e-a814-
        9c849652bcb3&skt=2023-05-30T20%3A22%3A18Z&ske=2023-05-31T20%3A22%3A18Z&sks=b&skv=2021-08-
        06&sig=dGlCN0jprEetklCA1CJmMB/2a37VZ9EYd7K8Za8bQXo%3D
```

위에서 출력된 URL을 복사해 웹 브라우저에 붙여 넣기 하면 생성한 이미지를 볼 수 있습니다. 또한 아래처럼 IPython.display의 Image()와 display() 함수를 이용하면 주피터 노트북에서 바로 이미지를 볼 수 있습니다. 이때 format='png' 옵션을 지정해야 합니다.

```
In :   from IPython.display import Image, display

       display(Image(image_url, format="png")) # 이미지 링크 표시
```

Out:

만약 원하는 이미지가 나오지 않았다면 위 코드를 여러 번 수행해 원하는 이미지를 선택하면 됩니다. 또는 다음과 같이 'openai.Image.create()' 함수의 n에 2 이상의 값을 지정해 여러 이미지를 생성할 수도 있습니다. 아래 코드에서는 생성한 이미지의 URL을 이용해 이미지를 화면에 표시했습니다.

```
In :   import openai
       from IPython.display import Image, display

       response = openai.Image.create(
                   prompt="Happy robots playing in the playground",
                   n=2,
                   size="512x512"   # 이미지 크기를 512 x 512로 지정
       )

       for data in response['data']:
           image_url = data['url']      # 이미지 URL 추출
           print(image_url[:170])       # 이미지 URL 일부 표시
           # print(image_url)           # 이미지 URL 전체 표시

           display(Image(image_url, format='png')) # 이미지를 화면에 표시
```

Out: https://oaidalleapiprodscus.blob.core.windows.net/private/org-yf7xbrgSBDhoX6SC8oWj8FnW/
user-gBSS03tHL3p7ZeZmhjg0O4MS/img-1ExWOQvmFDPEHIRUwNFEdRii.png?st=2023-05-31T08%3A5

https://oaidalleapiprodscus.blob.core.windows.net/private/org-yf7xbrgSBDhoX6SC8oWj8FnW/
user-gBSS03tHL3p7ZeZmhjg0O4MS/img-kBeWAHpxXp1DHxkO6PTf7LVt.png?st=2023-05-31T08%3A5

이제 생성한 이미지 링크를 이용해 이미지를 다운로드해 보겠습니다. 다운로드할 이미지 파일의 이름을 임의로 지정해도 되지만 여기서는 생성한 이미지 링크에서 PNG 형식의 이미지 파일 이름을 추출하겠습니다. 다음은 이미지 링크에서 이미지 파일 이름을 추출하는 코드입니다.

```
In : image_url.split("?")[0].split("/")[-1]
```

Out: 'img-kBeWAHpxXp1DHxkO6PTf7LVt.png'

출력 결과를 보면 이미지 링크에서 이미지 파일 이름만 추출한 것을 볼 수 있습니다.

다음은 생성한 이미지를 내려받는 코드를 작성하겠습니다. 이를 위해 먼저 다음과 같이 이미지를 내려받을 폴더를 생성합니다.

```
In :   from pathlib import Path

       # 디렉터리 경로를 입력해 path 객체를 생성
       dir_path = Path('C:/myPyAI/data/download') # 내려받을 폴더 생성

       # 디렉터리가 없다면 생성
       dir_path.mkdir(parents=True, exist_ok=True)

       # 생성한 디렉터리의 존재 여부 확인
       print("{0} 디렉터리의 존재 여부: {1}".format(dir_path, dir_path.exists()))
```

Out: C:\myPyAI\data\download 디렉터리의 존재 여부: True

생성한 이미지 링크와 추출한 이미지 파일 이름을 이용해 지정한 다운로드 폴더에 생성한 모든 이미지
를 내려받는 코드는 다음과 같습니다.

```
In :   import requests

       for data in response['data']:
           image_url = data['url'] # 이미지 URL 추출

           download_holder = "C:/myPyAI/data/download/"          # 다운로드 폴더 지정
           image_filenme = image_url.split("?")[0].split("/")[-1] # 이미지 파일 이름 추출
           image_path = download_holder + image_filenme         # 다운로드 파일의 경로 생성
           print("이미지 파일 경로:", image_path)

           r = requests.get(image_url)       # 이미지 URL을 이용해 이미지 가져오기
           with open(image_path, 'wb') as f: # 가져온 이미지를 바이너리 파일로 저장
               f.write(r.content)
```

Out: 이미지 파일 경로: C:/myPyAI/data/download/img-1ExWOQvmFDPEHIRUwNFEdRii.png
       이미지 파일 경로: C:/myPyAI/data/download/img-kBeWAHpxXp1DHxkO6PTf7LVt.png

이번에는 앞에서 살펴본 openai.Image.create_edit() 함수를 이용해 원본 이미지를 편집하는 예
제입니다. 이를 위해서는 원본 이미지와 마스크 이미지가 필요한데, 원본 이미지는 openai.Image.
create() 함수를 이용해 생성했고, 특정 영역을 투명하게 한 마스크 이미지는 'DALL-E 2 Image
Mask Editor'를 이용해 만들었습니다. 원본 이미지와 마스크 이미지 파일은 모두 'C:\myPyAI\data'
폴더에 있습니다.

```
In :    import openai
        from IPython.display import Image, display

        org_image_file = "C:/myPyAI/data/org_image_for_edit.png"   # 원본 이미지
        mask_image_file = "C:/myPyAI/data/mask_image_for_edit.png" # 마스크 이미지

        # 이미지 편집 생성
        response = openai.Image.create_edit(
                    image=open(org_image_file, "rb"),
                    mask=open(mask_image_file, "rb"),
                    prompt="Happy robots swimming in the water",
                    n=1, # 생성할 이미지 개수 지정
                    size="256x256" # 생성할 이미지의 크기 지정
        )

        image_url = response['data'][0]['url'] # 생성 이미지 URL

        print("[원본 이미지]")
        display(Image(org_image_file, format='png', width=256, height=256)) # 이미지를 화면에 표시
        print("[마스크 이미지]")
        display(Image(mask_image_file, format='png', width=256, height=256)) # 이미지를 화면에 표시
        print("[생성 이미지]")
        display(Image(image_url, format='png')) # 이미지를 화면에 표시
```

Out: [원본 이미지]

앞의 코드를 실행해 생성한 이미지를 보면 마스크 영역에 prompt에 지정한 설명의 이미지가 생성된 것을 볼 수 있습니다. 이처럼 이미지 편집 생성 방법은 전체 이미지에서 특정 부분만 변경하고자 할 때 주로 사용합니다.

마지막으로 앞에서 살펴본 openai.Image.create_variation() 함수를 이용해 원본 이미지를 변형하는 예제입니다. 원본 이미지는 무료 이미지를 획득할 수 있는 픽사베이(https://pixabay.com/)에서 가져왔습니다. 원본 이미지 파일은 'C:\myPyAI\data' 폴더에 있습니다.

```
In :  import openai
      from IPython.display import Image, display

      org_image_file = "C:/myPyAI/data/org_image_for_variation.png" # 원본 이미지

      # 이미지 변형 생성
      response = openai.Image.create_variation(
                  image=open(org_image_file, "rb"),
                  n=1, # 생성할 이미지 개수 지정
                  size="256x256" # 생성할 이미지의 크기 지정
      )

      image_url = response['data'][0]['url']

      print("[원본 이미지]")
      display(Image(org_image_file, format='png', width=256, height=256)) # 이미지를 화면에 표시
      print("[생성 이미지]")
      display(Image(image_url, format='png')) # 이미지를 화면에 표시
```

Out: [원본 이미지]

[생성 이미지]

앞선 코드의 실행으로 생성된 이미지를 보면 원본 이미지와 유사하지만 약간 변형된 이미지가 생성된 것을 볼 수 있습니다. 이미지 변형 생성 방법은 원본 이미지의 분위기는 유지하면서 안의 내용을 약간 변형하고자 할 때 주로 사용합니다.

6.4.5 Audio API를 이용한 음성 추출

OpenAI의 API에는 Whisper 모델을 사용해 비디오 혹은 오디오 파일에서 음성을 텍스트로 추출하는 Audio API도 있습니다. 이 API를 이용하면 대화 인터페이스, 자막 생성, 음성 명령 인식 등 다양한 응용 분야에 활용할 수 있습니다.

OpenAI의 음성 추출과 음성 추출 후 영어 번역을 위한 Audio API 주소는 다음과 같습니다.

- **음성 추출 API 주소(URL)**: https://api.openai.com/v1/audio/transcriptions
- **음성 추출 후 영어 번역 API 주소(URL)**: https://api.openai.com/v1/audio/translations

다음은 음성 추출 API와 음성 추출 후 영어로 번역하는 API를 사용할 수 있는 openai 라이브러리의 openai.Audio.transcribe() 함수와 openai.Audio.translate() 함수의 사용법입니다.

```
response = openai.Audio.transcribe(
        file=file,
        model="whisper-1",
        response_format=추출형식(기본: json),
        language=입력오디오언어
)

response = openai.Audio.translate(
        file=file,
        model="whisper-1",
        response_format=추출형식(기본: json),
        language=입력오디오언어
)
```

위 함수의 매개변수에 대한 설명은 다음과 같습니다. 매개변수 중 file과 model은 필수 매개변수이고 나머지는 입력하지 않으면 기본값이 입력됩니다.

- file: 음성을 추출할 오디오 혹은 비디오 파일을 지정합니다. 파일의 경로를 바로 지정하는 것이 아니라 open(file_path, "rb")을 이용해 file_path 경로에서 바이너리 형식으로 읽은 파일을 지정합니다(예: file=open("test.mp3", "rb")). 파일의 크기는 현재 25MB로 제한되며, 지원하는 확장자 형식은 mp3, mp4, mpeg, mpga, m4a, wav, webm입니다.

- model: 사용하려는 모델의 이름(id)을 지정합니다. 현재는 whisper-1 모델만 지원합니다(예: model="whisper-1").

- response_format: 출력할 텍스트 형식을 지정합니다(예: response_format="srt"). 지원하는 형식은 text, srt, vtt, json, verbose_json입니다. 지정하지 않으면 json이 지정됩니다.

- language: 자동으로 언어를 감지하지만 정확도 향상을 위해 입력 오디오 언어 코드를 지정할 수 있습니다(예: language="ko"). 입력 오디오 언어 코드는 ISO-639-1 형식(https://en.wikipedia.org/wiki/List_of_ ISO_639-1_codes)으로 지정합니다. 현재 지원하는 언어는 다음과 같습니다.

  - 지원 언어: Afrikaans, Arabic, Armenian, Azerbaijani, Belarusian, Bosnian, Bulgarian, Catalan, Chinese, Croatian, Czech, Danish, Dutch, English, Estonian, Finnish, French, Galician, German, Greek, Hebrew, Hindi, Hungarian, Icelandic, Indonesian, Italian, Japanese, Kannada, Kazakh, Korean, Latvian, Lithuanian, Macedonian, Malay, Marathi, Maori, Nepali, Norwegian, Persian, Polish, Portuguese, Romanian, Russian, Serbian, Slovak, Slovenian, Spanish, Swahili, Swedish, Tagalog, Tamil, Thai, Turkish, Ukrainian, Urdu, Vietnamese, and Welsh.

  - 언어 코드의 예: ko(한국어), en(영어), ja(일본어), zh(중국어), fr(프랑스어), de(독일어)

openai.Audio.transcribe() 함수는 음성에서 텍스트를 추출한 정보를 반환하고, openai.Audio. translate() 함수는 음성에서 텍스트로 추출해 번역한 정보를 반환합니다.

다음은 openai.Audio.transcribe() 함수를 이용해 오디오 파일에서 음성을 추출하는 예입니다[4].

---

4 예제에서 사용한 오디오 파일(서연의_하루_TTS_short.mp3)은 챗GPT를 활용해 생성한 텍스트를 TTS(Text To Speech) 프로그램을 이용해 오디오 파일로 변환한 파일입니다.

```
In :    import openai
        import os

        # 비디오, 오디오 파일 열기
        file_path = "C:/myPyAI/data/서연의_하루_TTS_short.mp3"

        audio_file = open(file_path, "rb")

        # API 키 설정
        openai.api_key = os.environ["OPENAI_API_KEY"]

        # 지정한 형식으로 음성 추출
        response = openai.Audio.transcribe(
                    model="whisper-1",
                    file=audio_file,
                    response_format="text" # text, srt 등 중 하나 선택
        )
        audio_file.close()
        print(response[:100]) # 일부 출력
        # print(response) # 전체 출력
```

Out: 서연은 서울에서 일하는 26살 여성 직장인이다. 그녀는 매일 아침 눈이 번쩍 뜨면서 하루가
        시작된다. 서연은 어린 시절부터 도시 생활에 익숙해져 있었지만, 사람들이 북적이는 도시에서

출력 결과를 보면 오디오 파일에서 음성을 잘 추출한 것을 볼 수 있습니다.

다음은 배경 음악[5]을 추가한 오디오 파일(서연의_하루_TTS_배경음악_short.mp3)에서 음성을 텍스트로 추출하는 예제입니다.

```
In :    # 비디오, 오디오 파일 열기
        file_path = "C:/myPyAI/data/서연의_하루_TTS_배경음악_short.mp3"
        audio_file = open(file_path, "rb")

        # 지정한 형식으로 음성 추출
        response = openai.Audio.transcribe(
```

---

5 공유 마당 저작권 위원회의 자유 이용 기증 콘텐츠(https://gongu.copyright.or.kr/gongu/wrt/wrt/view.do?wrtSn=13073793&menuNo=200020)에서 가져왔습니다.

```
            model="whisper-1",
            file=audio_file,
            response_format="text" # text, srt, vtt, json, verbose_json 중 하나 선택
)
audio_file.close()
print(response[:100]) # 일부 출력
# print(response) # 전체 출력
```

Out: 서연은 서울에서 일하는 26살 여성 직장인이다. 그녀는 매일 아침 눈이 번쩍 뜨면서 하루가
      시작된다. 서연은 어린 시절부터 도시 생활에 익숙해져 있었지만, 사람들이 북적이는 도시에서

출력 결과를 보면 배경 음악이 있는 상황에서도 음성만 잘 감지해 텍스트로 추출하는 것을 볼 수 있습니다. 위 코드에서 테스트로 사용한 오디오 파일을 자신이 갖고 있는 오디오 파일로 대체하고 파일 경로를 지정해 음성 추출이 잘 되는지 확인해 보세요. 참고로 배경 음악이 있는 음성뿐만 아니라 노랫말이 잘 들리는 가요의 경우도 음성 추출이 잘 됩니다.

다음은 openai.Audio.translate() 함수를 이용해 오디오 파일에서 음성을 추출해 영어로 번역하는 예입니다.

```
In :  file_path = "C:/myPyAI/data/서연의_하루_TTS_배경음악_short.mp3"
      audio_file = open(file_path, "rb")

      # 지정한 형식으로 음성 추출
      response = openai.Audio.translate(
              model="whisper-1",
              file=open(file_path, "rb"),
              response_format="text" # text, srt, vtt, json, verbose_json 중 하나 선택
      )
      audio_file.close()
      print(response[:100]) # 일부 출력
      # print(response) # 전체 출력
```

Out: Seo-yeon is a 26-year-old female office worker who works in Seoul. She wakes up every
      morning and st

출력 결과를 보면 오디오 파일에서 한국어 음성을 추출해 영어로 번역한 것을 볼 수 있습니다.

6.4.6 OpenAI 토큰 계산하기

앞에서 Completions API나 Chat Completions API를 이용할 때 OpenAI 모델별 최대 토큰이 있는 것을 확인했습니다. Completions API나 Chat Completions API를 사용할 때 입력하는 내용의 토큰의 수와 OpenAI가 출력하는 토큰 수의 합은 모델별 최대 토큰을 넘을 수 없습니다. 출력 토큰의 수 max_tokens에 응답 최대 토큰 수를 지정해 제한할 수 있지만, 입력 토큰의 수는 사용자가 알아서 제한된 값 이하로 입력해야 합니다. 입력 텍스트의 토큰과 출력 텍스트의 토큰의 합이 모델별 최대 토큰보다 크다면 오류가 발생합니다. 따라서 입력 데이터의 토큰의 수를 대략 예상할 수 있으면 입력 텍스트의 크기를 조절하거나 나눠서 입력할 수 있어 편리할 것입니다.

이를 위해 OpenAI는 입력 텍스트의 토큰 수를 알려주는 파이썬 라이브러리인 tiktoken을 제공합니다. 이 라이브러리는 주어진 텍스트 데이터에 대해 OpenAI의 모델에서 사용하는 토큰 수를 추정해 줍니다. tiktoken 라이브러리는 아나콘다 프롬프트에서 아래와 같이 설치합니다.

```
pip install tiktoken
```

다음은 tiktoken 라이브러리를 사용하여 텍스트를 인코딩하고, 인코딩된 텍스트의 토큰 개수를 추정하는 예제 코드입니다. 추정한 토큰 수는 주어진 텍스트 처리 작업의 복잡성을 추정하거나 사용자의 입력 제한, 텍스트 처리 비용 계산에 활용할 수 있습니다.

```
01: import tiktoken
02:
03: enc = tiktoken.get_encoding(인코딩이름) # 예) tiktoken.get_encoding("cl100k_base")
04:            혹은
05: enc = tiktoken.encoding_for_model(모델) # 예) tiktoken.encoding_for_model("gpt-3.5-turbo")
06:
07: encoded_list = enc.encode(text) # text를 인코딩한 결과로 리스트 생성
08: token_num = len(encoded_list) # 인코딩 리스트의 길이로 토큰 수 계산
```

01: tiktoken 라이브러리를 임포트합니다. 이 라이브러리를 사용하여 텍스트의 토큰 개수를 추정할 수 있습니다.

03: tiktoken의 get_encoding(인코딩이름) 함수를 사용해 인코딩 방식을 지정합니다. 이 인코딩 방식을 사용하여 텍스트를 인코딩합니다. 표 6-7처럼 사용하는 모델에 따라서 인코딩 방식이 달라집니다.

05: 사용하려는 모델의 인코딩 방식을 모른다면 tiktoken의 encoding_for_model(모델) 함수를 사용해 인코딩 방식을 지정할 수 있습니다. 입력한 모델에 따라서 인코딩 이름이 자동으로 지정됩니다.

07: enc.encode(text)는 앞에서 정의한 enc 인코딩 방식을 사용해 텍스트를 인코딩한 결과를 반환합니다. 인코딩된 텍스트는 토큰의 리스트로 표현되며, encoded_list 변수에 할당됩니다.

08: 리스트 변수 encoded_list의 길이(len)를 구해 토큰 개수를 계산합니다. 이렇게 계산된 토큰 개수는 token_num 변수에 할당됩니다.

표 6–7 tiktoken의 인코딩 이름과 모델

인코딩 이름	모델
cl100k_base	gpt-3.5-turbo, gpt-3.5-turbo-16k, gpt-4, gpt-4-32k, text-embedding-ada-002
p50k_base	Codex 모델, text-davinci-002, text-davinci-003

앞서 텍스트(text)를 'encoded_list = enc.encode(text)'를 이용해 인코딩했는데, 인코딩한 결과 (encoded_list)는 다음 코드를 이용해 다시 텍스트로 복원할 수 있습니다.

```
decoded_text = enc.decode(encoded_list) # 인코딩한 결과를 다시 텍스트로 복원
```

위 코드를 실행해 복원한 텍스트(decoded_text)는 인코딩하기 전의 원본 텍스트(text)와 같습니다.

다음은 tiktoken을 이용해 주어진 텍스트의 토큰 수를 추정하는 코드입니다.

```
In :  import tiktoken

      text = "tiktoken is great!" # 원본 텍스트
      enc = tiktoken.get_encoding("cl100k_base")
      # enc = tiktoken.encoding_for_model("gpt-3.5-turbo")

      encoded_list = enc.encode(text) # 텍스트 인코딩해 인코딩 리스트 생성
      token_num = len(encoded_list)   # 인코딩 리스트의 길이로 토큰 개수 계산
      decoded_text = enc.decode(encoded_list) # 인코딩 결과를 디코딩해서 텍스트 복원

      print("- 인코딩 결과:", encoded_list)
      print("- 토큰 개수:", token_num)
      print("- 디코딩 결과:", decoded_text)

Out:  - 인코딩 결과: [83, 1609, 5963, 374, 2294, 0]
      - 토큰 개수: 6
      - 디코딩 결과: tiktoken is great!
```

앞선 코드의 출력은 텍스트를 인코딩한 결과(encoded_list), 이를 기반으로 계산한 토큰 개수(token_num), 인코딩 결과를 다시 디코딩한 결과(decoded_text)를 보여줍니다. 디코딩 결과(decoded_text)를 보면 원래 텍스트(text)와 같은 것을 볼 수 있습니다. 앞의 코드에서 'tiktoken.get_encoding("cl100k_base")' 대신 'tiktoken.encoding_for_model("gpt-3.5-turbo")'를 이용해도 결과는 같습니다.

6.5 정리

이번 장에서는 OpenAI의 API를 이용하는 방법을 살펴봤습니다. 먼저 OpenAI의 API를 이용하기 위한 회원 가입 방법과 API 키 생성 방법을 알아봤습니다. 그다음 OpenAI API에서 사용하는 다양한 모델의 특징을 살펴보고 플레이그라운드에 대해 알아봤습니다. OpenAI 라이브러리를 이용해 챗 완성 API, 이미지 API, 오디오 API를 사용하는 방법을 상세히 알아봤습니다. 이번 장에서 살펴본 OpenAI API 사용법은 다른 장에서 설명하는 응용 프로젝트에 두루 활용될 것이니 잘 익혀두길 바랍니다.

CHAPTER

07

웹 콘텐츠를 요약하는
유니버설 서머라이저

현재 우리는 어느 때보다도 많은 정보에 노출돼 있습니다. 신문 기사 및 온라인 매체, 블로그, 소셜 미디어, 유튜브와 같은 비디오 공유 사이트 등에서는 지금 이 순간에도 엄청난 양의 정보가 쏟아지고 있습니다. 이러한 정보의 홍수 속에서 내가 원하는 중요한 내용을 찾는 것은 쉽지 않습니다. 이럴 때 요약 기능은 매우 유용합니다. 제대로 된 요약 정보는 긴 글을 읽는 시간을 단축할 수 있으며, 이를 통해 사용자들은 더 많은 정보를 빠르게 습득할 수 있습니다. 또한 복잡하거나 긴 글에서 핵심 내용을 추출해 주기 때문에 사용자들이 중요한 정보를 쉽게 파악할 수 있습니다.

이런 이유로 인공지능 기술을 활용해 콘텐츠를 요약하려는 시도는 다양하게 있습니다. 인공지능 기반 검색 서비스 Kagi는 다양한 형식(웹 페이지, PDF 파일, 유튜브 비디오, 팟캐스트 및 오디오)의 콘텐츠를 요약할 수 있는 서비스인 유니버설 서머라이저(Universal Summarizer)를 제공합니다. 이 책에서는 유니버설 서머라이저의 API를 이용해 웹 콘텐츠를 요약하는 방법을 살펴보겠습니다.

7.1 유니버설 서머라이저 소개 및 API 토큰 생성

유니버설 서머라이저를 처음 들어보는 분들을 위해 유니버설 서머라이저 API를 설명하기 전에 유니버설 서머라이저의 기능을 살펴보겠습니다. 우선 유니버설 서머라이저의 특징을 간단히 살펴보고, 회원 가입과 API 토큰 생성 후에 유니버설 서머라이저 웹 앱에서 요약하는 예를 살펴보겠습니다.

7.1.1 유니버설 서머라이저의 특징

유니버설 서머라이저는 다양한 웹 콘텐츠를 요약하는 서비스를 제공합니다. 즉, 콘텐츠의 주소(URL)만 입력하면 빠른 시간 안에 요약 결과를 보여줍니다. 이를 잘 활용하면 복잡한 문서, 동영상의 내용을 빠르게 이해할 수 있어 최근 기술 및 산업 동향, 선진 연구 흐름, 최신 뉴스를 신속하게 파악해야 하는 전문가들에게 큰 도움이 될 수 있습니다.

유니버설 서머라이저는 Kagi 검색 사용자들이 웹 애플리케이션(웹 앱)으로 사용하거나(무료 평가판 계정으로 체험 가능), API를 통해 접근할 수 있습니다. 요약을 지원하는 콘텐츠는 아래와 같습니다. 아래의 요약 지원 콘텐츠의 예는 유니버설 서머라이저 웹 앱에서 살펴볼 수 있습니다.

- 블로그, 인터넷 기사를 포함하는 웹 사이트 혹은 웹 페이지
- 웹 사이트에 올라온 PDF 문서(.pdf)
- 웹 사이트에 올라온 파워포인트 문서(.pptx)
- 웹 사이트에 올라온 오디오 혹은 팟캐스트(mp3, wav 형식)
- 유튜브 비디오(현재는 비디오 자막을 요약하고 있으나 추후 직접 음성 추출 후 요약 예정이라고 합니다.)
- 웹 사이트에 올라온 책
- 트위터 스레드(또는 트윗 스레드)

앞에서 살펴본 OpenAI의 챗GPT는 입력한 텍스트를 요약할 수 있지만, 유니버설 서머라이저처럼 URL을 지정해 최신 콘텐츠의 내용을 바로 요약할 수는 없습니다. 유니버설 서머라이저 API를 이용하면 URL을 입력하지 않고 텍스트를 바로 요약할 수도 있으며, 글자 수에 제약이 없습니다. 따라서 긴 글을 요약할 때는 글자 수 제약이 있는 OpenAI의 API를 이용하는 것보다 사용이 편리합니다. 또한 유니버설 서머라이저는 한번 요약한 URL의 내용은 저장해 두었다가 빠르게 보여주며, 이 경우 비용이 발생하지 않습니다. 이러한 이유로 빠르게 올라오는 인터넷 콘텐츠의 내용을 요약해 보고 싶다면 유니버설 서머라이저는 훌륭한 도구가 될 것입니다.

7.1.2 Kagi 회원 가입과 로그인

유니버설 서머라이저를 이용하려면 Kagi에 회원 가입을 해야 합니다. 회원 가입을 해야 Kagi 검색 서비스 및 유니버설 서머라이저의 요약 기능을 이용할 수 있습니다. 또한 유니버설 서머라이저 API를 이용하려면 API 토큰을 생성해야 합니다. 따라서 먼저 Kagi 회원 가입 방법을 살펴보고 이어서 API 토큰을 생성하는 방법을 살펴보겠습니다.

다음은 Kagi 회원 가입 절차입니다.

01. Kagi(https://kagi.com)를 방문해 [Sign up]을 클릭합니다(그림 7-1).

그림 7-1 Kagi 회원 가입

02. 플랜을 선택하는 단계입니다. Kagi 검색 회수에 따라 TRIAL, STANDARD, PROFESSIOANL, ULTIMATE 등 다양한 플랜이 있습니다. 무료 플랜인 TRIAL의 [Get started]를 클릭합니다(그림 7-2). 무료 플랜의 경우 Kagi 검색 100건, 유니버설 서머라이저 요약 10건으로 제약이 있지만 나중에 플랜을 변경할 수 있으므로 우선 무료 플랜을 선택하겠습니다. 여기서 선택하는 플랜은 Kagi 검색과 유니버설 서머라이저 웹 앱을 이용하기 위한 비용이고 Kagi API 사용을 위한 비용은 별도로 지불해야 합니다. 따라서 Kagi API만 이용할 계획이면 무료 플랜을 선택하는 것이 비용을 절약하는 방법입니다.

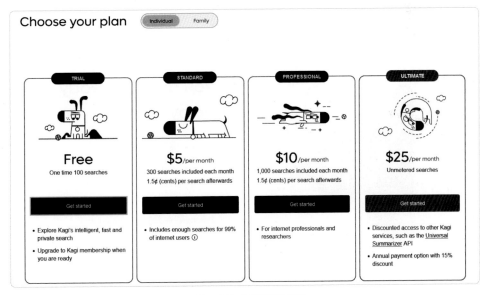

그림 7-2 Kagi 회원 가입 플랜

03. 회원 가입을 위해 이메일(Email) 주소와 패스워드(Password)를 직접 입력하고 [Create Trial Account]를 클릭하거나 애플, 구글, MS 계정을 선택합니다(그림 7-3).

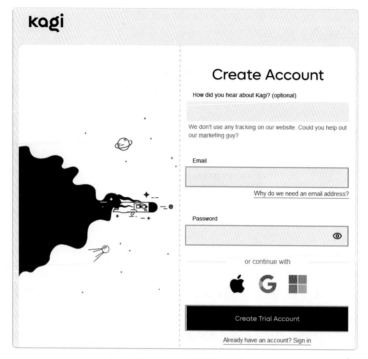

그림 7-3 Kagi 회원 정보 입력

04. 회원 가입이 완료됐습니다(그림 7-4). [Start searching] 버튼을 클릭하면 Kagi 검색 서비스(https://kagi.com)로 이동합니다.

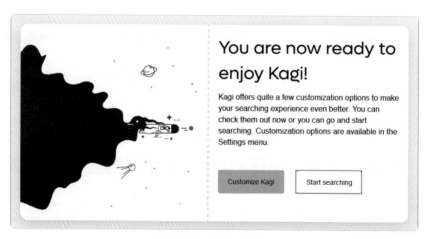

그림 7-4 Kagi 회원 가입 완료

이제 회원 가입이 완료됐습니다. 회원 가입이 완료되면 자동으로 로그인이 됩니다. 만약 로그아웃을 했다면 앞에서 생성한 계정으로 로그인합니다.

7.1.3 Kagi API 토큰 생성

지금까지 Kagi에 회원 가입하는 방법을 살펴봤습니다. Kagi 검색과 유니버설 서머라이저 웹 앱만을 이용한다면 여기까지만 진행하면 됩니다. 하지만 Kagi API를 이용하려면 추가 절차를 진행해야 합니다. 다음은 Kagi API를 이용하기 위한 절차입니다.

01. Kagi 웹 사이트(https://kagi.com)에 방문합니다. 이미 회원 가입을 했기 때문에 회원 가입 이전과 달리 검색할 수 있는 Kagi 검색 화면이 보입니다(그림 7-5).

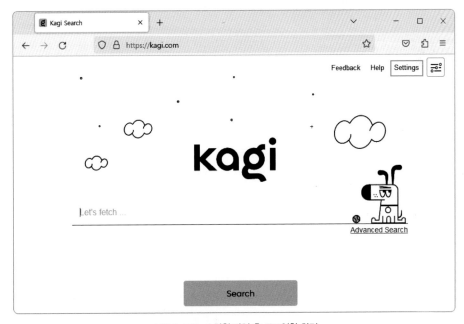

그림 7-5 Kagi 회원 가입 후 로그인한 화면

02. 웹 브라우저를 최대화한 후 Kagi 웹 사이트에서 오른쪽 위의 [Settings]를 클릭(그림 7-5)하면 다양한 설정을 할 수 있는 화면으로 이동합니다. 여기서 인터페이스 언어(Interface Language)를 한국어로 변경하고 싶다면 Korean을 선택하고 키보드 [F5] 키를 누릅니다(그림 7-6).

그림 7-6 Kagi 설정 화면

03. 상단 메뉴 중 [결제]를 클릭한 다음 위쪽에서 [API]를 클릭하면 API 사용을 위한 비용 지불 관리 화면이 나옵니다. API를 이용하려면 신용 카드로 비용을 지불해야 합니다. 한 달 동안 사용할 비용을 [Choose amount]에서 선택한 후에 [Pay] 버튼을 클릭합니다(그림 7-7).

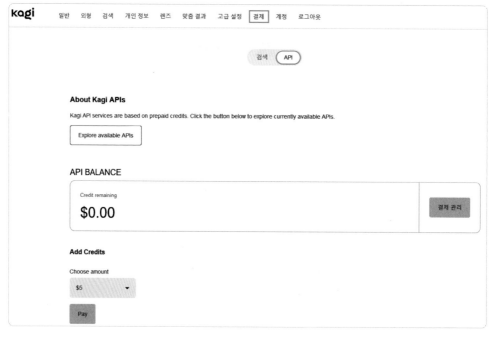

그림 7-7 Kagi 설정 화면에서 API 비용 지불 관리 선택

04. 선택한 비용 지불을 위해 신용 카드 정보를 입력하고 [결제] 버튼을 클릭합니다(그림 7-8).

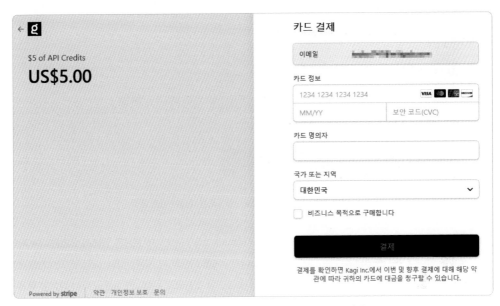

그림 7-8 API 사용 비용 지불을 위한 신용 카드 정보 입력

05. 상단의 메뉴에서 [고급 설정]을 클릭한 후 [API 포털 열기] 버튼을 클릭합니다(그림 7-9).

그림 7-9 [고급 설정] 메뉴 클릭 후 [API 포털 열기] 버튼 클릭

06. API 토큰 생성을 위해 [토큰 생성] 버튼 클릭합니다(그림 7-10). 생성한 토큰은 다른 사람에게 공유하면 안 됩니다. 공개되거나 유출되지 않도록 잘 관리하세요. 만약 유출됐다면 [토큰 생성] 버튼 클릭해 API 토큰을 다시 생성하세요.

그림 7-10 API 토큰 생성을 위해 [토큰 생성] 버튼 클릭

07. [토큰 복사] 버튼을 클릭해 생성한 API 토큰을 복사합니다(그림 7-11). API 토큰은 앞에서 설명한 API 키와 같은 역할을 합니다. 복사한 API 토큰은 유니버설 서머라이저 API를 이용할 때 사용합니다. 해당 웹 페이지를 벗어나면 다시 복사할 수 없으니 복사한 API 토큰을 잘 보관하세요. 만약 복사하지 못했다면 토큰을 다시 생성한 후에 복사하세요.

그림 7-11 [토큰 복사] 버튼을 클릭해 생성한 API 토큰을 복사

지금까지 Kagi에 회원 가입하고, Kagi API 토큰을 생성하는 방법을 살펴봤습니다.

> **참고 ── 환경 변수에 Kagi API 토큰 설정**
>
> 이전 장에서 환경 변수에 API 키를 설정했던 것처럼 방금 생성한 Kagi API 토큰도 이 책의 [부록]을 참조해 `KAGI_API_TOKEN` 환경 변수에 설정하세요.

7.1.4 유니버설 서머라이저 웹 앱 둘러보기

유니버설 서머라이저 API를 살펴보기 전에 유니버설 서머라이저 웹 앱을 통해 유니버설 서머라이저의 기능을 간단하게 둘러보겠습니다. 이를 위해 먼저 앞에서 살펴본 Kagi에 회원 가입하는 절차를 통해 회원 가입을 진행한 후 Kagi(https://kagi.com)에 로그인합니다. 이어서 유니버설 서머라이저 웹 페이지(https://kagi.com/summarizer)를 방문하면 요약해 주는 화면이 보입니다(그림 7-12).

URL을 입력란에 요약하고자 하는 콘텐츠의 URL을 입력하고 요약 타입(Summary Type)과 출력 언어(Output Language)를 선택한 후에 [Summarize] 버튼을 클릭하면 선택한 언어로 요약 결과를 얻을 수 있습니다.

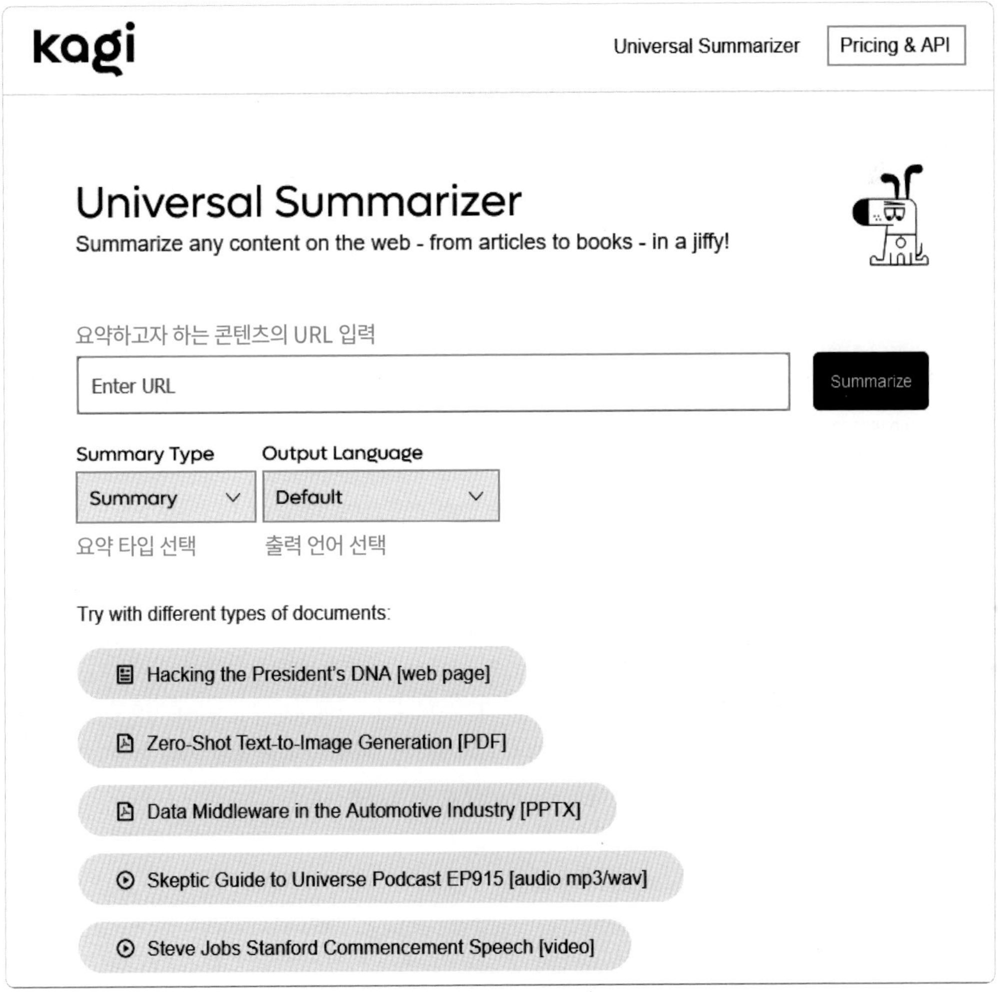

그림 7-12 유니버설 서머라이저 웹 앱 화면

유니버설 서머라이저 웹 앱은 그림 7-12와 같이 다양한 형태의 콘텐츠에 대해 요약하는 예제를 제공합니다. 여러 예제 중 PDF 문서를 요약하는 예제를 선택 후 [Summarize] 버튼을 클릭하면 그림 7-13과 같이 PDF 문서를 요약한 결과를 보여줍니다.

그림 7-13 유니버설 서머라이저 웹 앱에서 PDF 문서를 요약한 예

입력한 콘텐츠에 대해 출력 언어를 자신이 원하는 언어로 선택한 후 [Summarize] 버튼을 클릭하면 선택한 언어로 요약한 결과를 출력합니다.

영어뿐만 아니라 한국어로 작성된 콘텐츠도 요약할 수 있습니다. 그림 7-14는 한국어로 작성된 기사[1]를 요약한 결과의 일부를 보여줍니다. 목록 형식으로 요약하기 위해 요약 타입을 'Key Moments'로 선택하고, 한국어로 출력하기 위해 출력 언어를 Korean으로 선택했습니다.

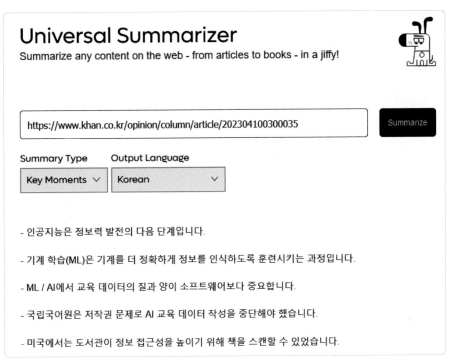

그림 7-14 유니버설 서머라이저 웹 앱에서 한국어로 기사를 요약한 예

유니버설 서머라이저 웹 페이지에서 오른쪽 위에 있는 [Pricing & API] 메뉴를 클릭하면 API 이용 비용에 대한 정보가 나옵니다. 1000 토큰(약 750단어)에 $0.03이 나가는 것을 볼 수 있습니다. 한 번 요약했던 URL은 요약 내용이 저장돼 있기 때문에 다시 요약해도 비용이 발생하지 않습니다.

7.2 유니버설 서머라이저 API 사용하기

앞에서는 유니버설 서머라이저 웹 앱을 이용해 웹 콘텐츠를 요약하는 방법을 살펴봤습니다. 이제 유니버설 서머라이저 API 이용해 콘텐츠를 요약하는 방법을 알아보겠습니다. 먼저 콘텐츠를 요약하기 위해 API를 이용하는 방법을 살펴보겠습니다. 그다음 API를 활용해 다양한 인터넷 콘텐츠와 텍스트 내용을 요약하는 예제를 살펴보겠습니다.

7.2.1 콘텐츠 요약을 위한 API 이용 방법

유니버설 서머라이저 API에 대한 사용법은 API 설명 문서(https://help.kagi.com/kagi/api/summarizer.html)를 참고하면 됩니다. 이 문서를 바탕으로 콘텐츠 요약을 요청하는 방법과 응답 형식을 정리하면 다음과 같습니다.

- 요청 주소(URL)
  - 콘텐츠 요약을 위한 요청 주소: https://kagi.com/api/v0/summarize
  - 요청 방법: GET 혹은 POST 메서드로 요청

- 헤더
  - Authorization: Bot {KAGI_API_TOKEN}

- 요청 변수: 표 7-1 참고
  - url과 text는 둘 중 하나만 사용합니다.
  - engine에는 cecil, agnes, daphne, muriel가 있습니다. 각 특징은 아래와 같습니다.
    - cecil(기본): 친근하고 설명적이며 빠른 요약
    - agnes: 공식적이고 기술적이며 분석적 요약
    - daphne: 비공식적이고 창의적이며 친근한 요약
    - muriel: 엔터프라이즈급 모델을 사용한 동급 최강의 요약
  - summary_type에는 summary와 takeaway가 있습니다. 각 특징은 아래와 같습니다.
    - summary(기본): 원본 내용을 기본 형식으로 요약
    - takeaway: 핵심 내용을 목록 형식으로 요약
  - target_language에는 요약할 언어의 코드를 지정합니다. 지정하지 않으면 기본값은 영어입니다.
    - 요약 언어 코드 정보: https://help.kagi.com/kagi/api/summarizer.html#target-language-codes 참조
    - 요약 언어 코드의 예: KO(한국어), EN(영어), JA(일본어), ZH(중국어 간자체), FR(프랑스어), DE(독일어)

표 7-1 유니버설 서머라이저 API의 요청 변수

이름	타입	설명	필수 여부
url	URL	요약할 URL 주소	O
text	문자열	요약할 문자열	O
engine	문자열	요약에 사용할 머신러닝 엔진	X
summary_type	문자열	요약 타입	X
target_language	문자열	요약 후 출력할 언어	X

- **요청 예**: 파이썬의 Requests 라이브러리를 이용해 요약을 요청하는 몇 가지 샘플 코드는 다음과 같습니다.

- 전달할 매개변수를 URL에 포함해 전달하는 방법(GET 메서드)

```python
import requests

url = "https://kagi.com/api/v0/summarize?url=https://www.youtube.com/watch?v=BmYv8XGl-YU"
headers = {"Authorization": "Bot " + KAGI_API_TOKEN}
r = requests.get(url, headers=headers)
```

- 전달할 매개변수를 params를 이용해 전달하는 방법(GET 메서드)

```python
import requests

api_url = "https://kagi.com/api/v0/summarize"
headers = {"Authorization": "Bot " + KAGI_API_TOKEN}
parameters = {"url":"https://www.youtube.com/watch?v=BmYv8XGl-YU"}
r = requests.get(api_url, headers=headers, params=parameters)
```

- 전달할 매개변수를 data를 이용해 전달하는 방법(POST 메서드)

```python
import requests

api_url = "https://kagi.com/api/v0/summarize"
headers = {"Authorization": "Bot " + KAGI_API_TOKEN}
data = {"text":text_data}
r = requests.post(api_url, headers=headers, data=data)
```

- 요청할 데이터가 URL 정보이면 GET 메서드도 가능하지만, 길이가 긴 문자열이면 POST 메서드를 이용해 요청해야 합니다.

- **응답 결과 형식**
  - JSON 형식으로 요약 객체를 가져옵니다. meta(부가 정보), data(요약 정보), error(오류 정보) 등이 있습니다.

  - JSON 응답의 data 안에는 output과 tokens가 있습니다. 각 항목에 들어있는 정보는 다음과 같습니다.

    - output: 요약 내용의 문자열

    - tokens: 사용한 토큰의 개수

  - JSON 응답의 error[0] 안에는 code와 msg가 있습니다. 각 항목에 들어있는 정보는 다음과 같습니다.

    - code: 오류 코드

    - msg: 오류에 대한 설명 문자열

Kagi의 경우 아직 사용할 만한 파이썬 라이브러리가 없습니다. 따라서 Requests 라이브러리를 이용해 직접 Kagi API에 요청하고 응답 결과를 처리해야 합니다.

7.2.2 URL 입력을 통한 웹 콘텐츠 요약

앞에서 유니버설 서머라이저의 API 사용법과 요청하는 샘플 코드를 살펴봤습니다. 이제 실제로 URL 을 입력해 요약하는 예를 살펴보겠습니다. 다음은 파이썬 Requests 라이브러리를 이용해 유니버설 서 머라이저의 API에 유튜브 링크를 지정해 요약을 요청하는 예입니다.

```
In :  import requests
      import os

      KAGI_API_TOKEN = os.environ["KAGI_API_TOKEN"] # Kagi API 키

      contents_url = "https://www.youtube.com/watch?v=BmYv8XGl-YU"
      url = f"https://kagi.com/api/v0/summarize?url={contents_url}" # 전달할 매개변수를 URL에 포함
      headers = {"Authorization": "Bot " + KAGI_API_TOKEN}

      r = requests.get(url, headers=headers)
      r
```

```
Out:  <Response [200]>
```

위 코드를 실행해서 위와 같이 <Response [200]>이 나오면 요청에 대한 응답이 잘 온 것입니다. 만약 <Response [200]>이 출력되지 않으면 API 토큰과 코드 내용을 확인하세요. API 토큰이 맞다면 잠시 후에 다시 시도해 보세요.

이제 응답 결과(r)를 이용해 요약 내용을 가져오겠습니다. 응답 형식은 JSON이므로 r.json()을 이용하면 JSON 형태의 데이터를 파이썬의 딕셔너리 타입으로 변환할 수 있습니다. 다음은 r.json()으로 출력한 결과입니다.

```
In :  r.json()

Out:  {'meta': {'id': 'b7328ab7-cbec-44b3-a750-9e454d536663',
        'node': 'asia-southeast1',
        'ms': 0},
       'data': {'output': 'Mark Zuckerberg encourages the Harvard graduates to create a world
       where everyone has a sense of purpose. He suggests taking on meaningful projects together,
       redefining equality so everyone has the freedom to pursue purpose, and building communities
       across the world. He shares stories of students he has mentored who are already working to
       make a positive impact despite obstacles. He concludes by telling the graduates that if
       these students can do their part to move the world forward, then the graduates owe it to
       the world to do their part too.',
        'tokens': 0}}
```

위의 출력 결과를 보면 JSON 형식의 응답 결과를 볼 수 있습니다. 이 응답에서 순차적으로 **data** 키와 **output** 키를 이용해 다음과 같이 요약 내용 문자열을 가져올 수 있습니다.

```
In :  summary = r.json()['data']['output'] # 요약 내용을 별도의 변수에 할당
      summary

Out:  'Mark Zuckerberg encourages the Harvard graduates to create a world where everyone has a
      sense of purpose. He suggests taking on meaningful projects together, redefining equality
      so everyone has the freedom to pursue purpose, and building communities across the world.
      He shares stories of students he has mentored who are already working to make a positive
      impact despite obstacles. He concludes by telling the graduates that if these students
      can do their part to move the world forward, then the graduates owe it to the world to do
      their part too.'
```

앞의 코드에서는 요약을 요청할 콘텐츠의 URL을 변수 **url**에 포함했지만, 다음과 같이 **requests.get()**의 매개변수인 **params**에 필요한 내용을 전달하는 방법을 이용할 수도 있습니다. 다음은 이를 위한 코드입니다. 요약 내용을 다 출력하기에는 지면을 너무 많이 차지하기 때문에 이제 필요할 때 말고는 요약 내용을 축약해 출력하겠습니다.

```
In :  import requests
      import os
      import textwrap

      KAGI_API_TOKEN = os.environ["KAGI_API_TOKEN"] # Kagi API 키

      api_url = "https://kagi.com/api/v0/summarize"
      contents_url = "https://www.youtube.com/watch?v=BmYv8XGl-YU"
      headers = {"Authorization": "Bot " + KAGI_API_TOKEN}
      parameters = {"url":contents_url}

      r = requests.get(api_url, headers=headers, params=parameters)

      summary = r.json()['data']['output'] # 요약 내용을 별도의 변수에 할당

      shorten_summary = textwrap.shorten(summary, 150, placeholder=' [..이하 생략..]')

      print("- 요약 내용(축약):", shorten_summary) # 요약 내용(축약) 출력
      # print("- 요약 내용:", summary) # 요약 내용(전체) 출력
```

Out: - 요약 내용(축약): Mark Zuckerberg encourages the Harvard graduates to create a world where
      everyone has a sense of purpose. He suggests taking on meaningful [..이하 생략..]

유니버설 서머라이저의 요약 서비스는 지원하는 언어로 다양하게 출력할 수 있습니다. 다음은 매개변수에 "target_language":"KO"를 지정해 요약 결과를 한국어로 지정하는 코드입니다.

```
In :  api_url = "https://kagi.com/api/v0/summarize"
      contents_url = "https://www.khan.co.kr/culture/culture-general/article/202212310830021"
      headers = {"Authorization": "Bot " + KAGI_API_TOKEN}
      parameters = {"url":contents_url, "target_language":"KO"}

      r = requests.get(api_url, headers=headers, params=parameters)

      summary = r.json()['data']['output'] # 요약 내용을 별도의 변수에 할당

      shorten_summary = textwrap.shorten(summary, 150, placeholder=' [..이하 생략..]')

      print("- 요약 내용(축약):", shorten_summary) # 요약 내용(축약) 출력
      # print("- 요약 내용:", summary) # 요약 내용(전체) 출력
```

Out: - 요약 내용(축약): 오픈AI가 개발한 인공지능 언어 모델인 챗GPT는 인간과 유사한 텍스트를
      생성하는 능력으로 폭발적인 인기를 얻고 있다. 챗GPT는 이야기를 쓰고 번역하며 코딩할 수 있지만,
      오용으로 인한 오류와 사용자의 글쓰기 능력 하락 우려가 있다. 챗GPT는 [..이하 생략..]

유니버설 서머라이저의 요약을 위한 엔진은 몇 가지가 있습니다. 각 엔진마다 요약 속도와 성능, 분위기가 약간씩 다릅니다. 엔진을 지정하지 않으면 기본적으로 cecil 엔진이 지정됩니다. 다음은 앞에서 수행한 코드에서 엔진만 변경해 가면서 요약 결과를 살펴보겠습니다.

```
In :   engines = ["cecil", "agnes", "daphne", "muriel"] # 엔진 전체

       api_url = "https://kagi.com/api/v0/summarize"
       contents_url = "https://www.khan.co.kr/culture/culture-general/article/202212310830021"
       headers = {"Authorization": "Bot " + KAGI_API_TOKEN}

       for engine in engines:
           parameters = {"url":contents_url, "engine":engine, "target_language":"KO"}

           r = requests.get(api_url, headers=headers, params=parameters)

           summary = r.json()['data']['output'] # 요약 내용을 별도의 변수에 할당

           shorten_summary = textwrap.shorten(summary, 150, placeholder=' [..이하 생략..]')

           print("[요약 엔진]", engine)
           print("- 요약 내용(축약):", shorten_summary) # 요약 내용(축약) 출력
           # print("- 요약 내용:", summary) # 요약 내용(전체) 출력
```

Out: [요약 엔진] cecil
       - 요약 내용(축약): 오픈AI가 개발한 인공지능 언어 모델인 챗GPT는 인간과 유사한 텍스트를 생성하는 능력으로 폭발적인 인기를 얻고 있다. 챗GPT는 이야기를 쓰고 번역하며 코딩할 수 있지만, 오용으로 인한 오류와 사용자의 글쓰기 능력 하락 우려가 있다. 챗GPT는 [..이하 생략..]
       [요약 엔진] agnes
       - 요약 내용(축약): 이 기사는 OpenAI가 만든 AI 언어 생성 도구인 ChatGPT의 인기와 능력에 대해 논의합니다. ChatGPT는 코딩, 번역, 콘텐츠 생성 및 텍스트 요약과 같은 다양한 작업에 사용할 수 있습니다. 입력된 내용에 따라 긴 이야기를 생성하거나 [..이하 생략..]
       [요약 엔진] daphne
       - 요약 내용(축약): ChatGPT는 사람이 이야기의 뼈대만 제시하면 그에 맞춰 장문의 이야기를 만들어주고, 문제를 풀이해주거나 간단한 코드를 짜준다는 언어생성 AI이다. 이는 인공지능의 지적 능력이 인간 수준에 이르렀는지 판단하는 기준으로 흔히 튜링테스트를 [..이하 생략..]
       [요약 엔진] muriel
       - 요약 내용(축약): OpenAI의 언어 생성 AI인 ChatGPT는 11월 30일 출시 이후 폭발적인 인기를 얻었습니다. 대규모 인간 대화 데이터셋으로 훈련되어 인간과 유사한 방식으로 프롬프트에 응답할 수 있습니다. 연구 미리보기 기간 동안 무료로 제공되어 사용자들이 [..이하 생략..]

출력 결과를 살펴보면 엔진별로 요약 결과가 다른 것을 볼 수 있습니다. 또한 엔진을 지정하지 않았을 때는 기본적으로 cecil 엔진을 이용하기 때문에 cecil 엔진을 지정한 결과와 앞에서 엔진을 지정하지 않은 결과가 같은 것을 볼 수 있습니다.

위 코드에서는 입력 콘텐츠로 한국어 기사를 지정해 한국어 요약 결과를 얻었습니다. 다음은 영어 기사에 대해 한국어 요약 결과를 얻는 예를 살펴보겠습니다.

```
In :   api_url = "https://kagi.com/api/v0/summarize"
       contents_url = "https://edition.cnn.com/2023/03/26/middleeast/israel-judicial-overhaul-↵
       legislation-intl/index.html"
       headers = {"Authorization": "Bot " + KAGI_API_TOKEN}
       parameters = {"url":contents_url, "target_language":"KO"}

       r = requests.get(api_url, headers=headers, params=parameters)

       summary = r.json()['data']['output'] # 요약 내용을 별도의 변수에 할당

       shorten_summary = textwrap.shorten(summary, 150, placeholder=' [..이하 생략..]')

       print("- 요약 내용(축약):", shorten_summary) # 요약 내용(축약) 출력
       # print("- 요약 내용:", summary) # 요약 내용(전체) 출력
```

```
Out:   - 요약 내용(축약): 이스라엘 총리 벤야민 네타냐후가 국가의 사법제도 개혁에 반대한 국방장관 요브
       갈란트를 해고한 후 대규모 시위가 일어났다. 수천 명이 텔아비브의 도로와 다리를 막으며 시위를
       벌였다. 갈란트는 이 개혁이 이스라엘의 안보를 위협할 수 있다며 사법개혁에 [..이하 생략..]
```

위의 출력 결과를 보면 영어 기사에 대한 요약을 한국어로 수행한 것을 볼 수 있습니다.

7.2.3 텍스트 내용 요약

인터넷에 있는 콘텐츠를 요약하는 것 외에도 주어진 텍스트를 요약하는 기능도 제공합니다. 특정 변수에 요약하고자 하는 텍스트를 할당해서 이용할 수도 있지만 여기서는 텍스트 파일의 내용을 읽어서 요약해 보겠습니다. 앞에서는 GET 메서드를 이용하기 위해 requests.get을 사용했지만, 여기서는 POST 메서드를 이용하기 위해 requests.post()를 사용하겠습니다. 다음은 이를 위한 코드입니다. 텍스트로는 'C:\myPyAI\data' 폴더에 있는 텍스트 파일을 읽은 영어 문장을 이용했습니다.

```
In :  import requests
      import os
      import textwrap

      # 1) 텍스트 파일에서 데이터 가져오기
      text_file_name = "C:/myPyAI/data/스티브_잡스_2005_스탠포드_연설.txt" # 영어 문장 텍스트 파일

      with open(text_file_name, 'r', encoding='utf-8') as f: # 텍스트 파일을 읽기 모드로 열기
          text_data = f.read() # 텍스트 파일의 내용을 읽어서 text_data에 할당

      print("[원본 텍스트 파일의 내용 앞부분만 출력]")
      print(text_data[:290])
      print()

      # 2) 텍스트 데이터 요약하기
      KAGI_API_TOKEN = os.environ["KAGI_API_TOKEN"] # Kagi API 키

      api_url = "https://kagi.com/api/v0/summarize"
      headers = {"Authorization": "Bot " + KAGI_API_TOKEN}
      data = {"text":text_data}
      # data = {"text":text_data, "target_language":"KO"} # 요약의 출력 언어를 한국어로 지정
      r = requests.post(api_url, headers=headers, data=data)

      summary = r.json()['data']['output'] # 요약 내용을 별도의 변수에 할당
      shorten_summary = textwrap.shorten(summary, 250, placeholder=' [..이하 생략..]')

      print("[요약 내용 출력]")
      print(shorten_summary) # 요약 내용(축약) 출력
      # print(summary) # 요약 내용(전체) 출력
```

Out: [원본 텍스트 파일의 내용 앞부분만 출력]
      I am honored to be with you today at your commencement from one of the finest universities
      in the world. I never graduated from college. Truth be told, this is the closest I've
      ever gotten to a college graduation. Today I want to tell you three stories from my life.
      That's it. No big deal.

      [요약 내용 출력]
      Steve Jobs shares three stories from his life to impart wisdom to the graduates. He
      talks about dropping out of college which led him to take a calligraphy class that later
      inspired the Macintosh computer's beautiful fonts. He describes [..이하 생략..]

앞선 요약 내용을 보면 첫 문장에 'Steve Jobs'라고 나옵니다. 하지만 입력한 텍스트 파일 내용에는 'Steve Jobs'가 없습니다. 이것은 입력한 텍스트가 스티브 잡스의 연설문임을 이미 알고 있기 때문에 가능한 것으로 생각됩니다. 위 코드에서 **"target_language":"KO"** 매개변수를 추가하면 요약의 출력 언어가 한국어로 지정돼 한국어로 요약한 결과를 얻습니다.

이어서 한국어 텍스트를 요약하는 예를 살펴보겠습니다. 한국어 요약 결과를 받기 위해 **"target_language":"KO"** 매개변수를 지정했습니다. 텍스트로는 **'C:\myPyAI\data'** 폴더에 있는 텍스트 파일을 읽은 한국어 문장을 이용했습니다.

```
In :  import requests
      import os

      # 1) 텍스트 파일에서 데이터 가져오기
      text_file_name = "C:/myPyAI/data/서연의_이야기.txt" # 한국어 문장 텍스트 파일

      with open(text_file_name, 'r', encoding='utf-8') as f: # 텍스트 파일을 읽기 모드로 열기
          text_data = f.read() # 텍스트 파일의 내용을 읽어서 text_data에 할당

      print("[텍스트 파일의 내용 앞부분만 출력]")
      print(text_data[:158])
      print()

      # 2) 텍스트 데이터 요약하기
      KAGI_API_TOKEN = os.environ["KAGI_API_TOKEN"] # Kagi API 키

      api_url = "https://kagi.com/api/v0/summarize"
      headers = {"Authorization": "Bot " + KAGI_API_TOKEN}
      data = {"text":text_data, "target_language":"KO"} # 요약의 출력 언어를 한국어로 지정
      r = requests.post(api_url, headers=headers, data=data)

      summary = r.json()['data']['output'] # 요약 내용을 별도의 변수에 할당
      shorten_summary = textwrap.shorten(summary, 250, placeholder=' [..이하 생략..]')

      print("[요약 내용 출력]")
      print(shorten_summary) # 요약 내용(축약) 출력
      # print(summary) # 요약 내용(전체) 출력
```

```
Out:    [텍스트 파일의 내용 앞부분만 출력]
        제목: 도시의 빛나는 젊음, 서연의 이야기

        서연은 서울에서 일하는 26살의 여성 직장인이다. 그녀는 매일 아침 눈이 번쩍 뜨면서 하루가
        시작된다. 서연은 어린 시절부터 도시 생활에 익숙해져 있었지만, 사람들이 북적이는 도시에서
        독립적으로 살아가는 것은 여전히 어렵고 힘든 일이다.

        [요약 내용 출력]
        서연은 서울에서 살고 일하는 26살의 여성입니다. 도시 생활은 어렵고 피곤할 수 있지만, 그녀는
        삶을 즐기고 여가를 찾기 위해 노력합니다. 그녀는 일찍 일어나 건강한 아침 식사를 합니다. 그녀는
        지하철을 타고 마케팅 및 커뮤니케이션 업무를 하는 회사에 출근합니다. 동료들과 함께 점심을
        먹으면서 웃으며 이야기를 나누며 에너지를 충전합니다. 일이 끝나면 요가나 언어 공부와 같은
        취미생활을 즐깁니다. 주말에는 친구들과 쇼핑을 [..이하 생략..]
```

출력 결과를 보면 한국어 텍스트에 대해 한국어로 요약한 것을 볼 수 있습니다.

참고로 아래는 챗GPT를 이용해 요약한 결과입니다. 위의 내용과 비교해 보는 것도 의미 있을 것입니다.

> **제목: 도시의 빛나는 젊음, 서연의 이야기**
>
> 26살의 서울 여성 직장인 서연은 도시 생활에 적응하며 독립적인 삶을 추구한다. 그녀는 일상에서 스트레스를 해소하고 에너지를 충전하기 위해 여러 방법을 활용한다. 아침부터 시작해 회사 일과와 함께 친구들과의 시간, 다양한 취미 활동, 그리고 주말에는 건강한 생활을 유지하며 여유롭게 시간을 보낸다. 서연의 이야기는 도시에서의 생활과 성장 과정을 보여주며, 많은 20대 여성들에게 용기와 희망을 전한다.

7.3 정리

이 장에서는 Kagi의 유니버설 서머라이저 기능을 검토하고 API를 사용해 다양한 콘텐츠를 요약하는 절차를 학습했습니다. 먼저 Kagi 회원 가입을 통해 계정을 생성하고 API 토큰을 만드는 과정을 알아봤습니다. 그다음 API 설명 문서를 참조해 다양한 웹 콘텐츠 및 텍스트 내용을 요약하는 방법을 살펴봤습니다.

자연스러운 번역을 수행하는
DeepL

DeepL(딥엘)은 독일의 인공지능 회사 DeepL사에서 개발한 기계 번역 서비스입니다. DeepL은 인공신경망과 딥러닝 기술을 활용해 자연어 처리를 수행하며, 구글 번역, 마이크로소프트 번역 등 다른 번역 서비스와 경쟁하고 있습니다. 2017년 처음 서비스를 시작했고 2023년 1월 말부터 한국어 번역을 지원합니다. DeepL은 텍스트와 다양한 형식의 파일(PDF, DOCX, PPTX)을 원하는 언어로 번역할 수 있습니다. 이번에는 DeepL API를 이용해 번역을 수행하는 방법을 알아보겠습니다.

8.1 DeepL 둘러보기

DeepL의 API를 살펴보기에 앞서 DeepL 웹 앱을 통해 DeepL의 기능을 살펴보겠습니다. 먼저 DeepL 번역 서비스를 위한 웹 사이트(`https://www.deepl.com/translator`)에 접속합니다(그림 8-1). 번역할 원본 텍스트를 입력하고, 번역할 언어를 지정하면 지정한 언어로 번역해 줍니다. 만약 웹 사이트의 메뉴가 한국어로 나오지 않는다면 웹 페이지의 가장 아래로 이동해 언어를 '한국어'로 지정하세요.

그림 8-1 DeepL 번역 웹 사이트(https://www.deepl.com/translator)

다음은 영어를 한국어로 번역해 보겠습니다. 그림 8-2는 미국 CNN의 챗GPT 관련 영문 기사[1]의 일부를 한국어로 번역한 예입니다. 참고로 아래쪽에 있는 [스피커] 모양 아이콘을 클릭하면 본문의 텍스트를 읽어줍니다.

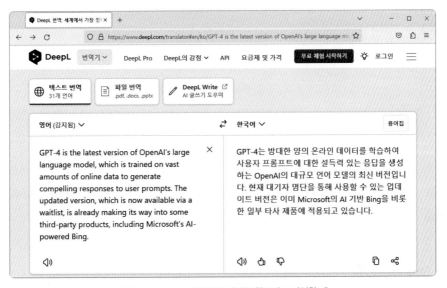

그림 8-2 DeepL 번역에서 영어를 한국어로 번역한 예

---

1 https://edition.cnn.com/2023/03/14/tech/openai-gpt-4/index.html

DeepL은 자연스럽고 뛰어난 번역 성능으로 전 세계에서 많은 사용자에게 인기를 얻고 있으며, 기계 번역 시장에서 주목받고 있는 서비스입니다. DeepL의 주요 특징은 다음과 같습니다.

- **고품질 번역**: DeepL은 정확성과 자연스러움 면에서 다른 번역 서비스보다 우수한 성능을 자랑합니다. 이는 딥러닝 기반의 학습 알고리즘과 방대한 언어 데이터셋을 활용한 결과입니다.

- **다양한 언어 지원**: DeepL은 영어, 독일어, 프랑스어, 스페인어, 이탈리아어, 네덜란드어, 폴란드어, 루마니아어, 러시아어, 일본어, 중국어(간체), 한국어 등 다양한 언어를 지원합니다.

- **API 제공**: 개발자는 DeepL API를 이용해 자신의 애플리케이션 또는 웹사이트에 DeepL 번역 기능을 통합할 수 있습니다. 이를 통해 개발자는 다양한 응용에서 DeepL의 기능을 이용할 수 있습니다.

- **무료 및 유료 플랜**: DeepL은 일정한 사용량까지 무료로 제공되며, 더 많은 기능과 용량을 원하는 사용자들은 유료 플랜(DeepL Pro)을 선택할 수 있습니다. 무료 플랜으로도 제한적으로 DeepL API를 이용할 수 있지만, 신용 카드 정보를 입력해야 합니다.

> **참고**
> **한국에서 DeepL의 유료 플랜**
>
> 2023년 8월부터 한국에서도 DeepL의 유료 플랜에 가입할 수 있습니다. DeepL 유료 플랜에 가입하면 무제한 텍스트 번역이 가능하고 워드, 파워포인트, PDF, 텍스트 파일 등 문서 파일도 원본 서식을 유지하면서 번역과 편집을 할 수 있습니다.

8.2 DeepL API 사용을 위한 API 키 생성

DeepL API를 이용하려면 먼저 회원 가입을 해야 합니다. 회원 가입 후에는 신용 카드 정보를 입력해야 DeepL API를 위한 API 키를 생성할 수 있습니다. 여기서는 먼저 DeepL에 회원 가입하고, 개발자용 DeepL API 키를 생성하는 방법을 살펴보겠습니다.

8.2.1 DeepL 회원 가입과 플랜 선택

DeepL에 회원 가입을 하고 플랜을 선택하는 절차는 다음과 같습니다.

01. DeepL 번역 사이트(https://www.deepl.com/translator)
    에 접속해 [로그인]을 클릭하고, 다음과 같은 화면이 나오면
    [회원가입]을 클릭합니다(그림 8-3).

그림 8-3 계정 로그인에서 [회원 가입] 클릭

02. 자신의 이메일 주소를 입력한 후에 [계속] 버튼을 클릭합니
    다(그림 8-4).

그림 8-4 DeepL 회원 가입을 위해 이메일을
입력하고 [계속] 버튼 클릭

03. 비밀번호를 입력한 후 [만 14세 이상입니다.]에 체크하고
    [계정 생성] 버튼을 클릭합니다(그림 8-5).

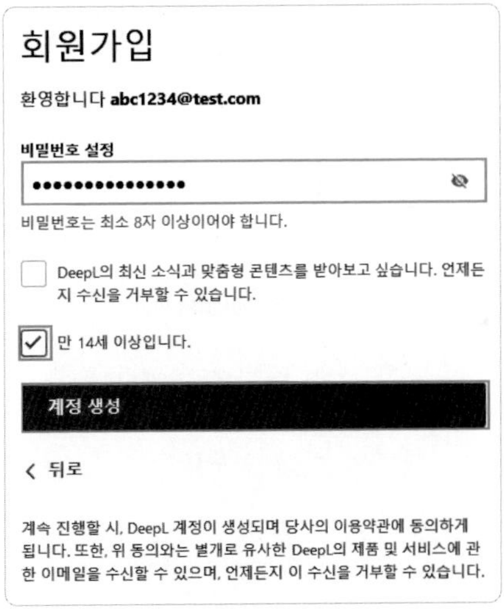

회원가입

환영합니다 **abc1234@test.com**

비밀번호 설정

●●●●●●●●●●●●●●   👁

비밀번호는 최소 8자 이상이어야 합니다.

☐ DeepL의 최신 소식과 맞춤형 콘텐츠를 받아보고 싶습니다. 언제든
   지 수신을 거부할 수 있습니다.

☑ 만 14세 이상입니다.

계정 생성

〈 뒤로

계속 진행할 시, DeepL 계정이 생성되며 당사의 이용약관에 동의하게
됩니다. 또한, 위 동의와는 별개로 유사한 DeepL의 제품 및 서비스에 관
한 이메일을 수신할 수 있으며, 언제든지 이 수신을 거부할 수 있습니다.

그림 8-5 DeepL 회원 가입을 위해 비밀번호를
입력하고 [계정 생성] 버튼 클릭

04. 이제 계정이 생성되고 로그인이 됩니다. 이어서 위쪽의 메뉴에서 [요금제 및 가격] 메뉴나 [무료 체험 시작하기]를 클릭하면 요금 플랜을 선택할 수 있는 화면이 나옵니다(그림 8-6).

그림 8-6 [개인 및 팀 사용자용] 플랜

플랜은 크게 [개인 및 팀 사용자용] 플랜과 [개발자용] 플랜이 있습니다. [개인 및 팀 사용자용] 탭에서는 DeepL 번역기 앱(웹 앱 및 데스크톱 앱) 사용을 위한 플랜을 선택할 수 있습니다.

05. DeepL API를 사용하기 위해서는 [개발자용] 탭을 클릭합니다(그림 8-7).

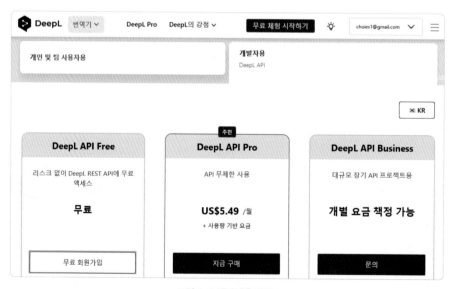

그림 8-7 개발자용 플랜

무료로 이용할 수 있는 [DeepL API Free] 플랜, 유료로 이용할 수 있는 [DeepL API Pro] 플랜, 대규모 장기 프로젝트를 위한 [DeepL API Business] 플랜이 있습니다. [DeepL API Free] 플랜의 경우 DeepL API를 이용해 한 달에 최대 500,000자까지만 번역할 수 있습니다. 만약 [개인 및 팀 사용자용] 플랜에서 유료 회원으로 가입했다면 [DeepL API Free]를 선택할 수 없습니다. [DeepL API Free]를 선택하려면 아래에 있는 [무료 회원가입] 버튼을 클릭하고, [DeepL API Pro] 플랜을 선택하려면 [지금 구매] 버튼을 클릭합니다. 여기서는 [DeepL API Free] 플랜을 선택하겠습니다. 우선 [DeepL API Free]를 선택해 사용해 보고 부족하다면 추후에 [DeepL API Pro] 플랜으로 변경할 수 있습니다.

06. 신용 카드 정보를 입력합니다(그림 8-8). 승인을 위한 몇 가지 단계가 나오는데 화면의 지시에 따라 진행하면 됩니다. [DeepL API Free]를 선택했다면 비용은 지불되지 않습니다.

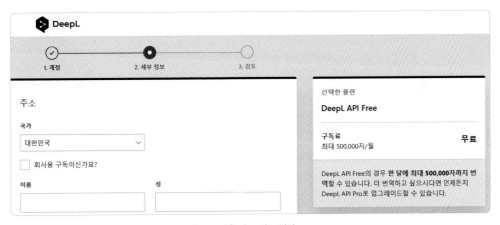

그림 8-8 신용 카드 정보 입력

07. 신용 카드가 정상적으로 승인되면 약관 동의 후에 [무료 회원 가입] 버튼을 클릭합니다(그림 8–9).

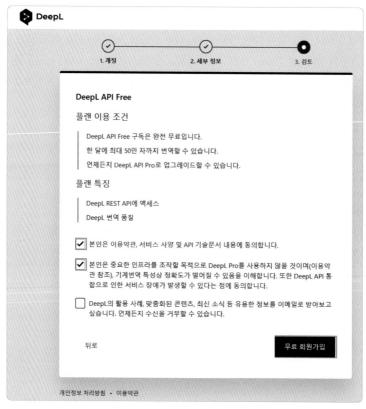

그림 8–9 약관 동의 후에 [무료 회원가입] 버튼 클릭

08. 모든 단계를 정상적으로 완료했다면 구독이 활성화되면서 구독 번호가 나옵니다(그림 8–10). 구독 번호는 회원 가입할 때 지정한 이메일로도 전달됩니다.

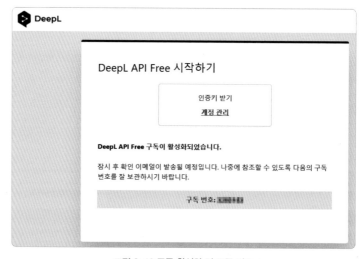

그림 8–10 구독 활성화 및 구독 번호

이제 DeepL 회원 가입과 DeepL API 플랜 선택을 완료했습니다. 이어서 DeepL API 인증키를 생성하는 방법을 살펴보겠습니다.

8.2.2 DeepL API 인증키 생성하기

DeepL API 인증키를 생성하는 방법을 알아보겠습니다. 이를 위한 절차는 다음과 같습니다.

01. DeepL 번역 사이트(https://www.deepl.com/translator)에 접속해 로그인한 다음 오른쪽 위쪽에 있는 이메일 계정을 클릭하면 나타나는 [계정]을 클릭합니다(그림 8-11).

그림 8-11 이메일 계정을 클릭 후 [계정]을 클릭

02. [계정] 메뉴를 클릭합니다(그림 8-12).

그림 8-12 [계정] 메뉴를 클릭

03. [DeepL API를 위한 인증키] 아래에 보이는 [복사] 아이콘을 클릭해 인증 키를 복사합니다(그림 8-13). 인증 키(Authentication Key)는 앞에서 설명한 API 키와 같은 역할을 합니다. 복사한 인증 키는 나중에 코드에서 DeepL API를 이용할 때 사용합니다. 인증 키가 유출되지 않도록 주의하세요. 만약 인증 키가 유출되었다면 [새 인증키 생성]을 클릭해 새로운 인증 키를 생성하세요.

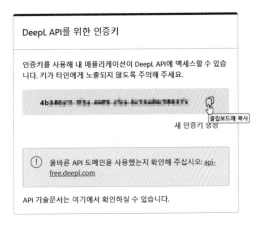

그림 8-13 [복사] 아이콘을 클릭해 인증 키 복사

참고   환경 변수에 DeepL API 인증 키 설정

이전 장에서 환경 변수에 API 키를 설정했던 것처럼 방금 생성한 DeepL API 인증 키도 이 책의 [부록]을 참조해 DEEPL_AUTH_KEY 환경 변수에 설정하세요.

8.3 DeepL API를 활용한 번역

앞에서는 DeepL 번역 웹 사이트에서 번역을 수행하는 예를 알아봤습니다. DeepL API를 이용하면 텍스트 번역과 문서 파일의 번역을 수행할 수 있습니다. DeepL API의 사용법은 API 설명 문서 (https://www.deepl.com/docs-api)를 참고하면 됩니다. DeepL API 사용을 위해 API 설명 문서와 Requests 라이브러리를 이용할 수도 있지만, 공식 DeepL 파이썬 라이브러리를 활용하면 좀 더 간편합니다. [DeepL API Pro] 플랜과 [DeepL API Free] 플랜 모두 DeepL 파이썬 라이브러리를 이용할 수 있습니다. 단, [DeepL API Free] 플랜을 이용하는 경우 한 달에 최대 500,000자까지만 번역할 수 있습니다. 이제 DeepL 파이썬 라이브러리를 이용해 텍스트를 번역하는 방법과 문서 파일을 번역하는 방법을 알아보겠습니다.

이를 위해 먼저 아나콘다 프롬프트에서 deepl 라이브러리를 설치합니다.

```
pip install deepl
```

8.3.1 텍스트 번역

DeepL의 텍스트 번역 API를 이용해 텍스트를 번역하는 방법을 살펴보겠습니다. DeepL의 텍스트 API 사용법은 설명 문서(https://www.deepl.com/docs-api/translate-text/)를 참고합니다. 이 문서와 Requests 라이브러리를 이용해 텍스트 번역을 수행할 수 있지만 편의성을 위해 deepl 라이브러리를 이용해 텍스트 번역을 수행하겠습니다.

다음은 deepl 라이브러리의 translate_text() 함수를 이용해 텍스트 번역을 수행하는 기본 예제 코드입니다.

```
01: import deepl # deepl 라이브러리 임포트
02:
03: translator = deepl.Translator(auth_key) # translator 객체 생성
```

```
04: result = translator.translate_text(    # 텍스트 번역
05:              text,                       # 원본(소스) 텍스트
06:              target_lang="언어 코드",    # 대상(타깃) 언어 코드
07:              source_lang="언어 코드"     # 원본(소스) 언어 코드
08: )
```

위 코드의 동작 과정은 다음과 같습니다.

01: deepl 라이브러리를 임포트합니다. 이 라이브러리는 DeepL API에 액세스하기 위한 기능을 제공합니다.

03: translator 객체를 생성합니다. 이 객체는 deepl.Translator 클래스의 인스턴스로, 인증 키(auth_key)를 사용하여 DeepL API와 연결을 설정합니다. 여기서 auth_key는 앞서 정의한 DeepL API 인증 키입니다.

04: translate_text() 함수를 사용해 텍스트를 번역해 result에 할당합니다. 이때 다음의 인수를 전달합니다.

- text: 원본(소스) 텍스트입니다. 텍스트 번역을 요청할 때 데이터 크기는 128KB를 넘을 수 없습니다. 이 크기가 넘는 텍스트의 경우 나눠서 번역을 요청해야 합니다.

- target_lang: 대상(타깃) 언어의 코드입니다.

  − 언어 코드 정보: https://www.deepl.com/docs-api/translate-text/의 요청 변수(target_lang) 참고

  − 언어 코드의 예: KO(한국어), EN−GB(영국 영어), EN−US(미국 영어), JA(일본어), ZH(중국어 간자체), FR(프랑스어), DE(독일어)

- source_lang: 원본(소스) 텍스트의 언어 코드입니다. 지정하지 않으면 자동으로 감지합니다.

  − 언어 코드 정보: https://www.deepl.com/docs-api/translate-text/의 요청 변수(source_lang) 참고

  − 언어 코드의 예: EN(영어). 영어와 포르투갈어의 경우 대상(타깃) 언어 코드와 다릅니다.

위 코드에서 result.detected_source_lang 속성을 사용해 원본 텍스트를 감지한 언어 코드를 알 수 있으며 result.text 속성을 사용해 번역 결과 텍스트를 가져올 수 있습니다.

이제 앞의 예제 코드를 이용해 텍스트 번역을 수행해 보겠습니다. 여기서 auth_key 변수에 DEEPL_AUTH_KEY 환경 변수에 있는 인증 키 값을 읽어서 할당했습니다.

```
In :  import deepl # deepl 라이브러리를 임포트
      import os

      auth_key = os.environ["DEEPL_AUTH_KEY"] # DeepL 인증 키
      translator = deepl.Translator(auth_key) # translator 객체를 생성

      text = "Improve your writing in just one click." # 번역할 원본 텍스트(영어)
      result = translator.translate_text( # 번역 결과 객체를 result 변수에 할당
                      text,            # 원본(소스) 텍스트
                      target_lang="KO") # 대상(타깃) 언어 코드

      print("- 감지된 언어 코드:", result.detected_source_lang)
      print("- 번역 결과:", result.text)
```

```
Out:  - 감지된 언어 코드: EN
      - 번역 결과: 클릭 한 번으로 글쓰기 실력을 향상하세요.
```

원본(소스) 언어가 영어(EN)로 잘 감지됐고, 지정한 대상(타깃) 언어(KO)인 한국어로 번역이 된 것을 볼 수 있습니다.

DeepL 번역은 원본 텍스트의 언어를 자동으로 감지하는데, 종종 같은 단어이지만, 언어에 따라서 다른 뜻을 가진 단어가 있습니다. 예를 들어 'But'은 영어로는 '하지만, 그러나'의 뜻이지만 폴란드어로 '신발'입니다. 이 경우 원본 텍스트 언어를 지정하지 않으면 원하는 결과가 나오지 않을 수 있습니다. 이때는 원본 텍스트의 언어를 지정해야 올바른 결과를 얻을 수 있습니다. 또한 감지한 원본 텍스트 언어에 오류가 있다면 이때도 원본 텍스트의 언어를 지정해야 합니다.

다음은 앞의 예에서 설명한 'But'을 원본 텍스트로 입력한 후에 자동으로 원본 텍스트를 감지했을 때와 폴란드어로 지정했을 때와의 결과를 비교해 보겠습니다. 먼저 원본 텍스트에 'But'을 지정하고 원본 언어를 자동 감지해 한국어로 번역하는 코드입니다.

```
In :  text = "But" # 원본(소스) 텍스트

      # 원본 텍스트의 언어(source_lang)를 미지정. 자동으로 감지함
      result = translator.translate_text(
                  text,              # 원본(소스) 텍스트
                  target_lang="KO")  # 대상(타깃) 언어 코드

      print("- 감지된 언어 코드:", result.detected_source_lang)
      print("- 번역 결과:", result.text)
```
```
Out:  - 감지된 언어 코드: EN
      - 번역 결과: 하지만
```

출력 결과를 보면 'But'을 영어로 감지했으며 번역 결과는 '하지만'입니다. 다음은 원본 텍스트 언어를 폴란드어(PL)로 지정해 한국어로 번역하는 코드입니다.

```
In :  text = "But" # 원본(소스) 텍스트

      # 원본 텍스트의 언어(source_lang)를 지정. 아래는 폴란드어 코드(PL)를 지정함
      result = translator.translate_text(
                  text,               # 원본(소스) 텍스트
                  target_lang="KO",   # 대상(타깃) 언어 코드
                  source_lang="PL")   # 원본 (소스) 언어 코드

      print("- 감지된 언어 코드:", result.detected_source_lang)
      print("- 번역 결과:", result.text)
```
```
Out:  - 감지된 언어 코드: PL
      - 번역 결과: 신발
```

위 출력 결과를 보면 원본 텍스트의 언어를 폴란드어로 지정했을 때의 번역 결과는 '신발'로 앞에서 원본 텍스트 언어를 지정하지 않았을 때와 다른 결과가 나온 것을 볼 수 있습니다.

8.3.2 문서 파일 번역

DeepL 문서 번역 API로 문서 파일 번역을 수행하는 방법을 알아보겠습니다. DeepL 문서 번역 API의 설명 문서(https://www.deepl.com/docs-api/documents/)를 참고해 Requests 라이브러리를 이용할 수 있지만, 여기서도 deepl 라이브러리를 이용해 문서 파일 번역을 수행하겠습니다. 이

를 위해 파일 IO 객체와 함께 deepl 라이브러리의 translate_document() 함수를 이용할 수도 있고 translate_document_from_filepath() 함수를 이용할 수도 있습니다. translate_document_from_filepath()를 이용하는 방법이 좀 더 간편하니 이를 이용하는 방법을 살펴보겠습니다.

다음은 deepl 라이브러리의 translate_document_from_filepath() 함수를 이용해 문서 파일 번역을 수행하는 기본 예제 코드입니다.

```
01: import deepl # deepl 라이브러리 임포트
02:
03: translator = deepl.Translator(auth_key) # translator 객체 생성
04: result = translator.translate_document_from_filepath( # 문서 파일 번역
05:            input_path,              # 입력 문서(원본) 파일의 경로
06:            output_path,             # 출력 문서(번역) 파일의 경로
07:            target_lang="언어 코드", # 대상(타깃) 문서의 언어 코드
08:            source_lang="언어 코드"  # 원본(소스) 언어 코드
09: )
```

위 코드의 동작 과정은 다음과 같습니다.

01: deepl 라이브러리를 임포트합니다. 이 라이브러리는 DeepL API에 액세스하기 위한 기능을 제공합니다.

03: translator 객체를 생성합니다. 이 객체는 deepl.Translator 클래스의 인스턴스로, 인증 키(auth_key)를 사용하여 DeepL API와 연결을 설정합니다. 여기서 auth_key는 앞서 정의한 DeepL API 인증 키입니다.

04: translate_document_from_filepath() 함수를 사용해 문서 파일을 번역해 result에 할당합니다. 이때 다음 인수를 전달합니다.

- input_path: 입력 문서(원본) 파일의 경로입니다. 지원하는 문서 파일의 종류는 다음과 같습니다.

  - 지원 문서 파일 종류: MS 워드 파일(docx), MS 파워포인트 파일(pptx), PDF 파일(pdf), HTML 파일(html), 일반 텍스트 파일(txt), XLIFF 파일(xlf, xliff)

  - PDF 문서를 번역하려면 어도비(Adobe) 사의 API를 이용하는데, 이를 위해 해당 파일의 전송 동의가 필요합니다.

- output_path: 출력 문서(번역) 파일을 저장할 경로입니다.

- target_lang: 대상(타깃) 언어의 코드입니다.

  - 언어 코드 정보: https://www.deepl.com/docs-api/documents/translate-document/의 요청 변수 (target_lang) 참고

- 언어 코드의 예: KO(한국어), EN-GB(영국 영어), EN-US(미국 영어), JA(일본어), ZH(중국어 간자체), FR(프랑스어), DE(독일어)

- source_lang: 입력 문서(원본) 파일의 언어 코드입니다. 지정하지 않으면 자동으로 감지합니다.
  - 언어 코드 정보: https://www.deepl.com/docs-api/documents/translate-document/의 요청 변수 (source_lang) 참고
  - 언어 코드의 예: EN(영어). 영어와 포르투갈어의 경우 번역 대상(타깃) 언어 코드와 다릅니다.

위 코드에서 result 변수에는 번역 작업의 상태 정보가 포함된 속성(status, billed_characters, done 등)이 있습니다. 이를 이용하면 문서 번역과 관련된 추가 정보를 확인할 수 있습니다.

이번에는 앞의 예제 코드를 활용해 워드 문서 파일 번역을 수행해 보겠습니다. 여기서 auth_key 변수에 DEEPL_AUTH_KEY 환경 변수에 있는 인증 키를 값을 읽어서 할당했습니다.

```
In :  import deepl # deepl 라이브러리 임포트
      import os

      input_path = "C:/myPyAI/data/어린왕자_영어_원본.docx" # 원본 문서 파일 경로
      output_path = "C:/myPyAI/data/어린왕자_한국어_번역.docx" # 번역 문서 파일 경로

      auth_key = os.environ["DEEPL_AUTH_KEY"] # DeepL 인증 키
      translator = deepl.Translator(auth_key) # translator 객체를 생성

      # 문서 번역 실행
      result = translator.translate_document_from_filepath(
              input_path,      # 입력 문서(원본) 파일의 경로
              output_path,     # 출력 문서(번역) 파일의 경로
              target_lang="KO") # 대상(타깃) 문서의 언어 코드

      print(result.done) # 문서 번역 결과 확인
```

```
Out:  True
```

위 코드에서 result.done의 출력이 True이면 문서 번역이 완료된 것입니다. 이제 output_path의 문서 파일(워드)을 열면 번역한 결과를 확인할 수 있습니다. 그림 8-14는 영어 원본 문서 파일(워드)과 한국어 번역 문서 파일(워드)에서 내용을 발췌해 비교한 것입니다.

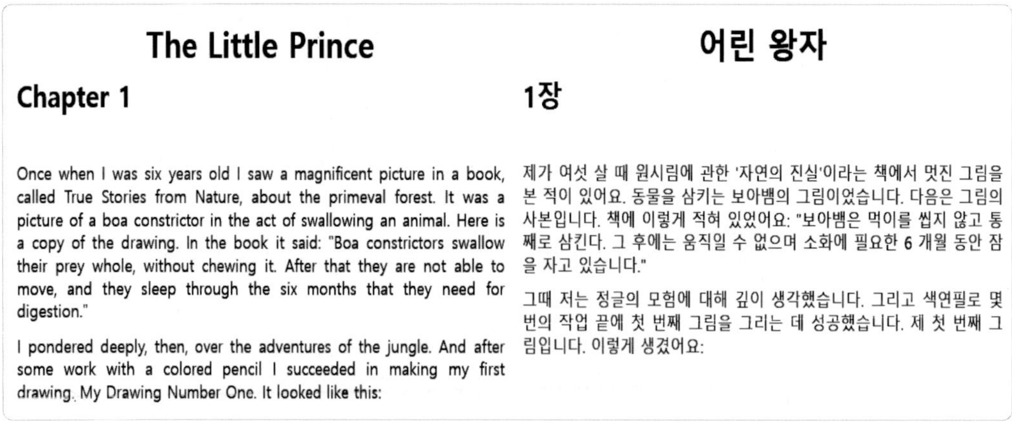

The Little Prince

Chapter 1

Once when I was six years old I saw a magnificent picture in a book, called True Stories from Nature, about the primeval forest. It was a picture of a boa constrictor in the act of swallowing an animal. Here is a copy of the drawing. In the book it said: "Boa constrictors swallow their prey whole, without chewing it. After that they are not able to move, and they sleep through the six months that they need for digestion."

I pondered deeply, then, over the adventures of the jungle. And after some work with a colored pencil I succeeded in making my first drawing. My Drawing Number One. It looked like this:

어린 왕자

1장

제가 여섯 살 때 원시림에 관한 '자연의 진실'이라는 책에서 멋진 그림을 본 적이 있어요. 동물을 삼키는 보아뱀의 그림이었습니다. 다음은 그림의 사본입니다. 책에 이렇게 적혀 있었어요: "보아뱀은 먹이를 씹지 않고 통째로 삼킨다. 그 후에는 움직일 수 없으며 소화에 필요한 6 개월 동안 잠을 자고 있습니다."

그때 저는 정글의 모험에 대해 깊이 생각했습니다. 그리고 색연필로 몇 번의 작업 끝에 첫 번째 그림을 그리는 데 성공했습니다. 제 첫 번째 그림입니다. 이렇게 생겼어요:

그림 8-14 영어 원본 문서 파일(워드)과 한국어 번역 문서 파일(워드)의 발췌 내용 비교

앞에서는 워드 문서 파일 번역을 수행했는데 이번에는 PDF 문서 파일의 번역을 수행해 보겠습니다.

In :
```
import deepl # deepl 라이브러리 임포트
import os

folder = "C:/myPyAI/data/"
input_path  = folder + "President_Obamas_Farewell_Address_영어_원본.pdf" # 원본 파일 경로
output_path = folder + "President_Obamas_Farewell_Address_한국어_번역.pdf" # 번역 파일 경로

auth_key = os.environ["DEEPL_AUTH_KEY"] # DeepL 인증 키
translator = deepl.Translator(auth_key) # translator 객체를 생성

# 문서 번역 실행
result = translator.translate_document_from_filepath(
            input_path,       # 입력 문서(원본) 파일의 경로
            output_path,      # 출력 문서(번역) 파일의 경로
            target_lang="KO") # 대상(타깃) 문서의 언어 코드

print(result.done) # 문서 번역 결과 확인
```

Out:
```
True
```

위 코드에서 `result.done`의 출력이 `True`가 된 이후에 지정한 폴더(`C:/myPyAI/data`)에 번역 문서 파일(PDF)이 생성된 것을 볼 수 있습니다. 그림 8-15는 영어 원본 문서 파일(PDF)과 한국어 번역 문서 파일(PDF)에서 내용을 발췌해 비교한 것입니다.

President Obama's Farewell Address, January 10, 2017

PRESIDENT OBAMA: Hello, Chicago! [APPLAUSE] It's good to be home! [APPLAUSE] Thank you, everybody. Thank you. [APPLAUSE] Thank you so much. Thank you. [APPLAUSE] All right, everybody sit down. [APPLAUSE] We're on live TV here. I've got to move. [APPLAUSE] You can tell that I'm a lame duck because nobody is following instructions. [LAUGHTER] Everybody have a seat. [APPLAUSE]

오바마 대통령의 고별 연설, 2017년 1월 10일

오바마 대통령: 안녕하세요, 시카고 여러분! [박수] 집에 오니 좋습니다! [박수] 여러분, 감사합니다. 감사합니다. [박수] 정말 감사합니다. 감사합니다. [박수] 자, 모두 앉으세요. [여긴 생방송 중입니다. 움직여야 겠어요. [박수] 아무도 지시를 따르지 않으니 제가 레임덕이라는 걸 알 수 있죠. [모두 앉으세요. [박수]

그림 8-15 영어 원본 문서 파일(PDF)과 한국어 번역 문서 파일(PDF)의 발췌 내용 비교

8.4 정리

이번 장에서는 DeepL API에 관한 내용을 알아봤습니다. DeepL의 기능을 살펴보고 회원 가입과 API 인증 키를 생성하는 절차를 살펴봤습니다. DeepL 파이썬 라이브러리 설치 방법을 살펴보고 DeepL API를 이용해 텍스트 및 문서 파일을 번역하는 방법을 알아봤습니다. 이번 장에 살펴본 DeepL API를 이용하면 하나의 언어로 된 자료를 다양한 언어로 손쉽게 번역해 활용할 수 있습니다.

유튜브 콘텐츠 분석 및
챗봇 만들기

이전 장에서는 다양한 인공지능 API를 활용하는 방법을 살펴봤습니다. 이번 장에서는 앞에서 소개한 다양한 인공지능 API를 실제로 어떻게 활용할 수 있을지 몇 가지 예제를 통해 알아보겠습니다. 여기서는 인공지능 API를 활용해 유튜브 동영상의 내용을 분석하여 동영상을 요약하거나 음성을 추출하고 번역하는 방법과 유튜브 내용으로 학습한 챗봇을 만드는 방법을 살펴보겠습니다.

9.1 유튜브 콘텐츠 정보 가져오기

유튜브에는 다양한 콘텐츠가 있습니다. 그러나 유튜브 콘텐츠의 내용을 확인하려면 동영상을 일일이 찾아봐야 하는 번거로움이 있습니다. 유튜브 콘텐츠의 내용을 한눈에 알아볼 수 있도록 정리할 수 있다면 매우 편리할 것입니다. 파이썬의 yt-dlp 라이브러리를 이용하면 유튜브 동영상 관련 정보를 가져오고 동영상을 다운로드할 수 있으며, youtube-transcript-api 라이브러리를 이용하면 유튜브 자막 정보를 가져오고 자막을 다운로드할 수 있습니다. 이 절에서는 이러한 라이브러리를 활용해 유튜브 관련 정보를 가져오는 방법을 살펴보겠습니다.

9.1.1 유튜브 동영상 관련 정보 가져오기

유튜브 동영상 관련 정보를 가져오고 동영상을 다운로드할 수 있는 다양한 방법이 있지만, 여기서는 yt-dlp 라이브러리를 이용하겠습니다. 이를 위해 먼저 아나콘다 프롬프트에서 파이썬 yt-dlp 라이브러리를 설치해야 합니다.

```
pip install yt-dlp
```

yt-dlp 라이브러리는 유튜브 정보를 가져오기 위한 다양한 기능을 제공합니다. 이 책에서는 유튜브 비디오 관련 정보를 가져오고, 비디오 혹은 오디오를 다운로드하는 방법을 함수로 만들어 설명하겠습니다.

 주의

유튜브 동영상을 다운로드하는 것은 개인적인 용도로만 사용해야 합니다. 다운로드한 유튜브 동영상을 개인적인 용도 외에 인터넷에 유포하거나, 다른 사람에게 공유하거나, 공공장소에서 재생하거나, 기타 상업적으로 사용하는 등 다른 용도로 사용하면 안 되니 주의하세요.

yt-dlp 라이브러리를 사용하여 유튜브 비디오 정보를 가져온 후 비디오 ID, 비디오 제목, 업로드 날짜, 채널 이름을 추출해 반환하는 함수는 다음과 같습니다. 함수 안에 있는 **ydl_opts** 변수에는 여러 옵션을 지정할 수 있는데, 모든 옵션의 내용은 이 라이브러리의 깃허브 소스 코드(**https://github.com/ytdl-org/youtube-dl/blob/master/youtube_dl/YoutubeDL.py**)에서 확인할 수 있습니다.

```
In :  import yt_dlp

      # 유튜브 비디오 정보를 가져오는 함수
      def get_youtube_video_info(video_url):
          ydl_opts = {                # 다양한 옵션 지정
              'noplaylist': True,
              'quiet': True,
              'no_warnings': True,
          }

          with yt_dlp.YoutubeDL(ydl_opts) as ydl:
              video_info = ydl.extract_info(video_url, download=False) # 비디오 정보 추출
              video_id = video_info['id']              # 비디오 정보에서 비디오 ID 추출
```

```
            title = video_info['title']                    # 비디오 정보에서 제목 추출
            upload_date = video_info['upload_date']  # 비디오 정보에서 업로드 날짜 추출
            channel = video_info['channel']            # 비디오 정보에서 채널 이름 추출
            duration = video_info['duration_string']

        return video_id, title, upload_date, channel, duration
```

위의 get_youtube_video_info() 함수를 이용해 유튜브 비디오의 정보를 가져오는 코드는 다음과 같습니다.

```
In :  video_url = 'https://www.youtube.com/watch?v=pSJrML-TTmI'
      get_youtube_video_info(video_url)

Out: ('pSJrML-TTmI',
      '[인터뷰] 허준이 프린스턴대 교수를 만나다 / KBS  2022.07.11.',
      '20220711',
      'KBS News',
      '8:13')
```

이어서 yt-dlp 라이브러리를 사용해 유튜브 비디오를 다운로드하는 download_youtube_video() 함수를 살펴보겠습니다. 이 함수는 유튜브 동영상의 URL(video_url)과 다운로드할 폴더 이름(folder) 및 비디오 파일 이름(file_name)을 지정하면 해당 폴더에 지정한 파일 이름으로 유튜브 비디오를 다운로드합니다. 다운로드한 후에는 유튜브 제목을 반환하며, 비디오 파일 이름(file_name)을 지정하지 않으면 유튜브 제목으로 파일이 저장됩니다. 이때 유튜브 제목에 윈도우에서 사용하는 파일 이름으로 적당하지 않은 문자가 들어있다면 remove_invalid_char_for_filename() 함수를 사용해 해당 문자를 제거한 파일 이름으로 저장됩니다.

```
In :  import yt_dlp
      from pathlib import Path

      # 파일 이름에 부적합한 문자를 제거하는 함수
      def remove_invalid_char_for_filename(input_str):
          # 윈도우 파일 이름에 안 쓰는 문자 제거
          invalid_characters = '<>:"/\|?*'

          for char in invalid_characters:
              input_str = input_str.replace(char, '_')
```

```python
    # 파일명 마지막에 . 제거
    while input_str.endswith('.'):
        input_str = input_str[:-1]

    return input_str

# 유튜브 비디오를 다운로드하는 함수
def download_youtube_video(video_url, folder, file_name=None):

    _, title, _, _, _ = get_youtube_video_info(video_url)
    filename_no_ext = remove_invalid_char_for_filename(title)

    if file_name == None:
        download_file = f"{filename_no_ext}.mp4" # 확장자는 mp4
    else:
        download_file = file_name

    outtmpl_str = f'{folder}/{download_file}'

    download_path = Path(outtmpl_str)

    ydl_opts = {                        # 다양한 옵션 지정
        'format': 'best',               # 다운로드 형식 지정 (최적)
        'outtmpl': outtmpl_str,  # 다운로드 경로 지정
        'noplaylist': True,
        'quiet': True,
        'no_warnings': True,
    }

    with yt_dlp.YoutubeDL(ydl_opts) as ydl:
        video_info = ydl.extract_info(video_url, download=True) # 비디오 정보 추출
        title = video_info.get('title', None)  # 비디오 정보 중 제목만 추출

    return title, download_path
```

위의 download_youtube_video() 함수를 이용해 유튜브 비디오를 다운로드하는 코드는 다음과 같습니다.

```
In :  video_url = 'https://www.youtube.com/watch?v=pSJrML-TTmI'
      download_folder = "C:/myPyAI/data/download" # 다운로드할 폴더는 미리 생성 후 지정
      video_title, download_path = download_youtube_video(video_url, download_folder)

      print("- 유튜브 제목:", video_title)
      print("- 다운로드한 파일명:", download_path.name)
```

```
Out:  - 유튜브 제목: [인터뷰] 허준이 프린스턴대 교수를 만나다 / KBS  2022.07.11.
      - 다운로드한 파일명: [인터뷰] 허준이 프린스턴대 교수를 만나다 _ KBS  2022.07.11.mp4
```

지정한 폴더에 가보면 출력한 비디오 제목 이름으로 비디오 파일(.mp4)이 다운로드된 것을 확인할 수 있습니다.

이번에는 다운로드할 비디오 파일의 이름을 지정해 보겠습니다.

```
In :  video_url = 'https://www.youtube.com/watch?v=Ks-_Mh1QhMc'
      download_folder = "C:/myPyAI/data/download"  # 다운로드할 폴더는 미리 생성 후 지정
      file_name = "youtube_video_file.mp4"         # 비디오 파일 이름 지정
      video_title, download_path  = download_youtube_video(video_url, download_folder, file_name)

      print("- 유튜브 제목:", video_title)
      print("- 다운로드한 파일명:", download_path.name)
```

```
Out:  - 유튜브 제목: Your body language may shape who you are ¦ Amy Cuddy
      - 다운로드한 파일명: youtube_video_file.mp4
```

위 코드를 실행하면 지정한 다운로드 폴더(download_folder)에 지정한 비디오 이름으로 동영상 파일이 다운로드된 것을 볼 수 있습니다.

6장에서 살펴본 OpenAI의 Audio API를 이용해 비디오 혹은 오디오 파일에서 음성을 텍스트로 추출할 때는 파일의 크기에 제약(25MB 이하)이 있습니다. 비디오 파일의 크기가 제약보다 크다면 음성을 텍스트로 추출할 수가 없습니다. 이때는 유튜브 비디오에서 오디오만 추출해 오디오 파일(.mp3)로 다운로드하면 파일 크기가 많이 줄어듭니다.

다음은 유튜브 비디오에서 오디오만 추출해 오디오 파일(.mp3)로 다운로드하는 함수입니다.

```
In :   import yt_dlp
       from pathlib import Path

       # 유튜브 비디오를 오디오 파일로 다운로드하는 함수
       def download_youtube_as_mp3(video_url, folder, file_name=None):

           _, title, _, _, _ = get_youtube_video_info(video_url)
           filename_no_ext = remove_invalid_char_for_filename(title)

           if file_name == None:
               download_file = f"{filename_no_ext}.mp3"
           else:
               download_file = file_name

           outtmpl_str = f'{folder}/{download_file}'
           download_path = Path(outtmpl_str)

           ydl_opts = {
               'extract_audio': True,        # 다양한 옵션 지정
               'format': 'bestaudio/best',   # 다운로드 형식 지정 (최적)
               'outtmpl': outtmpl_str,       # 다운로드 경로 지정
               'noplaylist': True,
               'quiet': True,
               'no_warnings': True,
           }

           with yt_dlp.YoutubeDL(ydl_opts) as ydl:
               video_info = ydl.extract_info(video_url, download=False) # 비디오 정보 추출
               title = video_info.get('title', None) # 비디오 정보 중 제목만 추출
               ydl.download(video_url) # 다운로드

           return title, download_path
```

다음은 위에서 만든 download_youtube_as_mp3() 함수를 사용해 유튜브 비디오 URL(video_url),
다운로드할 폴더(download_folder), 파일 이름(file_name)을 입력해 오디오 파일(.mp3)로 다운로드
하는 코드입니다. 파일 이름을 지정하지 않으면 유튜브 제목으로 MP3 파일이 생성됩니다.

```
In :  video_url = 'https://www.youtube.com/watch?v=Ks-_Mh1QhMc'
      download_folder = "C:/myPyAI/data/download" # 다운로드할 폴더는 미리 생성 후 지정
      file_name = "youtube_video_file.mp3"          # 오디오 파일 이름 지정
      title, download_path = download_youtube_as_mp3(video_url, download_folder, file_name)
      # title, download_path = download_youtube_as_mp3(video_url, download_folder)

      print("- 유튜브 제목:", video_title)
      print("- 다운로드한 파일명:", download_path.name)
```
```
Out:  - 유튜브 제목: [인터뷰] 허준이 프린스턴대 교수를 만나다 / KBS  2022.07.11.
      - 다운로드한 파일명: youtube_video_file.mp3
```

지정한 폴더에 가면 오디오 파일(.mp3)이 생성된 것을 볼 수 있습니다. 비디오 파일(.mp4)에 비해 파일 크기가 크게 줄어든 것을 확인할 수 있습니다.

9.1.2 유튜브 자막 정보 가져오기

이전 절에서는 yt_dlp 라이브러리를 사용해 유튜브 비디오 관련 정보를 가져오고 다운로드하는 방법을 살펴봤습니다. 이번에는 유튜브 자막 정보를 가져오는 데 특화된 youtube-transcript-api 라이브러리를 이용해 유튜브 자막 정보를 가져오겠습니다.

이를 위해 먼저 아나콘다 프롬프트에서 다음 명령을 실행해 파이썬 youtube-transcript-api 라이브러리를 설치합니다.

```
pip install youtube-transcript-api
```

youtube-transcript-api 라이브러리를 사용해 자막 정보를 가져오는 코드의 기본 구조는 다음과 같습니다.

```
01: from youtube_transcript_api import YouTubeTranscriptApi
02: # 자막 리스트 가져오기
03: transcript_list = YouTubeTranscriptApi.list_transcripts(video_id)
04: # 자막 가져오기
05: transcript = YouTubeTranscriptApi.get_transcript(video_id, languages=['ko', 'en'])
```

위 코드를 설명하면 다음과 같습니다.

01: youtube_transcript_api 라이브러리에서 YouTubeTranscriptApi 클래스를 가져옵니다.

03: list_transcripts() 메서드로 video_id에 해당하는 동영상의 사용 가능한 자막 리스트를 가져옵니다. 여기서 video_id는 유튜브 비디오 ID입니다. transcript_list의 요소인 transcript 객체는 다음과 같은 속성을 갖고 있습니다. 이 속성을 이용해 자막 언어와 자막 코드를 알 수 있습니다.

- 비디오 ID: transcript.video_id

- 자막 언어: transcript.language

- 자막 언어 코드: transcript.language_code

- 자동 생성 여부 확인: transcript.is_generated

- 자막 자동 번역 가능 여부: transcript.is_translatable

- 자막 자동 번역 언어 리스트: transcript.translation_languages

05: get_transcript() 메서드를 사용하여 video_id에 해당하는 동영상의 자막을 가져옵니다. 이때 languages 매개변수에는 자막 언어 코드를 지정할 수 있습니다. 예를 들어 languages=['ko', 'en']라고 입력하면 한국어(ko)와 영어(en) 자막을 우선순위로 설정합니다. 이렇게 하면 라이브러리는 입력한 언어 코드 리스트에 따라 첫 번째로 찾은 언어의 자막을 반환합니다. languages 매개변수를 지정하지 않으면 languages=['en']로 지정돼 영어 자막이 지정됩니다. 지정한 자막 언어를 찾을 수 없으면 오류가 발생합니다. 지정한 언어에 따라서 반환된 자막은 transcript 변수에 할당됩니다.

youtube-transcript-api 라이브러리는 Pretty Print, JSON, 텍스트(txt), WebVTT, SRT 포맷으로 자막을 출력할 수 있습니다. 다음은 형식자를 지정해 자막을 추출하는 코드의 기본 구조입니다. 형식을 지정하지 않으면 기본 형식인 Pretty Print 형식으로 지정됩니다.

```
from youtube_transcript_api.formatters import PrettyPrintFormatter # 기본 형식자
from youtube_transcript_api.formatters import JSONFormatter      # JSON 형식자
from youtube_transcript_api.formatters import TextFormatter      # 일반 텍스트 형식자
from youtube_transcript_api.formatters import WebVTTFormatter    # Web VTT 형식자
from youtube_transcript_api.formatters import SRTFormatter       # SRT 형식자

transcript = YouTubeTranscriptApi.get_transcript(video_id, languages=['ko'])

# 형식자 선택: JSONFormatter(), TextFormatter(), WebVTTFormatter(), SRTFormatter() 중 선택
formatter = SRTFormatter() # SRT 형식의 자막 선택
formatted = formatter.format_transcript(transcript)
```

위 코드에서 변수 **formatted**에는 지정한 형식으로 받아온 유튜브 자막이 있습니다. 만약 자막을 파일로 저장하고 싶다면 **formatted**의 내용을 저장하면 됩니다.

앞에서 살펴본 youtube-transcript-api 라이브러리를 이용하려면 유튜브 비디오 ID(**video_id**)를 알아야 합니다. 유튜브 비디오 ID는 유튜브 비디오 URL에 포함되어 있습니다. 유튜브 비디오 URL에서 v= 다음에 나오는 11자리 문자가 유튜브 비디오 ID입니다. 다음은 유튜브 URL에서 유튜브 비디오 ID를 추출하는 함수입니다.

```
In :  def get_video_id(video_url):
          video_id = video_url.split('v=')[1][:11]

          return video_id
```

다음은 **get_video_id()**를 이용해 유튜브 비디오 URL로부터 유튜브 비디오 ID를 추출하는 예입니다.

```
In :  video_url = "https://www.youtube.com/watch?v=pSJrML-TTmI"
      print("유튜브 비디오 ID:", get_video_id(video_url))
```
```
Out:  유튜브 비디오 ID: pSJrML-TTmI
```

```
In :  video_url = "https://www.youtube.com/watch?v=YYXdXT2l-Gg&list=PL-osiE80TeTt2d9bfVyTiXJA-
      UTHn6WwU&index=1"
      print("유튜브 비디오 ID:", get_video_id(video_url))
```
```
Out:  유튜브 비디오 ID: YYXdXT2l-Gg
```

이제 앞에서 살펴본 내용을 이용해 유튜브 비디오 URL을 입력했을 때 자막 정보를 가져오는 코드를 작성하면 다음과 같습니다.

```
In :  from youtube_transcript_api import YouTubeTranscriptApi

      video_url = "https://www.youtube.com/watch?v=pSJrML-TTmI"
      video_id = get_video_id(video_url)

      transcript_list = YouTubeTranscriptApi.list_transcripts(video_id)

      print(f"- 유튜브 비디오 ID: {video_id}")
      for transcript in transcript_list:
          print(f"- [자막 언어] {transcript.language}, [자막 언어 코드]
      {transcript.language_code}")
```

```
Out:  - 유튜브 비디오 ID: pSJrML-TTmI
      - [자막 언어] 한국어, [자막 언어 코드] ko
      - [자막 언어] 한국어 (자동 생성됨), [자막 언어 코드] ko
```

위 코드를 통해 지원하는 자막 언어와 자막 언어 코드를 확인했습니다. 이제 이를 이용해 자막을 가져
오겠습니다.

```
In :  transcript = YouTubeTranscriptApi.get_transcript(video_id, languages=['ko'])
      transcript[0:3]
```

```
Out:  [{'text': '이 사람 덕분에 어렵고 복잡하다고만 생각했던', 'start': 0.9, 'duration': 2.99},
       {'text': "'수학'을 다시 보게 됐다는 분들 많습니다.", 'start': 3.89, 'duration': 2.85},
       {'text': '수학자에게 주어지는 큰 영예죠.', 'start': 6.74, 'duration': 2.01}]
```

위의 코드에서는 형식자를 별도로 지정하지 않았기 때문에 Pretty Print 형식으로 자막을 가져왔습니
다. 다음은 SRT 형식자를 지정해 SRT 형식으로 자막을 가져오는 코드입니다.

```
In :  from youtube_transcript_api.formatters import SRTFormatter, TextFormatter

      srt_formatter = SRTFormatter() # SRT 형식으로 출력 지정
      srt_formatted = srt_formatter.format_transcript(transcript)
      print(srt_formatted[:150])
```

```
Out:  1
      00:00:00,900 --> 00:00:03,890
      이 사람 덕분에 어렵고 복잡하다고만 생각했던

      2
      00:00:03,890 --> 00:00:06,740
      '수학'을 다시 보게 됐다는 분들 많습니다.

      3
      00:00:06,740 --> 00:00:08,750
      수학
```

위의 출력 결과를 보면 SRT 형식으로 자막을 잘 가져온 것을 볼 수 있습니다.

이번에는 텍스트(txt) 형식자를 지정해 Text 형식으로 자막을 가져오겠습니다.

```
In :  text_formatter = TextFormatter() # 텍스트(txt) 형식으로 출력 지정
      text_formatted = text_formatter.format_transcript(transcript)
      print(text_formatted[:100])
```

```
Out:  이 사람 덕분에 어렵고 복잡하다고만 생각했던
      '수학'을 다시 보게 됐다는 분들 많습니다.
      수학자에게 주어지는 큰 영예죠.
      필즈상을 받은 허준이 프린스턴대 교수가 지난
      주말 시상식을
```

다음은 가져온 자막의 내용을 파일로 저장하는 코드입니다. SRT 형식의 파일은 {video_id}.srt로 저장하고 텍스트(txt) 형식의 파일은 {video_id}.txt로 저장합니다.

```
In :  download_folder = "C:/myPyAI/data/download" # 다운로드 폴더

      # SRT 형식으로 파일 저장
      srt_file = f"{download_folder}/{video_id}.srt"
      print("- SRT 형식의 파일 경로:", srt_file)
```

```
with open(srt_file, 'w') as f:
    f.write(srt_formatted)

# 텍스트 형식으로 파일 저장
text_file = f"{download_folder}/{video_id}.txt"
with open(text_file, 'w') as f:
    f.write(text_formatted)
print("- Text 형식의 파일 경로:", text_file)
```

```
Out:  - SRT 형식의 파일 경로: C:/myPyAI/data/download/pSJrML-TTmI.srt
      - Text 형식의 파일 경로: C:/myPyAI/data/download/pSJrML-TTmI.txt
```

지정한 다운로드 폴더를 보면 SRT 파일(.srt)과 텍스트 파일(.txt)이 생성된 것을 볼 수 있습니다. 참고로 SRT 파일도 일반 텍스트 에디터로 열 수 있습니다.

9.2 유튜브 동영상 요약, 음성 추출, 번역

스마트폰 사용자가 늘고 쉽게 동영상을 제작할 수 있는 도구가 증가하면서 유튜브(YouTube) 동영상 제작과 소비가 폭발적으로 늘고 있습니다. 이로 인해 엄청난 양의 동영상 콘텐츠가 쏟아지고 있는데, 이 중 무엇을 선택해서 봐야 할지는 늘 큰 고민입니다. 이럴 때 동영상 전체를 시청하지 않고 동영상 링크만 입력하면 요약해 주는 서비스가 있다면 유용할 것입니다. 그다음 관심이 있는 동영상으로 판단되면 그때 해당 동영상을 보면 됩니다. 또한 외국어 동영상의 경우 언어 문제로 시청하기가 쉽지 않은 경우가 있는데, 이때 동영상의 음성을 추출해 내가 원하는 언어로 번역해 동영상 자막으로 이용하면 편리할 것입니다.

이번에는 유튜브의 동영상을 언어에 상관없이 한국어로 요약하고, 동영상에서 음성을 자막 형식으로 추출해 한국어로 번역한 후 한국어 자막과 함께 동영상을 보는 방법을 알아보겠습니다.

9.2.1 유튜브 동영상 내용 요약

유튜브 동영상의 내용을 요약하기 위해 7장에서 살펴본 유니버설 서머라이저의 API를 이용하겠습니다. 다음은 유니버설 서머라이저의 API를 이용해 콘텐츠를 요약하는 함수입니다. 함수의 인수로 contents_url, kagi_api_key, target_language를 입력하면 요약한 내용을 문자열로 반환합니다.

```
In :   import requests
       import os

       def summarize_contents(contents_url, target_language):

           KAGI_API_TOKEN = os.environ["KAGI_API_TOKEN"] # Kagi API 키

           api_url = "https://kagi.com/api/v0/summarize"
           headers = {"Authorization": "Bot " + KAGI_API_TOKEN}
           parameters = {"url":contents_url, "target_language":target_language}

           r = requests.get(api_url, headers=headers, params=parameters)
           summary = r.json()['data']['output'] # 요약 내용을 별도의 변수에 할당

           return summary
```

이제 앞에서 만든 summarize_contents() 함수를 이용해 유튜브 동영상의 URL을 입력하면 한국어로 요약하는 예제를 살펴보겠습니다. 참고로 요약할 콘텐츠는 에이미 커디(Amy Cuddy)가 테드(TED)에서 'Your body language may shape who you are'라는 제목으로 강연한 21분 분량의 동영상입니다.

```
In :   import textwrap

       contents_url = "https://www.youtube.com/watch?v=Ks-_Mh1QhMc"
       target_language = "KO" # 요약할 언어를 한국어로 지정

       try:
           summary = summarize_contents(contents_url, target_language)

           print("[콘텐츠 URL]", contents_url)
           print(textwrap.shorten(summary, 150 ,placeholder=' [..이하 생략..]')) # 축약 출력
           # print(summary) # 전체 출력
       except:
           print("해당 URL의 내용을 요약하지 못했습니다. 다시 시도해 주세요.")
```
```
Out:   [콘텐츠 URL] https://www.youtube.com/watch?v=Ks-_Mh1QhMc
       커디는 강력한 자세를 취하는 것이 실제로 감정적, 심리적, 성과적으로 영향을 미칠 수 있다고
       말합니다. 실험 결과, 고위험 자세를 취하면 테스토스테론 수치가 증가하고 코르티솔 수치가
       감소하여 자신감과 단호함을 느끼게 됩니다. 면접 전 강력한 자세를 [..이하 생략..]
```

위 실행 결과를 보면 21분 분량의 영어 강연 동영상이 한국어로 요약된 것을 볼 수 있습니다. 콘텐츠에 따라 다르지만, 긴 동영상이나 긴 기사의 경우 요약하는 데 시간이 걸립니다. 따라서 요약하려는 콘텐츠 리스트를 만들어서 놓고 한 번에 요약을 수행하도록 하고 그동안 다른 일을 하면 좀 더 효율적으로 시간을 활용할 수 있습니다.

다음은 몇 가지 콘텐츠를 리스트로 만들어 요약하는 예제 코드입니다.

```
In :   import textwrap

       contents_urls = ["https://www.youtube.com/watch?v=arj7oStGLkU",
                        "https://www.youtube.com/watch?v=lmyZMtPVodo",
                        "https://www.youtube.com/watch?v=JdwWgw4fq7I"]

       target_language = "KO" # 요약할 언어를 한국어로 지정

       for contents_url in contents_urls:
           try:
               summary = summarize_contents(contents_url, target_language)
               print("[콘텐츠 URL]", contents_url)
               print(textwrap.shorten(summary, 150 ,placeholder=' [..이하 생략..]')) # 축약 출력
               # print(summary) # 전체 출력
           except:
               print("해당 URL의 내용을 요약하지 못했습니다. 다시 시도해 주세요.")
```

```
Out:   [콘텐츠 URL] https://www.youtube.com/watch?v=arj7oStGLkU
       집중력 부족은 우리 뇌에서 순간적인 만족을 추구하는 원숭이와 장기적인 목표를 위해 노력하는
       합리적인 결정 메이커 간의 갈등에서 비롯된다. 원숭이는 쉽고 재미있는 일을 지금 당장 하고
       싶어하지만, 합리적인 결정 메이커는 장기적으로 생각했을 때 옳은 [..이하 생략..]
       [콘텐츠 URL] https://www.youtube.com/watch?v=lmyZMtPVodo
       위대한 지도자들은 사람들의 안전과 복지를 최우선으로 생각하여 그들이 안전하게 느낄 수 있도록
       합니다. 이는 자연스럽게 사람들이 함께 일하고 대가를 치르며 협력할 수 있는 신뢰와 협력의 환경을
       조성합니다. 캡틴 스웬슨과 같은 지도자들은 다른 사람들을 [..이하 생략..]
       [콘텐츠 URL] https://www.youtube.com/watch?v=JdwWgw4fq7I
       교수는 상황과 맥락이 선천적 능력보다 사람들의 사고를 더 형성한다고 주장합니다. 그는 초등학교
       학생들과의 실험을 통해 이를 입증합니다. 그는 학생들에게 제시하는 물건들의 순서와 시간을 단순히
       변경함으로써 학생들의 창의성이 크게 변화한다는 것을 [..이하 생략..]
```

위 코드의 수행 결과를 보면 원본 콘텐츠가 영어나 한국어이거나 관계 없이 한국어로 잘 요약하는 것을 볼 수 있습니다.

9.2.2 비디오, 오디오 파일의 음성을 텍스트로 추출

유튜브 동영상의 내용을 번역하려면 원본 언어의 자막이 필요합니다. 유튜브 동영상 자막을 가져오는 방법으로 앞서 살펴본 youtube-transcript-api 라이브러리를 이용하는 방법도 있고 (그림 9-1의 자막1), 비디오 혹은 오디오 파일을 다운로드한 후에 OpenAI Whisper 기반의 Audio API를 이용해 음성에서 텍스트를 추출할 수도 있습니다(그림 9-1의 자막2). 자막을 가져온 후에 번역할 때는 OpenAI의 Chat Completions API를 이용해 번역을 수행할 수도 있고(그림 9-1의 번역 A), DeepL API를 이용해 번역을 수행할 수도 있습니다(그림 9-1의 번역 B).

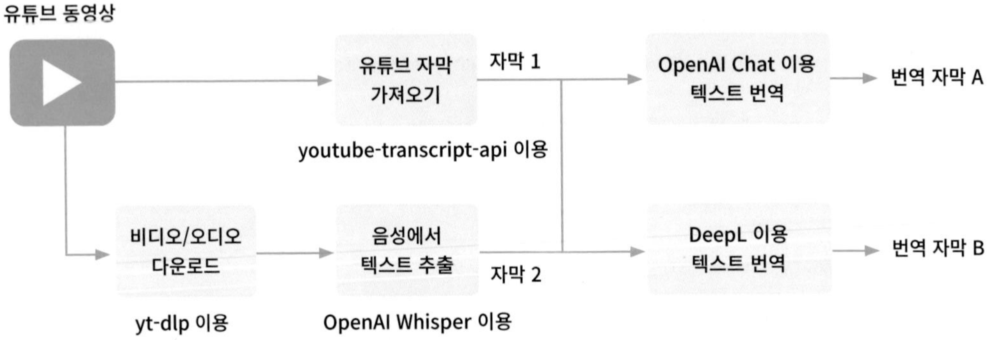

그림 9-1 유튜브 동영상 자막을 가져와 번역하는 과정

참고

유튜브 자막 텍스트 획득 방법 선택

유튜브에 비디오 파일을 업로드할 때 자막도 함께 업로드할 수 있습니다. 하지만 자막 업로드는 의무 사항이 아니라서 자막 없이 비디오 파일만 업로드한 유튜브 콘텐츠가 많습니다. 이 경우에 유튜브는 음성에서 텍스트를 자동으로 추출한 후에 [언어(자동 생성됨)] 같이 표시해 자막으로 제공합니다. 유튜브 크리에이터가 비디오 파일을 올릴 때 자막까지 같이 올리는 경우라면 자막의 내용을 믿을 수 있지만 자동 생성된 자막은 음성 추출 과정의 오류로 인해 음성과 일치하지 않을 때도 있습니다.

유튜브 동영상에 자막까지 함께 올라간 경우에는 유튜브 자막 가져오기 방법(자막 1)을 통해 직접 자막을 가져오는 것이 좋은 방법입니다. 하지만 자막이 자동 생성된 경우라면 비디오나 오디오 파일을 다운로드한 후에 OpenAI Whisper 기반의 Audio API를 이용해 음성에서 텍스트를 추출하는 방법(자막 2)이 더 정확한 결과를 가져올 수 있습니다. 특히 비디오에 음성이 다중 언어로 구성된 경우는 더욱 그러합니다. 하지만 절대적인 선택 기준이 없으니 사용 편의성, 비용, 필요한 음성 추출의 정확도에 따라서 자신에게 맞는 방법을 선택하면 됩니다.

유튜브 동영상 자막을 직접 가져오는 방법과 유튜브 동영상 비디오와 오디오를 다운로드하는 방법은 이미 앞에서 살펴봤습니다. 여기서는 6장에서 살펴본 OpenAI의 Audio API를 이용해 비디오나 오디오 파일에서 음성을 텍스트로 추출하는 방법을 살펴보겠습니다.

다음은 OpenAI 라이브러리의 openai.Audio.transcribe() 함수를 이용해 비디오나 오디오 파일에서 음성을 텍스트로 추출해 파일로 저장하는 함수입니다. 인자 input_path에는 비디오나 오디오 파일의 경로를 지정합니다. 인자 resp_format에는 음성을 추출해 텍스트로 변환할 때 지원하는 형식으로 text 혹은 srt를 지정합니다. text로 지정하면 음성을 추출한 텍스트 파일을 생성하고, srt 형식으로 지정하면 시간 정보가 포함된 형식의 SRT 파일을 생성합니다. 인자 lang에는 추출할 음성 언어의 코드를 지정합니다. 함수를 실행한 후에는 음성에서 텍스트를 추출한 결과(transcript)와 출력 파일 경로(output_path)를 반환합니다. 이 함수에서 파일 이름 생성을 쉽게 하기 위해 pathlib 라이브러리를 이용했습니다.

```
In :  import openai
      from pathlib import Path
      import os

      def audio_transcribe(input_path, resp_format= "text", lang="en"):

          openai.api_key = os.environ["OPENAI_API_KEY"] # OpenAI API Key
          with open(input_path, "rb") as f: # 음성 파일 열기
              # 음성 추출
              transcript = openai.Audio.transcribe(
                  model="whisper-1",
                  file=f,
                  language=lang,
                  response_format=resp_format # 추출할 텍스트 형식 지정
              )
          # 음성을 텍스트로 추출한 후에 텍스트 파일로 저장
          path = Path(input_path)
          if resp_format == "text":
              output_file = f"{path.parent}/{path.stem}.txt"
          else:
              output_file = f"{path.parent}/{path.stem}.srt"

          output_path = Path(output_file)
```

```
        with open(output_file, 'w', encoding='utf-8') as f:
            f.write(transcript)

        return transcript, output_path
```

이제 위에서 만든 audio_transcribe() 함수를 호출해 오디오 파일에서 음성을 추출하고 지정한 형식
의 텍스트 파일로 저장하는 예를 살펴보겠습니다. 이번 예제에서는 출력 형식을 srt로 지정했습니다.

```
In :  audio_file = "C:/myPyAI/data/download/youtube_video_file.mp3"

      print(f"[음성 파일 경로] {audio_file}\n")
      r_format = "srt" # 출력 형식을 srt로 지정

      transcript, output_path = audio_transcribe(audio_file, r_format)

      print(f"- [텍스트 추출 형식] {r_format}")
      print(f"- [출력 파일] {output_path.name}")
      print(f"- [음성 추출 결과(일부 출력)]\n{transcript[:137]}") # 추출 결과 출력(일부)
      # print(f"- [음성 추출 결과]\n{transcript}") # 추출 결과 출력(전체)
```

```
Out:  [음성 파일 경로] C:/myPyAI/data/download/youtube_video_file.mp3

      - [텍스트 추출 형식] srt
      - [출력 파일] youtube_video_file.srt
      - [음성 추출 결과(일부 출력)]
      1
      00:00:00,000 --> 00:00:19,660
      Translator 1 So I want to start by offering you a free


      2
      00:00:19,660 --> 00:00:22,500
      no-tech life hack
```

위 코드를 실행한 후에 출력한 파일을 열어보면 지정한 SRT 형식에 맞춰 음성이 텍스트로 변환된 것을
볼 수 있습니다.

유튜브 크리에이터라면 의 자신이 만든 비디오에서 음성을 텍스트로 추출할 때도 OpenAI의 Audio API를 이용할 수 있습니다. OpenAI의 Audio API를 이용해 추출한 텍스트를 검토해 수정한 다음, 유튜브에 비디오를 업로드할 때 자막까지 함께 올리면 매번 자막을 수동으로 작성하는 것보다 훨씬 편리할 것입니다.

9.2.3 동영상 자막 번역

이어서 유튜브 동영상에서 추출한 텍스를 원하는 언어로 번역하겠습니다. 이를 위해 DeepL API를 이용하겠습니다. OpenAI의 Chat Completions API를 이용할 수도 있지만 번역할 내용이 길면 DeepL API를 이용하는 것이 편리합니다. OpenAI의 Chat Completions API를 이용해 번역하는 방법은 다른 장에서 살펴보겠습니다.

SRT 형식의 파일을 번역해 SRT 형식으로 출력하기 위해 우선 SRT 파일을 읽고 8장에서 살펴본 DeepL 라이브러리의 translate_text()를 이용해 지정한 언어로 번역하고, 다시 SRT 형식으로 파일을 생성하겠습니다. 참고로 SRT 파일의 경우도 일반 텍스트 파일처럼 다룰 수 있어서 파이썬에서 텍스트 파일을 읽고 쓰는 방법을 그대로 이용할 수 있습니다.

이러한 기능을 함수로 구현하면 다음과 같습니다. 인자 input_path에는 원본 텍스트 파일의 경로를 지정합니다. 인자 t_lang에는 번역할 언어의 코드를 지정합니다. 함수를 실행한 후에는 번역 파일이 생성되며 출력 파일 경로(output_path)를 반환합니다.

```
In :  import deepl
      from pathlib import Path
      import os

      def transplate_text_file(input_path, t_lang="KO"):

          # 원본 파일 읽기
          with open(input_path, encoding='utf-8') as f:
              text = f.read()

          # 번역 수행
          auth_key = os.environ["DEEPL_AUTH_KEY"] # DeepL 인증 키
          translator = deepl.Translator(auth_key) # translator 객체를 생성
```

```
    result = translator.translate_text(text, target_lang=t_lang)

    # 번역 파일 쓰기
    path = Path(input_path)
    output_file = f"{path.parent}/{path.stem}_번역_{t_lang}{path.suffix}"

    output_path = Path(output_file)

    with open(output_file, 'w', encoding='utf-8') as f:
        f.write(result.text)

    return output_path
```

다음은 transplate_text_file() 함수를 이용해 원본 srt 파일을 번역한 후 다시 srt 파일로 저장하는 코드입니다.

```
In :  input_file = "C:/myPyAI/data/download/youtube_video_file.srt"

      translated_file = transplate_text_file(input_file)
      print("- 번역 파일:", translated_file.name)
```
Out: - 번역 파일: youtube_video_file_번역_KO.srt

위 코드로 생성한 '~_번역_KO.srt' 파일을 열어보면 번역한 결과를 볼 수 있습니다. 그림 9-2는 원본 SRT 파일과 번역 SRT 파일에서 내용을 발췌해 비교한 것입니다.

5 00:00:33,560 --> 00:00:35,400 and what you're doing with your body.	5 00:00:33,560 --> 00:00:35,400 그리고 당신의 몸으로 무엇을 하고 있는지요.
6 00:00:35,400 --> 00:00:37,740 So how many of you are sort of making yourselves smaller?	6 00:00:35,400 --> 00:00:37,740 여러분 중 몇 명이나 몸을 작게 만들고 계신가요?
7 00:00:37,740 --> 00:00:42,100 Maybe you're hunching, crossing your legs, maybe wrapping your ankles.	7 00:00:37,740 --> 00:00:42,100 허리를 구부리고, 다리를 꼬고, 발목을 감고 있을지도 모르죠.

그림 9-2 원본 SRT 파일 내용과 번역 SRT 파일 내용 발췌

9.2.4 번역한 자막으로 유튜브 보기

크롬 확장 프로그램인 'Subtitles For YouTube'를 사용하면 앞에서 생성한 srt 파일을 유튜브 자막으로 활용할 수 있습니다. 다음은 'Subtitles For YouTube'의 사용 방법입니다. 크롬 웹 브라우저가 설치돼 있지 않다면 먼저 크롬 웹 사이트(https://www.google.com/chrome/)를 방문해 크롬을 다운로드하고 설치해야 합니다.

01. 크롬 웹 브라우저를 실행하고, 크롬 웹 스토어(https://chrome.google.com/webstore/category/extensions)를 방문합니다. [스토어 검색] 창에 "Subtitles For YouTube"를 검색해 확장 프로그램을 선택합니다(그림 9-3). 해당 확장 프로그램 페이지에서 [크롬에 추가] 버튼을 클릭해 설치를 완료합니다.

그림 9-3 크롬 확장 프로그램 Subtitles For YouTube

02. 확장 프로그램이 설치되면 YouTube 웹사이트(https://www.youtube.com/)로 이동해 원하는 동영상을 재생하거나 직접 동영상 비디오 URL을 입력해 유튜브 비디오를 재생합니다. 영상 아래 'Subtitles For YouTube' 실행 화면이 나오고, [SEARCH], [UPLOAD], [SETTINGS] 탭이 보입니다(그림 9-4).

- [SEARCH] 탭: 자동으로 자막을 찾아주는 기능이 있습니다.

- [UPLOAD] 탭: 자신의 SRT 파일을 업로드할 수 있는 기능이 있습니다.

- [SETTINGS] 탭: 각종 설정을 할 수 있는 기능이 있습니다.

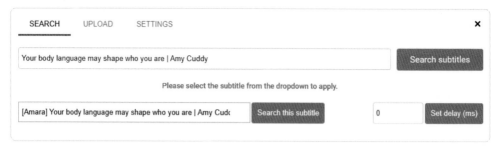

그림 9-4 유튜브 비디오 재생 시 Subtitles For YouTube 실행 화면

03. [UPLOAD] 탭을 클릭한 후에 `Click or drag & drop subtitle file here`을 클릭해 SRT 파일을 선택하거나 마우스로 SRT 자막 파일을 끌어다 놓습니다(그림 9-5).

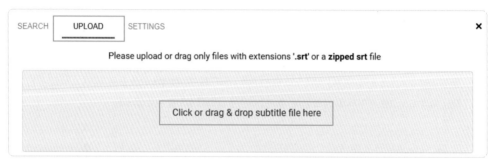

그림 9-5 유튜브 비디오 재생 시 Subtitles For YouTube 실행 화면

04. 비디오 재생 부분을 보면 업로드한 자막 파일의 자막 내용이 보입니다(그림 9-6).

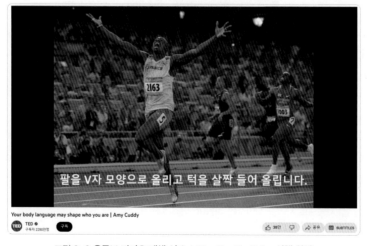

그림 9-6 유튜브 비디오 재생 시 Subtitles For YouTube 실행 화면

이처럼 수행하면 'Subtitles For YouTube' 크롬 확장 프로그램을 사용하여 자신이 만든 자막 파일을 유튜브 동영상과 함께 볼 수 있습니다.

9.3 유튜브 내용으로 학습한 챗봇 만들기

과거에는 인터넷 기사나 블로그가 정보의 주요 출처였지만, 최근에는 유튜브 제작이 급격히 늘어나면서 유튜브에서도 다양한 정보를 찾을 수 있게 되었습니다. 이번에는 유튜브 동영상의 내용을 이용해 챗봇을 학습시킨 후에 학습한 내용을 기반으로 질문에 답하는 챗봇을 만들어보겠습니다. 챗봇 학습을 위한 데이터는 유튜브 동영상에서 자막을 가져오거나 음성에서 텍스트를 추출해 확보하겠습니다.

9.3.1 유튜브 비디오 자막 정보 활용

OpenAI의 학습 모델은 학습한 데이터 이후의 사실에 대한 질문이나 학습되지 않는 정보에 대해 물으면 정확한 답변을 제공할 수 없습니다. 또한 너무나 광범위한 주제에 대한 질문에도 정확한 답변을 할 수 없습니다. 그림 9-7은 챗GPT가 학습한 이후의 뉴스에 대해 질문을 한 결과인데, 제대로 답변하지 못하는 것을 확인할 수 있습니다.

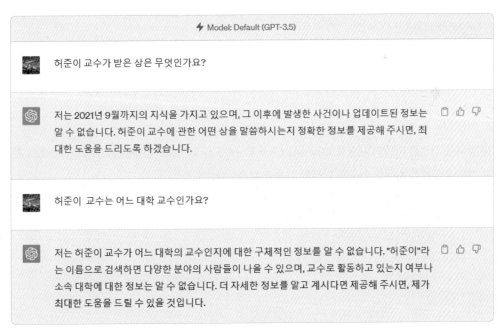

그림 9-7 챗GPT가 학습한 시점 이후 사실에 대한 질문과 답변의 예

위와 같은 질문에 답변하려면 데이터가 필요합니다. 학습 데이터로 유튜브 뉴스 인터뷰 동영상을 이용하겠습니다. 이를 위해 동영상을 다운로드한 후에 동영상의 음성에서 텍스트를 추출할 수도 있고, 유튜브 자막을 가져와 사용할 수도 있는데, 여기서는 유튜브의 자막을 가져와 챗봇의 학습에 사용하겠습니다.

다음은 유튜브 비디오에서 자막을 가져오는 코드입니다.

```
In :   from youtube_transcript_api import YouTubeTranscriptApi
       from youtube_transcript_api.formatters import TextFormatter
       import textwrap

       video_url = "https://www.youtube.com/watch?v=pSJrML-TTmI" # 동영상의 URL 입력
       video_id = get_video_id(video_url)

       transcript = YouTubeTranscriptApi.get_transcript(video_id, languages=['ko'])

       text_formatter = TextFormatter() # SRT 형식으로 출력 지정
       text_formatted = text_formatter.format_transcript(transcript)
       text_info = text_formatted.replace("\n", " ") # 개행문자 제거

       shorten_text_info = textwrap.shorten(text_info, 150 ,placeholder=' [..이하 생략..]')
       print(shorten_text_info) # 축약 출력
       # print(text_info) # 전체 내용 출력
```

Out: 이 사람 덕분에 어렵고 복잡하다고만 생각했던 '수학'을 다시 보게 됐다는 분들 많습니다.
       수학자에게 주어지는 큰 영예죠. 필즈상을 받은 허준이 프린스턴대 교수가 지난 주말 시상식을
       마치고 귀국했고, 오늘 KBS에 직접 나왔습니다. 빨리 만나보죠. [..이하 생략..]

이제 앞에서 생성한 자막의 내용을 OpenAI Chat Completions API의 사용자 콘텐츠 입력으로 활용하고 질문에 답변하는 챗봇 함수를 만들면 다음과 같습니다.

```
In :  import openai

      def answer_from_given_info(question_info, prompt):

          # 입력 정보에 기반해 답변 요청
          user_content = f"{prompt} 다음 내용을 바탕으로 질문에 답해 줘. {question_info}"

          messages = [ {'role': 'user', 'content': user_content} ]

          response = openai.ChatCompletion.create(
                          model="gpt-3.5-turbo",
                          messages=messages,
                          max_tokens=500,
                          stop = ["."],
                          temperature=0.2 )

          return response['choices'][0]['message']['content'] # 응답 결과 반환
```

앞에서 만든 챗봇 함수 answer_from_given_info()를 이용해 기사 내용과 관련된 질문을 하고 답변을 받는 예를 살펴보겠습니다. 자막 내용을 학습에 활용하기 위해 question_info에 할당하고 질문은 prompt에 할당하겠습니다. 질문은 자막 내용에 근거해 만듭니다.

```
In :  question_info = text_info # 자막을 가져온 내용을 학습 데이터로 사용
      prompt = "허준이 교수가 받은 상은 무엇인가요?" # 질문
      response = answer_from_given_info(question_info, prompt)
      print(response)
```
Out: 허준이 교수가 받은 상은 필즈상입니다

```
In :  question_info = text_info # 자막을 가져온 내용을 학습 데이터로 사용
      prompt = "허준이 교수는 어느 대학 교수인가요?" # 질문
      response = answer_from_given_info(question_info, prompt)
      print(response)
```
Out: 허준이 교수는 프린스턴대 교수입니다

출력 결과를 보면 유튜브 비디오 자막을 기반으로 학습한 내용에 대한 질문에 답변을 잘하는 것을 볼 수 있습니다.

9.3.2 음성에서 추출한 정보 활용

한국어와 영어가 섞여 있는 것처럼 음성이 다중 언어로 구성된 유튜브 비디오에서는 유튜브의 자막이 다중 언어로 준비가 안돼 유튜브 비디오 자막을 가져오는 방식으로는 자막을 제대로 가져오지 못하는 경우가 있습니다. 이때는 유튜브 동영상을 다운로드한 후에 OpenAI의 Audio API를 이용해 음성을 추출하고, 추출한 정보를 활용하면 이러한 문제를 해결할 수 있습니다.

여기서는 OpenAI Audio API를 이용해 한국어와 영어가 섞여 있는 경우 유튜브 비디오에서 음성을 텍스트로 추출해 활용하는 예를 살펴보겠습니다.

이를 위해 먼저 다음과 같이 한국어와 엉어가 섞여 있는 유튜브 비디오 URL을 지정해 오디오 파일로 다운로드합니다.

```
In :  import yt_dlp

      video_url = "https://www.youtube.com/watch?v=EKqQvzyVAh4" # 한국어와 영어 모두 있는 비디오
      download_folder = "C:/myPyAI/data/download" # 다운로드 폴더

      # 유튜브 비디오를 오디오 파일로 다운로드
      file_name = "youtube_video_KBS_news.mp3"
      title, download_path = download_youtube_as_mp3(video_url, download_folder, file_name)

      print("- 유튜브 제목:", title)
      print("- 다운로드한 파일명:", download_path.name)
```

```
Out:  - 유튜브 제목: "AI 개발, 멈출 때 아냐…갤럭시 '빙' 탑재, 삼성에 달려" [9시 뉴스] / KBS
      2023.04.18.
      - 다운로드한 파일명: youtube_video_KBS_news.mp3
```

이어서 다운로드한 음성 파일에서 텍스트를 추출합니다. 한국어와 영어가 섞여 있는 영상이지만 영어로 지정했기 때문에 한국어도 영어로 번역돼 추출됩니다.

```
In :  import openai
      from pathlib import Path
      import textwrap

      audio_path = download_path

      print(f"[오디오 파일명] {audio_path.name}\n")
      r_format = "text" # 출력 형식을 text로 지정

      transcript, output_file = audio_transcribe(audio_path, r_format)
      shorten_text = textwrap.shorten(transcript, 250, placeholder=' [..이하 생략..]')

      print(f"- [텍스트 추출 형식] {r_format}")
      print(f"- [출력 파일] {output_file.name}")
      print(f"- [음성 추출 결과]\n{shorten_text}" )

Out:  [오디오 파일명] youtube_video_KBS_news.mp3
      - [텍스트 추출 형식] text
      - [출력 파일] youtube_video_KBS_news.txt
      - [음성 추출 결과]
      As you can see, the world is changing in the era of artificial intelligence. Are people
      and companies or governments preparing properly? KBS interviewed Microsoft's Vice
      President Brad Smith, who visited Korea. I heard what role people [..이하 생략..]
```

다음은 추출한 텍스트 파일을 한국어로 번역해 텍스트 파일로 저장합니다.

```
In :  input_file = output_file
      translated_file = transplate_text_file(input_file)

      print("- 번역 파일:", translated_file.name)

Out:  - 번역 파일: youtube_video_KBS_news_번역_KO.txt
```

이제 번역 텍스트 파일의 내용을 학습에 활용하기 위해 텍스트 파일을 읽은 내용(text)을 question_info에 할당하고 질문은 prompt에 할당합니다. 그 후에 answer_from_given_info() 함수의 인자로 활용합니다.

```
In :    file_name = translated_file # 유튜브 내용을 학습 데이터로 사용
        with open(file_name, encoding='utf-8') as f: # 텍스트 파일 읽기
            text = f.read() # 텍스트 파일 내용

        question_info = text # 질문에 대한 학습 데이터
        prompt = "마이크로소프트는 OpenAI 개발에 얼마를 투자했나요?" # 질문

        response = answer_from_given_info(question_info, prompt)
        print(response)
```

Out: 마이크로소프트는 OpenAI 개발에 100억 달러, 한화로는 13조원 이상을 투자했습니다

```
In :    prompt = "KSB가 인터뷰한 사람은 누구인가요?"
        response = answer_from_given_info(question_info, prompt)
        print(response)
```

Out: KBS가 인터뷰한 사람은 마이크로소프트의 브래드 스미스 부사장입니다

출력 결과를 보면 인터뷰에 나온 내용을 이용해 답변하는 것을 볼 수 있습니다.

9.4 요약

이 장에서는 인공지능 API를 활용해 유튜브 콘텐츠를 분석하고 활용하는 다양한 방법을 소개했습니다. 먼저 유튜브 콘텐츠의 정보를 가져오는 방법을 살펴봤습니다. 이를 통해 동영상 정보를 가져오고 비디오와 오디오를 다운로드하는 방법을 살펴봤습니다. 또한, 유튜브 비디오 자막을 가져오는 방법도 알아봤습니다. 다음으로 인공지능 API를 활용해 유튜브 동영상을 요약하고, 음성에서 텍스트를 추출하며, 추출한 내용을 원하는 언어로 번역하는 예를 소개했습니다. 마지막으로 유튜브 동영상 자막 정보와 음성에서 추출한 텍스트 정보를 기반으로 답변하는 챗봇을 만드는 방법을 알아봤습니다. 이 장에서 살펴본 예를 활용해 유튜브 콘텐츠를 기반으로 하는 자신만의 인공지능 서비스나 앱을 만들어 보길 바랍니다.

Part

03

실전!
인공지능 애플리케이션
개발하기

CHAPTER

10

스트림릿으로
웹 앱(Web App) 만들기

지금까지 우리가 다룬 프로그램은 사용자가 자신의 컴퓨터에서 실행하는 텍스트 기반 인터페이스를 통해 동작했습니다. 이러한 프로그램은 실시간으로 설정을 변경하거나 다른 사람과 공유하기가 어렵습니다. 응용프로그램을 웹 애플리케이션(Web Application, Web App) 형태로 만든다면 이러한 한계를 극복할 수 있습니다. 웹 앱(Web App)을 활용하면 그래픽 사용자 인터페이스를 통해 다양한 옵션을 설정할 수 있고, 다양한 형태의 미디어를 활용할 수 있으며, 데이터 파일을 업로드하거나 다운로드할 수 있습니다. 또한 내가 만든 프로그램을 웹을 통해 다른 사람들과 공유할 수도 있습니다. 이번 장에서는 이러한 작업을 수행할 수 있는 웹 앱 제작 방법을 살펴보겠습니다.

파이썬을 사용하여 웹 애플리케이션을 만들 수 있는 다양한 라이브러리가 있습니다. 주요 라이브러리로는 Streamlit, Dash, Shiny, Voila, Flask 등이 있습니다. 이 책에서는 웹 앱을 쉽게 만들 수 있는 스트림릿(Streamlit)을 사용해 웹 앱을 생성하는 방법을 소개합니다. 스트림릿을 이용하면 간단한 코드로 멋진 웹 앱을 만들 수 있습니다. 이 책에서는 웹 앱을 만드는 데 필요한 스트림릿의 사용법에 초점을 맞추어 설명합니다. 스트림릿의 사용법을 더 자세히 알고 싶다면 스트림릿 웹 사이트(https://streamlit.io/)를 참고하기 바랍니다.

10.1 | 스트림릿 둘러보기

스트림릿은 머신러닝 및 데이터 과학 분야에서 웹 앱을 쉽게 만들고 공유할 수 있도록 개발된 도구입니다. 일반적으로 웹 앱을 만들려면 웹 서버에 관한 지식과 HTML, CSS, 자바스크립트 같은 웹과 관련된 언어를 잘 알아야 하지만, 스트림릿은 웹에 관한 특별한 경험이나 지식이 없어도 상호작용이 가능한 웹 앱을 쉽고 빠르게 만들고 배포할 수 있게 도와줍니다. 스트림릿의 웹 페이지에는 "A faster way to build and share data apps"라는 문구가 있습니다. 즉, "데이터 앱을 만들고 공유하는 더 빠른 방법"이라는 문구로 스트림릿을 설명하고 있습니다. 이런 문구에 맞게 스트림릿을 사용하여 웹 앱을 만드는 방법은 다른 라이브러리를 이용하는 것보다 간편하고 쉽습니다.

이번 장에서는 먼저 스트림릿의 데모 웹 앱을 통해 스트림릿으로 할 수 있는 일들을 간단히 둘러봅니다. 또한 스트림릿 웹 앱을 실행하는 방법도 살펴봅니다.

10.1.1 데모 웹 앱으로 스트림릿 맛보기

스트림릿을 알아보기 전에 먼저 스트림릿으로 만든 데모(demo) 웹 앱을 실행해 보겠습니다. 파이썬에서 스트림릿을 이용하고, 데모 웹 앱을 실행하려면 먼저 스트림릿 라이브러리를 설치해야 합니다. 스트림릿 라이브러리는 아나콘다 배포판에 포함돼 있지 않으므로 다음과 같이 아나콘다 프롬프트에서 설치합니다.

```
pip install streamlit
```

이제 스트림릿 데모 웹 앱을 살펴보겠습니다. 아나콘다 프롬프트에서 다음 명령어로 데모 웹 앱을 실행합니다.

```
streamlit hello
```

아나콘다 프롬프트에서 'streamlit hello'를 수행하면 그림 10-1처럼 자체적으로 웹 서버를 실행하고, 웹 서버에 연결할 수 있는 Local URL과 Network URL을 보여줍니다(streamlit을 처음 실행하는 경우라면 이메일 주소를 넣으라는 메시지가 나올 수 있는데 입력해도 되고 입력하지 않고 건너뛰어도 됩니다. 또한 윈도우의 경우 [Windows 보안 경고] 창이 뜰 수도 있는데 이때 [엑세스 허용(A)] 버튼을 클릭합니다). 이와 동시에 웹 브라우저가 실행되면서 현재 PC의 내부 주소인 Local URL(http://

localhost:8501/)에 연결됩니다(그림 10-2). 함께 표시된 `Network URL`을 이용해 연결해도 같은 데모 웹 앱에 접속됩니다.

그림 10-1 아나콘다 프롬프트에서 스트림릿(Streamlit) 데모 웹 앱 실행

데모 웹 앱의 왼쪽 메뉴를 보면 [Hello] 아래에 네 가지 데모 항목이 있으며, 각 항목을 클릭하면 데모 페이지를 볼 수 있습니다.

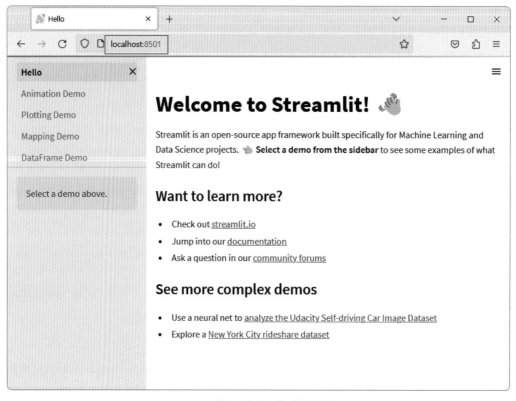

그림 10-2 웹 브라우저로 데모 웹 앱에 접속

스트림릿의 데모 웹 앱을 살펴보면 스트림릿으로 할 수 있는 일들을 대략 파악할 수 있습니다. 네 가지 데모 중 [Plotting Demo]를 선택하면 데이터를 그래프로 나타내는 예를 보여줍니다(그림 10-3).

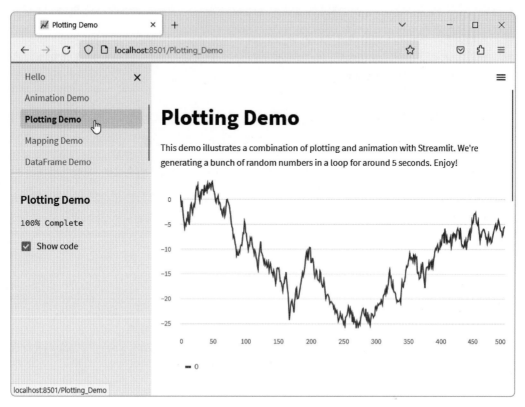

그림 10-3 데모 웹 앱 중 Plotting Demo의 예

데모 웹 앱을 종료하려면 'streamlit hello'를 수행한 아나콘다 프롬프트 창을 선택하고 Ctrl+C 키를 누르거나 프롬프트 창을 종료합니다. 만약 웹 앱을 종료하지 않고 다른 웹 앱을 실행하면 URL의 기본 포트 번호(8051)가 바뀌며 실행됩니다.

여기서는 스트림릿의 데모 웹 앱을 간단히 둘러봤습니다. 스트림릿 갤러리(https://streamlit.io/gallery)를 방문하면 스트림릿을 이용한 다양한 웹 앱을 살펴볼 수 있습니다. 분야별로 여러 예제가 있으니 스트림릿으로 무엇을 할 수 있는지 둘러보고 싶은 분은 방문해 보세요.

10.1.2 스트림릿 웹 앱 코드 실행 방법

지금까지 작성한 파이썬 코드는 주피터 노트북의 코드 셀에서 바로 실행할 수 있었습니다. 하지만 스트림릿을 이용한 웹 앱 코드를 실행하려면 작성한 코드를 파이썬 코드 파일로 저장한 후에 아나콘다 프롬프트에서 다음과 같은 명령으로 실행해야 합니다.

```
streamlit run file_name.py
```

여기서 `file_name.py`는 파이썬 코드의 파일 이름이며, 폴더의 경로를 포함할 수 있습니다. 위와 같이 명령을 실행하면 웹 서버가 실행되며, 웹 브라우저가 열리고 스트림릿 웹 앱이 실행됩니다.

스트림릿을 이용한 파이썬 코드는 주피터 노트북의 코드 셀에서 실행할 수 없으므로, 지정한 폴더에 별도의 파이썬 코드 파일로 저장해야 합니다. 코드 작성 및 저장을 위해 선호하는 텍스트 편집기(에디터)를 사용하거나 주피터 노트북의 코드 셀에서 다음과 같이 `%%writefile` 명령어를 사용해 파이썬 코드를 파일로 저장할 수도 있습니다.

```
%%writefile [-a] file_name.py
<코드 블록>
```

이 책에서는 주피터 노트북의 코드 셀에서 파이썬 코드를 작성하고 파일로 저장하는 방법을 이용하겠습니다.

10.2 스트림릿 기본 기능

스트림릿을 이용해 웹 앱을 만드는 방법을 알아보기 위해 먼저 스트림릿의 기본 기능과 사용법을 알아보겠습니다.

10.2.1 텍스트 요소

첫 번째로 텍스트를 표시하는 요소를 살펴보겠습니다. 스트림릿에서 텍스트를 표시할 수 있는 함수를 정리하면 표 10-1과 같습니다. 파이썬에서 스트림릿을 이용하려면 우선 스트림릿을 임포트해야 하는데, 보통은 간편하게 사용하기 위해 `'import streamlit as st'`로 임포트합니다. 표 10-1의 함수 설명과 사용 예에 있는 `st`는 `streamlit`을 의미하며, 여기서는 `'import streamlit as st'`로 임포트했다고 가정합니다.

표 10-1 스트림릿의 텍스트 표시 함수

함수	설명	사용 예
st.title(문자열)	제목 표시	st.title('제목')
st.header(문자열)	헤더 표시	st.header('헤더')
st.subheader(문자열)	하위 헤더 표시	st.subheader('서브 헤더')
st.text(문자열)	일반 텍스트 표시	st.text('일반 텍스트입니다.')
st.code(파이썬 코드)	파이썬 코드 문법 강조 표시	st.code('a = 1')
st.markdown(마크다운)	마크다운 표시	st.markdown('이것은 **마크다운**입니다.')

이제 표 10-1의 함수를 이용해 스트림릿에서 텍스트 요소를 표시하는 파이썬 코드를 작성해 보겠습니다.

다음은 텍스트 요소를 사용한 스트림릿 예제 코드입니다. 이 코드는 지정한 폴더(C:\myPyAI\code\st)에 파이썬 코드 파일(**text_app.py**)로 저장합니다. 이번 장에 작성하는 파이썬 코드는 모두 4장에서 생성한 이 폴더에 저장합니다.

```
In : %%writefile C:\myPyAI\code\st\text_app.py
# 텍스트 표시 예제

import streamlit as st

st.title("st.title(문자열): 제목")
st.header("st.header(문자열): 헤더")
st.subheader("st.subheader(문자열): 서브헤더")
st.text("st.text(문자열): 일반 텍스트입니다.")

st.text("st.code(code): 파이썬 코드 표시")

code = '''
def hello():
    print("Hello, Streamlit!")
'''
st.code(code)

st.markdown('스트림릿에서 **마크다운**을 사용할 수 있습니다.:sunglasses:')
```

```
Out:  Writing C:\myPyAI\code\st\text_app.py
```

앞선 코드를 수행한 다음 지정한 폴더로 이동하면 생성된 파이썬 코드 파일을 확인할 수 있습니다. 이제 생성한 파이썬 코드 파일을 실행해 보겠습니다. 아나콘다 프롬프트에 'cd C:\myPyAI\code\st'를 입력해 코드를 저장한 폴더로 이동한 다음, 'streamlit run text_app.py'를 입력해 작성한 파이썬 코드를 실행합니다(그림 10-4). 만약 'streamlit run C:\myPyAI\code\st\text_app.py'처럼 전체 경로를 입력한다면 폴더 위치에 상관없이 어디서나 실행할 수 있습니다.

그림 10-4 아나콘다 프롬프트에서 폴더 이동 후 스트림릿(Streamlit) 웹 앱 실행

스트림릿으로 파이썬 코드를 실행하면 웹 브라우저가 자동으로 실행되며 웹 앱이 열립니다(그림 10-5). 만약 파이썬 코드를 변경하게 되면 웹 브라우저에서 새로 고침을 위해 키보드의 **F5** 키를 누르거나 Local URL(http://localhost:8501/)에 다시 접속합니다.

그림 10-5 웹 브라우저로 접속한 텍스트 표시(예제) 웹 앱

10.2.2 입력 위젯

스트림릿에는 다양한 입력 위젯(Input widget)이 있습니다. 위젯(widget)의 사전적 의미는 작은 기계 혹은 전자 장치입니다. 컴퓨터 프로그래밍 분야에서 위젯은 사용자가 컴퓨터와 상호 작용할 수 있는 인 터페이스 요소입니다. 스트림릿의 입력 위젯에는 버튼, 다운로드 버튼, 체크박스, 라디오 버튼, 셀렉트 박스, 다중 선택, 슬라이더, 셀렉트 슬라이더, 텍스트 입력, 숫자 입력, 다중 라인 입력, 날짜 입력, 시 간 입력, 파일 업로드, 컬러 피커 등이 있습니다.

이 책에서는 다양한 입력 위젯 중 많이 사용하는 몇 가지를 살펴보겠습니다. 표 10-2는 스트림릿의 주 요 입력 위젯으로 이 중 몇 개는 이어지는 내용에서 예제와 함께 설명합니다. 스트림릿을 이용해 입력 위젯을 생성하고 입력에 따라 어떠한 동작을 수행하는 것은 매우 쉽습니다. 따라서 기본 사용법을 익힌 후에 추가적인 내용은 스트림릿의 사용 설명서를 참조하기 바랍니다.

표 10-2 스트림릿의 주요 입력 위젯

입력 위젯	함수의 사용법
기본 버튼	st.button(label)
다운로드 버튼	st.download_button(label, data [, file_name=None, mime=None])
체크 박스	st.checkbox(label [, value=False])
라디오 버튼	st.radio(label, options[,index=0])
셀렉트박스	st.selectbox(label, options[,index=0])
텍스트 입력	st.text_input(label [, value="", max_chars=None])
숫자 입력	st.number_input(label [, min_value=None, max_value=None, value=0.0, step=None])
날짜 입력	st.date_input(label [, value=None, min_value=None, max_value=None])
시각 입력	st.time_input(label[, value=None])
파일 업로더	st.file_uploader(label [, type=None, accept_multiple_files=False])

기본 버튼

먼저 입력 위젯 중 가장 기본이 되는 버튼을 살펴보겠습니다. 기본 버튼의 사용법은 다음과 같습니다.

```
st.button(label)
```

- label: 버튼 안에 표시할 문자열입니다.

- 웹 앱에 버튼이 생성되는데 버튼을 클릭하지 않으면 False, 버튼을 클릭하면 True를 반환합니다.

다음은 기본 버튼의 동작을 알아보기 위한 예제 코드입니다.

```
In : %%writefile C:\myPyAI\code\st\button_app.py
     # 기본 버튼 입력 예제

     import streamlit as st

     st.title("스트림릿의 버튼 입력 사용 예")

     clicked = st.button('버튼 1')
     st.write('버튼 1 클릭 상태:', clicked)

     if clicked:
         st.write('버튼 1을 클릭했습니다.' )
     else:
         st.write('버튼 1을 클릭하지 않았습니다.' )

     clicked = st.button('버튼 2')
     st.write('버튼 2 클릭 상태:', clicked)

     if clicked:
         st.write('버튼 2를 클릭했습니다.' )
     else:
         st.write('버튼 2를 클릭하지 않았습니다.' )
```

```
Out: Writing C:\myPyAI\code\st\button_app.py
```

아나콘다 프롬프트에서 'streamlit run button_app.py'를 입력해 웹 앱을 실행하면 그림 10-6과
같은 결과를 볼 수 있습니다. 또한 버튼을 클릭하면 상태가 False에서 True로 바뀌는 것을 볼 수 있습
니다. 이 방법을 이용해 버튼 클릭에 따라 원하는 동작을 수행할 수 있습니다.

스트림릿의 버튼 입력 사용 예

버튼 1

버튼 1 클릭 상태: `False`

버튼 1을 클릭하지 않았습니다.

버튼 2

버튼 2 클릭 상태: `True`

버튼 2를 클릭했습니다.

그림 10-6 버튼 입력 사용 예

다운로드 버튼

다운로드 버튼은 웹 앱의 특정 내용을 파일로 다운로드할 때 유용하게 사용할 수 있습니다. 다운로드
버튼의 사용법은 다음과 같습니다.

```
st.download_button(label, data [, file_name=None, mime=None])
```

- `label`: 다운로드 버튼 안에 표시할 문자열입니다.
- `data`: 다운로드할 데이터입니다. 데이터는 텍스트 데이터일 수도 있고 바이너리 데이터일 수도 있습니다.
- `file_name`: 다운로드할 파일 이름을 지정합니다. 지정하지 않으면 다운로드 버튼을 누를 때 파일 이름이 자동으로 생성됩니다.
- `mime`: 다운로드할 파일의 MIME 타입을 지정합니다. 지정하지 않으면 텍스트 파일은 `text/plain`이, 바이너리 파일은 `application/octet-stream`이 기본적으로 지정됩니다. 대표적인 MIME 타입은 표 10-3과 같습니다. 더 자세한 사항은 IANA의 MIME 미디어 타입 리스트(https://www.iana.org/assignments/media-types/media-types.xhtml)에서 확인할 수 있습니다.

표 10-3 MIME 타입의 예

확장자	파일 종류	MIME 타입
`.txt`	일반 텍스트 파일	`text/plain`
`.html`	HTML 파일	`text/html`

확장자	파일 종류	MIME 타입
.csv	CSV 파일	text/csv
.png	PNG 이미지 파일	image/png
.jpeg 혹은 .jpg	JPEG 이미지 파일	image/jpeg
.wav	Wave 오디오 파일	audio/wav
.mp3	MP3 오디오 파일	audio/mpeg
.oga	OGA 오디오 파일	audio/ogg
.aac	AAC 오디오 파일	audio/aac
.mp4	MP4 비디오 파일	video/mp4
.ogv	OGV 비디오 파일	video/ogg

참고

MIME 타입

MIME(Multipurpose Internet Mail Extensions) 타입은 원래 이메일에 첨부된 파일을 아스키(ASCII) 데이터로 인코딩해 전달하고, 수신 측에서는 이를 디코딩하여 파일로 만들기 위해 만든 표준 양식입니다. 지금은 HTTP 프로토콜에서도 사용되며, 웹 페이지에서 파일을 전송할 때도 이용합니다. MIME 타입은 type/subtype 형식으로 구성되며 type에는 파일 종류를, subtype에는 파일의 포맷을 지정합니다.

다운로드 버튼을 이용해 데이터를 파일로 다운로드하려면 해당 파일 형식에 맞는 데이터가 있어야 합니다. 예를 들어, 텍스트 파일로 다운로드하려면 텍스트 데이터가 필요하고, 이미지 파일을 다운로드하려면 이미지 데이터가 필요합니다.

다음은 다운로드 버튼의 사용법을 알아보기 위한 예제 코드입니다. 다운로드 버튼을 클릭하면 텍스트 파일(.txt), 이미지 파일(.png), 오디오 파일(.mp3)에서 데이터를 읽어서 원본 파일과 같은 형식으로 다운로드할 수 있습니다.

```
In :  %%writefile C:\myPyAI\code\st\download_button_app.py
      # 다운로드 버튼 사용 예제

      import streamlit as st
      import pandas as pd
      from io import BytesIO

      # 스트림릿 화면 구성
      st.title("스트림릿의 다운로드 버튼 사용 예")

      st.subheader("텍스트 파일 다운로드 예제")

      folder = 'C:/myPyAI/data/st/'

      with open(folder + "서연의_이야기.txt", encoding='utf-8') as text_file:
          text_data = text_file.read()
          st.download_button(
                  label="텍스트 파일 다운로드",
                  data = text_data,
                  file_name="서연의_이야기.txt"
          )

      st.subheader("이미지 파일 다운로드 예제")

      with open(folder + "sample_image.png",'rb') as image_file:
          st.download_button(
                  label="이미지 파일 다운로드",
                  data=image_file,
                  file_name="sample_image.png",
                  mime="image/png"
          )

      st.subheader("오디오 파일 다운로드 예제")

      with open(folder + "서연의_하루_TTS_배경음악_short.mp3",'rb') as audio_file:
          st.download_button(
                  label="오디오 파일 다운로드",
                  data=audio_file,
                  file_name="서연의_하루_TTS_배경음악_short.mp3",
                  mime="audio/mpeg"
          )

Out:  Writing C:\myPyAI\code\st\download_button_app.py
```

아나콘다 프롬프트에서 'streamlit run download_button_app.py'를 입력해 웹 앱을 실행하면 그림 10-7과 같은 결과를 볼 수 있습니다. 여기서 다운로드 버튼을 클릭하면 텍스트 파일, 이미지 파일, 오디오 파일로 다운로드할 수 있습니다.

스트림릿의 다운로드 버튼 사용 예

텍스트 파일 다운로드 예제

텍스트 파일 다운로드

이미지 파일 다운로드 예제

이미지 파일 다운로드

오디오 파일 다운로드 예제

오디오 파일 다운로드

그림 10-7 다운로드 버튼의 사용 예

체크박스

체크박스는 사용자가 하나의 항목을 선택할 때 이용합니다. 선택하지 않으면 사각형 모양의 상자만 보이고, 선택하면 체크 표시(v)를 함께 보여줍니다. 스트림릿의 체크박스 사용법은 다음과 같습니다.

```
st.checkbox(label [, value=False])
```

- label: 체크박스 옆에 표시할 문자열입니다. 웹 앱에 체크박스가 생성되는데 선택하지 않으면 False, 선택하면 True를 반환합니다.

- value: 체크박스의 초기 상태를 지정합니다. True로 설정하면 체크박스에 체크가 표시되고, False로 설정하면 체크가 표시되지 않습니다. 지정하지 않으면 기본값은 False입니다.

- 반환값: 체크 상태에 따라 True 혹은 False를 반환합니다.

다음은 체크박스의 동작을 알아보기 위한 예제 코드입니다.

```
In :  %%writefile C:\myPyAI\code\st\checkbox_app.py
      # 체크박스 사용 예제

      import streamlit as st

      st.title("스트림릿의 체크박스 사용 예")

      checked1 = st.checkbox('체크박스 1')
      st.write('체크박스 1 상태:', checked1)

      if checked1:
          st.write('체크박스 1을 체크했습니다.' )
      else:
          st.write('체크박스 1을 체크하지 않았습니다.' )

      checked2 = st.checkbox('체크 박스 2', value=True)
      st.write('체크박스 2 상태:', checked2)

      if checked2:
          st.write('체크박스 2를 체크했습니다.' )
      else:
          st.write('체크박스 2를 체크하지 않았습니다.' )
```

```
Out:  Writing C:\myPyAI\code\st\checkbox_app.py
```

아나콘다 프롬프트에서 'streamlit run checkbox_app.py'를 입력해 웹 앱을 실행하면 그림 10-8
과 같은 결과를 볼 수 있습니다. 여기서 [체크박스 1]은 value 옵션을 지정하지 않아서 기본값인

False가 지정돼 초기에 체크되지
않은 상태이고, [체크박스 2]는
value 옵션에 True를 지정해 처음
부터 체크된 상태입니다. 체크박스
를 마우스로 클릭하면 체크 상태를
변경할 수 있습니다.

그림 10-8 체크박스 사용 예

라디오 버튼

라디오 버튼은 미리 정의된 여러 선택 항목(옵션) 묶음 중 하나를 선택할 때 이용합니다. 라디오 버튼 사용법은 다음과 같습니다.

```
st.radio(label, options [,index=0, horizontal=False])
```

- label: 라디오 버튼에 표시할 문자열입니다.
- options: 라디오 버튼의 선택 항목 라벨을 담고 있는 리스트나 튜플 데이터입니다. 선택 항목 라벨은 문자열로 캐스팅됩니다. options에 지정한 선택 항목 라벨의 개수만큼 웹 앱에 라디오 버튼의 선택 항목이 생성되며 이 중 하나를 선택하면 선택한 항목의 라벨을 반환합니다.
- index: 초기 선택 항목의 인덱스(항목의 순서에 해당하는 숫자로 0부터 시작)입니다. 지정하지 않으면 기본값은 0입니다.
- horizontal: 선택 항목 라벨의 배치 방향을 지정합니다. True면 가로 방향 False면 세로 방향입니다. 지정하지 않으면 기본값은 False입니다.
- 반환값: 선택한 항목의 라벨을 반환합니다.

다음은 라디오 버튼의 사용법을 알아보기 위한 예제 코드입니다.

```
In :  %%writefile C:\myPyAI\code\st\radio_button_app.py
      # 라디오 버튼 사용 예제

      import streamlit as st
      import pandas as pd

      st.title("스트림릿의 라디오 버튼 사용 예")

      radio1_options = ['10', '20', '30', '40']
      radio1_selected = st.radio('(5 x 5 + 5)은 얼마인가요?', radio1_options)
      st.write('**선택한 답**:', radio1_selected)

      radio2_options = ('마라톤', '축구', '수영', '승마')
      radio2_selected = st.radio('당신이 좋아하는 운동은?', radio2_options, index=2,
      horizontal=True)
      st.write('**당신의 선택**:', radio2_selected)
```

```
Out:  Writing C:\myPyAI\code\st\radio_button_app.py
```

아나콘다 프롬프트에서 'streamlit run radio_button_app.py'를 입력해 웹 앱을 실행하면 그림 10-9와 같이 두 개의 라디오 버튼이 생성된 것을 볼 수 있습니다. 첫 번째 라디오 버튼은 index 옵션을 지정하지 않아 첫 번째 항목이 선택됐고, 두 번째 라디오 버튼은 index 옵션에 2를 지정해 세 번째 항목이 선택됐습니다. 또한 horizontal 옵션에 True를 지정해 각 항목의 배치를 가로로 지정했습니다. 라디오 버튼의 각 항목을 마우스로 클릭하면 선택되는 항목이 변경되는 것을 볼 수 있습니다.

그림 10-9 라디오 버튼의 사용 예

셀렉트박스

셀렉트박스도 앞에서 살펴본 라디오 버튼처럼 미리 정의된 여러 선택 항목(옵션) 묶음 중 하나를 선택할 때 이용합니다. 라디오 버튼은 선택할 수 있는 항목 전체를 보여주지만, 셀렉트박스는 선택한 항목 하나만 보여주는 점이 다릅니다. 셀렉트박스를 마우스로 클릭하면 여러 선택 항목을 볼 수 있으며 이 중 하나를 선택할 수 있습니다. 셀렉트박스의 사용법은 다음과 같습니다.

```
st.selectbox(label, options [,index=0])
```

- label: 셀렉트박스에 표시할 문자열입니다.
- options와 index: 앞에서 살펴본 라디오 버튼의 options와 index의 사용법과 같습니다.
- 반환값: 선택한 항목의 라벨입니다.

다음은 셀렉트박스의 사용법을 알아보기 위한 예제 코드입니다.

```
In :  %%writefile C:\myPyAI\code\st\selectbox_app.py
      # 셀렉트박스 사용 예제

      import streamlit as st

      st.title("스트림릿의 셀렉트박스 사용 예")

      selectbox1_options = ['하이든', '모차르트', '베토벤', '슈만']
      your_option1 = st.selectbox('좋아하는 음악가는?', selectbox1_options)
      st.write('**당신의 선택**:', your_option1)

      selectbox2_options = ['보티첼리', '렘브란트', '피카소', '뭉크']
      your_option2 = st.selectbox('좋아하는 화가는?', selectbox2_options)
      st.write('**당신의 선택**:', your_option2)
```

```
Out:  Writing C:\myPyAI\code\st\selectbox_app.py
```

아나콘다 프롬프트에서 'streamlit run selectbox_app.py'를 입력해 웹 앱을 실행하면 그림 10-10과 같이 셀렉트박스가 생성된 것을 볼 수 있습니다. 셀렉트박스를 마우스로 클릭하면 여러 선택 항목이 나오는데, 이 중 하나를 선택하면 선택한 항목이 셀렉트박스에 표시됩니다.

그림 10-10 셀렉트박스의 사용 예

텍스트 입력

텍스트 입력은 사용자가 한 줄의 짧은 문자열을 입력할 때 이용합니다. 문자열을 입력할 수 있는 텍스트 입력란이 생성되며 사용법은 다음과 같습니다.

```
st.text_input(label [, value="", max_chars=None, type="default"])
```

- label: 텍스트 입력에 표시할 문자열입니다.

- value: 텍스트 입력 창에 초기에 보이는 문자열로 지정하지 않으면 아무것도 보이지 않습니다.

- max_chars: 최대로 입력할 수 있는 문자의 개수를 지정할 수 있습니다.

- type: 입력 텍스트의 형식을 지정합니다. "default"를 지정하면 입력한 문자가 그대로 보이고, "password"를 지정하면 입력한 문자가 ●로 보입니다. 지정하지 않으면 기본값은 "default"입니다.

- 반환값: 입력한 문자열을 그대로 반환합니다.

다음은 텍스트 입력의 사용 예제입니다.

```
In :  %%writefile C:\myPyAI\code\st\text_input_app.py
      # 텍스트 입력의 사용 예제

      import streamlit as st

      st.title("스트림릿의 텍스트 입력 사용 예")

      user_id = st.text_input('아이디(ID) 입력', value="streamlit", max_chars=15)
      user_password = st.text_input('패스워드(Password) 입력', value="abcd", type="password")

      if user_id == "streamlit":
          if user_password == "1234":
              st.write('로그인됐습니다. 서비스를 이용할 수 있습니다.')
          else:
              st.write('잘못된 패스워드입니다. 다시 입력하세요.')
      else:
          st.write('없는 ID입니다. 회원 가입을 하거나 올바른 ID를 입력하세요.')
```

```
Out:  Writing C:\myPyAI\code\st\text_input_app.py
```

아나콘다 프롬프트에서 'streamlit run text_input_app.py'를 입력해 웹 앱을 실행하면 그림 10-11처럼 웹 앱에 텍스트 입력란이 보입니다. 첫 번째 텍스트 입력란은 value 옵션에 streamlit을 지정했기 때문에 아무것도 입력하지 않았지만, 기본적으로 입력란에 streamlit이 표시됩니다. 또한 max_chars 옵션을 사용하여 최대 입력 문자수를 15로 지정했기 때문에 입력란 오른쪽 아래에 9/15가 보입니다. 이것은 **현재입력문자수/최대입력문자수**를 의미합니다. 두 번째 텍스트 입력란은 입력 형식(type)을 "password"로 지정했기 때문에 입력한 문자가 ●로 표시됩니다. 입력란에 문자를 입력하기 위해서는 마우스로 입력란을 클릭한 후에 문자를 입력하면 됩니다. 원하는 내용을 모두 입력한 후에는 키보드의 Enter 키를 입력해야 입력한 문자열의 내용이 반영됩니다.

그림 10-11 텍스트 입력의 사용 예

파일 업로더

파일 업로더는 웹 앱에 파일을 업로드 할 때 유용하게 사용할 수 있습니다. 파일 업로더의 사용법은 다음과 같습니다.

```
st.file_uploader(label [, type=None,  accept_multiple_files=False])
```

- label: 파일 업로더에 표시할 문자열입니다.

- type: 허용하는 파일의 확장자를 지정하는 옵션으로, 이 옵션을 지정하지 않으면 기본적으로 모든 파일을 허용합니다. 'type=txt'처럼 하나의 확장자를 지정할 수도 있고 'type=['png', 'jpg']'처럼 여러 확장자를 리스트로 지정할 수도 있습니다.

- accept_multiple_files: True로 지정하면 사용자가 여러 개의 파일을 동시에 업로드할 수 있습니다. 지정하지 않으면 기본값은 False로 하나의 파일만 업로도할 수 있습니다.

다음은 파일 업로더의 사용법을 알아보기 위한 예제 코드입니다. 예제에서는 두 개의 파일 업로더를 생성했으며, 각 type 옵션에 텍스트 파일(txt), MP3 오디오 파일(mp3)을 지정해 해당 파일만 업로드할 수 있게 했습니다.

```
In :    %%writefile C:\myPyAI\code\st\file_uploader_app.py
        # 파일 업로더 사용 예제

        import streamlit as st
        from io import StringIO

        st.title("스트림릿의 파일 업로더 사용 예")

        uploaded_file = st.file_uploader("Text 파일을 선택하세요.", type='txt')
        if uploaded_file is not None:
            # 텍스트 파일을 읽어서 문자열로 변환
            stringio = StringIO(uploaded_file.getvalue().decode("utf-8"))
            string_data = stringio.read()
            st.write(string_data[:100]) # 일부의 내용 출력

        uploaded_file = st.file_uploader("MP3 파일을 선택하세요.", type='mp3')
        if uploaded_file is not None:
            # 바이너리 파일을 읽어서 바이트로 변환
            bytes_data = uploaded_file.getvalue()
            st.write(bytes_data[:100]) # 일부의 내용 출력
```

```
Out:    Writing C:\myPyAI\code\st\file_uploader_app.py
```

아나콘다 프롬프트에서 'streamlit run file_uploader_app.py'를 입력해 웹 앱을 실행하면 그림 10-12와 같은 화면이 나타납니다.

그림 10-12 파일 업로더의 사용의 예(파일 업로드 전)

[Browser files] 버튼을 클릭한 후 파일을 선택하거나 파일을 업로드 박스 안으로 드래그 앤드 드롭하면 파일이 업로드됩니다. 기본적으로 업로드 가능한 파일의 크기는 200MB입니다.

그림 10-13은 파일이 업로드된 후의 화면을 보여줍니다. 파일을 업로드한 후에는 업로드한 파일의 이름과 크기가 표시됩니다. 여기서는 추가로 업로드한 텍스트 파일과 바이너리 파일 내용 중 일부를 표시했습니다. MP3 파일의 경우 바이너리 내용이 바이트 형태로 표시되므로 사람이 이해하기 어렵지만, 파일 업로드는 잘 된 것입니다.

그림 10-13 파일 업로더의 사용 예(파일 업로드 후)

10.2.3 미디어 요소

스트림릿은 웹 앱에 다양한 미디어(이미지, 오디오, 비디오)를 보여주거나 재생하기 위한 함수를 제공합니다. 표 10-4는 스트림릿의 미디어 요소 함수로 이어지는 내용에서 예제와 함께 설명합니다.

표 10-4 스트림릿의 미디어 요소 함수

함수	설명	사용 예
st.image(image_data [, caption=None, width=None])	이미지 데이터를 표시	st.image(image_bytes)
st.audio(audio_data)	오디오 데이터를 재생	st.audio(audio_bytes)
st.video(video_data)	비디오 데이터를 재생	st.video(video_bytes)

이미지 표시

스트림릿의 미디어 요소 함수 중 이미지 데이터를 화면에 표시하는 **st.image()** 함수의 사용법은 다음과 같습니다.

```
st.image(image_data [, caption=None, width=None])
```

- **image_data**: 컴퓨터에서 읽어온 이미지 파일 데이터나 웹상에 있는 이미지의 주소(URL)가 될 수 있습니다.

- **caption**: 이미지 아래에 표시되는 설명(캡션)을 위한 문자열을 지정합니다. 지정하지 않으면 표시하지 않습니다.

- **width**: 표시할 이미지의 너비를 지정합니다. 지정하지 않으면 원본 이미지의 너비로 지정됩니다. 단, 이미지 너비는 표시될 공간의 너비를 넘어설 수 없습니다. 이미지의 너비가 결정되면 높이는 원본 이미지의 비율에 따라 자동으로 결정됩니다.

컴퓨터에 있는 이미지 파일을 스트림릿으로 만든 웹 앱에 표시하려면 먼저 파이썬 이미지 처리 라이브러리인 Pillow(PIL)의 **Image** 클래스에 있는 **open()** 함수를 이용해 이미지 파일을 열고, 이미지 데이터를 준비합니다. 그다음 이 이미지 데이터를 **st.image()** 함수의 **image_data**로 전달합니다. Pillow(PIL) 라이브러리는 아나콘다 배포판에 포함돼 있어 아나콘다를 설치했다면 별도의 설치 과정은 필요 없습니다.

다음은 컴퓨터에 있는 이미지 파일과 웹상에 있는 이미지의 주소(URL)을 이용해 이미지를 표시하는 예제입니다. 아래의 코드에서는 이미지의 너비를 지정하기 위해 **st.image()** 함수의 **width** 옵션을 이용했습니다.

```
In :   %%writefile C:\myPyAI\code\st\image_app.py
       # 이미지 표시 사용 예제

       import streamlit as st
       from PIL import Image

       st.title("스트림릿의 이미지 표시 사용 예")

       # 1) 컴퓨터에 있는 이미지 파일을 열어서 표시
       st.subheader("1. 컴퓨터에 있는 이미지 파일을 표시")
       image_file = 'C:/myPyAI/data/st/avenue.jpg' # 이미지 파일 경로
       image_local = Image.open(image_file)        # Image.open() 함수로 이미지 파일 열기
       st.image(image_local, width=350, caption='컴퓨터에 있는 이미지 파일을 표시') # 이미지 표시

       # 2) 웹상에 있는 이미지의 주소(URL)를 이용해 이미지 표시
       st.subheader("2. 웹상에 있는 이미지 파일을 표시")
       image_url = "https://cdn.pixabay.com/photo/2023/05/29/06/25/mountains-8025144_1280.jpg"
       # 이미지 URL
       st.image(image_url, width=350, caption='웹상에 있는 이미지 파일을 표시') # 이미지 표시
```

```
Out:   Writing C:\myPyAI\code\st\image_app.py
```

아나콘다 프롬프트에서 'streamlit run image_app.py'를 입력해 웹 앱을 실행하면 그림 10-14처럼 웹 앱에 지정한 이미지가 표시됩니다. 그림 10-14에서 위에 있는 이미지는 Pillow(PIL) 라이브러리의 Image.open() 함수를 이용해 컴퓨터에 있는 이미지 파일을 열어서 표시한 것이고, 아래에 있는 이미지는 픽사베이(https://pixabay.com/)에 있는 이미지의 주소(URL)를 지정해 표시한 것입니다. width 옵션에 지정한 너비대로 이미지가 출력됐으며 caption 옵션에 지정한 문자열이 이미지 아래에 표시된 것을 볼 수 있습니다.

그림 10-14 이미지 표시의 사용 예

오디오 재생

스트림릿의 미디어 요소 함수 중 오디오 데이터를 재생하는 **st.audio()** 함수를 살펴보겠습니다.

```
st.audio(audio_data [, format="audio/wav", start_time=0])
```

- **audio_data**: 컴퓨터에서 읽어온 오디오 파일 데이터나 웹상에 있는 오디오의 주소(URL)가 될 수 있습니다.

- **format**: 재생할 오디오 데이터의 MIME 타입을 지정합니다. 지정하지 않으면 기본으로 Wave 오디오 파일을 위한 audio/wav로 지정됩니다. 참고로 MP3 오디오 파일은 audio/mpeg, OGA 오디오 파일은 audio/ogg, AAC 오디오 파일은 audio/aac로 지정합니다.

- **start_time**: 재생 시작 시각을 0이나 양의 정수로 지정합니다. 지정하지 않으면 기본값인 0이 지정됩니다.

다음은 컴퓨터 내에 있는 오디오 파일과 웹상에 오디오 파일 주소(URL)를 이용해 여러 형식의 오디오 파일을 재생하는 예제입니다. 각 오디오 파일의 형식에 맞게 format에 MINE 타입을 지정했습니다.

```
In :  %%writefile C:\myPyAI\code\st\audio_app.py
      # 오디오 재생 예제

      import streamlit as st

      st.title("스트림릿의 오디오 재생 예")

      # 1) 컴퓨터 내에 있는 오디오 파일을 열어서 재생
      st.subheader("1. 컴퓨터 내의 오디오 파일을 재생")

      audio_file = 'C:/myPyAI/data/st/서연의_하루_TTS_배경음악_short.mp3' # 오디오 파일 경로
      audio_local = open(audio_file, 'rb')
      audio_bytes = audio_local.read()

      st.text("MP3 파일. format='audio/mpeg'")
      st.audio(audio_bytes, format='audio/mpeg')

      # 2) 웹상에 있는 오디오 파일의 주소(URL)를 이용해 오디오 재생
      st.subheader("2. 웹상에 있는 오디오를 재생")

      audio_url1 = "https://samplelib.com/lib/preview/wav/sample-15s.wav" # 오디오 URL
      st.text("Wave 파일. format='audio/wav'")
      st.audio(audio_url1, format='audio/wav') # st.audio(audio_url1)도 동일

      audio_url2 = "https://cdn.pixabay.com/download/audio/2022/10/14/audio_9939f792cb.mp3"
      st.text("MP3 파일. format='audio/mpeg'")
      st.audio(audio_url2, format='audio/mpeg')

      audio_url3 = "https://freetestdata.com/wp-content/uploads/2021/09/ ⬅
      Free_Test_Data_1MB_OGG.ogg"
      st.text("OGG 파일. format='audio/ogg'")
      st.audio(audio_url3, format='audio/ogg')
```

```
Out:  Writing C:\myPyAI\code\st\audio_app.py
```

아나콘다 프롬프트에서 'streamlit run audio_app.py'를 입력해 웹 앱을 실행하면 그림 10-15처럼 오디오를 재생할 수 있는 플레이어가 표시됩니다. 재생 버튼을 클릭하면 해당 오디오가 재생됩니다.

그림 10-15 오디오 재생의 예

비디오 재생

스트림릿의 미디어 요소 함수 중 비디오 데이터를 재생하는 st.video() 함수를 살펴보겠습니다.

```
st.video(video_data [, format="video/mp4", start_time=0])
```

- video_data: 컴퓨터에서 읽어온 비디오 파일 데이터나 웹상에 있는 비디오의 주소(URL)가 될 수 있습니다.
- format: 재생할 비디오 데이터의 MIME 타입을 지정합니다. format 옵션을 지정하지 않으면 기본으로 MP4 오디오 파일을 위한 video/mp4가 지정됩니다. 참고로 OGV 비디오 파일을 위해서는 video/ogg를 지정합니다.
- start_time: 재생 시작 시각을 0이나 양의 정수로 지정합니다. 지정하지 않으면 기본값인 0이 지정됩니다.

다음은 컴퓨터에 있는 비디오 파일과 유튜브 비디오의 주소(URL)를 이용해 비디오를 재생하는 예제입니다.

```
In :  %%writefile C:\myPyAI\code\st\video_app.py
      # 비디오 재생 예제

      import streamlit as st

      st.title("스트림릿의 비디오 재생 예")

      # 1) 컴퓨터에 있는 비디오 파일을 열어서 재생
      st.subheader("1. 컴퓨터에 있는 비디오 파일을 재생")

      st.text("앞에서 살펴본 오디오 재생 방법과 유사")

      # video_file = 'C:/myPyAI/data/st/sample_video.mp4' # 비디오 파일 경로
      # video_local = open(video_file ,'rb')
      # video_bytes = video_local.read()

      # st.text("MP4 파일. format='video/mp4'")
      # st.video(video_bytes, format='video/mp4') # st.video(video_bytes)도 동일

      # 2) 유튜브 비디오 주소(URL)를 이용해 비디오 재생
      st.subheader("2. 유튜브 비디오를 재생")

      video_url = "https://www.youtube.com/watch?v=5VxYrmnwQiA" # 유튜브 비디오 URL
      st.text("MP4 파일. format='video/mp4'")
      st.video(video_url, format='video/mp4') # st.video(video_url) 도 동일

Out:  Writing C:\myPyAI\code\st\video_app.py
```

아나콘다 프롬프트에서 'streamlit run video_app.py'를 입력해 웹 앱을 실행하면 그림 10-16처럼 웹 앱에 비디오를 재생할 수 있는 플레이어가 표시됩니다. 재생 버튼을 클릭하면 해당 비디오가 재생됩니다. 위 코드에서 주석 처리한 부분의 주석을 제거하면 내 컴퓨터에 있는 비디오도 재생할 수 있습니다.

그림 10-16 비디오 재생의 예

10.3 스트림릿 고급 기능

앞에서 살펴본 스트림릿 기본 기능만 이용해도 웹 앱을 작성할 수 있지만, 스트림릿의 고급 기능을 활용하면 화면 구성과 제어를 조금 더 자유롭게 할 수 있습니다. 이번에는 스트림릿의 고급 기능을 살펴보겠습니다.

10.3.1 레이아웃과 컨테이너

스트림릿은 웹 앱의 화면 구성(레이아웃)을 제어하는 몇 가지 옵션을 제공합니다. 그중 구성 요소를 화면 왼쪽의 분할된 공간(사이드바)에 표시하는 방법과 화면을 세로 단(컬럼)으로 분할해 내용을 표시하는 방법을 살펴보겠습니다.

사이드바에 표시

지금까지 살펴본 스트림릿 요소는 모두 사이드바 없이 하나의 메인(Main) 화면에 표시했습니다. 사이드바(화면 왼쪽에 별도로 분할된 공간)에 스트림릿의 요소를 표시하고 싶다면 다음과 같이 이용합니다.

```
st.sidebar.[element_name]
```

여기서 element_name에는 대부분의 스트림릿 요소(echo와 spinner는 제외)가 올 수 있습니다. 사용법은 st.element_name()과 같지만, 사이드바에 표시된다는 점이 다릅니다.

다음은 사이드바에 요소를 지정해 웹 앱 화면을 구성한 예제입니다.

```
In :   %%writefile C:\myPyAI\code\st\sidebar_app.py
       # 사이드바에 표시 사용 예제

       import streamlit as st
       from PIL import Image

       # ---------- 사이드바 화면 구성 --------------------
       st.sidebar.title("사이드바 ")
       st.sidebar.header("텍스트 입력 사용 예")
       user_id = st.sidebar.text_input('아이디(ID) 입력', value="streamlit", max_chars=15)
       user_password = st.sidebar.text_input('패스워드(Password) 입력', value="abcd", ⏎
       type="password")

       st.sidebar.header("셀렉트박스 사용 예")
       selectbox_options = ['진주 귀걸이를 한 소녀', '별이 빛나는 밤', '절규', '월하정인']
       # 셀렉트박스의 선택 항목
       your_option = st.sidebar.selectbox('좋아하는 작품은?', selectbox_options, index=3)
       # 셀렉트박스의 항목 선택 결과
       st.sidebar.write('**당신의 선택**:', your_option)

       # ---------- 메인(Main) 화면 구성 --------------------
       st.title("스트림릿의 사이드바 사용 예")

       folder = 'C:/myPyAI/data/st/'

       # selectbox_options의 요소에 따라서 보여줄 이미지 파일 리스트(selectbox_options의 요소와 ⏎
       순서를 일치시킴)
```

```
image_files = ['Vermeer.png', 'Gogh.png', 'Munch.png', 'ShinYoonbok.png'] # 이미지 파일 리스트

# 셀렉트박스에서 선택한 항목에 따라 이미지 표시
selectbox_options_index = selectbox_options.index(your_option) # selectbox_options의 ⏎
리스트 인덱스 찾기
image_file = image_files[selectbox_options_index] # 선택한 항목에 맞는 이미지 파일 지정
image_local = Image.open(folder + image_file)      # Image.open() 함수로 이미지 파일 열기
st.image(image_local, caption=your_option)         # 이미지 표시
```

Out: Writing C:\myPyAI\code\st\sidebar_app.py

위 코드는 사이드바에 텍스트 입력과 셀렉트박스를 추가했습니다. 셀렉트박스에서 선택한 항목에 따라
이미지와 캡션을 표시하는 과정은 다음과 같습니다.

1. 셀렉트박스 항목을 선택한 결과(your_option)로 'selectbox_options.index(your_option)'를 이용해
   selectbox_options 리스트에서 선택한 항목의 인덱스를 찾습니다.

2. image_files[selectbox_options_index]를 이용해 image_files 리스트에서 요소를 선택해 이미지 파일 이
   름(image_file)을 구합니다.

3. 앞에서 살펴본 스트림릿에서 이미지 파일을 열어서 표시하는 방법으로 웹 앱의 메인 화면에 표시합니다. 이때
   st.image()의 caption 옵션에는 your_option을 지정해 사이드바의 셀렉트박스에서 선택한 항목의 내용을 이
   미지 캡션에 표시합니다.

아나콘다 프롬프트에서 'streamlit run sidebar_app.py'를 입력해 웹 앱을 실행하면 그림 10-17
처럼 웹 앱에 사이드바가 있는 화면이 나타납니다. 사이드바의 셀렉트박스에서 원하는 항목을 선택할
수 있고, 선택에 따라 메인 화면에 있는 그림이 바뀝니다. 또한 사이드바의 X를 클릭하면 사이드바가
사라지고 >를 클릭하면 다시 나타납니다. 사이드바는 입력 위젯을 배치해 사용자가 원하는 데이터를
선택하고, 선택에 따른 내용을 메인 화면에 표시할 때 자주 사용됩니다.

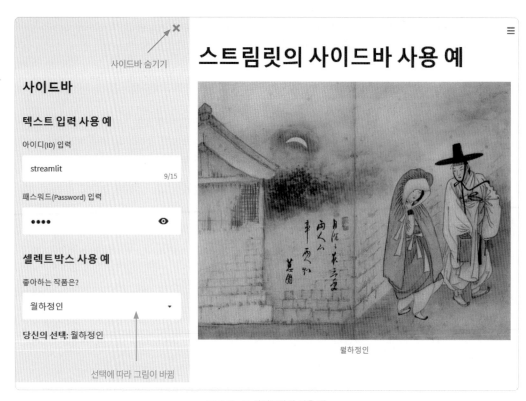

사이드바 숨기기

사이드바

텍스트 입력 사용 예

아이디(ID) 입력

streamlit

9/15

패스워드(Password) 입력

●●●●

셀렉트박스 사용 예

좋아하는 작품은?

월하정인

당신의 선택: 월하정인

선택에 따라 그림이 바뀜

스트림릿의 사이드바 사용 예

월하정인

그림 10-17 사이드바의 사용 예

컬럼으로 화면 분할

스트림릿은 메인 화면을 세로 단(컬럼)으로 분할하는 기능을 제공합니다. 기본적으로 스트림릿은 각 요소를 세로 방향으로 배치하기 때문에 가로 방향으로 요소를 배치해야 할 때 세로 단 분할 기능을 이용하면 편리합니다. 화면을 세로 단으로 분할할 때에는 동일한 너비로 분할할 수도 있고, 비율을 지정해 다른 너비로 분할할 수도 있습니다. 스트림릿에서 컬럼을 지정해 화면을 분할하는 방법은 다음과 같습니다.

```
st.columns(spec)
```

- spec: 숫자나 숫자를 요소로 갖는 리스트입니다.

  - 숫자로 지정: 해당 숫자만큼 화면이 세로 단으로 나뉘며 이때 각 단의 너비는 같습니다.

  - 리스트로 지정: 리스트 요소의 개수만큼 화면이 세로 단이 나뉘며 각 요소의 숫자가 너비의 비율이 됩니다.

- 반환값: 각 세로 단에 내용을 표시할 수 있는 컨테이너 객체를 담은 리스트입니다. 이 컨테이너 객체를 with 문과 함께 사용하여 각 세로 단에 표시할 내용을 지정합니다.

화면을 세로 단으로 분할해 각 컨테이너마다 지정한 내용을 출력하는 예제는 다음과 같습니다.

```
In : %%writefile C:\myPyAI\code\st\columns_app.py
# 세로 단(컬럼) 분할 사용 예제

import streamlit as st
from PIL import Image

st.title("스트림릿에서 화면 분할 사용 예")

# 1) 2개로 세로 단 분할 (예제 1)
[col1, col2] = st.columns(2) # 너비가 같은 2개의 세로 단으로 구성
with col1: # 첫 번째 세로 단(컬럼)
    st.subheader("유튜브 비디오1")
    url_col1 = "https://www.youtube.com/watch?v=bagb1zxqMTg"
    st.video(url_col1)

with col2: # 두 번째 세로 단(컬럼)
    st.subheader("유튜브 비디오2")
    url_col2 = "https://www.youtube.com/watch?v=i-E7NiyRDa0"
    st.video(url_col2)

# 2) 3개로 세로 단 분할 (예제 2)
columns = st.columns([1.1, 1.0, 0.9]) # 너비가 다른 3개의 세로 단으로 구성

folder = 'C:/myPyAI/data/st/'                # 폴더 지정
image_files = ['dog.png', 'cat.png', 'bird.png'] # 이미지 파일명 리스트
image_cations = ['강아지', '고양이', '새']        # 이미지 캡션 리스트

for k in range(len(columns)):
    with columns[k]: # 세로 단(컬럼) 지정
        st.subheader(image_cations[k])                # 세로 단별로 subheader 표시
        image_local = Image.open(folder + image_files[k]) # 세로 단별로 이미지 열기
        st.image(image_local,caption=image_cations[k])  # 세로 단별로 이미지 표시
```

```
Out: Writing C:\myPyAI\code\st\columns_app.py
```

앞의 코드는 두 개의 세로 단 분할 예제를 보여줍니다. 상단의 예제 1에서는 너비가 같은 2개의 세로 단을 구성합니다. 각 세로 단에는 유튜브 비디오 플레이어를 배치했습니다. 하단의 예제 2에서는 너비가 다른 3개의 세로 단을 구성해 각 세로 단에 서로 다른 이미지를 표시합니다.

아나콘다 프롬프트에서 'streamlit run columns_app.py'를 입력해 웹 앱을 실행하면 그림 10-18처럼 화면을 세로 단으로 분할한 예제 1과 2가 표시됩니다.

그림 10-18 세로 단 화면 분할 사용 예

10.3.2 세션 상태와 콜백 함수

이번에는 스크림릿의 사용자 인터페이스 요소는 아니지만, 스트림릿 코드의 동작을 제어하는 데 필요한 내용을 살펴보겠습니다. 스트림릿은 코드를 실행한 후 웹 앱을 재실행([Rerun]을 클릭 혹은 키보드의 R 입력)하거나, 입력 위젯을 조작하면 코드의 처음부터 끝까지 다시 실행합니다. 스트림릿의 코드가 한번 실행된 상태를 세션이라고 하는데, 일반적인 변수는 세션 간에 공유되지 않습니다. 즉, 어떤 세션에서 일반 변수의 값을 변경하더라도 재실행하여 새로운 세션을 시작하면 이전에 변경한 변수의 값은 저장되지 않고 초기화됩니다. 이러한 문제는 세션 상태(Session State)를 이용해 해결할 수 있습니다. 세션 상태를 사용하면 재실행해도 세션 간에 변수를 공유할 수 있습니다. 즉, 이전 세션에서 변경한 상태를 저장하고 그대로 유지할 수 있습니다.

또한 콜백(Callback) 기능을 이용하면 입력 위젯을 조작했을 때 미리 지정한 함수(콜백 함수)를 실행하도록 할 수 있습니다. 입력 위젯에 등록한 콜백 함수가 있다면 입력 위젯을 조작했을 때 콜백 함수가 먼저 실행되고, 그다음 나머지 코드가 처음부터 끝까지 실행됩니다. 이번에는 세션 상태와 콜백을 이용하는 방법을 살펴보겠습니다.

세션 상태

세션 상태를 이용하려면 코드에서 st.session_state를 사용합니다. 스트림릿의 st.session_state는 파이썬의 딕셔너리와 유사하게 키(key)와 값(value)으로 구성됩니다. 다음은 st.session_state를 초기화하는 방법입니다.

```
# 세션 상태에 키를 지정해 초기화
if 'key' not in st.session_state:    # st.session_state에 'key'가 없으면
    st.session_state['key'] = value  # st.session_state['key']에 value 지정
```

위 코드에서 value는 숫자, 문자, 불, 리스트, 딕셔너리 등이 될 수 있습니다. 여기서 st.session_state['key']는 st.session_state.key로 사용해도 됩니다.

생성한 키의 값은 st.session_state['key']나 st.session_state.key로 가져올 수 있습니다. 만약 입력 위젯의 함수에 'key=문자열 또는 숫자' 옵션을 지정했다면 st.session_state를 이용해 해당 입력 위젯의 입력 값을 가져오거나 변경할 수 있습니다. 예를 들어, 텍스트 입력 위젯을 'st.text_input("이름", key="name")'와 같이 지정했다면 입력 값은 st.session_state['name']나 st.session_state.name을 이용해 가져올 수 있습니다.

다음은 입력 위젯인 텍스트 입력 st.text_input()과 버튼 st.button()을 사용할 때 st.session_state를 활용하는 방법을 알아보기 위한 예제 코드입니다.

```
In : %%writefile C:\myPyAI\code\st\session_state_app.py
     # 세션 상태 사용 예제

     import streamlit as st

     st.title("세션 상태 사용 예")

     # 세션 상태 초기화
     if 'count' not in st.session_state: # st.session_state에 'count'가 없으면
```

```
    st.session_state['count'] = 0    # st.session_state['count']를 0으로 초기화

if 'registered' not in st.session_state: # st.session_state에 'registered'가 없으면
    st.session_state['registered'] = []    # st.session_state['registered']를 빈 리스트로 초기화

# 텍스트 입력 위젯
user_input = st.text_input('이름', value="이름을 입력하세요.", key='name')

# 버튼 입력 위젯
clicked = st.button('등록')

if clicked: # 버튼 입력을 클릭하면
    st.session_state['count'] = st.session_state['count'] + 1 # 1씩 증가
    st.write("버튼 입력 회수:", st.session_state['count']) # 버튼 입력 회수 화면에 표시

    name = st.session_state['name'] # st.session_state.name도 동일
    st.session_state['registered'].append(name) # 리스트에 입력한 이름 추가
    st.write("등록 이름 리스트:", st.session_state['registered']) # 리스트 내용 화면에 표시
```

Out: Writing C:\myPyAI\code\st\session_state_app.py

아나콘다 프롬프트에서 'streamlit run session_state_app.py'를 입력해 웹 앱을 실행하면 그림 10-19처럼 텍스트 입력란과 버튼이 보입니다.

그림 10-19 세션 상태 사용 예(입력 전)

텍스트 입력란에 이름을 입력하고 [등록] 버튼을 클릭하면 그림 10-19처럼 버튼 입력 횟수와 등록한 이름 리스트의 내용을 확인할 수 있습니다.

그림 10-20 세션 상태 사용 예(입력 후)

콜백 함수

프로그래밍에서 콜백(callback)은 특정 함수를 다른 함수의 인자로 전달하고, 이후에 미리 정해진 조건을 충족하거나 이벤트가 발생했을 때 해당 함수를 호출하는 패턴입니다. 이때 전달하는 특정 함수를 콜백 함수(callback function)라고 합니다. 콜백 함수는 GUI 프로그래밍이나 웹 애플리케이션에서 사용자의 입력(버튼 클릭, 키 입력, 마우스 이벤트 등)이나 시스템 이벤트를 처리하는 데 사용합니다.

스트림릿의 입력 위젯도 콜백 함수를 사용하기 위한 방법을 제공합니다. 입력 위젯에 입력이 발생했을 때 지정한 콜백 함수를 실행할 수 있습니다. 입력 위젯은 on_change (혹은 on_click) 매개변수를 이용해 콜백 함수를 등록하고, args와 kwargs 매개변수를 이용해 콜백 함수에 인수를 전달할 수 있습니다. 입력 위젯에 따라 on_change 또는 on_click 매개변수를 이용하는데, 버튼 입력이 있는 위젯은 on_click 매개변수를 이용하고 나머지 입력 위젯은 on_change 매개변수를 이용합니다.

다음은 버튼 입력에 콜백 함수를 사용하는 예입니다. 버튼 입력이 있는 st.button()의 on_click 매개변수에 콜백 함수로 button_callback을 지정했고, args 매개변수에는 콜백 함수의 인수를 리스트로 지정했습니다.

```
In :  %%writefile C:\myPyAI\code\st\callback_app.py
      # 콜백 함수 사용 예제

      import streamlit as st

      st.title("콜백 함수 사용 예")

      # 세션 상태 초기화
      if 'lang' not in st.session_state:      # st.session_state에 'lang'이 없으면
          st.session_state['lang'] = '영어'   # st.session_state['lang']를 '영어'로 초기화

      # 콜백 함수
      def button_callback(sel_lang):
          st.session_state['lang'] = sel_lang

      # 라디오 버튼
      radio_options = ['영어', '프랑스어', '독일어']
      radio_selected = st.radio('한국어를 어떤 언어로 번역하겠습니까?', radio_options)

      # 기본 버튼: on_click에 콜백 함수(button_callback)를 지정, args에 콜백 함수 인수 지정
      clicked = st.button('선택', on_click=button_callback, args=[radio_selected])

      # 콜백 함수를 실행한 결과를 출력
      st.write(f"한국어를 {st.session_state['lang']}로 번역하는 것을 선택했습니다.")
```

Out: Writing C:\myPyAI\code\st\callback_app.py

아나콘다 프롬프트에서 'streamlit run callback_app.py'를 입력해 웹 앱을 실행하고 [선택] 버튼
을 클릭하면 그림 10-21처럼 콜백 함수가 실행되고 그 결과로 st.session_state['lang']가 변경된
것을 볼 수 있습니다.

그림 10-21 콜백 함수 사용 예제

10.3.3 스트림릿 클라우드에 웹 앱 배포

스트림릿을 이용해 만든 웹 앱은 스트림릿 클라우드(https://streamlit.io/cloud)를 통해 외부에서
접속할 수 있도록 배포할 수 있습니다. 이때 누구나 접속할 수 있는 공개 웹 앱으로 배포할 수도 있고,
초대된 사람만 접속할 수 있는 비공개 웹 앱으로 배포할 수도 있습니다.

배포를 위한 코드는 깃허브(github, https://github.com)에 올려서 관리하며 내 컴퓨터에서 동
작하던 웹 앱 코드를 거의 그대로 사용할 수 있습니다. 배포를 위한 설정을 할 때 깃허브 저장소
(Repository), 브랜치(Branch), 메일 파일 경로(Main file path)를 입력해야 합니다. 배포가 완료되
면 웹 페이지 주소는 다음과 같은 형식이 됩니다.

- https://share.streamlit.io/github_id/repository/branch

- https://share.streamlit.io/github_id/repository/branch/main_file_path

그림 10-22는 앞에서 살펴본 사이드바 사용 예제 코드를 스트림릿 클라우드를 이용해 웹 앱으로 배포
한 화면입니다.

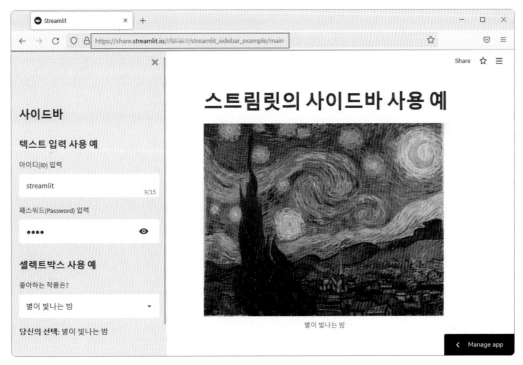

그림 10-22 스트림릿 클라우드를 이용해 배포한 웹 앱

스트림릿으로 만든 웹 앱을 스트림릿 클라우드에 배포하는 방법은 어렵지 않습니다. 관심 있는 분들은 인터넷 검색을 통해 배포 방법을 습득할 수 있을 것입니다.

10.4 정리

이번 장에서는 스트림릿을 활용해 간편하게 웹 앱을 구축하는 방법을 다뤘습니다. 먼저 스트림릿의 기본 개념과 스트림릿의 기본 기능 사용법을 살펴봤습니다. 스트림릿의 기본 기능으로는 텍스트 요소, 입력 위젯, 미디어 요소의 사용법을 알아봤습니다. 그다음에는 스트림릿의 고급 기능으로 레이아웃과 컨테이너, 세션 상태와 콜백 함수, 스트림릿 클라우드에 웹 앱을 배포하는 방법을 배웠습니다. 앞서 2부에서 배운 인공지능 API의 활용과 이번 장에서 배운 웹 앱 제작 방법을 결합하면 훌륭한 인공지능 웹 앱을 만들 수 있을 것입니다.

인공지능
이미지 생성기

지금까지 파이썬의 기본 문법과 다양한 인공지능 API 활용 방법, 스트림릿을 이용한 웹 앱 제작 방법을 살펴봤습니다. 이제 지금까지 학습한 내용을 바탕으로 실전 인공지능 프로젝트를 진행하겠습니다.

가장 먼저 한국어로 텍스트를 입력하면 인공지능 API를 이용해 그림을 생성하는 웹 앱을 만들어 보겠습니다. 즉, 스트림릿을 이용해 텍스트 입력란에 한국어 텍스트를 입력하면 OpenAI의 Chat Completions API가 이를 번역하고, 그림을 생성하기 위한 텍스트를 생성합니다. 이후 생성된 텍스트를 바탕으로 DALL · E 모델을 사용해 이미지를 생성합니다. 생성한 이미지는 화면에 바로 표시되고 다운로드도 할 수 있습니다. 이번 장의 프로젝트를 위해 6장에서 살펴본 OpenAI API 사용법과 10장의 스트림릿 사용법을 활용합니다.

11.1 번역 텍스트로 이미지 생성

6장에서 OpenAI의 Image API를 이용해 이미지를 생성하는 방법을 살펴봤습니다. OpenAI의 Image API는 텍스트를 영어로 입력해야 하며, 한국어로 문장을 입력하면 엉뚱한 이미지를 생성합니다. 하지만 영어 문장을 입력하는 것이 번거로울 때는 한국어 텍스트를 영어로 자동 번역한 후에 OpenAI의 Image API에 영어로 번역한 텍스트를 보내면 됩니다. 이를 도식화하면 그림 11-1과 같습니다.

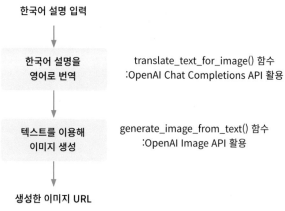

한국어 설명 입력

한국어 설명을
영어로 번역

translate_text_for_image() 함수
:OpenAI Chat Completions API 활용

텍스트를 이용해
이미지 생성

generate_image_from_text() 함수
:OpenAI Image API 활용

생성한 이미지 URL

그림 11-1 한국어 설명을 영어로 번역해 이미지를 만드는 과정

다음은 한국어 텍스트를 입력해 영어로 번역한 후 이미지를 생성하는 과정(그림 11-1)에 필요한 함수입니다. 이 함수는 6장에서 살펴본 OpenAI의 Chat Completions API와 Image API(DALL · E)를 활용합니다.

- translate_text_for_image() 함수: OpenAI의 Chat Completions API를 이용해 한국어 텍스트를 영어로 번역합니다.

- generate_image_from_text() 함수: OpenAI Image API를 이용해 영어 텍스트로 이미지를 생성합니다. OpenAI Image API는 공백을 포함하여 최대 1,000자의 텍스트를 입력으로 받을 수 있어서 이미지 생성을 위한 문자열 길이를 1,000으로 제한했습니다.

이를 위해 먼저 6장에서 살펴본 Chat Completions API를 이용해 한국어 텍스트를 입력하면 영어로 번역하는 translate_text_for_image() 함수를 만들겠습니다. 이 함수에서 변수 user_content에는 함수의 인자로 받은 한국어 텍스트(text)를 영어로 번역하라는 요청이 들어있습니다.

```
In : import openai
     import os

     # OpenAI Chat Completions API를 이용해 한국어를 영어로 번역하는 함수
     def translate_text_for_image(text):
         # API 키 설정
         openai.api_key = os.environ["OPENAI_API_KEY"]
```

```
In :    # 대화 메시지 정의
        user_content = f"Translate the following Korean sentences into English.\n {text}"
        messages = [ {"role": "user", "content": user_content} ]


        # Chat Completions API 호출
        response = openai.ChatCompletion.create(
                            model="gpt-3.5-turbo",  # 사용할 모델 선택
                            messages=messages,      # 전달할 메시지 지정
                            max_tokens=1000,        # 최대 토큰 수 지정
                            temperature=0.8,        # 완성의 다양성을 조절하는 온도 설정
                            n=1                     # 생성할 완성의 개수 지정
                            )


        assistant_reply = response.choices[0].message['content'] # 첫 번째 응답 결과 가져오기


        return assistant_reply # 응답 반환
```

이제 앞에서 만든 translate_text_for_image() 함수를 호출해 한국어 텍스트를 영어로 번역하겠습니다.

```
In :  k_text = "가구가 있는 거실" # 그림 생성 요청을 위한 텍스트
      e_text = translate_text_for_image(k_text)
      e_text
```

```
Out:  'The living room with furniture.'
```

출력 결과를 보면 한국어 텍스트가 영어로 번역된 것을 볼 수 있습니다. 번역 결과가 마음에 들지 않는다면 위 코드를 다시 한번 실행해 결과를 확인하세요.

이어서 번역한 영어 텍스트를 OpenAI의 Image API의 프롬프트(prompt) 인수로 전달해 그림을 생성하는 generate_image_from_text() 함수를 만들겠습니다. 이 함수의 인자로 생성할 이미지의 개수(image_num)를 지정해 openai.Image.create()의 인수 n에 지정했습니다. 지정한 개수만큼 이미지를 생성합니다. 또한 image_size에는 생성할 이미지 사이즈를 지정합니다. 생성한 이미지의 URL은 리스트 형식으로 반환합니다. 이 함수에서 입력한 텍스트의 문자열 길이는 textwrap 모듈의 shorten()을 이용해 1,000으로 제한했습니다.

```
In :    import textwrap

        # OpenAI Image API(DALL·E)를 이용해 영어 문장으로 이미지를 생성하는 함수
        def generate_image_from_text(text_for_image, image_num=1, image_size="512x512"):
            # API 키 설정
            openai.api_key = os.environ["OPENAI_API_KEY"]

            shorten_text_for_image = textwrap.shorten(text_for_image, 1000) # 1,000자로 제한

            openai.api_key = os.environ["OPENAI_API_KEY"]
            response = openai.Image.create(prompt=shorten_text_for_image, n=image_num, ⏎
        size=image_size)

            image_urls = [] # 이미지 URL 리스트
            for data in response['data']:
                image_url = data['url'] # 이미지 URL 추출
                image_urls.append(image_url)

            return image_urls # 이미지 URL 리스트 반환
```

이어서 generate_image_from_text() 함수를 호출해 영어 텍스트로부터 이미지를 생성하겠습니다.
생성한 이미지는 화면에 표시하고 지정한 경로에 이미지 파일을 다운로드하겠습니다.

```
In :    import openai
        import os
        import requests
        from IPython.display import Image, display

        image_urls = generate_image_from_text(e_text) # 이미지 생성

        download_holder = "C:/myPyAI/data/download/" # 다운로드 폴더 지정

        for image_url in image_urls:
            image_file = image_url.split("?")[0].split("/")[-1]  # 이미지 파일 이름 추출
            filename = download_holder + image_file # 다운로드 파일의 경로 생성
            print(filename)
            display(Image(image_url, format='png')) # 생성한 이미지의 링크를 이용해 이미지 표시
```

```
# 생성한 이미지 다운로드
r = requests.get(image_url) # 생성 이미지 URL 접속
with open(filename, 'wb') as f:
    f.write(r.content)
```

Out: C:/myPyAI/data/download/img-HpQSx8GlQ7dVjcuhIxZoNAEC.png

위의 출력 결과를 보면 지정한 개수만큼 지정한 크기로 이미지를 생성했습니다. 위와 같이 간단한 텍스트를 입력해 생성한 그림은 때때로 훌륭한 결과가 나오기도 하지만, 실망스러운 경우도 많습니다. 단순한 텍스트에 의한 설명이 아니라 상세한 묘사를 입력하면 더욱 멋진 그림을 그릴 가능성이 높습니다. 다음은 OpenAI의 Chat Completions API를 이용해 상세한 묘사를 생성하고 이를 이용해 이미지를 생성하는 방법을 설명합니다.

11.2 상세 묘사로 이미지 생성

앞에서 한국어 텍스트를 입력하면 이를 영어로 번역한 후, 번역한 텍스트로 이미지를 생성하는 코드를 구현했습니다. 텍스트로 이미지를 생성할 때는 단순하게 그리고자 하는 물체만 설명하기보다는 전체적인 배경과 함께 표현하고자 하는 물체를 구체적으로 묘사해야 자신이 생각한 것과 더 가까운 멋진 그림을 그려줍니다. 그러나 막상 어떤 이미지를 만들기 위해 문장을 생성하는 것은 쉽지 않을 수 있습니다. 이때 챗GPT에게 그림을 그리기 위한 텍스트를 생성해 달라고 요청하고, 응답으로 받은 텍스트를 이미지 생성을 위한 입력으로 활용하면 편리할 것입니다. 이를 위해 OpenAI의 Chat Completions API를 이용해 한국어 요청 사항을 영어로 번역하고, 그 번역 결과를 기반으로 상세한 묘사를 위한 질의를 생성하고 응답을 받아온 다음, 다시 응답 결과를 OpenAI Image API(DALL·E)에 입력해 그림을 생성하겠습니다. 이 과정을 도식화하면 그림 11-2와 같습니다.

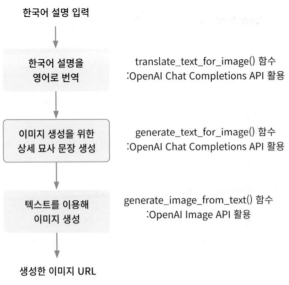

그림 11-2 상세 묘사를 생성해 이미지를 만드는 과정

다음은 한국어 텍스트를 입력해 이미지를 생성하는 과정(그림 11-2)에 필요한 함수입니다. 이 함수는 6장에서 살펴본 OpenAI의 Chat Completions API와 OpenAI Image API(DALL · E)를 활용합니다.

- translate_text_for_image() 함수: OpenAI의 Chat Completions API를 이용해 한국어 텍스트를 영어로 번역합니다.

- generate_text_for_image() 함수: OpenAI의 Chat Completions API를 이용해 그림을 그리기 위한 상세 묘사 문장을 생성합니다.

- generate_image_from_text() 함수: OpenAI Image API를 이용해 영어 텍스트로 이미지를 생성합니다. OpenAI Image API는 공백을 포함하여 최대 1,000자의 텍스트를 입력으로 받을 수 있어서 이미지 생성을 위한 문자열 길이를 1,000으로 제한했습니다.

translate_text_for_image() 함수와 generate_image_from_text() 함수는 이미 앞에서 만들었으므로 generate_image_from_text() 함수를 만들겠습니다.

```
In :   # OpenAI Chat Completions API를 이용해 이미지를 위한 상세 묘사를 생성하는 함수
       def generate_text_for_image(text):
           # API 키 설정
           openai.api_key = os.environ["OPENAI_API_KEY"]


           # 대화 메시지 정의
           user_content = f"Describe the following in 1000 characters to create an image.\n {text}"


           messages = [ {"role": "user", "content": user_content} ]


           # Chat Completions API 호출
           response = openai.ChatCompletion.create(
                           model="gpt-3.5-turbo",   # 사용할 모델 선택
                           messages=messages,       # 전달할 메시지 지정
                           max_tokens=1000,         # 최대 토큰 수 지정
                           temperature=0.8,         # 완성의 다양성을 조절하는 온도 설정
                           n=1                      # 생성할 완성의 개수 지정
                       )
           assistant_reply = response.choices[0].message['content'] # 첫 번째 응답 결과 가져오기


           return assistant_reply # 응답 반환
```

위 generate_text_for_image() 함수의 변수 user_content에는 함수의 인자로 받은 영어 텍스트
(text)를 이용해 1,000자 이내로 상세 묘사를 해달라는 요청이 들어 있습니다. 이 요청으로 인해 대부
분은 1,000자 이내로 상세 묘사를 생성하지만 가끔은 1,000자가 넘는 경우가 있습니다. 상세 묘사가
1,000자가 넘더라도 generate_image_from_text() 함수에서는 문자열의 길이를 1,000자로 제한하
기 때문에 큰 문제가 되지 않습니다.

이제 앞에서 살펴본 translate_text_for_image() 함수와 generate_image_from_text() 함수를
이용해 한국어로 입력한 내용을 영어로 번역하고 이미지를 생성하는 코드는 다음과 같습니다. 여기서
이미지 생성을 위한 한국어 텍스트도 앞에서 보다 좀 더 상세히 입력했습니다.

```
In :  from IPython.display import Image, display
      import textwrap

      k_text = "따뜻한 분위기가 나는 유럽풍의 거실 인테리어"
      e_text = translate_text_for_image(k_text) # 한국어를 영어로 번역
      print("[번역 텍스트]\n", e_text) # 응답받은 내용 출력

      text_for_image = generate_text_for_image(e_text) # OpenAI ChatGPT에 질문하고 응답받음
      shorten_text_for_image = textwrap.shorten(text_for_image, 250, placeholder=' [..이하 생략..]')
      print("[이미지 생성을 위한 텍스트(축약)]\n", shorten_text_for_image) # 응답받은 내용 출력(축약)
      # print("[이미지 생성을 위한 텍스트]\n", text_for_image) # 응답받은 내용 출력

      image_num = 1 # 생성할 이미지 개수
      image_urls = generate_image_from_text(text_for_image, image_num) # 지정한 개수만큼 이미지 생성
      for image_url in image_urls:
          display(Image(image_url, format='png')) # 이미지를 화면에 표시
```

Out: [번역 텍스트]
      A European-style living room interior with a warm atmosphere.
      [이미지 생성을 위한 텍스트(축약)]
      The European-style living room is a cozy and inviting space that exudes warmth and
      comfort. The room is designed to create a cozy and intimate atmosphere, with soft lighting
      and plush furnishings. The color palette is warm and inviting, [..이하 생략..]

이미지 생성을 위해 생성한 텍스트(text_for_image)를 보면 요청했던 텍스트(k_text)보다 좀 더 상세하게 상황을 설명하고 있습니다. 이렇게 상세한 설명을 입력해 생성한 그림을 보면 앞의 간단한 텍스트를 입력한 경우보다 배치된 사물들이 더 풍부하고 사실적인 것을 볼 수 있습니다. 생성한 텍스트와 이미지는 코드를 실행할 때마다 달라집니다. 생성한 이미지가 마음에 들지 않는다면 마음에 들 때까지 위 코드를 계속 실행해 보세요.

다음은 앞에서 만든 3개의 함수를 하나의 파이썬 코드 파일로 저장하겠습니다. 함수의 내용은 앞에서 만든 것과 동일합니다.

```
In : %%writefile C:\myPyAI\code\my_image_gen.py
     # 이미지 생성을 위한 모듈

     import openai
     import os
     import textwrap

     # OpenAI Chat Completions API를 이용해 한국어를 영어로 번역하는 함수
     def translate_text_for_image(text):
         # API 키 설정
         openai.api_key = os.environ["OPENAI_API_KEY"]

         # 대화 메시지 정의
         user_content = f"Translate the following Korean sentences into English.\n {text}"
         messages = [ {"role": "user", "content": user_content} ]

         # Chat Completions API 호출
         response = openai.ChatCompletion.create(
                             model="gpt-3.5-turbo", # 사용할 모델 선택
                             messages=messages,     # 전달할 메시지 지정
                             max_tokens=1000,       # 최대 토큰 수 지정
                             temperature=0.8,       # 완성의 다양성을 조절하는 온도 설정
                             n=1                    # 생성할 완성의 개수 지정
                             )

         assistant_reply = response.choices[0].message['content'] # 첫 번째 응답 결과 가져오기
         return assistant_reply # 응답 반환
```

```python
# OpenAI Chat Completions API를 이용해 이미지를 위한 상세 묘사를 생성하는 함수
def generate_text_for_image(text):
    # API 키 설정
    openai.api_key = os.environ["OPENAI_API_KEY"]

    # 대화 메시지 정의
    user_content = f"Describe the following in 1000 characters to create an image.\n {text}"

    messages = [ {"role": "user", "content": user_content} ]

    # Chat Completions API 호출
    response = openai.ChatCompletion.create(
                        model="gpt-3.5-turbo", # 사용할 모델 선택
                        messages=messages,     # 전달할 메시지 지정
                        max_tokens=1000,       # 최대 토큰 수 지정
                        temperature=0.8,       # 완성의 다양성을 조절하는 온도 설정
                        n=1                    # 생성할 완성의 개수 지정
                    )
    assistant_reply = response.choices[0].message['content'] # 첫 번째 응답 결과 가져오기

    return assistant_reply # 응답 반환

# OpenAI Image API(DALL·E)를 이용해 영어 문장으로 이미지를 생성하는 함수
def generate_image_from_text(text_for_image, image_num=1, image_size="512x512"):
    # API 키 설정
    openai.api_key = os.environ["OPENAI_API_KEY"]

    shorten_text_for_image = textwrap.shorten(text_for_image, 1000) # 1,000자로 제한

    response = openai.Image.create(prompt=shorten_text_for_image, n=image_num, ⏎
size=image_size)

    image_urls = [] # 이미지 URL 리스트
    for data in response['data']:
        image_url = data['url'] # 이미지 URL 추출
        image_urls.append(image_url)

    return image_urls # 이미지 URL 리스트 반환
```

Out: Writing C:\myPyAI\code\my_image_gen.py

앞에서 생성한 모듈을 임포트하려면 모듈이 있는 폴더로 이동하거나 모듈이 있는 폴더를 PYTHONPATH 환경 변수에 설정해야 합니다. 여기서는 이미 PYTHONPATH 환경 변수에 C:\myPyAI\code 폴더가 설정 돼 있다고 가정합니다. 다음의 윈도우 명령을 통해 PYTHONPATH 환경 변수 설정이 잘 돼 있는지 확인할 수 있습니다.

```
In :  !echo %PYTHONPATH%
```

```
Out:  C:\myPyAI\code
```

만약 위와 같이 C:\myPyAI\code 폴더가 출력되지 않는다면, [부록]을 참조해 PYTHONPATH 환경 변수 에 C:\myPyAI\code 폴더를 설정하세요.

다음은 my_image_gen 모듈을 임포트한 후에 이 모듈의 함수를 이용해 이미지를 생성해 보겠습니다.

```
In :  import my_image_gen # 이미지 생성을 위한 모듈을 임포트
      from IPython.display import Image, display
      import textwrap

      k_text = "새벽 바다 위에 배가 있고 해가 떠오르는 일출 풍경" # 한국어 입력
      e_text = my_image_gen.translate_text_for_image(k_text) # 한국어를 영어로 번역
      print("[번역 텍스트]\n", e_text) # 응답받은 내용 출력

      text_for_image = my_image_gen.generate_text_for_image(e_text) # OpenAI ChatGPT에 질문하고 응답받음
      shorten_text_for_image = textwrap.shorten(text_for_image, 250, placeholder=' [..이하 생략..]')
      print("[이미지 생성을 위한 텍스트(축약)]\n", shorten_text_for_image) # 응답받은 내용 출력(축약)
      # print("[이미지 생성을 위한 텍스트]\n", text_for_image) # 응답받은 내용 출력

      image_num = 1 # 생성할 이미지 개수
      image_size = "512x512" # 생성할 이미지 크기: "256x256", 512x512", "1024x1024"
      image_urls = my_image_gen.generate_image_from_text(text_for_image, image_num, image_size)
      # 이미지 생성
      for image_url in image_urls:
          display(Image(image_url, format='png')) # 이미지를 화면에 표시
```

Out: [번역 텍스트]
 There is a ship on the sea at dawn, and the scenery of the sunrise rising.
[이미지 생성을 위한 텍스트(축약)]
 The ship on the sea at dawn is a majestic sight to behold. The calm waters reflect the
hues of the early morning sky, with shades of pink, orange, and yellow painting a canvas
of natural beauty. The ship itself is a formidable vessel, [..이하 생략..]

위 코드를 실행해서 이미지가 보인다면 앞의 코드에서 만든 **my_image_gen** 모듈과 임포트에 문제가 없는 것입니다. 생성한 이미지가 마음에 들지 않는다면 입력한 설명을 변경하거나 원하는 이미지가 나올 때까지 위 코드를 계속 실행해 보세요.

11.3 이미지를 생성하는 웹 앱

이제 앞에서 만든 함수와 스트림릿을 활용해 한국어로 텍스트를 입력하면 이미지를 생성하는 웹 앱을 만들겠습니다. 웹 앱의 사이드바에는 텍스트 입력란, 입력 언어, 이미지 크기와 개수, 상세 묘사를 선택하는 라디오 버튼과 [이미지 생성] 버튼을 추가해 다양한 설정을 할 수 있게 하고, 메인 화면에는 생성된 이미지와 [이미지 파일 다운로드] 버튼을 배치하겠습니다.

스트림릿 웹 앱에서 이미지를 생성한 다음 [이미지 파일 다운로드] 버튼을 클릭해 이미지를 다운로드하면 코드가 처음부터 다시 실행돼 모든 것이 초기화됩니다. 따라서 이를 방지하기 위해 10장에서 살펴본 스트림릿의 세션 상태와 콜백 함수를 이용해 필요한 상태를 저장합니다. 이렇게 상태를 저장하면

[이미지 파일 다운로드] 버튼을 클릭해 웹 앱이 다시 실행되더라도 생성한 이미지가 초기화되지 않습니다.

한국어 텍스트를 입력해 이미지를 생성하는 웹 앱을 만들기 위해 앞에서 만든 **my_image_gen** 모듈을 임포트하고 translate_text_for_image(), generate_text_for_image(), generate_image_from_text() 함수를 활용하여 코드를 작성하면 다음과 같습니다.

In :
```
%%writefile C:\myPyAI\code\st\openai_image_app.py
# OpenAI 이미지 생성기 웹 앱

import my_image_gen # 이미지 생성을 위한 모듈을 임포트
import streamlit as st
import openai
import os
import requests
import textwrap
from datetime import datetime

# ---- 세션 상태 초기화 --------
if 'image_caption' not in st.session_state:
    st.session_state['image_caption'] = "" # 빈 문자열로 초기화

if 'shorten_text_for_image' not in st.session_state:
    st.session_state['shorten_text_for_image'] = "" # 빈 문자열로 초기화

if 'image_urls' not in st.session_state:
    st.session_state['image_urls'] = [] # 빈 리스트로 초기화

if 'images' not in st.session_state:
    st.session_state['images'] = [] # 빈 리스트로 초기화

if 'download_file_names' not in st.session_state:
    st.session_state['download_file_names'] = [] # 빈 리스트로 초기화

if 'download_buttons' not in st.session_state:
    st.session_state['download_buttons'] = False # False로 초기화

# ---- 이미지 생성을 위한 텍스트와 생성된 이미지를 화면에 표시하는 함수 ----
def display_results():
    # 저장한 세션 상태 불러오기
```

```python
        shorten_text_for_image = st.session_state['shorten_text_for_image']
        image_caption = st.session_state['image_caption']
        image_urls = st.session_state['image_urls']

        # 사이드바에 텍스트를 표시
        st.sidebar.write("[이미지 생성을 위한 텍스트]")
        st.sidebar.write(shorten_text_for_image)

        # 이미지와 다운로드 버튼을 화면에 표시
        for k, image_url in enumerate(image_urls):
            st.image(image_url, caption=image_caption) # 이미지 표시

            image_data = st.session_state['images'][k]
            download_file_name = st.session_state['download_file_names'][k]

            # 다운로드 버튼
            st.download_button( label="이미지 파일 다운로드",
                                data=image_data,
                                file_name=download_file_name,
                                mime="image/png",
                                key=k,
                                on_click=download_button_callback)

# -------------------- 콜백 함수 --------------------
def download_button_callback():
    st.session_state['download_buttons'] = True


def button_callback():

    if radio_selected_lang == "한국어":
        translated_text = my_image_gen.translate_text_for_image(input_text) # 한국어를 영어로 번역
    elif radio_selected_lang == "영어":
        translated_text = input_text

    if detail_description == 'Yes':
        resp = my_image_gen.generate_text_for_image(translated_text) # 이미지 생성을 위한 ⏎
상세 묘사 생성
        text_for_image = resp
        image_caption ="상세 묘사를 추가해 생성한 이미지"
```

```python
    elif detail_description == 'No':
        text_for_image = translated_text
        image_caption ="입력 내용으로 생성한 이미지"

    # 텍스트 축약
    shorten_text_for_image = textwrap.shorten(text_for_image, 200, placeholder=' [..이하 생략..]')

    # 이미지 생성
    image_urls = my_image_gen.generate_image_from_text(text_for_image, image_num, image_size)

    # 이미지와 다운로드 파일 이름 생성
    images = []
    download_file_names = []
    for k, image_url in enumerate(image_urls):

        # 생성한 이미지 다운로드
        r = requests.get(image_url)
        image_data = r.content # 이미지 데이터
        images.append(image_data)

        # 다운로드 파일 이름 생성
        now_datetime = datetime.now().strftime("%Y-%m-%d_%H-%M-%S") # 이미지 생성 날짜와 시각
        download_file_name = f"gen_image_{k}_{now_datetime}.png"
        download_file_names.append(download_file_name)

    # 세션 상태 저장
    st.session_state['image_caption'] = image_caption
    st.session_state['shorten_text_for_image'] = shorten_text_for_image
    st.session_state['image_urls'] = image_urls
    st.session_state['download_file_names'] = download_file_names
    st.session_state['images'] = images

# ------------ 사이드바 화면 구성 -------------------------
st.sidebar.title("이미지 생성을 위한 설정 ")

input_text = st.sidebar.text_input("이미지 생성을 위한 설명을 입력하세요.",
                                   "빌딩이 보이는 호수가 있는 도시의 공원")

radio_selected_lang = st.sidebar.radio('입력한 언어', ['한국어', '영어'],
                                       index=0, horizontal=True)
```

```python
# 라디오 버튼: 생성 이미지 개수 지정
image_num_options = [1, 2, 3] # 세 종류의 이미지 개수 선택 가능
image_num = st.sidebar.radio('생성할 이미지 개수를 선택하세요.',
                             image_num_options, index=0, horizontal=True)

# 라디오 버튼: 이미지 크기 지정
image_size_options = ['256x256', '512x512', '1024x1024'] # 세 종류의 이미지 크기 선택 가능
image_size = st.sidebar.radio('생성할 이미지 크기를 선택하세요.',
                              image_size_options, index=1, horizontal=True)

# 라디오 버튼: 상세 묘사 추가 여부 지정
detail_description = st.sidebar.radio('상세 묘사를 추가하겠습니까?',
                                      ['Yes', 'No'], index=1, horizontal=True)

# 기본 버튼: 이미지 생성을 위해 사용
# clicked = st.sidebar.button('이미지 생성')
clicked = st.sidebar.button('이미지 생성', on_click=button_callback)

# ------------- 메인 화면 구성 -------------------------
st.title("인공지능 이미지 생성기")

# [이미지 생성] 버튼 혹은 [이미지 파일 다운로드] 버튼 클릭 시 화면 표시 함수 실행
if clicked or st.session_state['download_buttons'] == True:
    display_results()
```

Out: Writing C:\myPyAI\code\st\openai_image_app.py

위 코드의 함수와 주요 부분을 설명하면 다음과 같습니다.

- '세션 상태 초기화' 부분: 필요한 세션 상태를 정의하고 초기화합니다.

- display_results() 함수: [이미지 생성] 버튼을 클릭했을 때 사이드바에 이미지 생성을 위한 텍스트를 축약해 출력하고 메인 화면에 생성한 이미지를 출력합니다. 이미지 다운로드를 위해 [이미지 파일 다운로드] 버튼을 클릭해도 이 함수를 실행합니다.

- download_button_callback() 함수: [이미지 파일 다운로드] 버튼을 클릭하면 실행되는 콜백 함수입니다. [이미지 파일 다운로드] 버튼을 클릭하면 이 함수가 불리고 st.session_state['download_buttons']에는 True가 지정돼 세션 상태가 변경됩니다.

- button_callback() 함수: [이미지 생성] 버튼을 클릭하면 실행되는 콜백 함수입니다. 사이드바에 있는 선택에 따라서 입력한 한국어를 영어로 번역, 이미지를 위한 상세 묘사 생성, 이미지 생성을 위한 함수를 차례로 실행합니다. 생성한 이미지의 URL을 이용해 이미지를 다운로드한 후에 [이미지 파일 다운로드] 버튼을 클릭했을 때 필요한 다운로드 파일 이름을 생성합니다. 다운로드 파일 이름에는 이미지를 생성한 날짜와 시각을 포함했습니다. 또한 변경된 세션 상태를 저장합니다.

- '사이드바 화면 구성' 부분: 다양한 설정을 위한 UI를 사이드바에 구성합니다. 텍스트 입력란, 입력 언어, 이미지 크기와 개수, 상세 묘사를 선택하기 위한 라디오 버튼이 있습니다.

- '메인 화면 구성' 부분: 메인 화면에 제목을 출력하고 [이미지 생성] 버튼을 클릭하거나 [이미지 파일 다운로드] 버튼을 클릭하면 display_results() 함수를 실행합니다.

이미지 생성기 웹 앱 코드는 지금까지 다뤘던 코드에 비해 좀 길고, 순차적으로 실행되지 않고 입력 위젯의 동작에 따라서 수행되는 부분이 있어서 다소 어렵게 느껴질 수 있지만 부분별로 나눠서 보면 크게 어렵지 않습니다. 스트림릿의 입력 위젯, 세션 상태와 콜백 함수 이용 방법은 10장의 내용을 참조하세요.

아나콘다 프롬프트에서 'streamlit run openai_image_app.py'를 입력하면 그림 11-3처럼 인공지능을 활용해 이미지를 생성하는 웹 앱이 실행됩니다. 사이드바에 있는 텍스트 입력란에 이미지를 생성하기 위한 설명을 입력하고, 입력 언어, 이미지 크기와 개수, 상세 묘사를 선택한 후에 [이미지 생성] 버튼을 클릭하면 메인 화면에 생성한 이미지 결과가 나옵니다. [이미지 파일 다운로드] 버튼을 클릭하면 이미지를 내 컴퓨터에 파일로 저장할 수 있습니다.

그림 11-3 인공지능을 활용한 이미지 생성

11.4 정리

이번 장에서는 실전 인공지능 웹 앱을 만드는 프로젝트를 진행했습니다. 이번 프로젝트에서는 한국어로 텍스트를 입력하면 이미지를 생성하고 생성한 이미지를 다운로드로 할 수 있는 인공지능 이미지 생성기 웹 앱을 만들었습니다. 이를 위해 먼저 한국어 설명을 영어로 번역한 후에 이미지를 생성하는 방법을 살펴보고, 이어서 좀 더 만족스러운 이미지를 생성하기 위해 상세 묘사를 생성하고, 이를 활용해 OpenAI의 DALL · E 모델로부터 이미지를 생성하는 방법을 살펴봤습니다. 스트림릿으로 웹 앱을 만들 때는 다양한 입력 위젯의 이용 방법과 세션 상태와 콜백 함수를 활용하는 방법도 살펴봤습니다. 실전 인공지능 웹 앱 프로젝트로부터 아이디어를 얻어 자신만의 창의적인 인공지능 웹 앱 제작에 도전해보길 바랍니다.

인공지능
PDF 문서 요약기

PDF는 어도비(Adobe)에서 개발한 전자 문서 형식으로 다양한 플랫폼과 장치에서 동일한 형식으로 문서를 표현하기 때문에 문서를 공유할 때 많이 사용합니다. 게다가 PDF 문서를 위한 뷰어는 무료로 이용할 수 있습니다. 이러한 이유로 PDF 문서는 전자 출판물에 많이 활용되는데 특히, 학술 논문, 전자책, 제품 설명서, 보고서, 정책 및 업무 소개 자료 등에 널리 활용됩니다.

학생이나 연구원이 학술 논문을 읽거나 작성하는 경우, PDF 형식의 긴 논문을 요약하는 기능은 매우 유용할 것입니다. 또한, 학생이나 연구원이 아니더라도 길고 복잡한 PDF 문서에서 핵심 내용만 알고 싶은 사람이라면 PDF 문서 요약은 시간을 절약할 수 있는 매우 필요한 기능입니다. 앞서 7장에서는 PDF 문서의 URL을 이용하여 Kagi 유니버설 서머라이저를 통해 PDF 문서를 요약하는 예제를 살펴봤습니다. 그러나 내 컴퓨터에 저장된 PDF 문서는 유니버설 서머라이저를 이용해 요약할 수 없습니다. 이번 장에서는 내 컴퓨터에 있는 PDF 문서 파일을 읽어와서 요약하고 번역까지 수행하는 웹 앱을 만들어 보겠습니다. 이번 장의 프로젝트를 위해 6장의 OpenAI API 사용법, 8장의 DeepL API 사용법, 10장의 스트림릿 사용법을 활용합니다.

12.1 │ PDF 문서 읽기

PDF 문서를 요약하기 위해서는 먼저 PDF 문서를 읽어와 텍스트를 추출해야 합니다. PDF 문서 파일 읽고 처리하기 위한 여러 파이썬 라이브러리가 있습니다. 라이브러리마다 특징이 있는데, 여기서는 오랫동안 사용되어 온 PyPDF2를 사용하겠습니다. 이를 활용하면 PDF 문서를 분석하거나 처리하는 프로그램을 작성할 수 있습니다. 먼저 아나콘다 프롬프트에서 다음 명령어로 PyPDF2 라이브러리를 설치합니다.

```
pip install PyPDF2
```

다음은 PyPDF2를 라이브러리를 사용해 PDF 문서를 읽고, 문서의 메타데이터를 가져오고, 특정 페이지의 텍스트를 추출하는 구조의 예제 코드입니다.

```
01: from PyPDF2 import PdfReader
02:
03: reader = PdfReader("example.pdf")   # PDF 문서 읽기
04: meta = reader.metadata              # PDF 문서의 메타데이터 가져옴(문서 제목, 저자 등)
05: page = reader.pages[n]              # n(정수)을 통해 n+1 페이지의 내용을 가져옴. n은 0부터 시작
06: page_text = page.extract_text()     # 페이지에서 텍스트 추출
```

01: PyPDF2 라이브러리에서 PdfReader 클래스를 가져옵니다. PdfReader 클래스는 PDF 문서를 읽고 처리하는 데 필요한 기능을 제공합니다.

03: PDF 문서(example.pdf)를 읽어서 PdfReader 객체로 만듭니다. 이 객체(reader에 할당)를 통해 PDF 문서의 페이지와 메타데이터에 접근할 수 있습니다.

04: reader 객체의 metadata 속성을 통해 PDF 문서의 메타데이터를 가져옵니다. 메타데이터에는 문서의 제목 (title), 저자(author) 등의 정보가 포함될 수 있습니다. 이 정보는 meta 변수에 저장됩니다. PDF 문서에 따라 메타데이터가 없을 수도 있습니다.

05: reader.pages는 PDF 문서의 페이지 리스트를 반환합니다. 여기서 n(0부터 시작)은 원하는 페이지 번호에서 1을 뺀 정숫값입니다. 따라서 n을 지정하면 n+1 페이지의 내용을 가져옵니다.

06: page 객체의 extract_text() 메서드를 호출하여 해당 페이지의 텍스트를 추출합니다. 추출된 텍스트는 page_text 변수에 할당됩니다.

다음은 실제로 PDF 문서에서 텍스트를 추출하는 예제 코드입니다.

```
In :    from PyPDF2 import PdfReader

        pdf_file = 'C:/myPyAI/data/2102.12092v1.pdf' # PDF 파일 경로
        reader = PdfReader(pdf_file) # PDF 문서 읽기
        meta = reader.metadata    # PDF 문서의 메타데이터 가져옴(문서 제목, 저자 등)
        page = reader.pages[0]    # 첫 페이지 내용 가져옴
        page_text = page.extract_text() # 페이지의 텍스트 추출

        print("- 문서 제목:", meta.title)
        print("- 문서 저자:", meta.author)
        print("- 첫 페이지 내용 일부:\n",  page_text[:300])
```

```
Out:    - 문서 제목: Zero-Shot Text-to-Image Generation
        - 문서 저자: Aditya Ramesh, Mikhail Pavlov, Gabriel Goh, Scott Gray, Chelsea Voss, Alec
        Radford, Mark Chen, Ilya Sutskever
        - 첫 페이지 내용 일부:
         Zero-Shot Text-to-Image Generation
        Aditya Ramesh1Mikhail Pavlov1Gabriel Goh1Scott Gray1
        Chelsea Voss1Alec Radford1Mark Chen1Ilya Sutskever1
        Abstract
        Text-to-image generation has traditionally fo-
        cused on finding better modeling assumptions for
        training on a fixed dataset. These assumptions
        might invo
```

위 코드에서 **pdf_file**에 있는 PDF 문서를 열어서 확인하면 PDF 문서의 첫 페이지에서 텍스트를 잘 추출한 것을 볼 수 있습니다.

12.2 PDF 문서 요약하기

앞에서 PDF 문서의 페이지에서 텍스트를 추출하는 방법을 살펴봤습니다. 이제 각 페이지마다 텍스트를 추출하고 페이지별로 요약하는 방법을 살펴보겠습니다. OpenAI는 모델별로 사용할 수 있는 최대 토큰의 개수를 제한하고 있습니다. 따라서 최대 토큰 수를 넘는 텍스트는 요약할 수 없으므로, 여기서는 페이지별로 요약하는 방법을 이용하겠습니다. 페이지별로 요약한 내용이 너무 길다면 페이지별 요약을 다시 요약해서 최종 요약문을 만들 수 있습니다.

대부분 PDF 파일의 한 페이지에 있는 텍스트는 OpenAI의 모델에 따른 최대 토큰 수(gpt-3.5-turbo 의 경우 4,096)를 넘지는 않을 것입니다. 하지만 실제 넘지 않는지 확인할 필요가 있는데, 이를 위해서 는 6장에서 살펴본 OpenAI의 파이썬 tiktoken 라이브러리를 이용하면 됩니다.

앞에서 PDF 문서의 페이지에서 텍스트를 추출했는데, 이를 이용해 각 페이지의 토큰 수를 구해보겠습 니다.

```
In :  from PyPDF2 import PdfReader
      import tiktoken

      pdf_file = 'C:/myPyAI/data/President_Obamas_Farewell_Address_영어_원본.pdf' # PDF 파일 경로
      reader = PdfReader(pdf_file) # PDF 문서 읽기

      enc = tiktoken.encoding_for_model("gpt-3.5-turbo")

      page_token_nums = []
      for page in reader.pages:
          page_text = page.extract_text() # 페이지의 텍스트 추출
          token_num = len(enc.encode(page_text)) # 페이지마다 토큰 개수 구하기
          page_token_nums.append(token_num)

      print("- 각 페이지의 토큰 수:", page_token_nums)
      print("- 전체 페이지에서 최대 토큰 수:", max(page_token_nums))
      print("- 전체 페이지의 토큰 수 합계:", sum(page_token_nums))
```

```
Out:  - 각 페이지의 토큰 수: [694, 699, 734, 754, 719, 694, 698, 745, 809, 256]
      - 전체 페이지에서 최대 토큰 수: 809
      - 전체 페이지의 토큰 수 합계: 6802
```

위 코드의 출력 결과로 전체 PDF 문서에서 페이지의 최대 토큰 수를 알 수 있습니다. 따라서 각 페이지 별로 OpenAI의 gpt-3.5-turbo 모델을 이용할 경우 최대 토큰인 4,096보다 작아서 문제가 없습니다.

다음은 6장에서 살펴본 OpenAI 라이브러리의 openai.ChatCompletion.create()를 이용해 주어진 텍스트를 요약하는 summarize_text() 함수입니다. 이 함수의 인자 lang를 이용해 영어(en)와 한국어 (ko)를 선택할 수 있습니다. lang 옵션을 지정하지 않으면 기본적으로 영어가 선택됩니다. 여기서는 영 어 또는 한국어로 요약하는 것을 가정해 messages 변수의 system과 user의 contents 내용을 입력했 습니다. 한국어로 지정하면 영어 텍스트를 한국어로 요약합니다.

```
In :  import openai
      import os

      # OpenAI 라이브러리를 이용해 텍스트를 요약하는 함수
      def summarize_text(user_text, lang="en"): # lang 인자에 영어를 기본적으로 지정
          # API 키 설정
          openai.api_key = os.environ["OPENAI_API_KEY"]

          # 대화 메시지 정의
          if lang == "en":
              messages = [
                  {"role": "system", "content": "You are a helpful assistant in the summary."},
                  {"role": "user", "content": f"Summarize the following. \n {user_text}"}
              ]
          elif lang == "ko":
              messages = [
                  {"role": "system", "content": "You are a helpful assistant in the summary."},
                  {"role": "user", "content": f"다음의 내용을 한국어로 요약해 주세요 \n {user_text}"}
      #           {"role": "user", "content": f"Summarize the following in Korea. \n {user_text}"}
              ]

          # Chat Completions API 호출
          response = openai.ChatCompletion.create(
                              model="gpt-3.5-turbo",  # 사용할 모델 선택
                              messages=messages,      # 전달할 메시지 지정
                              max_tokens=2000,        # 응답 최대 토큰 수 지정
                              temperature=0.3,        # 완성의 다양성을 조절하는 온도 설정
                              n=1                     # 생성할 완성의 개수 지정
          )
          summary = response["choices"][0]["message"]["content"]
          return summary
```

위의 summarize_text() 함수를 이용해 영어 PDF 문서 중 첫 페이지를 요약하면 다음과 같습니다.

```
In :  from PyPDF2 import PdfReader
      import textwrap

      pdf_file = 'C:/myPyAI/data/President_Obamas_Farewell_Address_영어_원본.pdf' # PDF 파일 경로
      reader = PdfReader(pdf_file)          # PDF 문서 읽기
      page = reader.pages[0]                # 첫 페이지 내용 가져옴
      page_text = page.extract_text()       # 페이지의 텍스트 추출

      summary = summarize_text(page_text) # 첫 페이지 요약 (영어)

      # 텍스트 축약
      shorten_summary = textwrap.shorten(summary, 250, placeholder=' [..이하 생략..]')

      print("[페이지 요약(축약)]\n", shorten_summary) # 요약 내용 출력(축약)
      # print("[페이지 요약]\n", summary) # 요약 내용 출력
```

```
Out:  [페이지 요약(축약)]
       President Obama delivers his farewell address in Chicago, thanking the American people
       for their conversations and support during his presidency. He reflects on his early years
       in Chicago and the power of faith and working people. He [..이하 생략..]
```

위 코드에서는 textwrap를 이용해 페이지 요약 내용을 축약해 출력했습니다. 전체 내용을 출력하고 싶으면 print("[페이지 요약]\n", summary) 코드 앞의 주석을 제거하고 실행하면 됩니다.

앞에서는 요약하는 언어를 영어로 지정했는데, 이번에는 한국어로 지정하겠습니다. 이렇게 한국어로 지정하면 영어 텍스트라도 한국어로 요약합니다.

```
In :  summary = summarize_text(page_text, "ko") # 첫 페이지 요약 (한국어)

      # 텍스트 축약
      shorten_summary = textwrap.shorten(summary, 250 ,placeholder=' [..이하 생략..]')

      print("[페이지 요약(축약)]\n", shorten_summary) # 요약 내용 출력(축약)
      # print("[페이지 요약]\n", summary) # 요약 내용 출력
```

```
Out:  [페이지 요약(축약)]
       2017년 1월 10일, 오바마 대통령의 작별 연설에서 그는 시카고에서 자신의 경력을 회고하며 미국
       국민들에게 감사의 말씀을 전했다. 그는 미국인들과의 대화를 통해 자신이 더 나은 대통령이 되었고,
       더 나은 사람이 되었다고 말했다. 그는 미국의 자유주의와 시민의식을 강조하며, 개인의 꿈을
       추구하는 것과 함께 공동의 목표를 위해 노력하는 것이 중요하다고 강조했다.
```

이제 앞에서 살펴본 코드를 모두 통합해 PDF 문서의 각 페이지를 영어로 요약하는 코드를 작성하면 다음과 같습니다.

```
In :   import openai
       from PyPDF2 import PdfReader
       import tiktoken
       import os

       pdf_file = 'C:/myPyAI/data/President_Obamas_Farewell_Address_영어_원본.pdf' # PDF 파일 경로

       reader = PdfReader(pdf_file) # PDF 문서 읽기

       text_summaries = []

       for page in reader.pages:
           page_text = page.extract_text() # 페이지의 텍스트 추출
           text_summary = summarize_text(page_text)
           text_summaries.append(text_summary)

       print("- 요약 개수:", len(text_summaries))
       # print("- 페이지별 요약문:", text_summaries)
```
```
Out:   - 요약 개수: 10
```

여기서는 출력하지 않았지만, 위 코드에서 마지막 라인의 주석을 제거하면 페이지별 요약문을 출력합니다. 이제 페이지별로 요약한 내용을 얻었습니다. 만약 이렇게 구한 페이지 요약이 너무 길다면 요약한 내용을 다시 요약하면 됩니다.

이어서 여러 페이지의 요약 리스트를 하나의 문자열로 연결한 후에 다시 요약해 최종 요약을 만드는 summarize_text_final() 함수를 만들겠습니다. 이 함수에서 하나의 문자열로 연결한 문자열(joined_summary) 토큰의 크기는 응답을 고려해 설정한 최대 토큰(req_max_token)보다 작을 때만 최종 요약이 가능하게 했습니다.

```
In :   import textwrap
       import tiktoken

       # 요약 리스트를 최종적으로 요약하는 함수
       def summarize_text_final(text_list, lang = 'en'):
           # 리스트를 연결해 하나의 요약 문자열로 통합
           joined_summary = " ".join(text_list)

           enc = tiktoken.encoding_for_model("gpt-3.5-turbo")
           token_num = len(enc.encode(joined_summary)) # 텍스트 문자열의 토큰 개수 구하기

           req_max_token = 2000 # 응답을 고려해 설정한 최대 요청 토큰
           final_summary = "" # 빈 문자열로 초기화
           if token_num < req_max_token: # 설정한 토큰보다 작을 때만 실행 가능
               # 하나로 통합한 요약문을 다시 요약
               final_summary = summarize_text(joined_summary, lang)

           return token_num, final_summary
```

앞에서 만든 summarize_text_final() 함수를 이용해 최종 요약을 하면 다음과 같습니다.

```
In :   lang = 'en' # 영어로 요약
       token_num, final_summary = summarize_text_final(text_summaries, lang)

       if final_summary != "":
           shorten_final_summary = textwrap.shorten(final_summary,
                                                    250,
                                                    placeholder=' [..이하 생략..]')
           print("- 통합한 페이지 요약의 토큰 수:", token_num)
           print("- 최종 요약(축약)\n", shorten_final_summary) # 최종 요약문 출력(축약)
```

```
Out:   - 통합한 페이지 요약의 토큰 수: 987
       - 최종 요약(축약)
         President Obama delivers his farewell address in Chicago, reflecting on his presidency
       and thanking the American people for their support. He emphasizes the importance of
       ordinary people getting involved in creating change and the [..이하 생략..]
```

출력 결과를 보면 여러 페이지의 요약 내용을 다시 요약한 것을 확인할 수 있습니다. 만약 통합한 페이지 요약의 토큰 수(token_num)가 summarize_text_final() 함수에서 설정한 최대 토큰(req_max_token)보다 크다면 요약을 할 수 없습니다. 이때는 통합한 요약 문자열을 작게 나누고 다시 요약해야 합니다.

최종 요약을 한국어로 하고 싶다면 다음과 같이 summarize_text_final() 함수에 lang 옵션을 ko로 지정합니다.

```
In :  lang = 'ko' # 한국어로 요약
      token_num, final_summary_ko = summarize_text_final(text_summaries, lang)


      if final_summary_ko != "":
          shorten_final_summary_ko = textwrap.shorten(final_summary_ko,
                                                      250,
                                                      placeholder=' [..이하 생략..]')
          print("- 통합한 페이지 요약의 토큰 수:", token_num)
          print("- 최종 요약(축약)\n", shorten_final_summary_ko) # 최종 요약문 출력(축약)
```

```
Out:  - 통합한 페이지 요약의 토큰 수: 988
      - 최종 요약(축약)
       오바마 대통령이 시카고에서 이별 인사를 하며 대통령 직무 수행 중 미국인들의 지지와 대화에
      감사하다는 말을 전합니다. 그는 시카고에서의 초기 시절과 신앙과 노동자들의 힘에 대해 생각해
      보며, 일반인들이 변화를 요구하고 참여하는 것의 중요성과 자가 정부의 미국 이념을 강조합니다.
      그는 개인적인 꿈을 추구하는 자유와 공동의 이익을 위해 함께 노력해야 한다는 필요성을
      강조합니다. 그는 미국의 특별성에 대한 생각을 나누며, 나라가 [..이하 생략..]
```

12.3 요약한 내용 번역하기

이번에는 요약한 영어 텍스트를 한국어로 번역하겠습니다. 앞에서 PDF 문서의 내용을 요약할 때 살펴본 summarize_text() 함수에서 lang 옵션을 ko로 지정해도 영어 텍스트를 한국어로 요약한 결과를 얻을 수 있지만, 이미 영어로 된 요약문이 있는 경우 이를 번역하는 것이 좀 더 효율적입니다. 이를 위해 6장에서 살펴본 OpenAI의 Chat Completions API를 이용할 수도 있고, 8장에서 살펴본 DeepL API를 이용할 수도 있습니다. 여기서는 두 가지 방법을 모두 살펴보겠습니다.

먼저 6장에서 살펴본 OpenAI 라이브러리의 openai.ChatCompletion.create()를 이용해 영어를 한국어로 번역하는 traslate_english_to_korean_using_openAI() 함수를 만들겠습니다. 이 함수에서 변수 user_content에는 함수의 인자로 받은 영어 텍스트(text)를 한국어로 번역하라는 요청이 들어있습니다.

```
In :  import openai
      import os

      # OpenAI 라이브러리를 이용해 영어를 한국어로 번역하는 함수
      def traslate_english_to_korean_using_openAI(text):
          # API 키 설정
          openai.api_key = os.environ["OPENAI_API_KEY"]

          # 대화 메시지 정의
          user_content = f"Translate the following English sentences into Korean.\n {text}"
          messages = [ {"role": "user", "content": user_content} ]

          # Chat Completions API 호출
          response = openai.ChatCompletion.create(
                              model="gpt-3.5-turbo",   # 사용할 모델 선택
                              messages=messages,       # 전달할 메시지 지정
                              max_tokens=2000,         # 응답 최대 토큰 수 지정
                              temperature=0.3,         # 완성의 다양성을 조절하는 온도 설정
                              n=1                      # 생성할 완성의 개수 지정
          )
          assistant_reply = response.choices[0].message['content'] # 첫 번째 응답 결과 가져오기

          return assistant_reply
```

위의 traslate_english_to_korean_using_openAI() 함수를 이용해 앞에서 생성한 영어 요약을 한국어로 번역하는 코드는 다음과 같습니다.

```
In :  e_text = final_summary
      k_text = traslate_english_to_korean_using_openAI(e_text) # 영어를 한국어로 번역

      # 텍스트 축약
      shorten_k_text = textwrap.shorten(k_text, 200, placeholder=' [..이하 생략..]')

      print("[요약 내용 한글 번역(OpenAI 이용)]\n", shorten_k_text) # 번역 내용 출력(축약)
```

Out:　[요약 내용 한글 번역(OpenAI 이용)]
　　　오바마 대통령은 시카고에서 작별 연설을 하며 그의 대통령 시기와 민주주의가 직면한 과제에
　대해 반성합니다. 그는 일반 대중들이 변화를 요구하고 자기 정부의 미국적 이념을 추구하기 위해
　참여하고 참여하는 것의 중요성을 강조합니다. 그는 대통령 시기 동안 이루어진 경제 회복, 외교적
　성과 및 사회 발전과 같은 진전의 예를 인용합니다. [..이하 생략..]

다음은 8장에서 살펴본 DeepL 라이브러리의 translate_text()를 이용해 입력 텍스트를 한국어로
번역하는 traslate_english_to_korean_using_deepL() 함수를 만들겠습니다. DeepL 라이브러리의
translate_text() 함수를 이용할 때 한국어로 번역하기 위해 target_lang 인자에는 KO를 지정했습니다.

```python
import deepl # deepl 라이브러리를 임포트
import os

# DeepL 라이브러리를 이용해 텍스트를 한국어로 번역하는 함수
def traslate_english_to_korean_using_deepL(text):
    auth_key = os.environ["DEEPL_AUTH_KEY"] # DeepL 인증 키
    translator = deepl.Translator(auth_key) # translator 객체를 생성

    result = translator.translate_text(text, target_lang="KO") # 번역 결과 객체를 result 변수에 할당

    return result.text
```

위의 traslate_english_to_korean_using_deepL() 함수를 이용해 앞에서 생성한 영어 요약을 한국어로 번
역하는 코드는 다음과 같습니다.

```python
e_text = final_summary
k_text = traslate_english_to_korean_using_deepL(e_text) # 영어를 한국어로 번역

# 텍스트 축약
shorten_k_text = textwrap.shorten(k_text, 200, placeholder=' [..이하 생략..]')

print("[요약 내용 한글 번역(DeepL 이용)]\n", shorten_k_text) # 번역 내용 출력(축약)
```

Out:　[요약 내용 한글 번역(DeepL 이용)]
　　　오바마 대통령이 시카고에서 고별 연설을 통해 자신의 대통령직과 민주주의가 직면한 도전에 대해
　회고합니다. 그는 평범한 사람들이 변화를 요구하기 위해 참여하고 참여하는 것의 중요성과 미국의
　자치 이념을 강조합니다. 그는 경제 회복, 외교적 성과, 사회 발전 등 대통령 재임 기간 동안 이룬
　진전의 예를 들었습니다. 연설은 민주주의의 [..이하 생략..]

앞에서 OpenAI의 Chat Completions API와 DeepL API를 이용해 영어를 한국어로 번역했습니다. 둘의 결과에는 차이가 있는 것을 볼 수 있습니다. 참고로 DeepL API를 이용한 번역이 좀 더 빠르며 균일한 번역 결과를 제공합니다.

다음은 PDF 요약을 위해 만든 함수를 하나의 파이썬 코드 파일로 저장하겠습니다. 함수의 내용은 앞에서 만든 것과 동일합니다.

```
In :    %%writefile C:\myPyAI\code\my_text_sum.py
        # 텍스트 요약을 위한 모듈

        import openai
        import os
        import deepl
        import tiktoken

        # OpenAI 라이브러리를 이용해 텍스트를 요약하는 함수
        def summarize_text(user_text, lang="en"): # lang 인자에 영어를 기본적으로 지정
            # API 키 설정
            openai.api_key = os.environ["OPENAI_API_KEY"]

            # 대화 메시지 정의
            if lang == "en":
                messages = [
                    {"role": "system", "content": "You are a helpful assistant in the summary."},
                    {"role": "user", "content": f"Summarize the following. \n {user_text}"}
                ]
            elif lang == "ko":
                messages = [
                    {"role": "system", "content": "You are a helpful assistant in the summary."},
                    {"role": "user", "content": f"다음의 내용을 한국어로 요약해 주세요 \n {user_text}"}
        #            {"role": "user", "content": f"Summarize the following in Korea. \n {user_text}"}
                ]

            # Chat Completions API 호출
            response = openai.ChatCompletion.create(
                                model="gpt-3.5-turbo",  # 사용할 모델 선택
                                messages=messages,      # 전달할 메시지 지정
                                max_tokens=2000,        # 응답 최대 토큰 수 지정
                                temperature=0.3,        # 완성의 다양성을 조절하는 온도 설정
```

```python
                    n=1                              # 생성할 완성의 개수 지정
    )
    summary = response["choices"][0]["message"]["content"]
    return summary

# 요약 리스트를 최종적으로 요약하는 함수
def summarize_text_final(text_list, lang = 'en'):
    # 리스트를 연결해 하나의 요약 문자열로 통합
    joined_summary = " ".join(text_list)

    enc = tiktoken.encoding_for_model("gpt-3.5-turbo")
    token_num = len(enc.encode(joined_summary)) # 텍스트 문자열의 토큰 개수 구하기

    req_max_token = 2000 # 응답을 고려해 설정한 최대 요청 토큰
    final_summary = "" # 빈 문자열로 초기화
    if token_num < req_max_token: # 설정한 토큰보다 작을 때만 실행 가능
        # 하나로 통합한 요약문을 다시 요약
        final_summary = summarize_text(joined_summary, lang)

    return token_num, final_summary

# OpenAI 라이브러리를 이용해 영어를 한국어로 번역하는 함수
def traslate_english_to_korean_using_openAI(text):
    # API 키 설정
    openai.api_key = os.environ["OPENAI_API_KEY"]

    # 대화 메시지 정의
    user_content = f"Translate the following English sentences into Korean.\n {text}"
    messages = [ {"role": "user", "content": user_content} ]

    # Chat Completions API 호출
    response = openai.ChatCompletion.create(
                    model="gpt-3.5-turbo", # 사용할 모델 선택
                    messages=messages,      # 전달할 메시지 지정
                    max_tokens=2000,        # 응답 최대 토큰 수 지정
                    temperature=0.3,        # 완성의 다양성을 조절하는 온도 설정
                    n=1                     # 생성할 완성의 개수 지정
    )
    assistant_reply = response.choices[0].message['content'] # 첫 번째 응답 결과 가져오기
```

```
        return assistant_reply

# DeepL 라이브러리를 이용해 텍스트를 한국어로 번역하는 함수
def traslate_english_to_korean_using_deepL(text):
    auth_key = os.environ["DEEPL_AUTH_KEY"] # DeepL 인증 키
    translator = deepl.Translator(auth_key) # translator 객체를 생성

    result = translator.translate_text(text, target_lang="KO") # 번역 결과 객체를 result ⬅
변수에 할당

        return result.text
```

Out: Writing C:\myPyAI\code\my_text_sum.py

12.4 PDF 문서를 요약하는 웹 앱

이제 앞에서 살펴본 PDF 문서에서 텍스트를 추출하는 방법, 추출한 텍스트를 요약하는 방법, 영어 요약 결과를 한국어로 번역하는 방법을 이용해 PDF 문서의 내용을 요약하는 웹 앱을 만들겠습니다. 스트림릿을 이용한 웹 앱에는 PDF 파일을 업로드할 수 있는 파일 업로더, PDF 문서의 언어를 선택하는 라디오 버튼, 한국어 번역 추가를 선택하는 체크박스, [PDF 문서 요약] 버튼을 배치하겠습니다.

앞에서 만든 my_text_sum 모듈의 함수와 스트림릿을 활용해 웹 앱 코드를 작성하면 다음과 같습니다.

```
In :  %%writefile C:\myPyAI\code\st\pdf_summary_app.py
      # PDF 문서를 요약하는 웹 앱

      import my_text_sum # 텍스트를 요약하기 위한 모듈
      import streamlit as st
      import openai
      import os
      from PyPDF2 import PdfReader
      import tiktoken
      import textwrap

      # PDF 파일을 요약하는 함수
      def summarize_PDF_file(pdf_file, lang, trans_checked):
          if (pdf_file is not None):
```

```python
        st.write("PDF 문서를 요약 중입니다. 잠시만 기다려 주세요.")
        reader = PdfReader(pdf_file) # PDF 문서 읽기

        text_summaries = []

        for page in reader.pages:
            page_text = page.extract_text() # 페이지의 텍스트 추출
            text_summary = my_text_sum.summarize_text(page_text, lang)
            text_summaries.append(text_summary)

        token_num, final_summary = my_text_sum.summarize_text_final(text_summaries, lang)

        if final_summary != "":
            shorten_final_summary = textwrap.shorten(final_summary, 250, placeholder= 
' [..이하 생략..]')

            st.write("- 최종 요약(축약):", shorten_final_summary) # 최종 요약문 출력 (축약)
            #st.write("- 최종 요약:", shorten_final_summary) # 최종 요약문 출력

            if trans_checked:
                trans_result = 
my_text_sum.traslate_english_to_korean_using_openAI(final_summary)
                shorten_trans_result = textwrap.shorten(trans_result, 200, placeholder= 
' [..이하 생략..]')
                st.write("- 한국어 요약(축약):", shorten_trans_result) # 한국어 번역문 출력 (축약)
                #st.write("- 한국어 요약:", trans_result) # 한국어 번역문 출력
        else:
            st.write("- 통합한 요약문의 토큰 수가 커서 요약할 수 없습니다.")

# ------------- 메인 화면 구성 --------------------------
st.title("PDF 문서를 요약하는 웹 앱")

uploaded_file = st.file_uploader("PDF 파일을 업로드하세요.", type='pdf')

radio_selected_lang = st.radio('PDF 문서 언어', ['한국어', '영어'], index=1, horizontal=True)

if radio_selected_lang == '영어':
    lang_code = 'en'
    checked = st.checkbox('한국어 번역 추가') # 체크박스 생성
```

```
    else:
        lang_code = 'ko'
        checked = False # 체크박스 불필요

    clicked = st.button('PDF 문서 요약')

    if clicked:
        summarize_PDF_file(uploaded_file, lang_code, checked) # PDF 파일 요약 수행
```

Out: Writing C:\myPyAI\code\st\pdf_summary_app.py

위 코드의 함수와 '메인 화면 구성' 부분을 설명하면 다음과 같습니다.

- summarize_PDF_file() 함수: PDF 파일을 요약하는 함수로 PDF 파일의 내용을 요약합니다. 이 함수에서는 앞
  에서 살펴본 summarize_text() 함수, summarize_text_final() 함수, traslate_english_to_korean_
  using_openAI() 함수를 이용합니다.

- '메인 화면 구성' 부분: PDF 파일을 업로드할 수 있는 파일 업로더, PDF 문서의 언어를 선택하는 라디오 버튼, 한국
  어 번역 추가를 선택하는 체크박스, [PDF 문서 요약] 버튼을 배치합니다. 한국어 번역 추가를 선택하는 체크박스
  는 영어를 선택했을 때만 보이도록 했습니다. 다양한 설정 후에 [PDF 문서 요약] 버튼을 클릭하면 summarize_
  PDF_file() 함수를 실행합니다.

아나콘다 프롬프트에서 'streamlit run pdf_summary_app.py'를 입력하면 그림 12-1처럼 파일 업
로더, 라디오 버튼, 체크 박스, [PDF 문서 요약] 버튼이 보입니다.

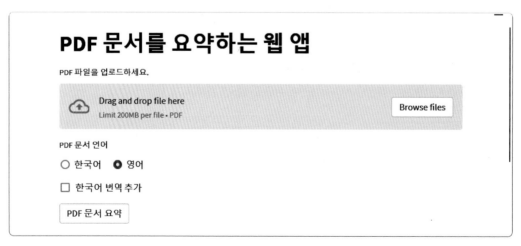

그림 12-1 PDF 요약 웹 앱(PDF 파일 업로드 전)

파일 업로더에 요약하려는 PDF 파일을 업로드하고, 필요한 설정을 합니다. 라디오 버튼에서 PDF 문서의 언어를 선택하고, 영어 문서일 경우 한국어 요약을 추가하고 싶으면 체크 박스에 체크한 후 **[PDF 문서 요약]** 버튼을 클릭하면 요약이 시작됩니다(그림 12-2). PDF 문서의 용량과 서버 상황에 따라서 요약하는 시간이 다른데, 테스트 파일을 요약하고 번역하는 데는 약 1분 **30**초에서 2분 정도 걸립니다.

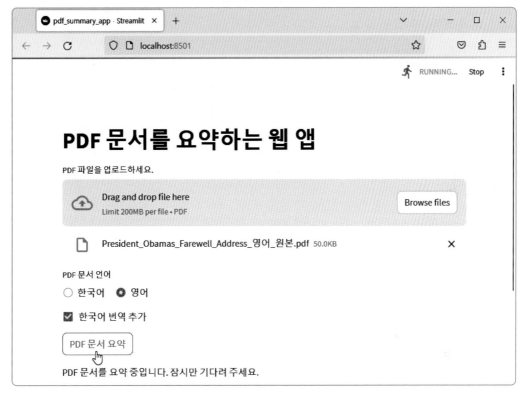

그림 12-2 PDF 요약 웹 앱(영문 PDF 파일 요약 진행 중)

PDF 문서 요약이 완료되면 그림 12-3처럼 영문 요약 내용과 한국어로 번역한 요약 내용이 보입니다. 여기서는 지면의 제약으로 요약 내용을 축약해 표시했는데, 코드에서 주석을 제거해 요약 내용 전체를 화면에 출력해 확인해 보세요.

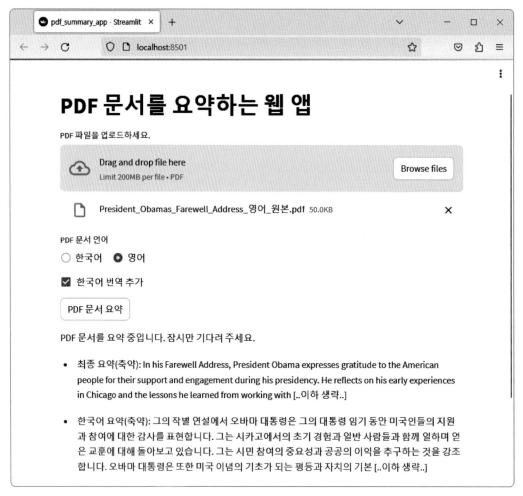

그림 12-3 PDF 요약 웹 앱(영문 PDF 파일 요약 완료)

영문 PDF 문서뿐만 아니라 한국어 PDF 문서도 요약할 수 있습니다. 한국어 PDF 문서를 요약할 때는 파일 업로더에 한국어 PDF 문서를 업로드한 다음 라디오 버튼에서 **한국어**를 선택합니다. 이 경우 코드에서 **한국어 번역 추가** 체크박스는 필요 없으므로 사용하지 않고, 변수 checked만 False로 지정합니다. [**PDF 문서 요약**] 버튼을 클릭하고 잠시 기다리면 한국어 PDF 문서를 요약한 내용이 화면에 표시됩니다(그림 12-4).

그림 12-4 PDF 요약 웹 앱(한국어 PDF 파일 요약 완료)

12.5 정리

이번 장에서는 인공지능 API를 이용해 PDF 문서를 요약하고 번역하는 PDF 문서 요약기 웹 앱을 구현하였습니다. 이를 위해 PDF 문서를 읽고 텍스트를 추출하는 방법, 추출한 PDF 문서의 페이지별 텍스트를 요약하고 다시 최종적으로 요약하는 방법, 토큰을 구하고 활용하는 방법, 요약한 내용을 번역하는 방법을 살펴봤습니다. 번역할 때는 OpenAI 라이브러리를 활용해 번역하는 방법과 DeepL 라이브러리를 활용해 번역하는 방법을 살펴봤습니다. 또한 스트림릿을 이용해 다양한 PDF 파일을 업로드하고 원하는 설정을 한 후에 요약을 수행하는 방법을 알아봤습니다.

인공지능
유튜브 동영상 요약기

앞서 9장에서는 유니버설 서머라이저의 API를 이용해 유튜브 동영상을 요약하는 방법을 살펴봤습니다. 이번 장에서는 OpenAI API를 이용해 유튜브 동영상을 요약해 보겠습니다. 이를 위해 먼저 유튜브 동영상 자막을 가져오고, 긴 자막을 나눠서 요약하는 방법을 살펴보고, 그다음 유튜브 동영상을 요약하는 웹 앱을 만들어 보겠습니다. 이번 장의 프로젝트를 위해 6장의 OpenAI API 사용법, 8장의 DeepL API 사용법, 9장의 유튜브 정보 가져오는 방법, 10장의 스트림릿 사용법을 활용합니다. 그리고 12장에서 만든 모듈을 사용합니다.

13.1 유튜브 동영상 자막 가져오기

유튜브 동영상을 요약하려면 유튜브에서 제공하는 자막을 직접 가져오거나 동영상을 다운로드하고 나서 음성에서 텍스트를 추출해야 합니다. 앞서 9장에서 두 가지 방법을 살펴봤는데, 여기서는 유튜브에서 제공하는 자막을 가져오는 방법을 이용하겠습니다.

다음은 9장에서 살펴본 유튜브에서 자막을 가져오는 데 필요한 함수를 한 곳에 모은 코드입니다. 이 코드는 모듈로 저장하겠습니다.

```
In :  %%writefile C:\myPyAI\code\my_yt_tran.py
      # 유튜브 동영상 정보와 자막을 가져오기 위한 모듈

      import openai
      import yt_dlp
      from youtube_transcript_api import YouTubeTranscriptApi
      from youtube_transcript_api.formatters import TextFormatter
      import os
      from pathlib import Path

      # 유튜브 비디오 정보를 가져오는 함수
      def get_youtube_video_info(video_url):
          ydl_opts = {                # 다양한 옵션 지정
              'noplaylist': True,
              'quiet': True,
              'no_warnings': True,
          }

          with yt_dlp.YoutubeDL(ydl_opts) as ydl:
              video_info = ydl.extract_info(video_url, download=False) # 비디오 정보 추출
              video_id = video_info['id']              # 비디오 정보에서 비디오 ID 추출
              title = video_info['title']              # 비디오 정보에서 제목 추출
              upload_date = video_info['upload_date']  # 비디오 정보에서 업로드 날짜 추출
              channel = video_info['channel']          # 비디오 정보에서 채널 이름 추출
              duration = video_info['duration_string']

          return video_id, title, upload_date, channel, duration

      # 유튜브 비디오 URL에서 비디오 ID를 추출하는 함수
      def get_video_id(video_url):
          video_id = video_url.split('v=')[1][:11]

          return video_id

      # 유튜브 동영상 자막을 직접 가져오는 함수
      def get_transcript_from_youtube(video_url, lang='en'):
          # 비디오 URL에서 비디오 ID 추출
          video_id = get_video_id(video_url)
```

```
    # 자막 리스트 가져오기
    transcript_list = YouTubeTranscriptApi.list_transcripts(video_id)

    #    print(f"- 유튜브 비디오 ID: {video_id}")
    #    for transcript in transcript_list:
    #        print(f"- [자막 언어] {transcript.language}, [자막 언어 코드] ⏎
{transcript.language_code}")

    # 자막 가져오기 (lang)
    transcript = YouTubeTranscriptApi.get_transcript(video_id, languages=[lang])

    text_formatter = TextFormatter() # Text 형식으로 출력 지정
    text_formatted = text_formatter.format_transcript(transcript)

    return text_formatted
```

Out: Writing C:\myPyAI\code\my_yt_tran.py

위 모듈(my_yt_tran)에 있는 함수를 설명하면 다음과 같습니다. 이 모듈에 있는 함수는 모두 9장에서 만들어 사용했던 함수입니다.

- get_youtube_video_info() 함수: 유튜브 비디오 정보를 가져오는 함수

- get_video_id() 함수: 유튜브 비디오 URL에서 비디오 ID를 추출하는 함수

- get_transcript_from_youtube() 함수: 유튜브 동영상 자막을 직접 가져오는 함수

이제 앞에서 저장한 모듈을 임포트해 유튜브 동영상의 자막을 가져오겠습니다.

```
In :  import my_yt_tran # 유튜브 동영상 정보와 자막을 가져오기 위한 모듈 임포트
      import textwrap

      video_url = "https://www.youtube.com/watch?v=C_78DM8fG6E&t=6s"

      _, video_title, _, _, _ = my_yt_tran.get_youtube_video_info(video_url)
      print("- 비디오 제목:", video_title)

      yt_transcript = my_yt_tran.get_transcript_from_youtube(video_url,
                                                             lang='en')
```

```
shorten_yt_transcript = textwrap.shorten(yt_transcript,
                                          250,
                                          placeholder=' [..이하 생략..]')
print("- 자막 내용(축약):", shorten_yt_transcript) # 축약 출력
# print("- 자막 내용:", yt_transcript) # 전체 출력
```

Out: - 비디오 제목: The Inside Story of ChatGPT's Astonishing Potential ¦ Greg Brockman ¦ TED
- 자막 내용(축약): We started OpenAI seven years ago because we felt like something really interesting was happening in AI and we wanted to help steer it in a positive direction. It's honestly just really amazing to see how far this whole field has come [..이하 생략..]

위 코드의 출력 결과를 보면 비디오 제목과 자막 내용을 확인할 수 있습니다. 위 코드에서는 textwrap을 이용해 자막 내용을 축약해 출력했습니다. 전체를 출력하고 싶으면 print("- 자막 내용:", yt_transcript) 코드 앞의 주석을 제거하고 실행하면 됩니다.

13.2 긴 자막을 분리해 요약하기

앞에서 유튜브 자막을 가져왔습니다. 이제 자막 텍스트를 이용해 요약을 수행하면 됩니다. 그전에 먼저 앞에서 가져온 자막 텍스트의 토큰 수를 구해보겠습니다. 6장에서 살펴본 OpenAI의 파이썬 tiktoken 라이브러리를 이용해 텍스트의 토큰 수를 구하는 함수를 만들면 다음과 같습니다.

In :
```
import tiktoken

# 텍스트의 토큰 수를 계산하는 함수(모델: "gpt-3.5-turbo")
def calc_token_num(text, model="gpt-3.5-turbo"):
    enc = tiktoken.encoding_for_model(model)
    encoded_list = enc.encode(text) # 텍스트 인코딩해 인코딩 리스트 생성
    token_num= len(encoded_list)    # 인코딩 리스트의 길이로 토큰 개수 계산

    return token_num
```

위에서 만든 calc_token_num() 함수를 이용해 앞에서 가져온 유튜브 비디오 자막(yt_transcript)의 토큰 수를 계산하면 다음과 같습니다.

```
In :  ts_token_num = calc_token_num(yt_transcript)
      print("- 자막의 토큰 개수:", ts_token_num)
```

```
Out:  - 자막의 토큰 개수: 7379
```

앞에서 가져온 자막을 이용해 토큰 수를 구해보면 최대 토큰 수(gpt-3.5-turbo의 경우 **4,096**)보다 큽니다. 따라서 추출한 자막을 OpenAI의 모델에 입력해 바로 요약할 수는 없고, 자막의 텍스트를 분할한 다음 요약해야 합니다. 여기서 최대 토큰 수는 요청 토큰과 응답 토큰의 합보다 작아야 하므로 실제 요청할 때의 토큰 수는 응답을 고려해 제한해야 합니다.

짧은 동영상은 자막의 길이도 짧아서 자막의 토큰 수가 OpenAI의 모델의 최대 토큰 수를 넘지 않을 가능성이 높습니다. 하지만 긴 동영상은 자막 길이도 길어서 최대 토큰 수를 넘길 가능성이 높습니다. 이 경우 최대 토큰 수를 넘지 않는 범위에서 전체 자막 텍스트를 몇 개로 나눠 요약해야 합니다. 나눠서 요약한 내용이 길다면 요약 내용을 다시 요약하는 방법도 있습니다. 이를 위해서는 긴 텍스트를 원하는 길이로 나누는 기능이 필요한데 4장에서 살펴본 파이썬의 기본 모듈인 textwrap의 **wrap()**을 이용하면 긴 텍스트를 원하는 길이로 나눌 수 있습니다.

다음은 앞에서 가져온 자막 텍스트의 토큰 수와 지정한 최대 토큰 수를 이용해 자막 텍스트의 토큰 수가 지정한 최대 토큰 수를 넘지 않게 자막 텍스트를 나누는 함수입니다. 이 함수에서 최대 요청 토큰 수 (**req_max_token**)는 응답을 고려해 설정했습니다.

```
In :  import textwrap

      # 토큰에 따라 텍스트를 나눠 분할하는 함수
      def divide_text(text, token_num):
          req_max_token = 2000 # 응답을 고려해 설정한 최대 요청 토큰

          divide_num = int(token_num/req_max_token) + 1 # 나눌 계수를 계산
          divide_char_num = int(len(text) / divide_num) # 나눌 문자 개수
          divide_width =  divide_char_num + 20 # wrap() 함수로 텍스트 나눌 때 여유분 고려해 20 더함

          divided_text_list = textwrap.wrap(text, width=divide_width)

          return divide_num, divided_text_list
```

앞에서 만든 `divide_text()` 함수를 이용해 최대 요청 토큰 수(`req_max_token`)를 기준으로 자막을 나눈 다음, 나뉜 자막의 리스트를 구하면 다음과 같습니다.

```
In :  div_num, div_yt_transcripts = divide_text(yt_transcript, ts_token_num)

      print("- 자막 그룹의 개수:", div_num)
      print("- 나뉜 자막 리스트의 크기:", len(div_yt_transcripts))

      for div_yt_transcript in div_yt_transcripts:
          div_token_num = calc_token_num(div_yt_transcript) # 텍스트의 토큰 수 계산
          print(" * 나뉜 자막의 토큰 개수:", div_token_num)
```
```
Out:  - 자막 그룹의 개수: 4
      - 나뉜 자막 리스트의 크기: 4
       * 나뉜 자막의 토큰 개수: 1740
       * 나뉜 자막의 토큰 개수: 1762
       * 나뉜 자막의 토큰 개수: 1709
       * 나뉜 자막의 토큰 개수: 1710
```

위의 출력 결과를 보면 큰 토큰 수를 가진 자막이 작게 나뉜 것을 볼 수 있습니다. 나뉜 자막의 토큰 개수를 보면 최대 요청 토큰 수(`req_max_token`)보다 작은 것을 확인할 수 있습니다.

이제 이렇게 나뉜 자막을 이용해 요약을 수행하겠습니다. 요약 작업에는 이전에 PDF 문서를 요약할 때 사용한 `my_text_sum` 모듈의 `summarize_text()` 함수를 이용합니다.

```
In :  import my_text_sum # 텍스트를 요약하기 위한 모듈

      yt_summaries = []

      for div_yt_transcript in div_yt_transcripts:
          yt_summary = my_text_sum.summarize_text(div_yt_transcript)
          yt_summaries.append(yt_summary)

      print("- 요약 개수:", len(yt_summaries))
      # print("- 페이지별 요약문:", yt_summaries)
```
```
Out:  - 요약 개수: 4
```

앞에서 동영상의 자막을 그룹으로 나눠 요약했습니다. 만약 그룹의 개수가 많아 요약 내용이 길다면 다시 한번 요약할 수도 있습니다. 이를 위해 12장에서 PDF 문서를 요약할 때 사용한 my_text_sum 모듈의 summarize_text_final() 함수를 이용하겠습니다.

```
In :   import my_text_sum # 텍스트를 요약하기 위한 모듈


       lang = 'en' # 영어로 요약
       final_yt_token_num, final_yt_summary = my_text_sum.summarize_text_final(yt_summaries, lang)


       if final_yt_summary != "":
           shorten_yt_final_summary = textwrap.shorten(final_yt_summary, 250,
                                                        placeholder=' [..이하 생략..]')
           print("- 통합한 페이지 요약의 토큰 수:", final_yt_token_num)
           print("- 최종 요약(축약)\n", shorten_yt_final_summary) # 최종 요약문 출력(축약)
       #     print("- 최종 요약\n", final_yt_summary) # 최종 요약문 출력
```

```
Out:   - 통합한 페이지 요약의 토큰 수: 426
       - 최종 요약(축약)
        The speaker, Greg Brockman from OpenAI, discusses the progress of AI and the importance
       of providing high-quality feedback to improve its performance. He demonstrates a new
       DALL-E model that generates images and emphasizes the importance [..이하 생략..]
```

13.3 유튜브 동영상 요약 웹 앱

이제 앞에서 살펴본 내용을 바탕으로 유튜브 자막을 가져와 요약하는 웹 앱을 만들어 보겠습니다. 이를 위해 사이드바에는 유튜브 동영상 URL을 입력하고 필요한 설정과 실행을 하기 위한 버튼을 배치하고, 메인 화면에는 입력한 URL의 유튜브 비디오 플레이어와 요약 내용을 표시합니다. 유튜브 동영상의 언어를 영어로 선택하면 번역을 위한 라디오 버튼이 나옵니다. 번역 방법은 OpenAI의 Chat Completions API를 이용한 번역과 DeepL API를 이용한 번역을 선택할 수 있습니다.

유튜브 비디오의 정보와 자막을 가져올 때는 앞에서 만든 my_yt_tran 모듈의 함수를 이용하고, 요약과 번역을 수행할 때는 앞에서 PDF 문서를 요약할 때 살펴본 my_text_sum 모듈의 함수를 이용합니다. 또한 큰 자막을 작게 나눌 때는 12장에서 만든 calc_token_num() 함수와 divide_text() 함수를 이용합니다. 이러한 함수와 스트림릿을 활용해 웹 앱 코드를 작성하면 다음과 같습니다.

```
In :  %%writefile C:\myPyAI\code\st\youtube_summary_app.py
      # 유튜브 동영상을 요약하고 번역하는 웹 앱

      import my_yt_tran # 유튜브 동영상 정보와 자막을 가져오기 위한 모듈 임포트
      import my_text_sum # 텍스트를 요약하기 위한 모듈
      import streamlit as st
      import openai
      import os
      import tiktoken
      import textwrap
      import deepl


      # 텍스트의 토큰 수를 계산하는 함수(모델: "gpt-3.5-turbo")
      def calc_token_num(text, model="gpt-3.5-turbo"):
          enc = tiktoken.encoding_for_model(model)
          encoded_list = enc.encode(text) # 텍스트 인코딩해 인코딩 리스트 생성
          token_num= len(encoded_list)   # 인코딩 리스트의 길이로 토큰 개수 계산

          return token_num


      # 토큰에 따라 텍스트를 나눠 분할하는 함수
      def divide_text(text, token_num):
          req_max_token = 2000 # 응답을 고려해 설정한 최대 요청 토큰

          divide_num = int(token_num/req_max_token) + 1 # 나눌 계수를 계산
          divide_char_num = int(len(text) / divide_num) # 나눌 문자 개수
          divide_width =  divide_char_num + 20 # wrap() 함수로 텍스트 나눌 때 여유분 고려해 20 더함

          divided_text_list = textwrap.wrap(text, width=divide_width)

          return divide_num, divided_text_list

      # 유튜브 동영상을 요약하는 함수
      def summarize_youtube_video(video_url, selected_lang, trans_method):

          if selected_lang == '영어':
              lang = 'en'
          else:
              lang = 'ko'
```

```python
# 유튜브 동영상 플레이
st.video(video_url, format='video/mp4') # st.video(video_url)도 동일

# 유튜브 동영상 제목 가져오기
_, yt_title, _, _, yt_duration = my_yt_tran.get_youtube_video_info(video_url)
st.write(f"[제목] {yt_title}, [길이(분:초)] {yt_duration}") # 제목 및 상영 시간 출력

# 유튜브 동영상 자막 가져오기
yt_transcript = my_yt_tran.get_transcript_from_youtube(video_url, lang)

# 자막 텍스트의 토큰 수 계산
token_num = calc_token_num(yt_transcript)

# 자막 텍스트를 분할해 리스트 생성
div_num, divided_yt_transcripts = divide_text(yt_transcript, token_num)

st.write("유튜브 동영상 내용 요약 중입니다. 잠시만 기다려 주세요.")

# 분할 자막의 요약 생성
summaries = []
for divided_yt_transcript in divided_yt_transcripts:
    summary = my_text_sum.summarize_text(divided_yt_transcript, lang) # 텍스트 요약
    summaries.append(summary)

# 분할 자막의 요약을 다시 요약
_, final_summary = my_text_sum.summarize_text_final(summaries, lang)

if selected_lang == '영어':
    shorten_num = 200
else:
    shorten_num = 120

shorten_final_summary = textwrap.shorten(final_summary, shorten_num, placeholder= ⬅
' [..이하 생략..]')
    st.write("- 자막 요약(축약):", shorten_final_summary) # 최종 요약문 출력 (축약)
    # st.write("- 자막 요약:", final_summary) # 최종 요약문 출력

if selected_lang == '영어':
    if trans_method == 'OpenAI':
```

```
            trans_result = ⬅
my_text_sum.traslate_english_to_korean_using_openAI(final_summary)
        elif trans_method == 'DeepL':
            trans_result = ⬅
my_text_sum.traslate_english_to_korean_using_deepL(final_summary)

        shorten_trans_result = textwrap.shorten(trans_result, 120, placeholder=' [..이하 생략..]')
        st.write("- 한국어 요약(축약):", shorten_trans_result) # 한국어 번역문 출력 (축약)
        #st.write("- 한국어 요약:", trans_result) # 한국어 번역문 출력

# ------------------- 콜백 함수 ---------------------
def button_callback():
    st.session_state['input'] = ""

# ------------- 사이드바 화면 구성 --------------------------
st.sidebar.title("요약 설정 ")
url_text = st.sidebar.text_input("유튜브 동영상 URL을 입력하세요.", key="input")

clicked_for_clear = st.sidebar.button('URL 입력 내용 지우기', on_click=button_callback)

yt_lang = st.sidebar.radio('유튜브 동영상 언어 선택', ['한국어', '영어'], index=1, ⬅
horizontal=True)

if yt_lang == '영어':
    trans_method = st.sidebar.radio('번역 방법 선택', ['OpenAI', 'DeepL'], index=1, ⬅
horizontal=True)
else:
    trans_method = ""

clicked_for_sum = st.sidebar.button('동영상 내용 요약')

# ------------- 메인 화면 구성 -------------------------
st.title("유튜브 동영상 요약")

# 텍스트 입력이 있으면 수행
if url_text and clicked_for_sum:
    yt_video_url = url_text.strip()
    summarize_youtube_video(yt_video_url, yt_lang, trans_method)
```

Out: Writing C:\myPyAI\code\st\youtube_summary_app.py

앞서 작성한 코드의 함수와 '사이드바 화면 구성', '메인 화면 구성' 부분을 설명하면 다음과 같습니다.

- calc_token_num() 함수: 텍스트의 토큰 수를 계산하는 함수입니다. 토큰 수를 계산할 때 사용하는 모델은 "gpt-3.5-turbo"입니다. 다른 모델을 이용한다면 모델 이름을 변경하면 됩니다.

- divide_text() 함수: 토큰에 따라 텍스트를 나눠 분할하는 함수입니다. 함수 내에 있는 req_max_token 변수의 값을 변경하면 텍스트의 길이를 달리해서 나눌 수 있습니다.

- summarize_youtube_video() 함수: 유튜브 비디오를 요약하는 함수로 유튜브 자막을 요약합니다. 이 함수에 서는 유튜브 비디오의 정보와 자막을 가져오기 위해 my_yt_tran 모듈의 get_youtube_video_info() 함수와 get_transcript_from_youtube() 함수를 이용합니다. 또한 요약과 번역을 수행하기 my_text_sum 모듈의 summarize_text() 함수, summarize_text_final() 함수, traslate_english_to_korean_using_openAI() 함수, traslate_english_to_korean_using_deepL() 함수를 이용합니다. 설정에 따라서 사용하는 함수가 달라집니다.

- button_callback() 함수: [URL 입력 내용 지우기] 버튼을 위한 콜백 함수입니다. [URL 입력 내용 지우기] 버튼을 누르면 st.session_state['input']에 빈 문자열을 할당해 입력란에 입력한 URL을 삭제합니다.

- '사이드바 화면 구성' 부분: 다양한 설정을 위한 UI를 사이드바에 구성합니다. 유튜브 URL을 입력하기 위한 텍스트 입력란, URL 입력 내용을 지우는 버튼, 동영상 언어 및 번역 방법 선택을 위한 라디오 버튼, 요약을 실행하기 위한 [동영상 내용 요약] 버튼이 있습니다.

- '메인 화면 구성' 부분: 유튜브 비디오 URL을 입력하고 [동영상 내용 요약] 버튼을 클릭하면 URL의 유튜브 비디오 플레이어, 비디오 제목과 길이 그리고 요약 내용을 표시합니다.

아나콘다 프롬프트에서 'streamlit run youtube_summary_app.py'를 입력하면 그림 13-1처럼 사이드바에 텍스트 입력란, [URL 입력 내용 지우기] 버튼, 라디오 버튼, [동영상 내용 요약] 버튼이 보입니다.

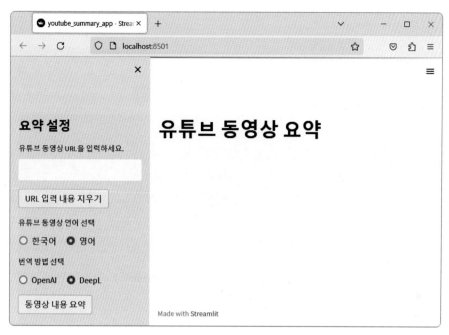

그림 13-1 유튜브 동영상 요약 웹 앱(동영상 URL 입력 전)

텍스트 입력란에 유튜브 동영상 URL을 입력한 후에 동영상 언어와 번역 방법을 선택하고 **[동영상 내용 요약]** 버튼을 클릭하면 유튜브 비디오 플레이어, 비디오 제목과 길이, 자막 요약 결과를 보여줍니다. 그림 13-2은 영어 유튜브 동영상의 URL을 입력해 요약한 예입니다. 영어 요약의 경우 번역을 수행해 한국어로 번역한 결과도 함께 보여줍니다. 번역 방법으로 OpenAI와 DeepL 중 하나를 선택할 수 있는데, DeepL의 번역 속도가 더 빠르지만, DeepL의 API 키가 없다면 OpenAI를 선택해 이용하세요.

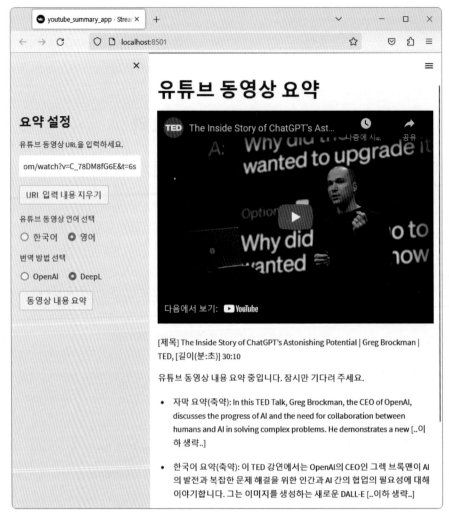

그림 13-2 유튜브 동영상 요약 웹 앱(영어 동영상 요약)

이번에는 한국어 유튜브 동영상 URL을 입력해 요약을 수행해 보겠습니다. URL 입력란에 이미 URL을 입력한 상황에서 다른 유튜브 동영상 URL을 입력할 때는 [URL 입력 내용 지우기] 버튼을 누르면 기존의 URL 입력 내용이 모두 지워져 새로운 URL을 입력하기 편리합니다. 그림 13-3은 한국어 동영상을 요약한 결과를 보여줍니다.

그림 13-3 유튜브 동영상 요약 웹 앱(한국어 동영상 요약)

13.4 정리

이번 장에서는 인공지능 API를 이용해 유튜브 동영상을 요약하고 번역하는 유튜브 동영상 요약기 웹 앱을 구현하였습니다. 먼저 유튜브 동영상에서 자막을 가져오는 방법 살펴봤습니다. 이어서 자막의 토큰을 계산하는 방법을 알아보고 요청 최대 토큰을 고려해 긴 자막을 분리하는 방법도 살펴봤습니다. 또한 분리한 자막별로 요약하고 이를 다시 요약하는 과정도 알아봤습니다. 이번 장에서 살펴본 실전 프로젝트를 발전시켜 유튜브와 관련된 다양한 서비스를 수행하는 인공지능 웹 앱을 만들어 보세요.

인공지능과
웹 서비스 연결

앞에서는 인공지능을 활용한 다양한 방법과 실전 프로젝트를 살펴봤습니다. 지금까지는 인공지능을 활용해 어떠한 작업을 수행하기는 했지만, 이 결과를 외부 웹 서비스와 연동하지는 않았습니다. 이번에는 6장에서 살펴본 OpenAI의 Chat Completions API의 함수 호출 기능을 활용해 챗GPT와 외부 웹 서비스를 연동하는 방법을 살펴보겠습니다.

14.1 날씨 정보 가져오기

날씨는 우리 생활과 아주 밀접해 TV나 라디오 방송의 뉴스에서도 일기 예보는 빠지지 않습니다. 또한 스마트폰에서 일기 예보 애플리케이션은 많은 사람들이 애용하는 애플리케이션 중 하나입니다. 최근에는 음성 인식 비서 서비스를 통해서도 현재 날씨 정보를 얻을 수 있습니다.

날씨 정보는 기상청에서 제공하고 있어 기상청 홈페이지를 방문하면 설정한 지역의 날씨 정보를 확인할 수 있습니다. 또한 네이버(Naver), 다음(Daum), 구글(Google) 등에서도 지역명과 함께 날씨를 검색하면 해당 지역의 날씨 정보를 확인할 수 있습니다. 따라서 해당 웹 사이트에 접속해 웹 스크레이핑을 통해서도 날씨 정보를 가져올 수 있지만, 날씨 정보를 제공하는 웹 API를 이용하면 좀 더 편리하게 날씨 정보를 가져올 수 있습니다.

이번에는 한국어로 특정 지역의 현재 날씨를 요청하면 함수 호출을 통해 웹 API로부터 현재 날씨 정보를 가져와 답변하는 애플리케이션을 만들어 보겠습니다.

14.1.1 날씨 제공 서비스의 웹 API 키 생성

날씨 정보를 제공하는 웹 API는 많이 있습니다. 실제 스마트폰에서 제공하는 날씨도 이러한 날씨 정보 제공 웹 API를 이용하고 있습니다. 여기서는 다양한 날씨 정보 웹 API 중에서 Weather API(https:// www.weatherapi.com)를 이용하겠습니다. Weather API를 이용하면 전 세계 다양한 지역의 현재 날씨 정보와 일기 예보 정보를 가져올 수 있습니다. Weather API를 이용하려면 회원 가입 후 API 키를 발급받아야 합니다. 회원에는 무료 회원과 유료 회원이 있는데 이용할 수 있는 서비스와 API 접속 횟수에 차이가 있긴 하지만, 테스트하는 데에는 무료 회원으로도 충분합니다. 처음 회원 가입을 하면 14일 동안 유료 회원 서비스를 이용할 수 있습니다. 회원 가입을 한 후에 유료 회원으로 변경하지 않으면 14일 후에는 자동으로 무료 회원이 됩니다.

다음은 Weather API 웹 사이트에 회원 가입하고, API 키를 가져오는 방법입니다.

01. Weather API(https://www.weatherapi.com)를 방문해 [Sign Up] 버튼을 클릭합니다(그림 14-1).

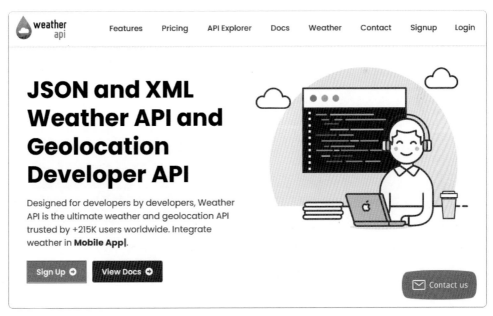

그림 14-1 Weather API 접속 후 [Sign Up] 버튼 클릭

02. 이메일 주소(Email)와 비밀번호(Password)를 두 번씩 입력하고 모든 체크 박스에 체크한 후에 [Sign up] 버튼을 클릭합니다(그림 14-2).

Sign Up
On sign up you will be subscribed to Pro Plus plan for free, no obligation 14 day trial.
After trial has ended you will be automatically switched to Free plan.
Note: All the fields are required!
Email (Your email is your username)
e.g.: Jane@Doe.com
Retype Email
e.g.: Jane@Doe.com
Password
Retype Password
Are you human?
로봇이 아닙니다.
reCAPTCHA
I have read and agree to T&C's and Privacy Policy.
Sign up
Contact us

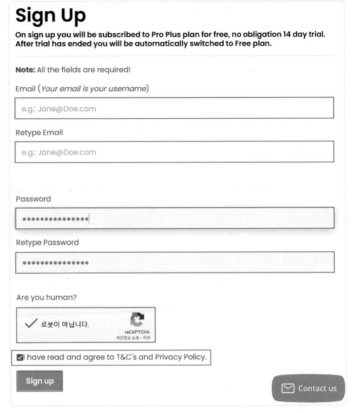

그림 14-2 회원 가입을 위해 이메일 주소와 비밀번호 입력 후에 [Sign up] 버튼 클릭

03. 입력한 이메일 주소로 확인 메일이 가는데, 메일에서 링크를 클릭합니다(그림 14-3).

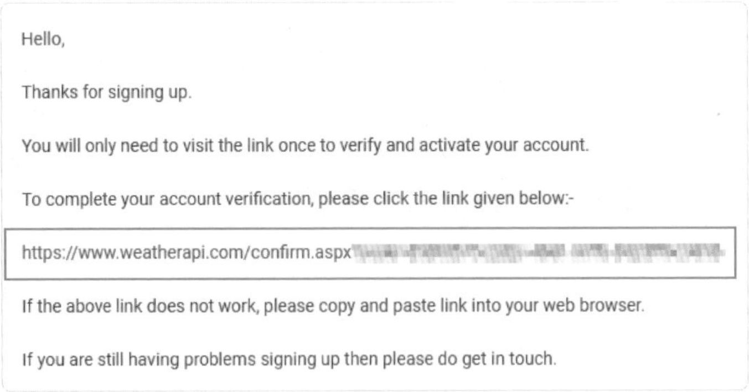
Hello,
Thanks for signing up.
You will only need to visit the link once to verify and activate your account.
To complete your account verification, please click the link given below:-
https://www.weatherapi.com/confirm.aspx
If the above link does not work, please copy and paste link into your web browser.
If you are still having problems signing up then please do get in touch.

그림 14-3 계정 확인 메일의 링크 클릭

04. Email Verification 화면이 나오면 [Login]을 클릭합니다(그림 14-4).

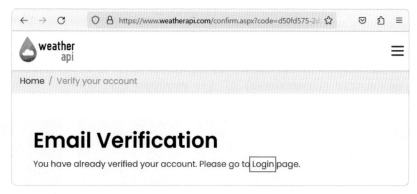

그림 14-4 Email Verification 화면에서 [Login] 클릭

05. 로그인 화면이 나오면 User Name과 Password 입력란에는 각각 회원 가입할 때 입력한 이메일 주소와 비밀번호를 입력하고 [Login] 버튼을 클릭합니다(그림 14-5).

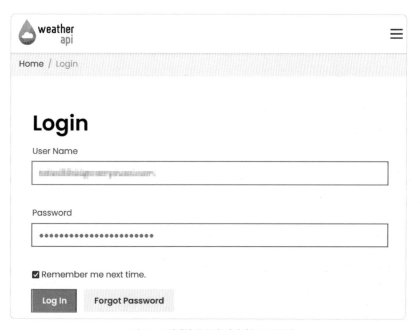

그림 14-5 이메일 주소와 비밀번호로 로그인

06. 로그인 후에는 API Key가 바로 보이는데 [Copy] 아이콘을 클릭해 API 키를 복사합니다(그림 14–6). 복사한 API 키는 [부록]을 참고해 WEATHER_API_KEY로 환경 변수에 등록합니다.

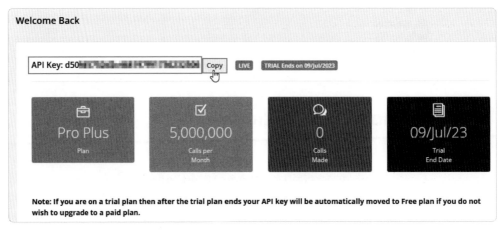

그림 14–6 [Copy] 아이콘을 클릭해 API 키 복사

이제 Weather API의 회원 가입을 끝냈고 API 키도 가져왔습니다. 이어서 API 키를 이용해 날씨 정보를 가져오겠습니다.

14.1.2 Weather API 이용 방법

앞에서는 Weather API의 API 키를 생성했습니다. 이제 API를 활용해 날씨 관련 정보를 가져오는 방법을 살펴보겠습니다. Weather API를 이용하는 방법은 API 설명 문서(https://www.weatherapi.com/docs/)를 참고하면 됩니다. 이 문서를 바탕으로 여러 날씨 정보 중 특정 지역의 현재 날씨를 요청하고 응답받는 방법을 정리하면 다음과 같습니다.

- 요청 주소(URL)
  - 현재 날씨 요청 주소: http://api.weatherapi.com/v1/current.json
  - 요청 방법: GET 메서드로 요청
- 요청 변수
  - key: API 키를 입력합니다. 필수 요청 변수입니다.
  - q: 날씨를 가져올 위치 데이터를 입력합니다. 입력할 수 있는 위치 정보는 다음과 같습니다.

- q=위도,경도: 관심 지점의 위도(latitude) 경도(longitude)를 입력합니다(예: q=48.8567,2.3508). 가장 근접한 지역의 날씨 정보를 제공합니다.

- q=도시: 관심 도시의 영문 이름을 입력합니다(예: q=Paris). 전 세계 주요 도시의 날씨 정보를 제공합니다. 입력한 도시의 날씨를 제공하지 않으면 날씨 정보를 가져오지 못합니다.

- q=auto:ip: 현재 사용하고 있는 IP 주소를 자동으로 감지해 위치 정보를 가져온 후에 날씨 정보를 제공합니다.

- q=IP_Address: 사용하고 있는 IP 주소를 입력합니다(예: q=100.0.0.1). IP 주소를 사용하는 위치 정보를 가져와 가장 근접한 지역의 날씨 정보를 제공합니다.

• lang: API가 반환하는 'condition:text' 필드의 언어를 지정합니다(한국어: lang=ko). 지정하지 않으면 영어로 반환합니다.

▪ **요청 예:** Requests 라이브러리를 이용해 현재 날씨를 요청하는 샘플 코드는 다음과 같습니다.

• 현재 날씨 요청을 위한 예제 코드

```python
import requests

url = "http://api.weatherapi.com/v1/current.json" # 현재 날씨를 위한 요청

parameters = {
    "key": WEATHER_API_KEY, # API 키 지정
    "q": "Seoul", # 서울의 날씨
}
r = requests.get(url, params=parameters)
```

▪ **응답 결과 형식**

• 날씨 정보는 JSON 형식으로 응답합니다. 여러 속성이 있는데 일부를 살펴보면 다음과 같습니다.

- location: 위치 정보

  · name: 설정한 도시의 이름

  · country: 설정한 지역의 나라 이름

  · lat, lon: 위도, 경도

  · localtime: 지정한 지역의 현재 날짜와 시각(예: 2023-07-01 9:05)

- current: 현재 날씨 정보

  · temp_c: 섭씨(Celsius)온도(단위: ℃)

  · temp_f: 화씨(Fahrenheit)온도(단위: ℉)

  · condition: 날씨 상태 정보

- text: 날씨 상태 텍스트

- icon: 날씨 상태 아이콘 주소

· humidity: 상대 습도(단위: %)

· cloud: 하늘에 구름이 낀 정도 (단위: %)

14.1.3 Weather API를 활용해 날씨 정보 가져오기

이제 앞에서 살펴본 Weather API 사용법을 활용해 지정한 도시의 현재 날씨 정보를 가져오겠습니다. 다음은 파이썬 Requests 라이브러리를 이용해 현재 날씨를 요청하고 응답받는 예제입니다. 도시는 서울(Seoul)로 지정하고 날씨 상태 텍스트의 반환 언어는 한국어(ko)로 지정했습니다.

```
In :  import requests
      import os

      WEATHER_API_KEY = os.environ["WEATHER_API_KEY"] # API 키 지정
      city = "Seoul" # 도시는 서울로 지정
      lang_code = "ko"

      url = "http://api.weatherapi.com/v1/current.json"
      parameters = {"key":WEATHER_API_KEY, "q":city, "lang":lang_code}

      r = requests.get(url, params=parameters)
      current_weather = r.json()
      print(current_weather)
```

```
Out:  {'location': {'name': 'Seoul', 'region': '', 'country': 'South Korea', 'lat': 37.57,
      'lon': 127.0, 'tz_id': 'Asia/Seoul', 'localtime_epoch': 1689335596, 'localtime': '2023-
      07-14 20:53'}, 'current': {'last_updated_epoch': 1689335100, 'last_updated': '2023-07-
      14 20:45', 'temp_c': 24.0, 'temp_f': 75.2, 'is_day': 0, 'condition': {'text': '가벼운 비',
      'icon': '//cdn.weatherapi.com/weather/64x64/night/296.png', 'code': 1183}, 'wind_mph': 10.5,
      'wind_kph': 16.9, 'wind_degree': 220, 'wind_dir': 'SW', 'pressure_mb': 998.0, 'pressure_in':
      29.47, 'precip_mm': 0.2, 'precip_in': 0.01, 'humidity': 100, 'cloud': 100, 'feelslike_c':
      26.8, 'feelslike_f': 80.2, 'vis_km': 1.5, 'vis_miles': 0.0, 'uv': 1.0, 'gust_mph': 11.2,
      'gust_kph': 18.0}}
```

위 출력 결과를 살펴보면 지정한 도시인 서울(Seoul)의 위치 정보인 위도(lat) 경도(lon), 날짜와 시각(localtime), 그 외에 다양한 날씨 정보를 확인할 수 있습니다.

다음은 다양한 정보 중에서 관심 있는 내용만 추출하는 코드입니다.

```
In :  name = current_weather['location']['name']
      localtime = current_weather['location']['localtime']
      temp_c = current_weather['current']['temp_c']
      temp_f = current_weather['current']['temp_f']
      condition_text = current_weather['current']['condition']['text']

      print(f"현재({localtime}) {name}의 날씨 정보: {condition_text}, 섭씨 {temp_c}도, 화씨 ⬅
      {temp_f}도")
```
```
Out:  현재(2023-07-14 20:53) Seoul의 날씨 정보: 가벼운 비, 섭씨 24.0도, 화씨 75.2도
```

앞에서 만든 코드를 이용해 현재 날씨 정보와 현재 시각을 가져와 JSON 형식으로 반환하는 함수를 작성하면 다음과 같습니다.

```
In :  import requests
      import os
      import json
      import re

      def get_current_weather(location, unit="섭씨"):

          reg = re.compile(r'[a-zA-Z]') # 영어 입력인지를 검사하는 정규식

          if reg.match(location): # 영어로 도시 이름을 지정한 경우
              city = location # 영어 도시 이름을 바로 지정
          else: # 영어로 지정하지 않은 경우
              city_names = {"서울": "Seoul", "인천": "Incheon", "대전": "Daejeon",
                            "대구": "Daegu", "부산": "Busan", "광주": "Gwangju",
                            "수원": "Suwon", "파리": "Paris", "뉴욕": "New York"}
              city = city_names[location] # 한글 도시 이름을 영어로 변경

          WEATHER_API_KEY = os.environ["WEATHER_API_KEY"] # API 키 지정

          url = "http://api.weatherapi.com/v1/current.json"
          parameters = {"key":WEATHER_API_KEY, "q":city}
```

```python
    r = requests.get(url, params=parameters)
    current_weather = r.json()

    name = current_weather['location']['name'] # 설정 지역
    localtime = current_weather['location']['localtime'] # 날짜 및 시각
    temp_c = current_weather['current']['temp_c'] # 섭씨온도
    temp_f = current_weather['current']['temp_f'] # 화씨온도
    condition_text = current_weather['current']['condition']['text'] # 날씨 상태

    # unit 지정에 따라서 섭씨온도 혹은 화씨온도를 지정
    if unit == "섭씨":
        temp = temp_c
    elif unit == "화씨":
        temp = temp_f
    else:
        unit == "섭씨"
        temp = temp_c

    weather_info = {
            "location": name,
            "temperature": temp,
            "unit": unit,
            "current weather": condition_text,
            "local time": localtime
    }

    return json.dumps(weather_info, ensure_ascii=False) # JSON 형식으로 반환
```

위 get_current_weather() 함수에 대한 설명은 다음과 같습니다.

- 파이썬에서 정규식을 사용하기 위해 re를 이용합니다. 정규식에 대해 자세히 설명하지는 않겠지만, 정규식을 이용하면 다양한 문자열 처리를 할 수 있습니다. reg = re.compile(r'[a-zA-Z]')는 입력한 문자가 영어로만 구성되어 있는지 검사하기 위한 정규식입니다.

- Weather API에 도시 이름을 입력할 때 영어로만 입력이 가능합니다. 도시 이름을 영어로 입력하는 경우는 바로 도시 이름을 입력해 날씨 정보를 가져올 수 있지만 한글로 입력하는 경우는 영어로 변환해야 합니다. 위 함수에서는 도시 이름을 한글로 입력하면 영어로 변환하기 위해 딕셔너리 변수인 city_names에 키로 한글 도시 이름을, 값으로 영어 도시 이름을 지정했습니다.

- 이번에는 날씨 상태 텍스트의 반환 언어를 영어로 지정하기 위해 `lang` 옵션은 이용하지 않았습니다. 날씨 상태 텍스트를 영어로 지정해도 OpenAI의 Chat Completions API를 이용할 때 질문 언어에 따라 응답하기 때문입니다.

- Weather API에 가져온 날씨 정보와 현재 시각 정보를 `weather_info` 변수에 할당해 JSON 형식으로 반환합니다.

앞에서 만든 `get_current_weather()` 함수를 사용해 서울의 날씨를 알아보겠습니다.

```
In :  get_current_weather('서울')
```

```
Out:  '{"location": "Seoul", "temperature": 24.0, "unit": "섭씨", "current weather": "Light rain",
      "local time": "2023-07-14 20:58"}'
```

이번에는 파리의 날씨를 알아보겠습니다.

```
In :  get_current_weather('파리')
```

```
Out:  '{"location": "Paris", "temperature": 27.0, "unit": "섭씨", "current weather": "Sunny",
      "local time": "2023-07-14 13:58"}'
```

출력 결과를 보면 **파리**의 날씨와 현지 시각을 가져온 것을 볼 수 있습니다.

14.1.4 OpenAI의 함수 호출로 날씨 정보 가져오기

다음은 6장에서 살펴본 OpenAI의 Chat Completions API의 함수 호출(Function calling) 기능을 이용해 앞에서 만든 현재 날씨를 가져오는 함수를 호출하는 예제를 살펴보겠습니다. Chat Completions API의 함수 호출 기능을 이용하기 위한 전체적인 구조는 유사합니다. 따라서 이번 예제의 `run_conversation()` 함수도 6장의 Chat Completions API를 이용한 함수 호출에서 살펴본 것과 거의 같습니다. 단, `functions` 변수에 입력하는 정보만 호출할 함수에 맞게 변경했습니다. 또한 `available_functions` 변수에 호출할 함수 이름을 지정한 부분이 6장에서 살펴본 내용과 차이가 있습니다.

Chat Completions API의 모델로 **gpt-3.5-turbo**를 이용할 수도 있지만 이번에는 **gpt-4**를 지정했습니다. 상황에 따라 다르지만, **gpt-4** 모델을 지정하면 날씨 정보를 가져와 최종 응답을 할 때 좀 더 자연스러운 문장을 생성합니다. 만약 **gpt-4** 모델을 이용할 수 없다면 아래 코드에서 **gpt-4** 모델 대신 **gpt-3.5-turbo** 모델을 지정합니다.

```
import openai
import os

# API 키 설정
openai.api_key = os.environ["OPENAI_API_KEY"]

# Chat Completions API를 이용해 사용자 입력에 따라 함수를 호출하고 응답하는 함수
def run_conversation(user_query):
    # 사용자 입력
    messages = [{"role": "user", "content": user_query}]

    # 함수 정보 입력
    functions = [
        {
            "name": "get_current_weather",
            "description": "도시 이름을 입력해 현재 날씨, 날짜, 시각, 몇 시인지 가져오기",
            "parameters": {
                "type": "object",
                "properties": {
                    "location": {
                        "type": "string",
                        "description": "도시 이름, 예를 들면, 서울, 부산, 대전",
                    },
                    "unit": {
                        "type": "string",
                        "enum": ["섭씨", "화씨"],
                        "description": "온도 단위로 섭씨 혹은 화씨",
                    },
                },
                "required": ["location"], # 필수 입력 변수 지정
            }
        }
    ]
    # 1단계: 사용자 입력과 함수 정보를 Chat Completions API 모델로 보내기
    response = openai.ChatCompletion.create( # Chat Completions API 모델로 보내기
            # model="gpt-3.5-turbo",
            model="gpt-4",
            messages=messages,
            functions=functions,
```

```python
        function_call="auto"
)
# 2단계: 응답 생성
response_message = response["choices"][0]["message"] # 모델의 응답 메시지

if response_message.get("function_call"): # 응답이 함수 호출인지 확인하기
    # 3단계: JSON 객체를 분석해 함수 이름과 인수를 추출한 후에 함수 호출
    # (주의: JSON 응답이 항상 유효하지 않을 수 있음)

    # 호출할 함수 이름을 지정
    # (아래는 하나의 함수를 지정했지만 여러 함수 지정 가능)
    available_functions = {"get_current_weather": get_current_weather}

    # 함수 이름 추출
    function_name = response_message["function_call"]["name"]

    # 호출할 함수 선택
    fuction_to_call = available_functions[function_name]

    # 함수 호출을 위한 인수 추출
    function_args = json.loads(response_message["function_call"]["arguments"])

    # 함수 호출 및 반환 결과 받기
    function_response = fuction_to_call(
        location=function_args.get("location"), # 인수 지정
        unit=function_args.get("unit")
    )

    print("[호출한 함수의 응답 결과]\n", function_response)

    # 4단계: 함수 호출 결과를 기존 메시지에 추가하고,
    #        Chat Completions API 모델로 보내 응답받기

    # 함수 호출 결과를 기존 메시지에 추가하기
    messages.append(response_message)  # 기존 messages에 조력자 응답 추가
    messages.append(                   # 함수와 함수 호출 결과 추가
        {
            "role": "function",        # roll: function으로 지정
            "name": function_name,     # name: 호출할 함수 이름 지정
```

```
                "content": function_response, # content: 함수 호출 결과 지정
            }
        )
        # 함수 호출 결과를 추가한 메시지를 Chat Completions API 모델로 보내 응답받기
        second_response = openai.ChatCompletion.create(
            # model="gpt-3.5-turbo",
            model="gpt-4",
            messages=messages,
        )
        return second_response # 두 번째 응답 반환

    return response_message # 응답 메시지 반환
```

run_conversation() 함수의 변수 functions에는 호출할 함수의 정보를 입력합니다. 여기서는 하나의 함수만 호출했지만, 호출할 함수가 여러 개이면 여러 함수의 정보를 입력합니다. parameters의 properties에는 호출할 함수의 매개변수 개수에 맞게 정보를 입력합니다. 여기서 get_current_weather() 함수는 두 개의 매개변수가 있어서 properties에는 location과 unit에 관한 정보를 입력했습니다.

이제 앞에서 만든 run_conversation() 함수의 user_query에 도시 이름을 지정해 현재 날씨를 물어보겠습니다.

```
In :  user_query = "현재 수원의 날씨는 어떠한가요?"
      response = run_conversation(user_query)
      response_content = response["choices"][0]["message"]["content"]

      print("[최종 응답 결과]\n", response_content)

Out:  [호출한 함수의 응답 결과]
       {"location": "Suwon", "temperature": 24.0, "unit": null, "current weather": "Light rain",
      "local time": "2023-07-14 21:04"}
      [최종 응답 결과]
       현재 수원의 날씨는 약간의 비가 내리고 있으며, 기온은 24도입니다. 현지 시간은 2023년 7월 14일
      21시 04분입니다.
```

위 출력 결과에서 [호출한 함수의 응답 결과]의 내용은 질의에 대한 Chat Completions API의 응답을 이용해 get_current_weather() 함수를 호출한 반환 결과이고, [최종 응답 결과]의 내용은 반환

결과를 활용해 Chat Completions API에 질의한 최종 결과입니다. **[최종 응답 결과]**가 **[호출한 함수의 응답 결과]**의 내용을 바탕으로 생성된 것을 볼 수 있습니다.

앞에서 생성한 **response**의 전체 응답을 확인하려면 다음과 같이 수행합니다.

```
In :  json.dumps(response, ensure_ascii=False)
```

Out: '{"id": "chatcmpl-7cBpIv04mjIyXclgBEQdH7J492JIz", "object": "chat.completion", "created": 1689336280, "model": "gpt-4-0613", "choices": [{"index": 0, "message": {"role": "assistant", "content": "현재 수원의 날씨는 약간의 비가 내리고 있으며, 기온은 24도입니다. 현지 시간은 2023년 7월 14일 21시 04분입니다."}, "finish_reason": "stop"}], "usage": {"prompt_tokens": 97, "completion_tokens": 60, "total_tokens": 157}}'

이번에는 미국 뉴욕의 날씨를 알아보겠습니다.

```
In :  user_query = "지금 뉴욕의 날씨는?"
      response = run_conversation(user_query)
      response_content = response["choices"][0]["message"]["content"]

      print("[최종 응답 결과]\n", response_content)
```

Out: [호출한 함수의 응답 결과]
      {"location": "New York", "temperature": 24.4, "unit": null, "current weather": "Overcast", "local time": "2023-07-14 8:05"}
      [최종 응답 결과]
      현재 뉴욕의 날씨는 흐리며, 기온은 24.4도입니다. 현지 시간은 2023년 7월 14일 8시 5분입니다.

날씨를 문의할 때 온도를 '화씨'로 지정해서 문의해 보겠습니다.

```
In :  user_query = "현재 뉴욕의 날씨는? 온도는 화씨로 표시"
      response = run_conversation(user_query)
      response_content = response["choices"][0]["message"]["content"]

      print("[최종 응답 결과]\n", response_content)
```

Out: [호출한 함수의 응답 결과]
      {"location": "New York", "temperature": 75.9, "unit": "화씨", "current weather": "Overcast", "local time": "2023-07-14 8:05"}
      [최종 응답 결과]
      현재 뉴욕의 날씨는 흐리며, 온도는 화씨 75.9도입니다.

위 응답 결과를 살펴보면 문의할 때 온도를 '화씨'로 지정한 것이 반영된 것을 확인할 수 있습니다.

Weather API는 날씨 정보뿐만 아니라 오늘 날짜와 현재 시각 정보도 제공합니다. 따라서 다음과 같이 Chat Completions API의 함수 호출 기능을 이용해 설정한 지역의 현재 시각 정보를 알 수 있습니다. 다음은 서울의 현재 시각을 문의하고 응답받는 예입니다.

```
In :  user_query = "서울의 현재 시각은?"
      response = run_conversation(user_query)
      response_content = response["choices"][0]["message"]["content"]

      print("[최종 응답 결과]\n", response_content)
```
```
Out:  [호출한 함수의 응답 결과]
      {"location": "Seoul", "temperature": 24.0, "unit": null, "current weather": "Light rain",
      "local time": "2023-07-14 21:08"}
      [최종 응답 결과]
      현재 서울의 시각은 2023년 7월 14일 21시 08분입니다.
```

위 출력 결과를 살펴보면 Weather API의 날짜와 시간 응답 형식은 '**연도(4자리)-월(2자리)-일(2자리) 시:분**'입니다. Chat Completions API가 이 형식을 상황에 맞게 변경해 시각 정보를 제공하는 것을 볼 수 있습니다.

이번에는 프랑스 파리의 현재 시각을 확인하는 예입니다.

```
In :  user_query = "파리는 지금 몇 시?"
      response = run_conversation(user_query)
      response_content = response["choices"][0]["message"]["content"]

      print("[최종 응답 결과]\n", response_content)
```
```
Out:  [호출한 함수의 응답 결과]
      {"location": "Paris", "temperature": 27.0, "unit": null, "current weather": "Sunny", "local
      time": "2023-07-14 14:08"}
      [최종 응답 결과]
      파리의 현재 시각은 2023년 7월 14일 14시 08분입니다.
```

지금까지 OpenAI의 Chat Completions API에 있는 함수 호출 기능을 활용해 Weather API의 현재 날씨 정보와 시각을 가져오는 방법을 살펴봤습니다. Weather API에서는 현재 날씨뿐만 아니라, 일기 예보 등 다양한 날씨 관련 정보를 제공하고 있으니 이를 활용해 나만의 인공지능 날씨 애플리케이션을 만들어 보세요.

14.2 이메일 보내기

이메일이 대중화된 시기를 정확하게 지정하기는 어렵지만, 일반적으로 1990년대 후반에서 2000년대 초반을 지칭하는 경우가 많습니다. 이 시기에 한국에서도 인터넷이 대중화되기 시작하면서 이메일 사용이 점차 증가하기 시작했습니다. 스마트폰이 보급된 이후에는 다양한 메신저 서비스가 등장해 활용하고 있지만, 이메일은 여전히 개인 및 기업들에게 주요한 커뮤니케이션 도구로 쓰이고 있습니다.

이번에는 OpenAI의 Chat Completions API 함수 호출 기능과 연동해 이메일을 보내는 방법을 살펴보겠습니다.

14.2.1 이메일을 보내기 위한 사전 준비

이메일 서비스를 이용할 때 보통은 이메일 서비스를 제공하는 웹 사이트에 접속해서 이용합니다. 예를 들어, 구글의 이메일을 이용하려면 G메일 웹 사이트(https://mail.google.com)에 접속합니다. 이렇게 이메일 서비스를 제공하는 웹 사이트에 접속해 이메일 읽고 쓸 수 있지만, 마이크로소프트의 아웃룩(Outlook)과 같이 이메일 전용 프로그램을 이용해 메일 서버와 통신해 이메일을 받거나 보낼 수도 있습니다. 이때 이메일을 받기 위한 프로토콜(통신규약)로 POP3나 IMAP를 이용하고, 이메일을 보내기 위한 프로토콜로 SMTP를 이용합니다.

SMTP 서버를 이용해 이메일을 보내려면 우선 이메일 서비스에서 SMTP 관련 설정을 해야 합니다. 다양한 이메일 서비스 중 여기서는 구글의 G메일과 네이버 메일을 위한 설정 방법을 알아보겠습니다.

구글 G메일의 SMTP 서버를 이용하려면 구글 계정의 보안 수준을 높게 설정하고 앱 비밀번호를 생성해야 합니다. 다음은 구글 계정의 보안 수준을 높게 설정하기 위해 구글 계정의 2단계 인증을 허용하는 방법입니다.

01. 웹 브라우저로 구글 계정 웹 사이트(https://myaccount.google.com)에 접속해 로그인합니다(그림 14-7). 만약 구글 계정이 없다면 먼저 구글 계정을 생성합니다.

02. 탐색 패널에서 [보안]을 선택합니다(그림 14-7).

그림 14-7 구글 계정 웹 사이트에 로그인

03. [Google에 로그인하는 방법]에서 [2단계 인증]을 클릭합니다(그림 14-8).

그림 14-8 [Google에 로그인하는 방법]에서 [2단계 인증] 클릭

04. 2단계 인증화면에서 [시작하기] 버튼을 클릭(그림 14-9)하고 이후는 화면에 표시되는 단계에 따릅니다.

그림 14-9 2단계 인증화면에서 [시작하기] 버튼 클릭

구글 계정의 2단계 인증을 완료한 이후에는 다음의 단계로 앱 비밀번호를 만듭니다.

01. 구글 계정 웹 사이트(https://myaccount.google.com)에 접속합니다.

02. 탐색 패널에서 [보안]을 선택합니다.

03. [Google에 로그인하는 방법]에서 [2단계 인증]을 클릭합니다. 이때 구글 계정 로그인 비밀번호 입력을 요청한다면 비밀번호를 입력합니다.

04. 페이지 하단에서 앱 비밀번호의 >를 클릭합니다(그림 14-10).

그림 14-10 2단계 인증화면에서 [앱 비밀번호] 클릭

05. [앱 비밀번호를 생성할 앱 및 기기를 선택하세요.] 아래에서 [기타(맞춤 이름)]을 선택합니다(그림 14-11).

그림 14-11 [기타(맞춤 이름)] 선택

06. 입력란에 앱 이름(예, Gmail SMTP)을 입력한 다음 [생성] 버튼을 클릭합니다(그림 14-12).

그림 14-12 앱 비밀번호 생성을 위한 [생성] 버튼 클릭

07. 팝업 창에 16자리의 [기기용 앱 비밀번호]가 보입니다(그림 14-13). 이 비밀번호를 복사한 다음 메모장 등 다른 곳에 붙여넣기하여 저장합니다. [확인]을 누르면 팝업 창이 닫히는데 그 후에는 비밀번호를 다시는 볼 수 없습니다.

그림 14-13 구글 앱 비밀번호 생성

이제 구글 G메일의 SMTP 서버를 이용하기 위한 준비를 끝냈습니다. 앞에서 생성한 앱 비밀번호는 구글 G메일의 SMTP 서버에 로그인해 이메일을 보낼 때 사용합니다.

이번에는 네이버 메일로 이메일을 보내기 위한 설정 방법을 알아보겠습니다. 네이버 메일의 SMTP 서버를 이용하려면 다음과 같이 별도의 환경 설정이 필요합니다.

01. 웹 브라우저로 네이버 메일 웹 사이트(https://mail.naver.com/)에 접속해 로그인합니다. 만약 네이버 계정이 없다면 먼저 네이버 계정을 생성합니다.

02. 네이버 메일 웹 사이트에서 왼쪽 아래의 [환경설정]을 클릭한 후 상단에 있는 [POP3/IMAP 설정]을 클릭합니다.

03. [IMAP/SMTP 설정] 탭에서 [IMAP/SMTP 사용] 옵션을 "사용함"으로 설정합니다. [저장] 버튼을 클릭해 설정한 내용을 저장합니다.

그림 14-14 네이버 메일 SMTP 사용을 위한 환경 설정

네이버 메일의 SMTP 서버를 이용하기 위한 환경 설정을 끝냈습니다. 이제 네이버 메일의 SMTP 서버를 이용해 이메일을 보낼 수 있습니다.

14.2.2 파이썬 코드로 이메일 보내기

파이썬에서 SMTP 서버와 통신해 이메일을 보내려면 smtplib 내장 모듈과 email 내장 패키지를 이용합니다. smtplib 모듈을 이용해 SMTP 서버에 접속하고, email 패키지를 이용해 이메일과 MIME 처리를 수행합니다. 특히 email.message 모듈의 EmailMessage 클래스는 이메일 메시지 작성을 위한 기능을 제공합니다.

다음은 smtplib와 email.message 모듈을 이용해 이메일을 보내는 과정을 설명한 예제 코드입니다.

```python
import smtplib
from email.message import EmailMessage

# 1) SMTP 서버와 포트(TLS 암호화)로 SMTP 객체 생성
smtp = smtplib.SMTP(smtp_server, port) # SMTP 객체 생성(port: 587)
smtp.starttls() # TLS 암호화 시작(port가 587이면 이용 시 필수)

# 2) SMTP 서버에 로그인
smtp.login(email_address, password) # 이메일 주소와 비밀번호로 SMTP 서버에 로그인

# 3) 이메일 메시지 객체 생성과 제목, 수신자 이메일 주소, 본문 지정
msg = EmailMessage()                     # 이메일 메시지 객체 생성
msg['Subject'] = "이메일 제목"            # 이메일 제목
msg['From'] = "from@example.com"         # 송신자 이메일 주소
msg['To'] = "to@example.com"             # 수신자 이메일 주소
msg.set_content("이메일 본문")           # 이메일 본문

# 4) 메시지 보내기
smtp.send_message(msg)

# 5) SMTP 세션을 종료
smtp.quit()
```

위 코드의 설명은 다음과 같습니다.

- smtp = smtplib.SMTP(smtp_server, port): SMTP 서버(smtp_server)와 포트(port)를 지정해 SMTP 객체를 생성합니다. SMTP 서버와 TLS 암호화 프로토콜(통신 규약)을 이용해 통신할 때 사용합니다. 만약 SSL 암호화 프로토콜을 이용해 통신할 때는 smtplib.SMTP_SSL(smtp_server, port)을 이용합니다. 통신 프로토콜에 맞게 포트(port)의 번호가 지정됩니다. 표 14-1은 구글 G메일과 네이버 메일을 위한 SMTP 서버와 포트 번호입니다. TLS(Transport Layer Security)와 SSL(Secure Sockets Layer)은 모두 암호화된 연결을 제공하여 네트워크 통신을 보호하는 프로토콜입니다. 이 두 프로토콜은 매우 유사한 기능을 가지고 있지만, TLS는 SSL보다 더 향상된 보안 기능을 제공합니다.

표 14-1 구글 G메일과 네이버 메일을 위한 SMTP 서버와 포트 번호

이메일 서비스 제공자	SMTP 서버	TLS 포트	SSL 포트
구글 G메일	smtp.gmail.com	587	465
네이버 메일	smtp.naver.com	587	465

- smtp.starttls(): SMTP 서버와 TLS 암호화 프로토콜을 이용해 통신할 때 사용합니다. 즉, smtplib.SMTP(smtp_server, port)를 이용할 때는 사용하고 smtplib.SMTP_SSL(smtp_server, port)을 이용할 때는 필요 없습니다.

- smtp.login(email_address, password): 자신의 이메일 주소(email_address)와 비밀번호(password)를 입력해 SMTP 서버에 로그인합니다. G메일을 이용하는 경우 password에는 앱 비밀번호를 지정하고, 네이버 메일을 이용하는 경우는 로그인 비밀번호를 지정합니다.

- msg = EmailMessage(): 이메일 메시지 객체를 생성합니다.

  - msg['Subject']: 이메일 제목을 입력합니다.

  - msg['From']: 이메일을 보내는 송신자 이메일 주소를 입력합니다. 구글 G메일을 이용하는 경우 생략할 수 있습니다.

  - msg['To']: 이메일을 받을 수신자의 이메일 주소를 입력합니다.

  - msg.set_content(body): body에 이메일 본문을 입력합니다. 일반 텍스트로 입력할 수도 있고, HTML 코드로 입력할 수도 있습니다.

- smtp.send_message(msg): 이메일 메시지(msg)를 SMTP 서버를 통해 보냅니다.

- smtp.quit(): 앞에서 생성한 SMTP 객체의 세션을 종료합니다.

다음은 구글 G메일과 네이버 메일의 SMTP 서버(TLS 암호화 프로토콜 사용)를 이용해 이메일을 보내는 예제 코드입니다. 아래 코드에서 SMTP 서버에 로그인하기 위해 변수 email_address에는 본인의 이메일 주소를 입력하고, 변수 password에는 비밀번호를 입력합니다. 구글 G메일을 이용하는 경우는 앞에서 생성한 앱 비밀번호를 입력하고, 네이버 메일을 이용하는 경우는 네이버 로그인 비밀번호를 입력합니다. 메일 내용을 작성하기 위해 subject 변수에는 이메일 제목을, to_address 변수에는 수신자 이메일 주소를, body 변수에는 이메일 본문을 입력합니다.

다음 코드에서 구글 G메일을 이용하려면 option에 gmail을 지정하고 네이버 메일을 이용하려면 option에 nmail을 지정합니다.

```
In :   import smtplib
       from email.message import EmailMessage

       option = "gmail" # 구글 G메일 이용
       # option = "nmail" # 네이버 메일 이용

       if option=="gmail": # 구글 G메일의 SMTP 서버 이용
           smtp_server = "smtp.gmail.com" # 구글 G메일의 SMTP 서버 주소
           port = 587 # TLS 암호화 프로토콜 사용하는 포트

           email_address = "본인_ID@gmail.com" # 자신의 이메일 주소 입력
           password = "qazwsxedcrfvtgby"    # 앱 비밀번호(16자리) 입력

       elif option=="nmail": # 네이버 메일의 SMTP 서버 이용
           smtp_server = "smtp.naver.com" # 네이버 메일의 SMTP 서버 주소
           port = 587 # TLS 암호화 프로토콜 사용하는 포트

           email_address = "본인_ID@naver.com" # 자신의 이메일 주소 입력
           password = "qwerty12345" # 자신의 네이버 로그인 비밀번호

       smtp = smtplib.SMTP(smtp_server, port) # SMTP 객체를 생성
       smtp.starttls()
       smtp.login(email_address, password) # SMTP 서버에 로그인

       # 이메일 제목, 수신자 이메일 주소, 본문의 내용을 지정
       subject = "테스트 이메일 보내기"  # 이메일 제목
       from_address = email_address       # 송신자 이메일 주소
       to_address = "to@example.com"      # 수신자 이메일 주소
       body = "SMTP를 이용해 이메일을 보내는 테스트 본문입니다." # 본문

       msg = EmailMessage()        # 이메일 메시지 객체 생성
       msg['Subject'] = subject    # 이메일 제목
       msg['From'] = from_address  # 수신자 이메일 주소
       msg['To'] = to_address      # 수신자 이메일 주소
       msg.set_content(body)       # 이메일 본문

       smtp.send_message(msg) # 메시지 보내기
       smtp.quit() # SMTP 세션을 종료

Out:   (221,
       b'2.0.0 closing connection m5-20020a633f05000000b0055adced9e13sm4286805pga.0 - gsmtp')
```

위 코드가 정상적으로 수행됐다면 수신자 이메일 주소로 메시지를 전송합니다. 만약 수신자 이메일 주소가 없다면 이메일을 보낼 수 없다는 메시지를 반환합니다. 그림 14-15는 수신자 이메일 주소(to_address)에 필자의 네이버 메일을 지정해 이메일을 보낸 결과입니다. 지정한 제목과 본문이 잘 전달된 것을 볼 수 있습니다.

그림 14-15 G메일 SMTP 서버를 이용해 보낸 메일 수신 결과

다음은 앞에서 살펴본 SMTP 서버에 로그인하고 이메일을 전송하는 코드를 smtp_setting_login() 함수와 send_email() 함수로 나눠서 만들겠습니다. 먼저 SMTP 서버에 로그인하기 위해 smtp_setting_login() 함수를 만들겠습니다.

smtp_setting_login() 함수는 이메일 전송을 위해 SMTP 객체를 생성하고 로그인합니다. 변수 email_address에는 본인의 이메일 주소를 입력하고, 변수 password에는 비밀번호를 입력합니다. smtp_setting_login() 함수를 호출하면 SMTP 객체와 로그인에 사용한 이메일 주소를 반환합니다.

```
In :    import smtplib

        # 이메일 전송을 위한 SMTP 서버에 로그인
        def smtp_setting_login(option="gmail"):

            if option=="gmail": # 구글 G메일의 SMTP 서버 이용
                smtp_server = "smtp.gmail.com" # 구글 G메일의 SMTP 서버 주소
                port = 587 # TLS 암호화 프로토콜 사용하는 포트

                email_address = "본인_ID@gmail.com" # 자신의 이메일 주소 입력
                password = "qazwsxedcrfvtgby"    # 앱 비밀번호(16자리) 입력
```

```
        elif option=="nmail": # 네이버 메일의 SMTP 서버 이용
            smtp_server = "smtp.naver.com" # 네이버 메일의 SMTP 서버 주소
            port = 587 # TLS 암호화 프로토콜 사용하는 포트

            email_address = "본인_ID@naver.com" # 자신의 이메일 주소 입력
            password = "qwerty12345" # 자신의 네이버 로그인 비밀번호

        smtp = smtplib.SMTP(smtp_server, port) # SMTP 객체를 생성
        smtp.starttls()
        smtp.login(email_address, password) # SMTP 서버에 로그인

        return smtp, email_address # SMTP 객체와 로그인 이메일 주소 반환
```

다음은 앞에서 만든 smtp_setting_login() 함수를 호출해 SMTP 서버에 로그인한 후에 이메일 메시지를 보내는 send_email() 함수를 만들겠습니다. 이 함수의 매개변수 to에는 수신자 이름을 지정하고 body에는 본문을 지정합니다. 이 함수를 호출하면 이메일을 보내고 send_mail 변수의 내용을 JSON 형식으로 반환합니다. friends 딕셔너리 변수에는 키로 수신자 이름을 지정하고, 값으로 수신자 이메일 주소를 지정합니다. 수신자 이메일 주소에 실제 있는 이메일 주소를 입력하면 해당 이메일 주소로 메시지를 전송합니다.

```
In :    import smtplib
        from email.message import EmailMessage
        import json

        # 이름과 본문 내용으로 이메일을 보내는 함수
        def send_email(to, body): # to: 수신자 이름, body: 이메일 본문

            # Chat Completions API가 수신자_이름@example.com과 같이
            # 생성하는 것에 대비해 수신자 이름만 추출
            to = to.split('@')[0]

            # 수신자 이름과 이메일 주소를 지정한 딕셔너리 변수
            address_book = {"박연진":"Park123@example.com",
                        "전재준":"Jeon456@example.com",
                        "이사라":"Lee789@example.com",
                        "고교동창_최혜정":"Choi123@example.com",
                        "손명오":"Son456@example.com",
```

```
                   "주여정":"Joo789@example.com"}

# 이메일 전송을 위한 SMTP 서버에 로그인
smtp, email_address = smtp_setting_login("gmail")    # 구글 G메일 이용
# smtp, email_address = smtp_setting_login("nmail") # 네이버 메일 이용

subject = "OpenAI의 함수 호출로 보낸 이메일" # 이메일 제목
from_address = email_address # 송신자 이메일 주소
to_address = email_address    # 수신자 이메일 주소를 가져오기 전에 송신자 이메일 주소로 초기화

# address_book의 어떤 키가 to의 이름을 전체 혹은 부분적으로 포함하면 이메일 주소를 가져옴
for dict_key in address_book.keys(): # address_book의 모든 키에 대해 반복문을 수행
    if to in dict_key:              # 해당 키가 to의 이름을 전체 혹은 부분적으로 포함하면
        to_address = address_book.get(dict_key) # 해당 키로 이메일 주소를 얻음
        break # 이메일 주소를 얻었으므로, 반복문을 빠져나옴

msg = EmailMessage()        # 이메일 메시지 객체 생성
msg['Subject'] = subject    # 이메일 제목 지정
msg['From'] = from_address  # 송신자 이메일 주소
msg['To'] = to_address      # 수신자 이메일 주소
msg.set_content(body)       # 이메일 본문

smtp.send_message(msg) # 메시지 보내기
smtp.quit() # SMTP 세션을 종료

send_mail = {
    "from": "문동은",
    "to": to,
    "body": body
}

return json.dumps(send_mail, ensure_ascii=False) # JSON 형식으로 반환
```

위 함수를 OpenAI의 Chat Completions API의 함수 호출에 이용할 때 '누구(이름)에게 무슨 내용
으로 이메일을 보내줘'라고 요청하는 경우 이름@example.com과 같이 이름 다음에 이메일 주소가 붙
어오는 경우도 가끔 있습니다. 이것에 대비해 위 함수에서는 to = to.split('@')[0]를 이용해 이름@
example.com 형식의 입력에서 이름만 분리하도록 했습니다.

또한 OpenAI의 Chat Completions API로 함수를 호출할 때 매개변수 to에 이름 전체를 지정하지 않고 일부만 지정하더라도 딕셔너리 변수 address_book에서 이메일 주소를 가져오도록 하기 위해 반복문(for dict_key in address_book.keys():)과 조건문(if to in dict_key:)을 이용해 address_book의 모든 키 중에서 어떤 키가 to의 이름을 전체 혹은 부분적으로 포함하면 해당 키로 이메일 주소를 가져오도록 했습니다. 예를 들어 to에 고교동창_최혜정을 지정하지 않고 최혜정을 지정해도 이메일 주소를 가져올 수 있습니다. 만약 to에 지정한 이름과 부분적으로도 일치하는 키가 없다면 to_address에는 초기화에 사용한 송신자의 이메일 주소가 들어가 자신에게 이메일을 보내게 됩니다.

이어서 앞에서 만든 함수를 실행해 보겠습니다. 테스트를 위해 위 함수에서 수신자 이름에 송신자의 이메일 주소를 입력했습니다. 이제 이메일 수신자 이름과 내용을 지정해 위 함수를 호출하겠습니다.

```
In :   send_email("박연진", "내일 10시에 거기서 만나.")
Out:   '{"from": "문동은", "to": "박연진", "body": "내일 10시에 거기서 만나."}'
```

위와 같이 함수를 실행한 후에 구글 G메일의 '보낸편지함'을 확인하면 그림 14-16처럼 자신이 보낸 이메일을 확인할 수 있습니다. 참고로 위 코드의 수신자 이메일 주소를 실제 존재하는 이메일 주소로 변경하지 않았다면, 존재하지 않는 이메일 주소라는 이메일을 보낼 수 없다는 메시지를 받게 됩니다.

그림 14-16 함수 send_email()을 이용해 전송한 이메일

14.2.3 OpenAI의 함수 호출로 이메일 보내기

이번 절에서는 OpenAI의 Chat Completions API의 함수 호출 기능을 이용해 앞에서 만든 이메일을 보내는 함수를 호출하는 예제를 살펴보겠습니다. 코드의 전체적인 구조는 앞에 살펴본 것과 거의 같으며 functions 변수와 available_functions 변수에 지정한 내용을 호출할 함수에 맞게 변경했습니다.

이번에도 Chat Completions API의 모델을 **gpt-4**로 지정했습니다. **gpt-3.5-turbo** 모델과 큰 차이는 아니지만, **gpt-4** 모델을 지정하면 이메일 본문을 생성할 때 좀 더 개선된 결과를 가져올 수 있습니다.

```
In :  import openai
      import os

      # API 키 설정
      openai.api_key = os.environ["OPENAI_API_KEY"]

      # Chat Completions API를 이용해 사용자 입력에 따라 함수를 호출하고 응답하는 함수
      def run_conversation_for_email(user_query):
          # 사용자 입력
          messages = [{"role": "user", "content": user_query}]

          # 함수 정보 입력
          functions = [
              {
                  "name": "send_email",
                  "description": "이름과 본문을 지정해 이메일 보내기, ~에게 이메일 보내기",
                  "parameters": {
                      "type": "object",
                      "properties": {
                          "to": {
                              "type": "string",
                              "description": "사람 이름, 친구 이름, 받는 사람 이름",
                          },
                          "body": {
                              "type": "string",
                              "description": "이메일 본문",
                          },
                      },
                      "required": ["to", "body"], # 필수 입력 변수 지정
                  }
              }
          ]
```

```python
# 1단계: 사용자 입력과 함수 정보를 Chat Completions API 모델로 보내기
response = openai.ChatCompletion.create( # Chat Completions API 모델로 보내기
        # model="gpt-3.5-turbo", # gpt-3.5-turbo 모델
        model="gpt-4",              # gpt-4 모델
        messages=messages,
        functions=functions,
        function_call="auto"
)
# 2단계: 응답 생성
response_message = response["choices"][0]["message"] # 모델의 응답 메시지

if response_message.get("function_call"): # 응답이 함수 호출인지 확인하기
    # 3단계: JSON 객체를 분석해 함수 이름과 인수를 추출한 후에 함수 호출
    # (주의: JSON 응답이 항상 유효하지 않을 수 있음)

    # 호출할 함수 이름을 지정
    # (아래는 하나의 함수를 지정했지만, 여러 함수 지정 가능)
    available_functions = {"send_email": send_email}

    # 함수 이름 추출
    function_name = response_message["function_call"]["name"]

    # 호출할 함수 선택
    fuction_to_call = available_functions[function_name]

    # 함수 호출을 위한 인수 추출
    function_args = json.loads(response_message["function_call"]["arguments"])

    # 함수 호출 및 반환 결과 받기
    function_response = fuction_to_call(
        to=function_args.get("to"), # 인수 지정
        body=function_args.get("body")
    )

    print("[호출한 함수의 응답 결과]\n", function_response)

    # 4단계: 함수 호출 결과를 기존 메시지에 추가하고,
    #         Chat Completions API 모델로 보내 응답받기
```

```python
        # 함수 호출 결과를 기존 메시지에 추가하기
        messages.append(response_message)  # 기존 messages에 조력자 응답 추가
        messages.append(                   # 함수와 함수 호출 결과 추가
            {
                "role": "function",        # roll: function으로 지정
                "name": function_name,     # name: 호출할 함수 이름 지정
                "content": function_response, # content: 함수 호출 결과 지정
            }
        )
        # 함수 호출 결과를 추가한 메시지를 Chat Completions API 모델로 보내 응답받기
        second_response = openai.ChatCompletion.create(
            # model="gpt-3.5-turbo",  # gpt-3.5-turbo 모델
            model="gpt-4",             # gpt-4 모델
            messages=messages,
        )
        return second_response # 두 번째 응답 반환

    return response_message # 응답 메시지 반환
```

이제 run_conversation_for_email() 함수를 이용해 '~에게 ~ 내용으로 **이메일 보내줘.**'와 같이 요청하면 어떤 내용으로 이메일을 보내기 위한 본문을 생성하는지 확인해 보겠습니다. 다음은 첫 번째 요청의 예입니다. 요청에 따라서 함수 호출을 제대로 하지 못하는 경우에 대비해 **try ~ except** 문을 이용합니다.

```python
In :  user_query = "박연진에게 내일 10시에 만나자고 이메일 보내줘"
      response = run_conversation_for_email(user_query)

      try: # 함수 호출을 정상적으로 수행하면
          response_content = response["choices"][0]["message"]["content"]
          print("[최종 응답 결과]\n", response_content)
      except: # 함수 호출을 하지 못하면
          print("함수 호출을 하지 못했습니다.")
          print("[응답 내용]", response['content'])
```

```
Out:  [호출한 함수의 응답 결과]
      {"from": "문동은", "to": "박연진", "body": "박연진님, 안녕하세요. 내일 10시에 만나기로
      했습니다. 장소 등 추가 정보가 필요하시면 알려주세요. 감사합니다."}
      [최종 응답 결과]
      이메일을 보냈습니다.
```

위 코드를 실행하면 [호출한 함수의 응답 결과]와 같이 to에는 수신자의 이름이, body에는 보낼 이메일의 본문이 생성된 것을 볼 수 있습니다. 위 코드에서는 user_query에 입력한 '박연진에게'에서 이름(박연진)과 조사(에게)를 잘 구분했지만, 어근에 접사가 붙는 한국어의 특성상 이름과 조사를 제대로 분리하지 못하는 경우가 발생할 수 있습니다. 이런 경우까지 고려해 호출 함수를 만들면 좀 더 안정적으로 동작하는 코드를 작성할 수 있습니다.

한 가지 예를 더 살펴보겠습니다.

```
In :  user_query = "전재준에게 약속 장소 알려달라는 이메일 보내줘"
      response = run_conversation_for_email(user_query)

      try:
          response_content = response["choices"][0]["message"]["content"]
          print("[최종 응답 결과]\n", response_content)
      except:
          print("함수 호출을 하지 못했습니다.")
          print("[응답 내용]", response['content'])
```

```
Out:  [호출한 함수의 응답 결과]
      {"from": "문동은", "to": "전재준", "body": "안녕하세요, 전재준님.\n\n다가오는 약속에 대해
      이야기하려고 합니다. 장소에 대한 아이디어가 있으면 공유해주실 수 있나요?\n\n감사합니다."}
      [최종 응답 결과]
      이메일을 전재준님에게 성공적으로 보냈습니다.
```

위의 코드를 실행하면 수신자 이메일 주소로 body에 있는 내용이 보내집니다. body에 있는 본문 내용을 살펴보면 입력한 요청 내용을 기반으로 본문을 생성한 것을 볼 수 있습니다. 가끔 의도한 내용과 다르게 본문 내용이 생성되기도 하지만 대부분은 잘 생성됩니다. 그림 14-17은 구글 G메일의 '보낸편지함'에서 확인한 보낸 이메일입니다. 지정한 제목과 본문(body)이 수신자에게 잘 전달된 것을 볼 수 있습니다.

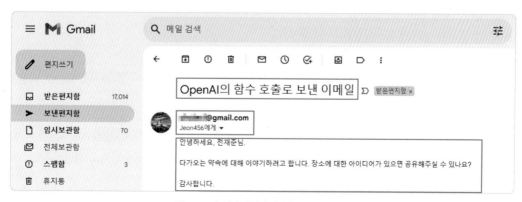

그림 14-17 송신자 이메일에서 확인한 보낸 이메일

다음은 요청 내용이 구체적이지 않아서 함수 호출을 하지 못하는 예를 살펴보겠습니다.

```
In :  user_query = "이사라에게 이메일 보내줘"
      response = run_conversation_for_email(user_query)

      try:
          response_content = response["choices"][0]["message"]["content"]
          print("[최종 응답 결과]\n", response_content)
      except:
          print("함수 호출을 하지 못했습니다.")
          print("[응답 내용]", response['content'])
```

Out: 함수 호출을 하지 못했습니다.
      [응답 내용] 네, 무슨 내용으로 이메일을 보내드릴까요?

위 출력 결과를 보면 요청에서 이메일 본문의 내용이 구체적이지 않아서 함수 호출을 하지 못했습니다. Chat Completions API의 응답을 보면 구체적인 내용을 알려달라고 합니다. 이렇게 이메일을 보내달라고 요청했지만 본문 내용이 구체적이지 않으면 함수 호출 기능을 이용할 수 없습니다.

이번에는 이메일 수신자를 지정하지 않고 이메일을 보내달라는 요청에 대한 응답을 살펴보겠습니다.

```
In :  user_query = "내일 오후 1시에 만나자고 이메일 보내줘"
      response = run_conversation_for_email(user_query)

      try:
          response_content = response["choices"][0]["message"]["content"]
          print("[최종 응답 결과]\n", response_content)
      except:
          print("함수 호출을 하지 못했습니다.")
          print("[응답 내용]", response['content'])
```

Out: 함수 호출을 하지 못했습니다.
      [응답 내용] 누구에게 이메일을 보내드릴까요?

위 출력 결과를 보면 이메일 수신자를 지정하지 않아 역시 함수 호출을 하지 못했습니다. **[응답 내용]**을 보면 이메일 수신자 지정을 요청하고 있습니다.

다음은 **고교동창_최혜정**에게 이메일을 보내는 예를 살펴보겠습니다. Chat Completions API에 **고교동창_최혜정**에게 이메일을 보내라고 요청하면 대부분은 **고교동창_최혜정**을 수신자로 지정하지만, 가끔은 **최혜정**으로 수신자를 지정하는 경우가 있습니다. 이 경우에 대비해 앞의 send_email() 함수에서 수신자 이름의 일부만 입력하더라도 이메일 주소를 가져오게끔 코드를 작성했습니다. 즉, 수신자 이름을 **고교동창_최혜정**으로 지정하거나 **최혜정**으로 지정하거나 모두 이메일 주소를 가져와 이메일을 보냅니다. 다음은 **고교동창_최혜정** 대신 **최혜정**에게 이메일을 보내라고 요청하는 예입니다.

```
In :  user_query = "최혜정에게 내일 오후 1시에 만나자고 이메일 보내줘"
      response = run_conversation_for_email(user_query)

      try:
          response_content = response["choices"][0]["message"]["content"]
          print("[최종 응답 결과]\n", response_content)
      except:
          print("함수 호출을 하지 못했습니다.")
          print("[응답 내용]", response['content'])
```

```
Out:  [호출한 함수의 응답 결과]
      {"from": "문동은", "to": "최혜정", "body": "안녕하세요, 최혜정님. 내일 오후 1시에 만나기로
      했습니다. 장소는 추후에 재공지 드리겠습니다. 감사합니다."}
      [최종 응답 결과]
      이메일을 성공적으로 보냈습니다.
```

위 결과를 보면 수신자 이름을 **최혜정**으로 지정해 send_email() 함수의 address_book에 있는 **고교동창_최혜정**의 이메일 주소를 잘 가져와 이메일 주소를 성공적으로 보낸 것을 확인할 수 있습니다. 만약 address_book에 **고교동창_최혜정**도 있고 **대학동창_최혜정**도 있다면 요청할 때 둘을 명확히 구분해야 합니다. 이때 다음과 같이 수신자 이름을 따옴표 감싸면('**고교동창_최혜정**') 따옴표 안의 이름을 그대로 전달하기 때문에 둘을 구분할 수 있습니다.

```
In :  user_query = "'고교동창_최혜정'에게 내일 오후 1시에 만나자고 이메일 보내줘"
      response = run_conversation_for_email(user_query)

      try:
          response_content = response["choices"][0]["message"]["content"]
          print("[최종 응답 결과]\n", response_content)
      except:
          print("함수 호출을 하지 못했습니다.")
          print("[응답 내용]", response['content'])
```

[호출한 함수의 응답 결과]

    {"from": "문동은", "to": "고교동창_최혜정", "body": "안녕하세요, 만나서 반갑습니다. 내일 오후 1시에 만나는 것이 어떨까요? 답장을 기다리겠습니다. 감사합니다."}

    [최종 응답 결과]

    이메일을 성공적으로 전송했습니다.

앞에서는 단순한 약속 관련된 이메일을 보냈는데 이번에는 사업 관련한 이메일을 보내는 예를 살펴보겠습니다.

In :
```
user_query = "손명호님에게 그간 작성한 신규 사업에 대한 보고서의 진행 상황을 문의하는 이메일 보내줘"
response = run_conversation_for_email(user_query)

try:
    response_content = response["choices"][0]["message"]["content"]
    print("[최종 응답 결과]\n", response_content)
except:
    print("함수 호출을 하지 못했습니다.")
    print("[응답 내용]", response['content'])
```

Out: [호출한 함수의 응답 결과]

    {"from": "문동은", "to": "손명호", "body": "안녕하세요 먼저 손명호님의 바쁜일정에 크게 미안해하는 말씀 드립니다. 신규 사업에 대한 보고서 작성 상황이 어떠한지 모르겠어서 이렇게 메일을 드립니다. 혹시 업데이트가 있으시다면, 저에게 알려주시면 감사하겠습니다. 더불어, 필요하신 부분이나 추가적인 서포트가 필요하시다면 언제든지 저에게 연락주시기 바랍니다. 좋은 하루 보내시길 바랍니다."}

    [최종 응답 결과]

    메일을 성공적으로 보냈습니다.

위 실행 결과를 보면 생성된 이메일 본문이 이전 예보다 조금 더 풍부한 것을 확인할 수 있습니다. 생성되는 이메일 본문 내용과 길이는 생성할 때마다 달라집니다.

앞의 예에서 살펴봤듯이 특별한 지시 없이 이메일을 보내달라는 요청을 하면 요청 내용을 바탕으로 창의적인 내용을 더해 본문을 생성합니다. 만약 전달하고자 하는 내용을 그대로 이메일 본문으로 보내려면 아래와 같이 전달하고자 하는 내용을 따옴표로 감싸면 됩니다.

```
In : user_query = "주여정에게 '여정아.\n\n 지난번에 이야기했던 계획 바로 진행시켜.'라고 이메일
     보내줘"
     response = run_conversation_for_email(user_query)
     response_content = response["choices"][0]["message"]["content"]

     print("[최종 응답 결과]\n", response_content)
```

```
Out: [호출한 함수의 응답 결과]
     {"from": "문동은", "to": "주여정", "body": "여정아,\n\n지난번에 이야기했던 계획 바로
     진행시켜."}
     [최종 응답 결과]
      이메일을 주여정님께 성공적으로 보냈습니다.
```

위의 출력 결과를 보면 user_query 변수에 지정한 작은따옴표로 감싼 내용이 body에 그대로 생성된
것을 볼 수 있습니다.

지금까지 OpenAI의 Chat Completions API에 있는 함수 호출 기능을 활용해 이메일을 보내는 방법
을 살펴봤습니다. 여기서는 이메일을 보내는 방법을 살펴봤지만, 다양한 메신저 서비스와 연동해 메시
지를 전달하는 애플리케이션을 만들 수도 있을 것입니다.

14.3 정리

이번 장에서는 OpenAI의 Chat Completions API의 함수 호출 기능을 활용해 챗GPT와 웹 서비스를
연결하는 애플리케이션을 만들어봤습니다. 먼저 Weather API를 이용해 현재 날씨 정보를 가져오는
방법을 알아봤습니다. 그다음 현재 날씨 정보를 가져오는 함수를 만든 후에 Chat Completions API의
함수 호출 기능을 이용해 특정 지역의 현재 날씨와 시각 정보를 가져오는 방법을 살펴봤습니다. 이어서
파이썬 코드로 STMP 서버를 통해 이메일을 보내는 방법을 살펴봤습니다. 구글 G메일과 네이버 메일
을 이용해 이메일을 보내기 위한 사전 준비 과정을 살펴보고 실제 이메일을 보내는 예제를 알아봤습니
다. 이메일을 보내는 함수를 만든 후에 Chat Completions API의 함수 호출 기능을 이용해 이름과 내
용을 지정해 요청하면 지정한 수신자에게 이메일을 보내는 방법을 알아봤습니다.

이번 장에서 살펴본 응용 프로젝트로부터 영감을 얻어 Chat Completions API의 함수 호출 기능을 외
부 웹 서비스나 도구와 연동해 다양한 응용 프로그램을 만들어 보길 바랍니다.

부록

A.1 환경 변수 설정

여기서는 파이썬의 모듈을 사용하기 위한 PYTHONPATH 환경 변수와 API를 사용하기 위한 OPENAI_API_KEY, KAGI_API_TOKEN, DEEPL_AUTH_KEY 환경 변수를 설정하는 방법을 설명합니다. 사용하는 운영체제는 윈도우 11로 가정합니다.

A.1.1 PYTHONPATH 환경 변수 설정

윈도우에서 환경 변수를 설정하려면 [시스템 속성] 창을 열어야 합니다. 이를 위한 다양한 방법이 있지만 여기서는 윈도우 단축키를 활용하겠습니다.

01. 먼저 키보드에서 '윈도우 + R' 키를 눌러 실행창을 엽니다(그림 A–1).

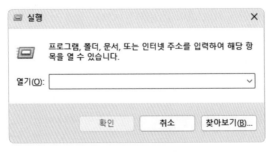

그림 A–1 윈도우 실행창

02. 실행창에 'sysdm.cpl ,3'를 입력 후 [확인] 버튼을 클릭합니다. 이때 'sysdm.cpl'을 입력하고 공백 한 칸을 입력한 후에 ',3'을 입력합니다(그림 A-2).

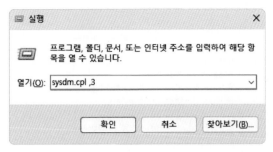

그림 A-2 윈도우 실행창에서 'sysdm.cpl ,3' 입력

03. 시스템 속성 창이 열리고 고급 탭이 선택됩니다. 아래에 있는 [환경 변수] 버튼을 클릭합니다(그림 A-3).

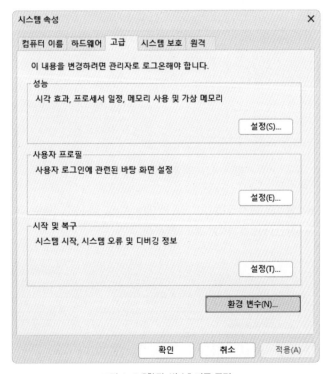

그림 A-3 [환경 변수] 버튼 클릭

04. 환경 변수 창이 열리면 사용자 변수 아래에 있는 [새로 만들기(N)...] 버튼을 클릭합니다(그림 A-4).

그림 A-4 [새로 만들기(N)...] 버튼 클릭

05. 새 사용자 변수 창이 열리면 '변수 이름(N)'에는 PYTHONPATH를 입력하고, '변수 값(V)'에는 'C:\myPyAI\ code'를 입력한 다음 [확인] 버튼을 클릭합니다(그림 A-5).

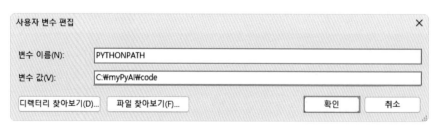

그림 A-5 변수 이름과 변수 값 입력

06. 환경 변수창의 [확인] 버튼과 시스템 속성 창의 [확인] 버튼을 차례로 클릭합니다.

설정을 완료한 후에 새로 설정한 환경 변수의 내용을 반영하기 위해서 주피터 노트북과 아나콘다 프롬프트를 차례대로 종료합니다. 1장에서 살펴본 대로 아나콘다 프롬프트를 새로 실행해 작업 폴더로 이동한 후 jupyter notebook을 입력해 주피터 노트북을 새로 실행합니다.

A.1.2 API 키 환경 변수 설정

이번에는 API 키 환경 변수를 등록하는 방법을 살펴보겠습니다. 이를 위해 OpenAI API 키, Kagi API 토큰, DeepL 인증 키는 이미 갖고 있는 것으로 가정합니다.

다음은 OpenAI API 키, Kagi API 토큰, DeepL 인증 키를 환경 변수에 설정하는 방법입니다. 아래 설정 중 필요한 환경 변수 설정 방법만 이용하면 됩니다. 우선 앞서 살펴본 방법을 이용해 먼저 환경 변수 창을 엽니다.

OpenAI API 키 설정하기

01. 환경 변수 창의 사용자 변수에 아래에 있는 [새로 만들기(N)...] 버튼을 클릭합니다(그림 A-4).

02. 새 사용자 변수 창이 열리면 '변수 이름(N)'에는 OPENAI_API_KEY를 입력하고, '변수 값(V)'에는 OpenAI API 키를 입력한 다음 [확인] 버튼을 클릭합니다 (그림 A-6).

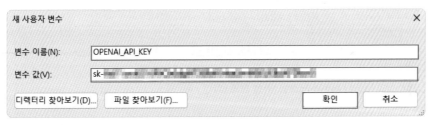

그림 A-6 OPENAI_API_KEY 환경 변수 설정

03. 환경 변수창의 [확인] 버튼과 시스템 속성 창의 [확인] 버튼을 차례로 클릭합니다.

Kagi API 토큰 설정하기

01. 환경 변수 창의 사용자 변수에 아래에 있는 [새로 만들기(N)...] 버튼을 클릭합니다(그림 A-4).

02. 새 사용자 변수 창이 열리면 '변수 이름(N)'에는 KAGI_API_TOKEN을 입력하고, '변수 값(V)'에는 Kagi API 토큰을 입력하고 [확인] 버튼을 클릭합니다 (그림 A-7).

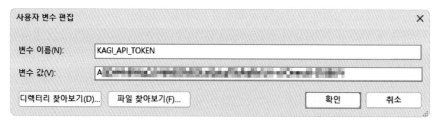

그림 A-7 KAGI_API_TOKEN 환경 변수 설정

03. 환경 변수창의 [확인] 버튼과 시스템 속성 창의 [확인] 버튼을 차례로 클릭합니다.

DeepL 인증 키 설정하기

01. 환경 변수 창의 사용자 변수에 아래에 있는 [새로 만들기(N)...] 버튼을 클릭합니다(그림 A-4).

02. 새 사용자 변수 창이 열리면 '변수 이름(N)'에는 DEEPL_AUTH_KEY를 입력하고, '변수 값(V)'에는 DeepL 인증 키를 입력하고 [확인] 버튼을 클릭합니다 (그림 A-8).

그림 A-8 DEEPL_AUTH_KEY 환경 변수 설정

03. 환경 변수창의 [확인] 버튼과 시스템 속성 창의 [확인] 버튼을 차례로 클릭합니다.

새로 설정한 환경 변수의 내용을 반영하려면 앞에서 살펴본 대로 주피터 노트북과 아나콘다 프롬프트를 차례로 종료하고, 아나콘다 프롬프트와 주피터 노트북을 새로 실행해야 합니다.